本の江戸文化講義

蔦屋重三郎と本屋の時代

鈴木俊幸
Suzuki Toshiyuki

角川書店

はじめに

本書は、江戸時代の書籍文化を軸にした歴史の中に文芸の歴史を落とし込んでみたものです。書籍文化史を編むモチーフのひとつとして文芸を扱ったとも言えるし、文芸の歴史を、それを取り巻く諸状況の視点からたどってみたものとも言えるものです。本書では「文芸」という言葉を主に使っています。「文学」は近代になって西洋から輸入された概念で、芸術の一ジャンルとして定着していきました。つまり、江戸時代には「文学」は無かったのです（言葉はありましたが意味が異なります）。今の「文学」概念で江戸時代の作品を捉えようとすると、近代以後の価値観に照らして「文学」と称するに足るものだけが取り上げられてしまいます。そして、「面白いけど、それってブンガクなの？」というようなものが視野に入ってこなくなります。

じつは、その視野に入りにくく切り捨てられがちな、「文学」とは到底言えそうもないもの、作者概念とは無縁のもの、おちゃらけただけのような他愛《たわい》ないもの、そんなものたちであふれかえっているのが江戸時代です。これらは江戸時代の人びとの生活の中に溶け込んでいました。そこにこの時代の豊かさがあるのです。これを視野に入れないとやせっぽちの「文学史」（芭蕉・西鶴・近松くらいしか出てこないタイプ）が出来上がります。なので、辞書的な意味はほぼ一緒なのですが、「文学」よりも、もう少し広い概念を持つ語感のありそうな「文芸」という言葉を使って、現行の「文学」概念から少しでも遠ざかるようにしています。

さて、文芸は文芸の内部だけで歴史を刻むものではありません。これまでのおおかたの近世文学史は、作者・作品を柱として記述されています。それは近代的な文学概念、文学研究の方法に依《よ》っているからです（作者を絶対的な創造主体と見做《みな》し、作品を解析するという方法で作者の創造の現場にたどり着く、たどり着けると思っている、たどり着いたと思うことを意義あることと思うような……）。その発想にとどまる限り、様式の変容や新たなジャンルの成立といった歴史的事象、歴史的展開についての説明は、作者・作品世界内部における影響関係や、天才の出現によって事態が一変した的な説得性の乏しいものになりがちです。もちろん従来の文学史でも、世相等それ以外の要素が付加されて説明されていたりするのですが、ほころびにパッチを当てた感を免れません。文芸は（「文学」だって）、幅広い人間の営み、文化の中にあります。その一部に過ぎないと言ってもいい。人々の日々の生活とともにあって、ともに歩んでいくものです。「文学」世界の内部で歴史が展開していくというような妄想から抜け出すべきです。本書は、当時の人々の歴史の歩みに目を凝らすところから文芸の社会的位置と歴史的展開とを考えていこうとしたものです。

近代以後の短い歴史しかない「文学」という枠組の中から江戸時代の状況に接することを捨てて、江戸時代に即した視点を確保できたら、近代以後の「文学」とそれをめぐる状況を相対的に捉え直すこともできるはずです。「文学」とは何なのか、当たり前と思っていること、常識とされていることについて、改めて考え直す機会となるかもしれません。日本の近代を、ま

た、現代に生きるわれわれを、江戸時代を知ることによって得た視座から捉えてみることにも
つながるのではないでしょうか。

またそれは、日本という国の歩みを文化的側面から捉える行為でもあります。人々の日々の
生活の中に文芸を含む文化的な要素を位置付け、大きな文化的状況とその展開の中で文芸を捉
えてみるという行為は、新たな時代像、新たな歴史を把握する行為につながります。高校の日
本史の教科書を思い出してみて下さい。ほとんどが事件の羅列で歴史が語られています。しか
もエライ人の関わった事件が主です。学習した日本史の内容のほとんどは政治史だったのでは
ないでしょうか。政治は世の中の体制を大きく変える要素には違いありません。しかし、権力
を持つほんの一握りの人間たちが織りなすドラマという形で叙述された歴史は本当の歴史なの
でしょうか。これまで記述されてきた日本の歴史のほとんどは、公文書を主たる史料としてい
ます。時の為政者が発した文書や編纂物は、ちゃんと保管され続けて散逸しにくく、体系だっ
た歴史を編むのに便利です。しかし、その中には、日本人のほとんどを占めていたはずの、
日々労働している生活者側の思念、彼らからの発言は無いのです。圧倒的多数の普通の人々の
ことはほとんど語られていません。エライ人だけが歴史を動かせたのでしょうか。普通の人々
はそういった「事件」におたおたと付き合っただけなのでしょうか。そうではないはずです。
エライ人たちの直面している局面などとは無関係に、普通の生活、普通の毎日が繰り返されて
きたはずです。その普通の人々全体の動向がキモだと私は思っています。でも普通の人々は
日々の普通のことを記録したりしません。普通の人々の普通の生活や発想が歴史からこぼれ落

ちるのも無理はありません。しかし、彼ら生活者が触れて楽しんだささやかなものに目を凝らすことによって、これまでうまく歴史上に描き出せなかった普通の人々の普通の営みが見えてくるものと私は思っています。

土地に縛り付けられて権力者から搾取されていた民衆像とか、士農工商という身分制度とか、高校までの教科書にあったようなステレオタイプの記述をまず忘れることです。そして当時の人々の声を聞く努力をして彼らの発想の仕方に注意を傾けることです。日本の近代は、江戸時代のさまざまなことを次々と否定してきました。否定することによって「今」の時代の優位という幻想にひたりたかったのです。その言説が今も引き継がれて時代像をゆがめている事例には事欠きません。歴史は発展的に展開するものであるという前提で執筆された歴史書（日本史の教科書も含めて）にもその影が濃厚です。まず、江戸時代の人びとが楽しんだものを、彼らが楽しんだように楽しんでみることです。そうすることによって近代以後の価値観から自由になれる可能性があります。一旦現代における評価軸を棚上げしてみる必要があります。当時の人々の視点を確保し、感じ方を共有して時代に即した視点を手に入れる必要があります。地域に視点を絞ったり、彼らが手に触れて手垢《てあか》の付いた本などをつぶさに見ていったりすれば、彼らの日常に思いを致すことができたりします。小さな状況にはリアルの神が宿っています。ちっぽけなことに気を留めて、何かが見えてきたところで、時代と歴史を捉え直す新たな視点が生まれてくるはずです。そして、これまでの概念的理解から解放されて新たな歴史上の風景が見えてくるのではないでしょうか。

幸い、江戸時代の人々が手にした本や浮世絵などの文化的な遺品は今もふんだんに残されています。これを間近に見て触って、そのフォルムや質感を楽しむことができれば江戸時代の人間の視点に近づけるはずです。その遺品に彼らの残した痕跡（特定のところだけが奇妙に汚れていたり、いたずら書きがあったり）はリアルです。また、彼らの知的営為、その歴史を知ることは理解の早道です。どのように、どういった階層や地域の人々が文字を獲得していったのか。どのような字を書いていたのか。学問をどのように捉えていたのか。どうやって書籍を手に入れたのか。

江戸時代になって日本は初めて書籍が豊富にある時代を迎えます。江戸時代、その書籍の文化はエライ人たちだけのものではなくなりました。多くの普通の人々が書籍を身近なものとするようになったから、本屋がたくさんあちこちにできたのです。ということは本屋がいつどこでどれくらいの規模で出来たのかを知れば、その地域における書籍の需要の高まりを捉えることができるはずです。その書籍商売の歴史をつぶさにたどっていけば、何も言わずにいた普通の人々総体の声を聞くことができるのではないでしょうか。

具体的な諸状況と時代の展開の中、風通しの良いしっくりするところに書籍や文芸などの文化的産物やさまざまな事象を置いて俯瞰《ふかん》してみる。そして、その時代と社会におけるその産物や事象の意味するところ、またその意味を時代の変遷の中で捉えてみる。今度は、個々の書籍や文化的事象に近付いてじっくりと観察して、それらが語るところに耳を傾けてみる。そして、そこから時代そのものを感じ取ったところで時代の展開を大きなスパンで捉えてみる。その往復運動です。その積み重ねによって常識的、概念的理解から抜けだすことができて、時代そのものや文化的営為に対する正しい認識を獲得できると私は思っています。果たして本書でどこまでそれを実現できたのか覚束《おぼつか》ないところかもしれません。ですが、それを試みようとしたものではあります。私の拙《つたな》い話にお付き合いいただけると幸いです。

二〇二四年初秋酷暑の日

筆者

装丁・本文デザイン　大武尚貴
編集協力　佐藤美奈子
図版レイアウト　山下武夫（クラップス）

本の江戸文化講義　蔦屋重三郎と本屋の時代

目次

第一章　近世とはどんな時代だったのか？

近世という時代区分

そもそも日本の近世とは、どういう時代だったのでしょうか。まず、時代区分について考えてみましょう。

慶長八年（一六〇三）徳川幕府成立から慶応四年（一八六八、明治元年）、明治維新までの約二百六十年間を近世としています。「鎌倉時代」「室町時代」という言い方同様、「江戸時代」という言葉があって、これは「近世」とすっぽり重なります。

おかしなことに気づきませんか？　そう、これは政権が大きく変わったところに境目を設置した政治史的区分なのです。文芸の歴史の上では、ここに境目など実はないのです。近世になってもそれまで蓄積されてきた古典が熱心に読まれていたし、それに倣った文体や様式のものが作られていました。

また明治になって急に文芸が新たなものに切り替わったわけではありません。俳諧や漢詩をたしなみ、曲亭馬琴の読本や為永春水の人情本や十返舎一九《じっぺんしゃいっく》の滑稽本など江戸時代に出来た小説が圧倒的な支持を維持して読まれ続けていました。それは明治の半ば過ぎまで続きます。文芸の歴史を政治史的区分の中でタイトに捉えるわけにはいきません。

しかし、世の中の大勢の変化につれて、文芸の世界もゆっくりゆっくりと新しい時代ならではのものを生み出していくようになります。ではその変化とは、この時代に吹いた新たな風とは、具体的にどのようなものなのでしょうか。

安定した政権

まず、戦国時代との大きな違いは、強力で安定的な政権が生まれ、長期にわたって戦争の無い時代が誕生したということです。二百六十年余りにわたって一つの政権によって一国が保たれていたことは世界史上ほかにありません。

この長期にわたる安定の最大の要素は、民衆の幕府に対する信頼です。平和な時代をもたらし、維持してくれているということを民衆は素直にありがたく思っていたのです。高校で習った日本史とは違うでしょう。支配者と被支配者の対立構造を前提として、その間に生じるストレスが歴史を展開させていくという、西洋型のモデルを日本に当てはめてこの時代を見てしまっているから、あんな江戸時代像ができあがってしまうのです。公的文書には諸藩とのギスギスした関係やら政治的かけひきやらを読み取ることができるけれども、そんなことは圧倒的多数である民衆の関知しないところの話なのです。

日光東照宮に行ったことがあるでしょうか。ここには徳川家康が神格化され権現さまとして祀《まつ》られています。ここは江戸時代の民衆にとっても人気スポット、みんなこぞってお参りに行きました。この時代を築いてくれた家康を本気でありがたいと思っていたからです。幕府に対する反発心など民衆の中に無く、むしろ信頼と尊敬の念を持っていたのです。西洋のような革命は起きようも無いのです（明治維新も、偉い人をすげ替えただけの話で、そこに革命的要素はありません）。

ただし、為政者に対する民衆の信頼は、各自しっかり考えたり検証したりして信頼に値するという結論に達したというものではなく、きわめて無媒介的なものです。むしろみんなちゃんとは考えていない。それぞれの分《ぶん》に自得することが美徳だと思っていましたし、世の中そんな雰囲気だからなんとなく、です（そんな民間の雰囲気を醸成できたのは当時の為政者の手柄ではありますが）。

「鎖国」

この時代を象徴的に表す言葉として「鎖国」があります。みなさんも、日本史の授業で覚えさせられたでしょう。この時代の平和は鎖国政策によってもたらされただのなんだの——もう忘れて思い出さないようにしましょう。

「鎖国」は近代になってこの時代に貼られたレッテルであり、実態のない幻想です。そんな政策を打ち出して、それによって平和を維持していたという事実はありません。海外情勢を気にしたり対外政治のあり方について考えた学者や官僚はいたにしても、自分の国が鎖国していると思っていた人は民間にはいません。新たな時代は、前の時代を否定したがります。ようやく最近の歴史学でもそういうことが言われ始めるようになりました。教科書で習ったことが事実ではないということは多々あります。「常識」となったことはなかなか覆らないのです。

簡単に言えば、国を鎖《とざ》すも鎖さないも、極東中の極東にある日本に、リスクを冒してまで大挙して攻め込んでくる理由が、しばらくの間、西洋には生じなかっただけのことです。明から清へと大きな政変があって中国もごたごたしていたし、それに乗じた介入や東南アジアの覇権争いに西洋諸国は忙しかったのです。

対外的な政策としてはキリスト教対策だけです。国を物理的に鎖すための方策、具体的には外国船を追い払う準備も整えようとしていなかったのは、ロシア船やペリーが来たことにあたふたした様子で十分にわかります（他国に方針として伝えたとしても、それを貫く施策が伴わなければ政策とは呼べない）。むしろ、キリスト教に関係しないことを前提にした貿易は非常に盛んに行われています。対馬《つしま》を介して朝鮮半島経由での貿易や、薩摩《さつま》藩と大陸との間でも交易が行われて、多数の文物が行き交っていたのです。また貪欲に西洋の知識・技術を取り入れようと、窓口である長崎や、和蘭《オランダ》船を重要視していたのです。ここから西洋を貪欲に見つめ、また文化を摂取していました。たくさんの洋書が輸入され、競って蔵書に加えて読みふけったのです（たいへん高価ですからお金持ちしか買えない世界ではあります）。それを幕府が禁止するどころか、率先してそれを行ったのが将軍であり幕府、また諸大名であったりしました。これを窓口として西洋についての、また西洋の知識（医学など）が広まっていくのです。

日本人らしさと合理的思考

二百六十年は長い時間です。この間に日本人らしさが出来上がりました。創造性、美しい言葉です。新たなオリジナルなものを創造して前に前に向かっていく、誰もそのことの価値を疑わないでしょう。しかし、この発想は近代になって定着した新しい価値観によるものなのです。日本近世においてもっとも価値あることとされていたのは、創造とは真逆、「変わらないこと」でした。古いまま変わらないことはそのものの価値の証《あかし》であって、新たに作られたものはそれに比べて価値が劣るものというのが当時の認識です。今のまま変わらない平和な日々が続いていくこと、変わらず家が続いていくこと、村が続いていくこと、国が続いていくこと、これが彼らの理想でした。

そんなの退屈じゃん、って思いますよね。でも、ちょっと立ち止まってあれこれ思い出して下さい。マンネリの居心地の好《よ》さを感じたことは無いですか？　お約束のパターンが快かったりしませんか？　成長していくこと、前進していくこと、それが正しいことだという雰囲気に疲れたことはありませんか。日々変わらない退屈のほうがマシだと思ったことはありませんか。これらは病気の症状ではありません。江戸時代に出来上がったメンタリティが、身体のどこかに残っているだけだと私は思っています。

討論や議論は得意ですか。少なくとも私は不得手だし、嫌いです。演説・討論は明治になって西洋から輸入されたものです。それまでの日本の文化とは異質のものなのです。それまでの三百年近くの間は、相手を言い負かして自分の主張を通すこと、白黒をはっきり付けることよりも、お互いにもやもやをこらえながらも丸くおさめてお茶をにごすことのほうを人々は尊重していたのです。

心性の問題かどうか微妙なところですが、他国の状況をニュースなどで見る限り、振り返って日本では民衆が政治的行動を取ることが多くない。政治に対する関心も同様かもしれません。おおかた御上に任せておけばいいという感じです。為政者に対して絶対的な信頼を抱いていたのが江戸時代の民衆です。自分たちがあれこれ考えなくても、彼らが難しい大局に対応してくれている（はずだ）という感覚です。関係性がうまく行きすぎていました。明治になって、御上が交替しても、大多数の民衆はその感覚を引きずったままです。そして今に至ってもその感覚は生き残っているわけです。

平和な近世

この時代の特徴をもう少しだけ具体的に見ていきましょう。まずこの時代の「平和」について考えてみます。

平和は、天から降ってくるものではありません。努力して勝ち取り維持されるものです。それはこの時代も同様、為政者も民衆もみなそれぞれ努力していました。

乱世からの脱却

前の時代までは、自分たちの命と生活、地域の治安を守るために民衆も武装する必要がありました。徳川氏による天下統一は各地域の権力者たち同士の争いを終結させ、民衆に乱暴狼藉《ろうぜき》が及ばないように統制しました。慶長八年（一六〇三）の郷村《ごうそん》法令に「百姓をむさと殺し候事御停止たり」とあります。近世となって、民衆の命を守る制度的仕組みを幕府が保障する世の中となりました。これは民衆の武装解除のための必須の条件です。民衆は安心して耕作に従事することができるようになり、刀を持つ必要もなくなったわけです。

支配と自治

「中間層」と歴史家が名付けている階層があります。名主とか庄屋《しょうや》とか組頭といった人たちです。彼らは村や町の代表者で村役人・町役人と呼ばれています。今で言えば、村長さん、町長さんです。彼らの役目は村や町の自治を取り仕切ることです。そして、その地域を領有、また支配している武士と領民との間を調整することです。領主からの伝達事項を領民に伝え、またその逆も行うのが仕事です。領主が直接領民をいたぶったり好き放題にするといった、時代劇にありがちな風景は、まず無かったとみてよいでしょう。支配地に一度も足を運んだことのない領主のほうが多かったはずです。この中間層というクッションを設けることにより、支配と被支配、それぞれの分際の中でしっかり自治が行われ、分を超えて直接的に対峙《たいじ》することは避けられていたのです。このお互いに過度の干渉をし合わない支配の構造（村請《むらうけ》制）はこの時代の平和のからくりの一つです。

日本と国、村と「家」

日本近世は封建制の時代と捉えられていますが、西洋の封建制とは大きく異なります。徳川家がすべてを支配してその支配地を諸侯に分け与えているという構図のように見えるかもしれませんが、そうではないのです。天下を取ったという響きは統一的な国家を形成して絶対的な支配を行ったように思わせるものですが、徳川家も諸侯の一人、みな横並びの位置付けの中で一番権勢を握っている存在と見たほうが実際に近いです。それぞれの自治を尊重し、小競り合いが起きないように、有力大名と調整を図りながらゆるやかにリーダーシップをとっていたというイメージでしょうか。日本列島の中にさまざまな国があって、お互いに尊重し合いながら共存していたと捉えたほうがよいかもしれません。

また、江戸時代になって、今のわれわれの「家」のイメージに近いものができあがります。それ以前は一族で大きな家を経営（おじさん夫婦が複数いて、いとこたちも大勢同じ家の中にいる感じ）していくような家しか継続しにくかったのですが、この時代になって、農業技術の向上とともに土地を小さく分割所有しても維持していけるようになります。そして単婚家庭（夫婦とその子ども、それに祖父母がいたりいなかったり）が一般的になります。自分の家という意識が生まれ、その家を守り存続させていくことをみな心掛けるようになります。家の存続には周囲との協調が不可欠です。祭は必須、共同体の中での役割を果たし、共同体を平和に存続させていこうという意識につながっていきます。

なお、家の独立の問題については、各地の事例に基づく詳細な研究がたくさんあります。いろいろな要因があるようですが、一番多いケースが新田開発を奨励したのでそこに小さな家が多数できたこと、それから土地を分割して次男・三男に与えて分家とすることが増えたことです。すでに、実質的に自分の所有となった土地ですからこれができるわけです。しばしば土地の分割所有を制限する触書が出されているわけですが、これは実態として小さな家が増えていること、これを制限することがなかなか難しかったことを物語っています。

挨拶と儀礼

渡辺京二『逝きし世の面影』（平凡社ライブラリー）は、幕末に日本を訪れた多くの外国人による日本レポートを素材として編んだものです。日常、普通のことを記録に残そうとする人はそうそういません。とくに民衆は自分たちのことをほとんど記録にとどめません。しかし、異国から来た彼らにとっては、日本人の普通は特筆すべき異質なものとして目に映り、そしてそれを記録に残しました（誤解も多々ありますが）。彼らのレポートには、公文書には残らない当時のリアルが書き残されています。その中で、日本の民衆はみな、自分たち外国人にもにこにこしながら「おはよう」と声を掛けてくれるということが書かれています。われわれは（われわれだけではなく世界の多くの人々もそうですが）挨拶の文化の中にいました（今もいます）。時間的に「早い」という、なんてことはない当たり前の認識を共有して同じ時間の中にいる仲間であるということを確認しあうのです。

結婚式は仏滅を避け、お葬式は友引を避ける。合理的根拠の無いことに現代のわれわれもなぜか縛られています。また御祝儀や御香奠《こうでん》などにも、立場によって「相場」というのがなんとなくあったりします。それぞれの思いで金額を決めていいようなものなのですが。慶弔に関わるさまざまな儀礼で足並みを揃えることは重要なことだったのです。儀礼は公的な振る舞いです。自分なり家なりと、世間との間の距離感をほどほどに保ち、協調を演じるものです。欠かすことなく、また出過ぎず足並みを揃えることで、和を保つ行為です。近世的なるものをわれわれはいまだに引きずっているのです。

たてまえと本音

裏表があっていやらしく聞こえるかもしれません。でも、この発想にはこの時代らしい成熟と機微があります。この使い分けを訓練しながら成長していくわけで、うまく振る舞えない大人は公私混同ということで周囲の失笑を買ったり、きびしく糾弾されたりするわけです。たてまえは公的で尊重すべきもの、公人として振る舞う時には言説に筋を通さなくてはなりません。しかし、私的なところではそこから解放されるのです。たてまえを通す（通したふりをする）ことは、私的なところでの自由を確保するための智恵と言ってもいいかもしれません。言わず語らずの暗黙の了解の下で、本音が温存されました。

「分《ぶん》」の思想

人間はさまざまな関係性の下に存在しています。人、また地域、階層、職業などは、さまざまな要素で社会的に規定されています。それを「分」として強く意識していたのがこの時代の人びとです。身分も分、「〇〇の分際で」という言葉もこの発想に由来します。個々人について言えば、身分、年齢、性、職業、経済力、居住地、経験等々がその個人を規定する要素です。それら要素の総体を分として意識し、その分に相応《ふさわ》しい言動を意識的に振る舞うことが社会的に要求されるのです。自らの分をはみ出す振る舞いは他人の分に食い入り、侵害することになりかねません。他との距離感を絶えず気に掛け、他との摩擦を生じないようにさせる、この時代らしい智恵です。[1]

身分と生業

「慶安の触書」について高校で習ったという人は、最近の学生の中にはもうあまりいないかもしれません。でも、今から十年くらい前までは、これを大きく取り上げていた日本史の教科書が多くありました。慶安の触書は慶安二年（一六四九）に幕府が発令したとされてきたもので、生活の隅々までに及ぶ厳しい農民統制の実態を裏付ける史料とされてきました。しかし、これが幕府によって全国的に出されたものでも、近世初期に発令されたものでもないことを、近年の山本英二氏の研究が明らかにしました。『慶安の触書は出されたか』（山川出版社、日本史リブレット）をお読み下さい。圧政下で苦しめられてきた民衆という時代像を創り上げるために好都合な史料として近代の歴史家が過剰な意味をもたせて取り上げ、それが定説となって教科書に載り、世の常識となってしまっていたのです。時代を物語る重要なキーワードとして誰でも覚えさせられたこの語は今や教科書から一掃されました。

また、厳しい身分制度の下、土地に縛り付けられた農民というイメージも、教育の場を通じて常識化してしまったものです。実際は、身分と生業は一致するものでもなく、身分も固定されたものではなかったことが近年の研究で明らかになっています。身分の移動についてはいろいろなケースがあります。よくあるのが、お金に困って家を存続できなくなった御家人などが、その身分（家名）を「株」として売るケースです。また、婚姻や養子などの縁組という仕組みを使って身分を移動することも少なくありませんでした。たいていの場合は経済がらみです。幕末、困窮した藩主が、有力町人からの多額の借金を棒引きさせるために、彼らに苗字《みょうじ》帯刀を許したこともありました。

また、厳しい税の取り立てのために検地が無理やり行われたという常識も覆されつつあります。実際は農民が検地を行ってほしいと願い出たりしているのです。公的な書類に登録されて

1　現代的な視点からすると、この発想は差別の根源のひとつと見えるかもしれません。しかし、当時の人々はこれを差別だと意識していませんでした。むしろ社会的に何者でも無いことは耐えがたいことであり、分を備えた人であるべく努力していたわけです。近代になって、身分等の社会的割り付けが意味をもたなくなったにも拘《かか》わらず、過去の割り付けを引きずる感覚から、差別が生まれていったものと私は考えます。

その土地に応じた税金を支払うことによって、土地を自由にする権利を得たりしているのです。他人に貸したり、土地を資本に農業以外の事業を始めたり、江戸時代のお百姓さんは、これまでの常識とは異なって、かなり自由にしたたかに生きていたわけです（田中圭一『百姓の江戸時代』〈ちくま新書〉なんかがわかりやすいかな）。

日本の近代歴史学は、西洋の史観や方法論を学んで組み上げてきたものです。西洋型発展モデルの枠組を当てはめて日本の歴史の展開を捉えようとするわけですから、その理論とストーリーに適合する史料が選ばれて叙述されることになりました。それが世の常識となったわけです。

法と道徳

当時の厳しい民衆統制を物語るものとして、よく町触が史料として引き合いに出されます。華美な服装をするなとか、倹約しろとか、なんだとかかんだとか。うるさく生活に介入してくる為政者像ができあがります。圧政の下で窮屈に暮らしている民衆像ができあがります。しかし、同じような触書が頻繁に出されるという事実が物語るものは、逆にゆるい支配構造なのです。みんな守らないから度々発せられるだけと捉えた方がよい。そんな細かいところまで厳しく民衆を取り締まる警察的機構を幕府は持っていません。それが行われるのは時代劇の世界の中だけです。岡っ引きが権力を振りかざして町の人間をお縄にしたりするのは時代劇の世界の中だけです。

武士の世界にも分があり、民衆の世界にも分がある時代です。お互いに自分たちの分を超えないようにしていたわけで、分を超えて介入することは避けられていました。武士のことは武士の社会の中で解決することが基本であったのと同様、民衆社会のことは民衆の中でなんとか解決するというのが基本的な合意でした。生活に関わる触書などは、あくまでもガイドラインとして示したもので（それも「願い触」といって、民衆側から発してくれと願い出たものが少なくない）、それを法的根拠として為政者が取り締まろうとしたものと考えるべきではありません。

国民の諸事を罰則規定を伴って細かく規定する法律、国家権力に裏打ちされた法律ができあがったのは明治になってからです。江戸時代において、民衆の行動を律していたのは、法ではなくむしろ彼らの中で大事にされた道徳です。ゆるい法と自律的な道徳によって平和が保たれていた時代なのです。

笑いと教訓

江戸時代は圧政下の息苦しい時代として捉えられてきました。それはその後明るい近代へと展開していくというストーリーを展開していくのに好都合だったからです。大人も子どもも馬鹿みたいにみな明るくげらげら笑っていた時代だったことは、『逝きし世の面影』などを見ると明らかです。また彼らが楽しんだ他愛ない読み物にも笑いが必須でした。その笑いの前提が、今のこの時間を肯定できるという体制への信頼感でした。

彼らは書籍に道徳的な教訓も求めました。よりよい人間になって、この世の中を永く存続させることに寄与したいと本気で考えていたのです。

中世と近世はどこが違う?

徐々に具体的な話にしていこうと思いますが、その前にもうちょっとだけ漠然とした話にお付き合い下さい。中世とは異なる近世的思考とはどのようなものだったのでしょうか。何が知的営為の基盤となっていたのでしょうか。

①貨幣の統一

天下を取ったことの証が三つあります。

一つは度量衡の統一。出羽の一尺と下野《しもつけ》の一尺の長さが違っていたり、信濃の米一升と駿河《するが》の米一升の容量が違っていたり、近江の生姜《しょうが》一匁と丹波の一匁の重さが違っていたりしたのでは、全国を統一したことになりません。

次に時の統一。元旦がそれぞれの地方で違っていたりしていたら不統一なわけです(暦の編纂権を幕府が得るまでにはしばらく時間がかかりました)。

そして貨幣の統一。どの国に行っても一文は一文、百両は百両、同じ金銭価値で経済が回っていること、これは非常に重要なことです。この貨幣の統一は合理的思考の醸成に大きく関与したものと考えられます。日本全国同じ価値尺度を得て、普通は金銭でやりとりできないものも、金銭で換算してその価値を見積もることが可能となりました。「(聞いても)一文にもならぬ(講義)」「早起きは三文の徳(得)」「なんぼのもんじゃ」「千両役者」とかとか。これが合理的思考の醸成に一役買うわけです。

②世の基準としての経済原理

そんなわけで、かつては金銭に換算できない無上の価値を有するものであったはずの大般若《だいはんにゃ》経《ぎょう》六百巻の相場は三十両ということになりました(高いは高いけど金で買えるもの)。経済原理に関係しないものが世の中に見当たらなくなるわけです。経済的に引き合うものであるかどうかということが判断材料の大きな部分を占めていくようになるわけです。

③精神的支柱としての学問

諸藩との関係性において、特に江戸時代初期は、幕府においても武力は必要だったのですが、民を支配し国全体を運営することについては武力を用いるのではなく、徳川家は文治を目指しました。政治原理の柱、為政の指針として家康が採用したのが儒学です。江戸時代、学問と言えば儒学のことです。儒学、学問は倫理です。もはや実際的には武力が不要な世の中となって、武士たちは、備えや心掛けとして武道にも励みますが(そういう分なわけです)、彼らに絶対的に課されたものは学問でした。幕府は幕臣に、民の上に立つ分として、まずその範を身をもって示せるような徳の高い存在になるように、学問修行に励ませました。諸藩もそれに倣いました。武力不要の世の中において、非生産者である武士が人の上に立つ根拠がここに出来、民は彼らがいて治まっている世の中であることを納得したわけです。

学問は、時代を支える精神的支柱となりました。この学問を根拠とする道徳も民間に浸透し、民衆もそれぞれの分の中で徳を高めていくことを理想の生き方としていきます。

④共有された古典の価値

儒学のテキストは中国古代に成立したものです。その本文が変わらずあり続けてきたのは、その価値が不変のものであるからと考えられていました。そして、永く変わらず継承されてきたということはこれからも継承されていくことの根拠となりえます。この儒学を拠《よ》り所とした世の中が今後も変わらず存続していくことの根拠となるわけです。今の体制の存続を願っていたのは為政者だけではなく、民間も同様であったことは先に述べたとおりです。

したがって、長い時代を経て継承され続けてきた日本の古典についても大きな価値を持つもの、おろそかにできないものという認識になるのは当然です。この時代、百人一首は最低限の教養となり、『源氏物語』や『枕草子』などの日本古典の知識が幅広く共有されました。

さて、百人一首が最低限の常識であったとはどういうことなのか。これは大きな文化史的問題です。古典が重んじられたからでもあるのですが、古典を重んじた理由もここにあるかと思っています。歌は五音と七音の繰り返しのリズムです。このリズムに共感できること、これが言わず語らず、大きな意味での仲間であることの証となっていたと私は考えます。このリズムが古来から守られてきた大事な宝であり、今後も継承されるべきものという感覚。地域が大きく距《へだ》たっていても、このリズムに身を委《ゆだ》ねられる人々がそこにいればそこは日本なんだという感覚。七五調のド演歌が心地よく思える瞬間があったりしませんか。

⑤識字能力

文字の獲得は、書籍を読む大前提です。どのようにそれは培われ、どの程度の広がりがあったのか、次節で詳しく見ていきます。

⑥書籍の文化

この時代は、広く書籍の文化が行き渡った時代です。時代が下るにしたがって、それは一層顕著になっていきます。書籍の流通状況や、流行のジャンルなどを追っていくと人々の知的営為の進捗ぶりが見えてきます。

ここを柱として、今後この講義を進めていきます。

識字・教養・学問

江戸時代は識字率が高かったと言われています。たしかに、多くの書籍が流通していたり、近世後期になるとどんな僻村《へきそん》にも手習いの師匠がいたりする状況があり、外国人の証言も多々あります。けれども数字を示してそれを証明することはできません。調査が行われたことがなかったからです。この時代の識字の実際をさまざまな方法で追究しようとした研究があります。この中には、意外なほど低い数字を出したものもあります。

一口に識字、リテラシーといっても、さまざまなレベルがあります。かろうじて自分の名前を平仮名で書ける人と漢籍を白文で読みこなせる人を同様に扱っていいのかどうか。この時代は国家による制度としての教育はありませんでした。それぞれが自主的に獲得していった文字知です。ただ、西洋諸国と異なって、民衆が文字を手に入れ、文章を理解することを、為政者は怖れませんでした。むしろ、触書を理解したり道徳を培うのに有用なことと判断して、民衆が文字知を獲得することを阻害しなかったのです（民間のことに過度に介入しないという治世の原則がありますから、奨励もしないけれど）。近世初期は、民間では、帳簿を作成し領主と文書を交わし合う庄屋など村役人（中間層）あたりの階層のみしか文字知を獲得していませんでしたが、徐々に時代が進むにしたがって、それが下の階層、また地域を越えて広がっていくわけです。徳川幕府は、民間の訴訟を大いに認めました。その訴訟の内容から民間で今何が問題となっているかということを汲《く》み取って町触に反映させたり、領主や中間層の不正を無くすようにしたわけです。名主や庄屋といった中間層は村の石高に応じて年貢を納める役割を担っていたのですが、年貢の割り付けに不正があって名主が自分たちの上前をはねているようなので年貢割り付けの帳簿を見せろという百姓たちからの訴訟が起きたことがあります。これなど、文書に書かれている文字が分からなければ成立しない話で、程度の差こそあれ、かなり早い段階で文字知は民間に広がっていたと考えられます。

緩やかな曲線を描いてリテラシーは底上げされていくのですが、それが十九世紀にさしかかるころから急カーブを描いて爆発的に増加していきます。これは人口的に多数を占める農民の動向が大きいのです。

『ニコライの見た幕末日本』（中村健之介訳、講談社学術文庫）の一節をみてみましょう。ニコライはロシア正教会の司祭（のちに大主教）で、布教のため幕末の日本にやってきました。お茶の水にあるニコライ堂の名は彼に由来します。


街頭に娘が二人立ちどまって、一冊の本の中の絵を見ている。一人が、いま買ったばかりのものを仲良しの友だちに自慢して見せているのだ。その本というのが、ある歴史小説なのだ。もっとも、この国では本はわざわざ買い求めるまでもない。実に多くの貸本屋があって、信じ難い程の安い料金で本は借りて読めるのである。しかも、こちらからその貸本屋へ足を運ぶ必要がない。なぜなら、本は毎日、どんな横町、どんな狭い小路の奥までも、配達されるからである！　試みにそうした貸本屋を覗いてみるがよい、そこに諸君が見るのは、ほとんど歴史的戦記小説ばかりである。（それが長きにわたった内乱訌争《こうそう》の時代によって養われた、民衆の嗜好なのである。）しかも、手垢に汚れぬまっさらの本などは見当たらない。それどころか、本はどれも手擦れしてぼろぼろになっており、ページによっては何が書いてあるのか読みとれないほどなのだ。日本の民衆が如何に本を読むかの明白なる証拠である。

この文章は、本国に送った日本レポートですが、ここの様子はおそらくは彼が箱館（函館）にいた時の見聞によるかと思われます。彼は、いくつかのことに目を見張っています。ひとつは普通の少女（子どもで女性）が読書をしていて、その楽しみを友人と共有しあっているということ、つまり、読書習慣の裾野の広がりという本国にはありえない状況に驚いています。そして、読書の民間における定着の証拠として、貸本屋という商売が成立していること、その流通のきめ細かなことに驚いているのです。

学習と教育――「学び」のインフラ

この時代、さまざまな教育のための場所が設けられていきます。武家の子弟を教育するための藩校は、寛政改革後多く設置されました。私塾は各藩の儒者が運営していて武家の子弟を相手にしている場合も多いですが、都市部などでは民間の人々の需要に応じたものも多くありました。幕末になって各地で設置される郷校は、その地域の主導者などが出資して、先生を招聘《しょうへい》し、地域で運営されました。手習塾は寺子屋ともっぱら呼ばれている民間のもので、幕末になると集落があるところには、必ずといって良いほど存在していて、地域の子弟に手習いの場が設けられていたようです。[2]

すでに述べたように、武家は学問の修練が必須の分でした。しかし、民間ではそうではありません。別に四書五経を読めるようになる必要はないのです。

凡人生れて八歳にして小学に入十五歳にして大学を学ぶ事和漢其教へ異なる事なし。夫より長に随ひ神力の及ぶにまかせて諸書にわたり博くまなび勉行ふて身を脩め家を斉一生を全して子孫あるを人の道とす。是を行ふべき業をするを学問と言。

これは『童子進学往来』の一節です。このように分に応じた学問を生業の余力ですべしとの考えが長らく一般的でした。

書籍の文化の広がりは、自学自習の道も用意することになります。師匠に就かなくても四書五経などを独習できるように工夫した書籍が制作され、学問熱の高まっていく民間に受け入れられて広く普及するのです。このことについても後で詳しくとりあげます。

民間の学問は強制的なものではありません。世界が開けていく、自己を拡張していくこと、より良い自己を実現していくことが楽しかったのです。学問で培った能力は、俳諧や漢詩、ま

2 川崎喜久男『筆子塚研究』という労作があります。筆子塚《ふでこづか》は、手習い師匠への感謝の印として寺子（手習塾の生徒）が建てた師匠の顕彰碑です。これがあればそこに手習塾があったことになるわけで、この本は房総半島全域にわたってこれを悉皆《しっかい》調査した結果に基づくものです。これによると小さな集落でもほぼ見つかる。驚異的です。

エメ・アンベール『幕末日本図絵』より手習塾の挿絵　個人蔵

た書画など諸芸に遊ぶことを可能にするものでもあります。つまりお楽しみと連続する地平に学問がありえたのです。それは子どもの学習についても同様で、さまざまな遊びやお楽しみの絵本などの中に学びが用意されていました。これも後述します。

さて、手習塾（寺子屋）の様子を見てみましょう。エメ・アンベールの『幕末日本図絵』（一八七〇刊）の挿絵、日本を訪れた時のスケッチに基づく銅版画（エッチング）が残されています。彼の目には日本の子どもの顔がこのように映ったのでしょうね。

これは、手習塾の光景を描いたものです。当時の日本人が描いた手習塾の絵もあるのですが、ほとんど類型的だったり、理想化された脚色が施されていたりするので史料として用いるにはそれなりの手続きを要します。だけど、これはかなりリアルに細部まで描かれていて（もちろん奇妙なところはありますが）、実際の様子がよくわかります。

中央で書見台を前に正座しているのはこの塾の師匠（先生）です。裃《かみしも》を着けた正装です。書物は神聖なものなので、それに向き合うときは威儀を正さなくてはならない（そういうことも教えようとしている）わけです。彼は今「素読《そどく》」を授けているところです。素読とは、主として漢籍の訓読の仕方を覚え込むことです。徹底的に反復して読み方を練習して身体化していくのです。学問の世界に分け入るための最初のステップです。素読を受けているのは向かって左の少年です。彼もちゃんと羽織袴《はおりはかま》の正装をしているのがよくわかります。一文字ずつ字指棒《じさしぼう》で指し示しながら読んでいるところ（訓読は、漢字を返って読んだり、二度読んだりしますから）、それを師匠が正しく読めているかどうか確認しているわけです。

その少年の側と師匠に向き合う位置、また師匠の右側に八人ほどの少年が本を手にして座っています。また、向かって右の奥には立って（立たされて？）いる子どももいます。彼らは、素読を受けている声、師匠の指導を側で聞いて、漢籍の読み方を学習しているのです。一人、話しかけられたのか後を振り向いている子もいますが、彼以外は熱心に聞き入り、また本に見入っています。

同時にさまざまなことが同じ空間で行われています。素読の場を取り囲むように机[3]がコの字

3　この手習塾の机は天神机と呼ばれていて、初登山《しょとうざん》（入塾のこと）時に寺子が持参してきます。寺子は、塾に来たらまず部屋の隅に片付けられていた自分の机を出してきて、課題を待ったり、始めたりします。

形に置かれています。その机に向かっているのは、手習い[4]をする子どもたちです。左奥の少年が掲げているものは清書草紙《きよがきそうし》、手習いの練習帳です。[5]与えられた課題をこの帳面に何度も何度も書いて練習するのです。師匠に盛んにアピールしていますが（「見て見て、ぼく出来たよ」って感じ）、素読を指導している師匠は見向きもしません。

その前の少年は長い紙を広げています。大字の課題を仕上げようというところでしょうか。右奥、年少のように見える二人の少年（首に巻いているひらひらは日本っぽくないな）は二人で一つの天神机を使用しているようですが、一人は飽きたのか猫に紙袋をかぶせて遊んでいます。その手前の子は、清書草紙に突っ伏して寝てしまっています。机の左端には、師匠が作成したと思われる手本（これが課題です）がありますので、書き習っているうちにいやになってしまったのでしょう。その帯には紐《ひも》が結びつけられて、その先には扇子やら羽箒《はぼうき》やらが付けられています。眠っている間にいたずらされたわけです。目を醒《さ》まして立ち上がった時が見ものです。その手前の子どももあまり熱心そうには思えません。振り向いている子に話しかけているのでしょうか。

縁側を見て下さい。柱によじ登ろうとしている少年がいます。そしてそちらに向かっていく少年もいるし、立って素読を聞いている一人は明らかにそちらに気を取られています。

みなさんは、この絵から何を読み取るでしょうか。今の学校ではあってはいけないこの無秩序に見える様子から「学級崩壊」という言葉を思い起こした人がいるかもしれません。しかし、これは普通の光景、ここにはちゃんとした秩序があるのです。われわれは、自分の経験に照らして過去を評価してしまいがちです。教師が前に立って、対面式に整然と机を並べ、教室全体が同じ教科書を使って、みな一斉に同じことを学習するという教育の形式は、明治五年になってようやく始まる新しいものなのです。

江戸時代の学びは、国家の制度によるものではなく自主的なものです。義務とも権利とも無縁なものでした。今も昔も子どもはみなそれぞれ違います。能力もそれぞれだし、嗜好《しこう》もそれぞれ、目指す将来の仕事もそれぞれ、家の事情もそれぞれなのです。当たり前のことです。入塾年齢も時期もばらばら、進度も到達目標もばらばら。お花ちゃんはいろはの仮名文字くらい覚えてお嫁に行きたいとか、太助君は春から秋は家の農作業を手伝うので手習いは冬の間だけになるとか、宗一郎君は医書を読みこなせるようになるまで漢籍の修業をして将来は医者になるとか、友作は手習いは嫌いだけどお花ちゃんが行くからぼくもとか、それぞれなのです。そのそれぞれを手習塾はそのまま受け入れていました。一人一人の能力と事情とが勘案されて、一人一人個別のカリキュラムが組まれました。教材もそれぞれ別個に与えられたわけです。一人一人の個性と進度を見極めながら前に前に導いていくのが師匠の役割です。全国、あるいは

4 「手」は筆で文字を書くことを意味します。

5 紙はいよいよ生活必需品になっていって、各地で紙が生産され、流通量も増大していきます。時代が進むにしたがって紙の価格は下がってはいくのですが、それでも拡大し続ける需要により、紙の値段はさほど下落しませんでした。ですから、紙は大事なもの、清書草紙も書いては乾かしてまたその上に書いてと、繰り返し繰り返し真っ黒になるまで使われました。家文書の中に師匠のお手本とともに残っていたりします。

自治体一律のカリキュラムの下での教育とは違って落ちこぼれはありえません。この絵は、みな、それぞれ別個の課題をこなしている（あるいはこなせていない）姿なのです。

この絵には女子が描かれていないことに気づいた人も多いでしょう。地方の小さな手習塾では同時に男子も女子も教えていたところも多かったのですが、都市部では女寺屋といって女子だけを受け入れるところもありましたし[6]、両方の面倒を見るところでも、女子と男子を分けて教えていたところが多かったのです。「男女七歳にして席を同じうせず」という発想もありましたし[7]、裁縫とかの「実技科目」もある女子は男子とは別にしたほうが効率がよかったものと思われます。おしなべて、各家庭での手習いも多かった女子の手習塾「就学率」は男子に比して低く推移していっていますが、幕末に向かうにしたがって、その差は縮まっていくようです。たとえば、上総《かずさ》国（今の千葉県）東金《とうがね》で手習塾を経営していた能勢《のせ》嘉左衛門（弘化三年〈一八四六〉頃に書店経営に乗り出し、今千葉県各地にある多田屋を創業します）が残した寺子の記録『門人礼金受納帳』が手許《てもと》にありますが、そこに、文政四年（一八二一）からの寺子数を男女別に集計した箇所があります。それによると、文政四年は全体で八十六人のうち男子五十九人、女子二十七人。天保二年（一八三一）は五十七人中男子三十三人、女子二十四人。そもそも男子の半数ほどの女子がいましたが、その差は増減を繰り返しながらも少しずつ縮まっています。天保九年（一八三八）には全七十三人のうち男子四十人、女子三十三人となっています。この男女比については、地域によってかなり差がありそうですが、女子は家庭で教育すべしという考え方や高度の教育はよろしくないという考え方も根強くあって、男子よりは確実に低いままです。明治になってからもしばらくは小学校への就学率も低かったようです。

手習塾の授業料、経営についてですが、これはさまざまです。寺子屋経営で生活している師匠は、授業料（束脩《そくしゅう》といいます）をもらわないと生きていけません。だいたい節季毎に感謝の言葉とともに届けられるのですが、その金額に差があります。[8] 生活の糧ではあるけれど、それだけの力のある者が他に施す志の仕事というのが基本なのです。ですから、その家の事情によっては謝儀を受け取らないということもままあったようです（師匠の帳簿を見ると、お金ではなく、大根や茄子《なす》などの農作物を届けている家があったりします）。地域のための志の仕事ですから、まったく束脩を受け取らないケースもあります。寺のお坊さんや名主さんのボランティアがそれです。なお、東金の能勢嘉左衛門の塾は半年五百文が決まりだったようです。能勢嘉左衛門の塾経営と書店経営については、鈴木俊幸『近世読者とそのゆくえ』（二〇一七年、平凡

6　式亭三馬の『浮世風呂』の女湯でのママ友たちの会話に、手習いに通わせている娘の話題が出てくるのですが、なかなかリアルで微笑ましい。岩波文庫に収まっている山川菊栄『武家の女性』も江戸時代の手習塾の様子、また女子教育の様子が語られています。

7　「七歳までは神の内」という言葉があります。つまり七歳になるまでは人ではない。七歳、人になったところで分を背負うことになるわけです。

8　師匠は閻魔帳《えんまちょう》もきっちり付けているし、収支の帳簿も残しています。興味のある人は地域史（県史・市史の類）や県別の教育史（『長野県教育史』は秀逸な労作ですよ）などにその手の資料がよく掲載されていますので、見てみるとよいでしょう。

社）に史料とともに詳しく述べてあります。

町や村の有力者がお金を出して師匠を呼び寄せて、地域で抱えてしまうこともあります。その場合は、町や村の出費で師匠の生活をまかなうわけで、寺子から個別に束脩が届けられることは無いと思われます。新潟県の小千谷《おぢや》に片貝《かたかい》という四尺玉の花火で有名な地域があります。そこの庄屋さんが残した記録に『やせかまど』（『小千谷市史』所収）というのがあって、庄屋さんが村の有力者と相談して師匠を呼び寄せたのだけれど、すぐに酒浸りになって使い物にならなくなった話が載っています（小千谷は、私も年二回調査に通って三十年近くになるのですが、酒も食べ物も美味《うま》すぎ、調査の二日目はたいてい二日酔いです）。

寺子の人数は塾の規模や地域によってまちまちです。時代が下るにしたがって親の教育熱も上がっていき、あの先生はだめだからこっちの先生にしたほうがよいとか、親たちもけっこううるさかったようで（実際、小千谷の例のようなダメ先生も少なからずいたはずです）、人気不人気が左右する業界だったようです。ですが、いずれにせよ個人指導が基本ですので、たくさん寺子を抱えることは無理だったのではないでしょうか。年長のしっかりした子が、師匠の業務を一部委託されて、小さな子の面倒を見るというのも普通に行われていたようですが、それにも限界があるでしょう。

さて、生徒それぞれに即した落ちこぼれを生まないこの時代の教育のほうが、今のものよりいいんじゃないかと思われた方も多いでしょう。もちろん、今の教育が学ぶべき点は多々あるのですが、それぞれ一長一短があります。まず、すべての子どもに就学の機会と権利が与えられているわけではないということを考えなくてはなりません。子どもも貴重な労働力として家を支えなくてはならないこともあったでしょうし、七歳くらいから丁稚《でっち》として商家に奉公する子どももいっぱいいました。一律の子ども像を想定しにくいのがこの時代です。[9] また、地域による偏差も大きかったものと思われますし、教育の質も一律に保証されているわけではありませんでした。

本の文化の時代

書籍の広い階層・地域への浸透という現象は、日本近世の文化状況を特色づける大きな要素です。文字文化が普及し、それに応じて、またそれを促すように、出版という方法によるテキストの大量複製も行われ、大量の「知」と娯楽とが共有されるようになりました。書籍は特殊なものではなく、日常普通の必需のものとなったのです。精粗はあるものの、地域・階層を超えて、書籍・摺物《すりもの》を媒介として均質の情報が行き渡るような時代となっていきました。

日本近世を「出版文化の時代」と呼ぶ人がいます。高校の教科書でもそのように説明してあるものがあります。出版という方法による多数のテキストの大量複製という状況は、たしかに

9　『文化・情報の結節点としての図像―絵と言葉でひろがる近世・近代の文化圏―』（晃洋書房）には、鈴木俊幸「江戸時代における子どもの読書を考える」という論文が収められています。

これ以前には無かったことなのですが、これは誤解を生じる言葉です。この時代は、前代をはるかに凌駕《りょうが》する写本の時代でもあったのです。出版という方法によるものばかりではなく、書写という手段によって大量に本が制作されたわけで、本節のタイトルを「本の文化の時代」としたのは、そのような理由です。

印刷と出版

まず、印刷と出版の違いから確認しておきましょう。

印刷は何らかの「版《はん》」を用いて複製を作ることです。それを不特定多数に流通させる行為を出版と言います。ですから、広い流通を想定しないもの、たとえば教室で授業の資料を配付することは、大部数であっても出版とは言わないわけです。

ここに経済原理が大きく作用します。今ならコピーという手がありますが、それが無かった時、わざわざ版を作成してテキストや図像を印刷するには、それに見合った部数の制作が想定されなくてはなりません。版木にする桜材も安くないし、それに彫刻を施す職人の手間賃はさらに高いです。せいぜい、数部程度のものであれば、割に合いません。筆で写してしまえ、ということになるわけです。これが、本屋など営業上の利益と大きく関係してくるものであれば、さらにシビアです。投下したコストを上回る利益が期待されなければ踏み切らないことに原則としてなるわけです。

版にはさまざまなものがあります。これから説明する整版のほかに、木活字《もっかつじ》や金属活字を並

版木　個人蔵

べて作る活字版、平版の銅版や石版、最近めったに見られなくなった孔版《こうはん》（ガリ版）。

整版は、近世から近代初期においてもっとも用いられた版です。小学校の図工の時間など、彫刻刀を使って木版画を制作したことがある人は多いと思います。あれが整版です。木製の板（日本では、堅くて耐久性のある桜の板が主に用いられました）に、文字なら版下（彫刻用に紙に清書したもの、またそれを透き写しにしたもの）を裏返しに板に貼り付けて鏡文字にした文字部分を彫り残し、それ以外をノミや彫刻刀でさらい取って版が作成されます。これを版木（板木）といいます。版木の写真を示しました。真っ黒でわかりにくいかと思いますが、見てみてください。これを彫るのは専門技術です。若い時から親方のもとで修業して上達していきます。彫工は字彫りと絵彫りに分かれていて、字彫りの彫工のほうが高級職で手間賃も高いのが普通です。草紙関係の版木を扱う絵彫りと違って、漢字の字姿、筆法をきっちり知っていなくては務まりませんから。職人社会にも階層があるのです。

書物と草紙（地本）、書物屋と草紙屋（地本屋）

江戸時代の本は、書物と草紙（江戸という都市では江戸でできた草紙を地本《じほん》と呼びます）に分けることができます。

本の世界にもけじめがあるのです。「書物」とは、神書・仏書・儒書・歌書等、宗教や学問の書籍、また日本古典などがこれに含まれます。みな和漢の古典、あるいはその古典を扱った学問の書籍です。古典は永年にわたって不変のテキストでありつづけたもの、不変の価値が備わっているからこその不変と考えられるわけです。社会・人生の指針を与えてくれる（はずの）書籍、社会の安定的な存続を理屈の上で保証してくれる書籍なのです。その価値に見合って高価であり、家の財産になりえます。

この時代を支える背骨ともいうべき「書物」が公の世界にあって、いやあったからこそ、そのいっぽうで、日用の便に供される草紙、お楽しみの草紙の世界が私《わたくし》の領域に満ちあふれていました。浮世絵や草双紙、芝居関係書、往来物（幼童向け教育書）、読売（瓦版）などです。消耗品的に消費される草紙は価格も安く身近な私の領域に浸透します。ここに身近な教訓の種があり、笑いの花が咲く。私的な領域において、江戸時代は笑いにあふれていた時代です。

書物は、だいたい大きなサイズです。本にもヒエラルキーがあり、大きくて表紙が立派な本ほど、だいたいエライ本です。

　草双紙の写真もみてみましょう。これを見ると、書物との差がなんとなく了解できるかもしれません。浮世絵のような一枚のものと冊子のものとが同じカテゴリーであるということに違和感を覚える人もいるかもしれません。これを分けるのは近代の発想です。当時としては制作・流通とも同一の業界であるし、享受の仕方もあまり異ならない以上、同じ種類なのです。草紙類は消耗品的に享受されますので、とくに子ども向けのおもちゃ絵などは、なかなか良好なコンディションで残りにくいものです。でも今でも古書市場から無くならないのは、たくさん発行されていたから、江戸時代に豊富に出回っていたからです。

　本屋も書物を扱うか草紙を扱うかで大きく異なりました。仲間組織も別ですし、流通も別個です（兼業の本屋もありましたが）。

　それでは本屋の店先を覗《のぞ》いてみましょう。まず書物屋から。書物屋の写真を見てください。本屋と聞いて、現代の本屋の様子をイメージした人は多かったと思います。客が本棚の間を歩いて自由に本を選べる今の本屋と全然違いますよね。これは座売りというスタイルの営業で、明治の中頃まではこんな光景です。呉服屋もそうなのですが、高級品を扱う店に一般的な営業スタイルで、商品は火災や盗難に備えて蔵に置いてあります。客は目的をもって店に来るわけだし、目的が漠然としていても、店の人間とのやりとりで、それが明確化したりします。またさまざまな同類を示して、より客のニーズに合ったものを提供したりもする。現代の本屋に馴《な》染《じ》んでいるわれわれからすると、気が詰まるし不便に思えるでしょうが、これは丁寧な対応な

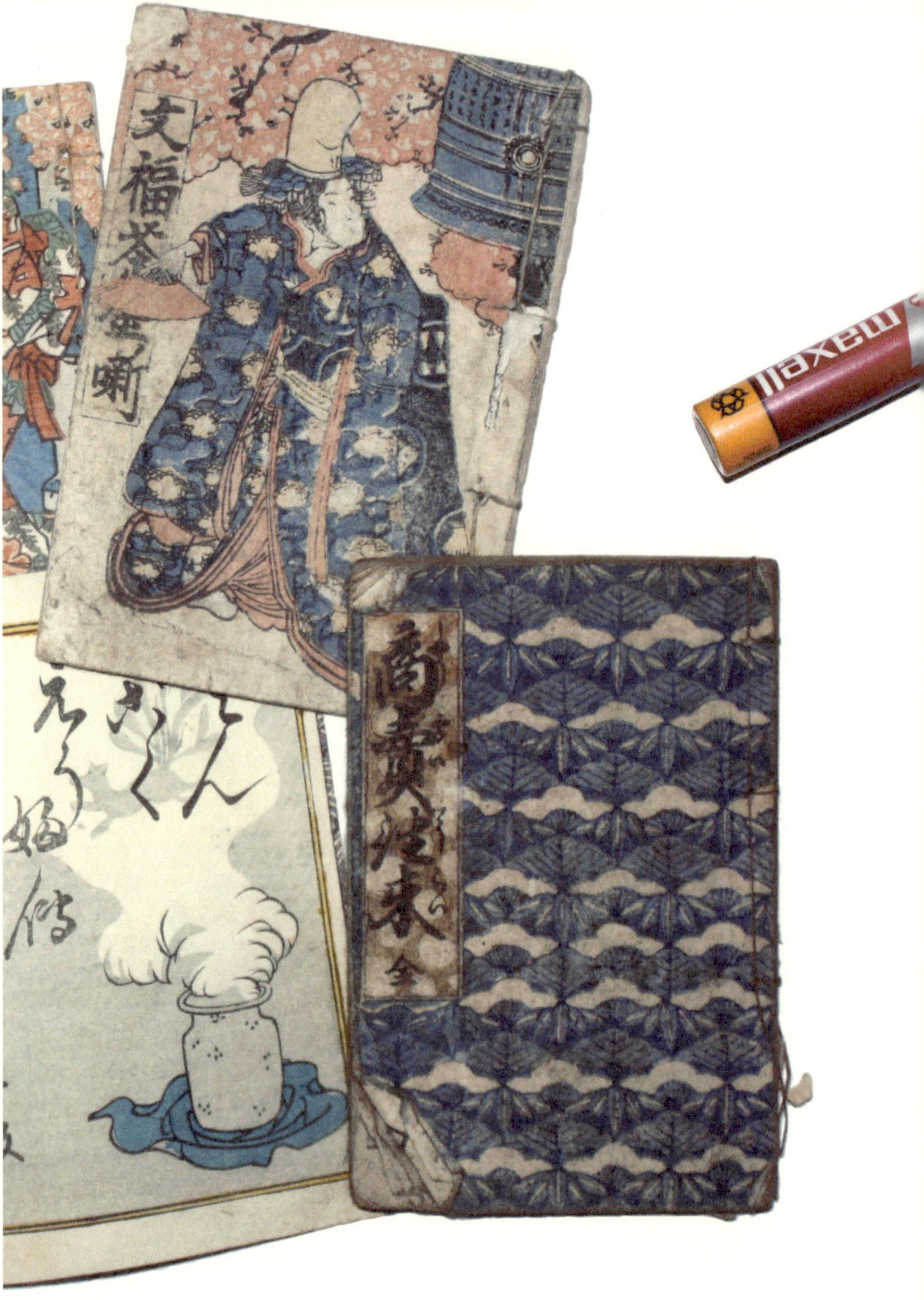
商売往来
全
maxell

草紙（豆合巻）個人蔵

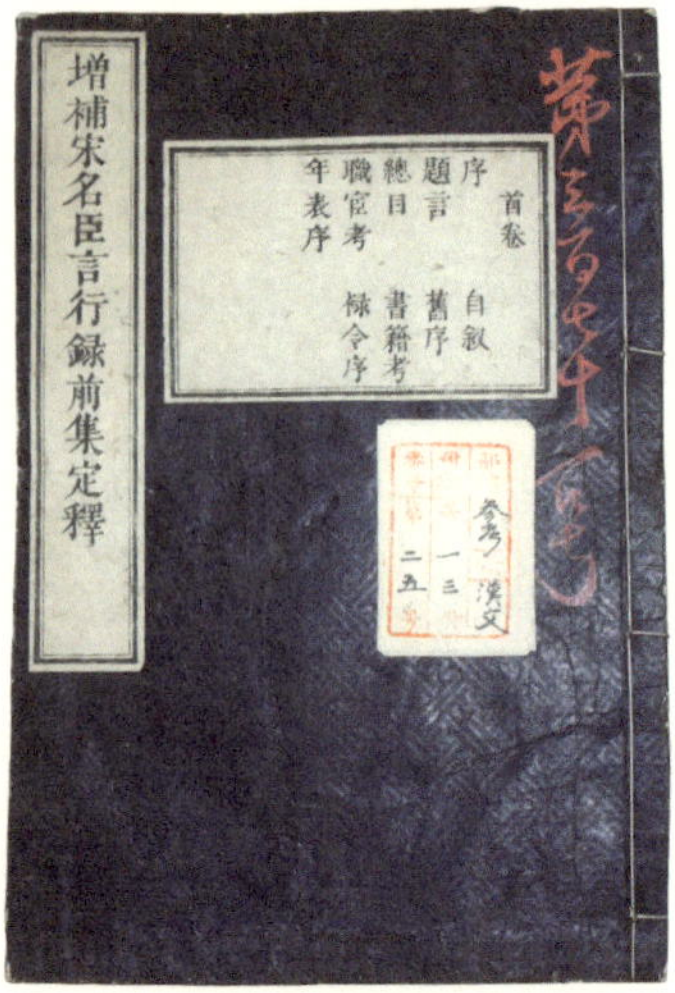

書物と書物屋　個人蔵

のです。日用品を扱う店、また生鮮品を扱う八百屋や魚屋なんかは別にして、品物を客が自由に見て選ぶという今のスタイルは、明治中ごろ、勧工場《かんこうば》（今のデパートみたいなもの）ができてからです。

　本屋も同様です。京都の竹苞書楼《ちくほうしょろう》や竹僊堂《ちくせんどう》あたりは、座売りの面影を残している本屋です。京都歩きの時はぜひ覗いてみてください（敷居の高さを感じてください）。当時は本に定価はありません。この絵、いま価格を交渉している最中なのかもしれません。売値は、今のキャベツやニンジンと同じ、仕入れ値、需給のバランス、現状のコンディションを勘案して示されます（ここに商売の上手《うま》い下手が出ます）。本の定価記載は明治になって出版条例で定められたのですが、その価格で売らなければならないということではありませんでした。値切ってもよし、ふっかけてもよし。定価通りに販売しなくてはいけなくなったのは、一九五三年に再販制度が施行されてからです。

　草紙屋の写真も示しました。山本平吉という草紙問屋の店先です。問屋は商品の制作を行い、かつ業者への卸を行うのですが、同時に小売の店舗（絵草紙屋）も構えているのが一般的です。新版の浮世絵が店先に吊《つる》され、目立つディスプレイになっています。奥の方にも浮世絵が平積みにされています。浮世絵は本の形をしていませんが、草紙の代表格、当時の人々は同じカテゴリーのものと見做していたことは先ほども触れました。沢山の人が店先にいます。箱看板と呼ばれる箱形の看板の向こうには、お使いの途中と思われる丁稚二人がサボって上を見上げています。江戸見物に来た田舎人らしき人や（江戸の草紙は江戸土産の最適品でした）子どもを背

繪双紙問屋
芳町親仁橋角
山本平吉

草紙屋（天保十年刊『豊年武都英』に描かれた山本平吉店）個人蔵

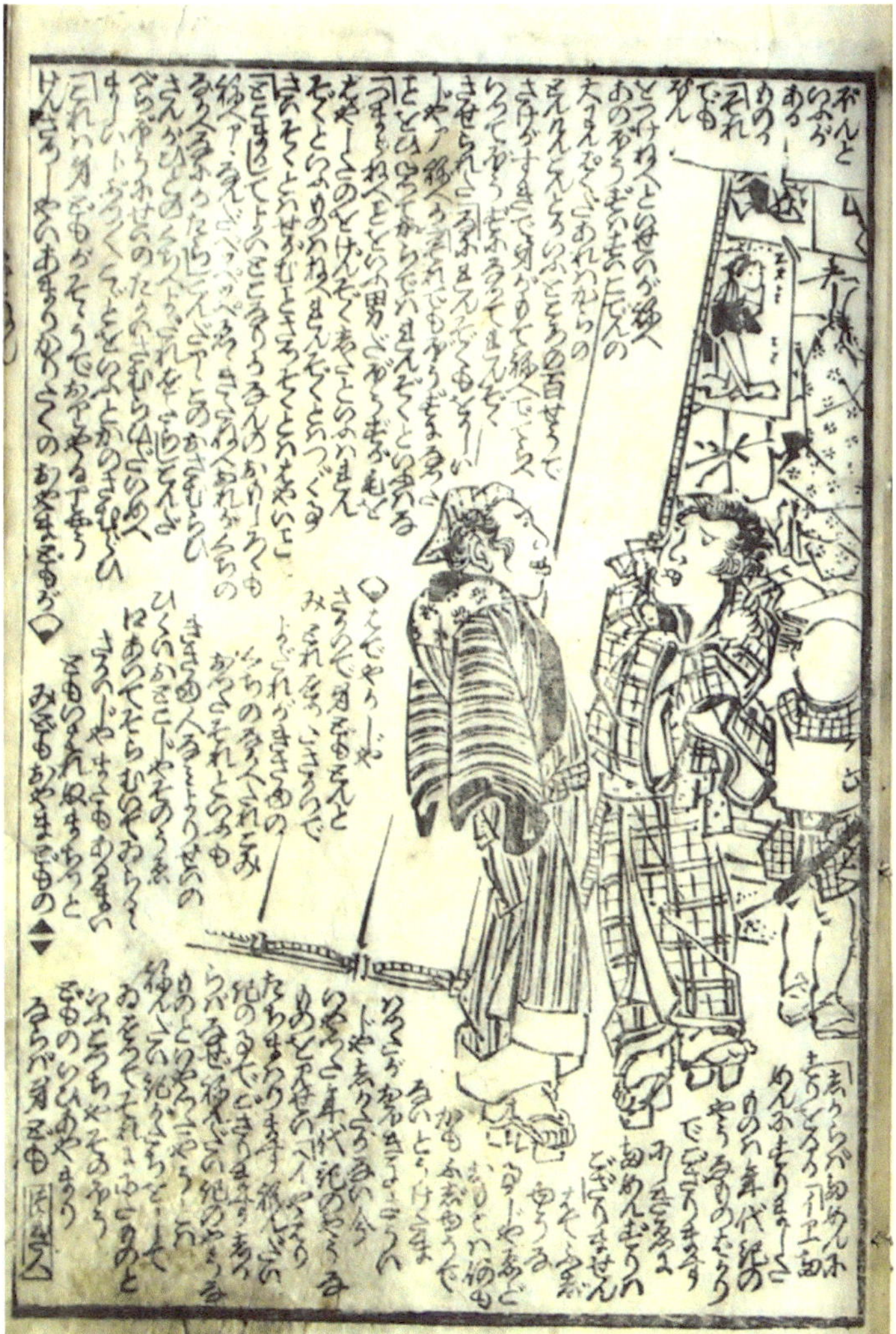

負った女性やら、武士やら子どもやら、賑《にぎ》やかなことです。左の下駄《げた》履きの人柄のよろしくなさそうな二人は地回り（ちょっと怖いおにいさん）でしょう。役者絵を見ながら芝居の評判でもしているのかもしれません。身分や性別や年齢を問わず、みんなのお楽しみと情報が詰まった身近な空間です。

書写という手段、写本の問題

ともすれば、われわれは出版されたものが正統なもので、手書きのものよりも信頼できると考えがちです。ところが、江戸時代の人びとにとってみれば、印刷はあくまでも便宜的な手段であり、出版物は手書きのものの代用品、写本が正統のものという認識でした（この感覚は今まったく失われてしまったわけではなく、卒業証書なんか毛筆っぽいフォントで印刷されていて、名前は全部肉筆ですね）。だから、口伝などを記した大事な伝書類はみな写本（巻物が多い）です。また毛筆文化の時代、文章の内容も大事ですが、同時に筆跡も重要な見どころでした。江戸時代の本も序文なんか自筆感を極力出す筆意《ひつい》彫《ぼり》と呼ばれる彫板が求められますし、有名な書家に版下を書いてもらったりもするわけです。

出版物は不特定多数に流布されるべきものでした。それに対して写本は読み手が限定されるものでもありました。つまり秘められるべきテキスト、入手しがたい情報を残す手段でもありました。それゆえに大きな価値を有していたりするわけです。アーネスト・サトウ『一外交官の見た明治維新』（坂田精一訳、岩波文庫）をみてみましょう。

写本類の入手はいつも困難だった。日本では、許可なしには何も公刊できないので、政府の事柄に触れるものは、どんな本でも昔から写本で流布するほかはなかった。この種の物の中に「家康の百個条」と称するものがあるが、それには日本政府の組織が具体的に書いてあるという。その本には家康以後に設けられた官職のことまで載っているが、この本の重んぜられる最大の理由は、おそらくその中に、家康の口から出た二、三の金言と、政務に参与する大官の任命についての規定を書いた確かな本があり、私はこれの一部を維新後に初めて手に入れたが、その時にはもはや実際の役には立たなくなっていた。この写本は、現在大英博物館《ブリティッシュ・ミュゼアム》に保存されている。

政道に関すること、将軍家に関わることの出版は制限されていました。禁じられたものは読みたくなるのが今も昔も変わらぬ人情、写本が売り物として多数制作されたり、人から借りたものを写して家の蔵書としたりすることになります。こういう類のものも普通に書物屋で扱っていたことはサトウの文章でも明らかですが、量産されるものではないので貴重です。また量産されるものではないので問題視しないことになっています。写本なら許されるのです。そんな重要情報も商品になっているあたりはいかにもこの時代ならではです。

そのような写本は主として貸本屋の手を経て多数の読者を獲得したりしていました。貸本屋については、その成立あたりも含めて後ほど取り上げますが、講釈師が得意のネタを小説化することが多く、よく出来た話に仕上がっていて、貸本屋でも人気の商品でした。徳川家康の一代記『三河国後風土記』、由井正雪の乱に仙台女敵《めがたき》討ちの話を織り交ぜた『慶安太平記』とか、荒木又右衛門の武勇伝『殺法転輪』などが有名です。

写本で流布した小説がたくさんあります。貸本屋から借りたものなどを書き写して自家用にするのですが、その際、ちょっとずつ改変が加えられていったりします。自分の納得のいくように、ストーリーやモチーフを小細工するのです。そうやって長大な大作に成長していったものもあります。つまり筆写という行為がそのまま読書行為であり創作行為でもあったわけです。

近世の女性と子どもたち

さて、ここからは草紙の文化について、その基盤と概要をみていきましょう。

この時代、儒学や仏教などの本である書物は社会の秩序を根本のところで支える公的なものとされ、たてまえとして大人の男性の領分に配置されます。あくまで「たてまえ」（公的言説）、分の話ですから、ありがたがっているふりをしておけばいいといえばそれでいいのです。そして実際のところ女性や子どもを拒むものでもありません。女性と子どもは、これまたたてまえとして、私的な世界を領分としていました。その私的空間に配置されるのが草紙です。公的にその価値を主張しないもの、女性と子どものものだから、こんな他愛ないものがあってもよいではないかという理屈、この時代らしいバランス感覚、智恵だと私は思っています。公的世界のぎすぎすとした緊張から安らぎの世界を確保しているわけです。そこに、女性と子どもの居所を確保し、本音のお楽しみをそこに温存しておくというわけです。公的世界から帰ってくれば、パパも私的世界の住人です。子どもとじゃれ合ってコロコロコミックを読んでもいいのです。

エドゥアルド・スエンソン『江戸幕末滞在記』（長島要一訳、講談社学術文庫）にこんな一節があります。

> 日本のおもちゃ屋は品数が豊富で、ニュールンベルクのおもちゃ屋にもひけを取らない。みな単純なおもちゃだが、どれもこれも巧みな発明が仕掛けてあって、大人でさえ何時間も楽しむことができる。休みなしに宙返りをうつ人形、馬の尻尾の毛の上を上下する独楽《こま》、魔法の本、のぞき眼鏡、万華鏡等々。

彼は、日本のおもちゃの文化に注目しています。当時の欧州のそれとは異なるものを見付けたからです。欧州で販売されていたおもちゃは贅沢《ぜいたく》品、それなりの価格のもので、いいところの子どもしか手にすることができません。それに対して日本のおもちゃは多くの子どもの親が手を出せるようなものがさまざま用意されており、多くの店で売られていたわけです。それだけの需要を確保しているということは、世をあげて、子ども（子どもじみた大人も含めて）のお楽しみをふんだんに用意していたということになります。[10] 草紙の世界もこれと連続するところにあるのです。

この時代の人々は子どもが大好きだったのです。渡辺京二『逝きし世の面影』を読むと、仕事から帰ってきた父親が片時も子どもを手許から離さず、どこにでも肩車して出かける姿や、西洋人の子どもを見かけるとみんな寄ってきてかわいがる様子とか、当時の西洋人から見ると異様に映るほどの子どもへの溺愛ぶり、べたべたぶりを伝える文章を数多く見付けることができます。

子どもの発見と「家」の存続

子どもは子どもだろうと思うかもしれませんが、江戸時代の子どもは、それ以前の子どもにくらべてかなり異なる存在となりました。

それ以前、大家族（複数の夫婦が同居し、いとこたちも大勢そこにいるような）の中では、自分の子どもも弟の子どもも等しく労働力あるいは労働力予備軍として大事な存在でありました。自分の血を分けた子どもだけに注意を傾けることはできなかったわけです。

ところが、単婚家庭が増えて、親のまなざしは一心に自分の子どもに向けられるようになります。

愛情をそのまま注ぎ込める存在、いずれこの家を継承していく存在として特別なものになりました。[11] そしてそれが社会の合意になりました。

「女子ども」の文化——草紙の世界

女性も、子どもと「分」を共有して、等しく草紙の世界の住人というたてまえでした。さすがに今はこんな言葉を吐く人はいないと思いますが、「女子ども」という言葉に抵抗を覚える人も多いと思います。子どもと一緒の扱いとは、女性蔑視、差別であると。そして、こんな言葉がまかり通っていたのはなんとも遅れたひどい時代だったと。それはそのとおりです。異論はありません。ただ、今われわれが獲得している視点に立って、過去を糾弾しても、それだけのことで、さほど意義深いこととは思えません。この括《くく》りの当時における意味を考える必要があります。民間では、多くの場合、女性も貴重な労働力でした。実質、どっちがエライとかエラくないとかいう話にはなりません。上州のように繊維産業が盛んな土地では、むしろ一番の働き手が女性で、家庭内でぶいぶい言わせていたのは、むしろ女性のほうだったりしたわけです（かかあ天下と空っ風）。女性と子どもが領分を同じくするというのはあくまでも公的な場で

10　残念ながらこのようなチープなもの、子どもがいじり倒す消耗品的なものは残りにくい。当時の人々もありふれた日常のものだからきちんと保存しようとしない（グリコのおまけや鉄腕アトムのシール、今高値で売られています）。とにかく日本に遺品が少ないのですが、ライデンの国立世界文化博物館にはびっくりするくらいのピカピカの未使用品が少々残っています。シーボルトやブロンホフなんかが日本から持ち帰ったものです。

11　次男三男は、いずれ外に出て行かざるをえない立場なのですが、外の世界で通用するように、ちょっとでも良いところに縁付けるように、より手厚い教育を施してやったりしています。

のたてまえでした。その単なるたてまえを私的な場で声高に主張する人は、むしろ、さげすまれたりしたわけです。このあたりの機微をまず理解すること、当時のリアルに近付いた上であらためて評価してみるべきではないでしょうか。

この「女子ども」という括りですが、当時においては現代的な差別的意味合いが希薄です。「分」というものがあって秩序が保たれているという考え方をするのが当たり前の時代ですから、さげすんでいるわけでもないし、さげすまれているという感覚もなかったと思われます。

都市の文化と情報の均質化

書籍の文化は都市的なものです。主に都市で生産されて地方に流通していきます。その流通網が太く細やかに全国にめぐらされるようになると、都市の文化が地方に伝播《でんぱ》することになります。書籍の流通網は情報網でもあります。ここを流れる情報量が徐々に増加し、広く同一の情報が共有されることになります。小説にしても芝居にしても、名物にしても名所にしても、日本全国どこでも話題を共有する人に出会えたりするようになるわけです。幕末になると全国的規模の、階層を超えた「公論」らしきものが成立する気配が生まれてきます。

ここまで日本近世という時代全体を概観してみました。次章からは、近世初期から書籍の文化を軸に時代の推移をたどっていくことにします。

第二章　本の文化と近世の文芸ができるまで

本章では、書籍文化の歴史をたどりながら、その折々の文芸を読んでいきます。前述したように、日本でお経などを印刷するために昔から行われた方法は、一枚板を彫刻して版を作成する整版印刷という方法でした。安土桃山時代、これ以外の新たな方法が日本に入ってきます。活版印刷です。文字ごとに独立したコマ（活字）を並べて文字列を作り、それを版にする方法です。これが流行し、出版隆盛の火付け役となります。

日本の活字印刷ことはじめ

この時期、日本に入ってきた活版印刷には二系統あります。

キリシタン版

天正十八年（一五九〇）、ヴァリニャーノ神父の意を受けて、少年使節、職工を伴い活字と印刷機械を日本に持ち込む。翌年、『サントスの御作業の内抜書《うちぬきがき》』肥前加津佐《かづさ》にて刊行される。

朝鮮活字

文禄二年（一五九三）、文禄の役の戦利品として秀吉の軍隊が日本に持ち帰る。

前者はグーテンベルクによるルネッサンスの象徴的発明品、手引活版印刷機です。キリスト教の布教に世界各地で大きな威力を発揮しました。日本でも、キリスト教関係書をはじめさまざまな書籍を出版、流布させ、布教の一助としようとしたわけです。

後者は、調子に乗った秀吉の軍隊が朝鮮を侵略にかかった時に略奪してきたもので、銅活字のセットと植字盤（活字を並べて版を整えるための盤）などの印刷用の道具と、おそらくは職工も連れてきたものと思われます。

さて、この後に日本の活字印刷ブームが起きるわけですが、どちらの影響が強かったものか、いまだに論争の決着をみていません。近年までは、朝鮮活字の影響下に成立したという意見が多かったのですが、近年それに異を唱える学者が多くなってきました。その論拠として、まず、活字の固定の仕方が蜜蠟《みつろう》を使う朝鮮方式ではなく、四周を締めて固定するキリシタン版方式であったと推測できること、そしてキリシタン禁制の下、その影響下にあることをとことん隠滅しようとしたであろうということ（したがって、朝鮮由来の方法であることをことさら本に記したりする）などを挙げています。

勅版——天皇の命による制作

学問好きな後陽成《ごようぜい》天皇は、秀吉から献上された朝鮮の銅活字を使って書籍の制作を試みます。

最初に印刷されたものが『古文孝経』という儒学の経書《けいしょ》でした。その後、同様の形状の木製の活字（木活字《もっかつじ》といいます）を作らせ（おそらく、献上の金属活字だけでは間に合わなかったのでしょう）、それを使ってたくさんの書籍を制作しました。後陽成天皇による慶長期のものを慶長勅版といいます。その後、後水尾《ごみずのお》天皇が命じて作らせた元和《げんな》期のものを元和勅版といいます。

写真は国文学研究資料館所蔵の元和勅版『皇朝類苑』です。後水尾天皇が元和七年（一六二一）に制作させたものです。きれいに整った版であることが確認できます。全体に整然としているのですが、拡大してよく見ると、文字によって微妙な濃淡があります。そして、四周の枠（匡郭《きょうかく》といいます）の四隅が離れています。これが活字による印刷の大きな特徴（整版印刷のものとの見分け方）です。匡郭も一辺ずつ単独の部品だし、活字の微妙な高低が墨付きのムラを生じさせるのです。

家康の出版事業

さて、後陽成天皇の事業は大きな影響を世の中に及ぼしました。慶長期の初めはいまだ戦国、不安定な政情は収まらない中でしたが、寺院や貴族、またインテリ戦国大名たちが真似しはじめたのです。これまでの出版事業は、版木に使える良質の桜材を調達し、彫工と呼ばれる専門の職人たちを使って彫刻させ、大量の紙を入手し（紙は高価です）、摺師《すりし》とよばれる職人たちに摺らせ、製本師に製本させ、書籍が出来上がった後は、大量の版木の保管を行わなくてはならず、コストについてもスペースにしても大きな規模のものを必要とする大事業でありました。

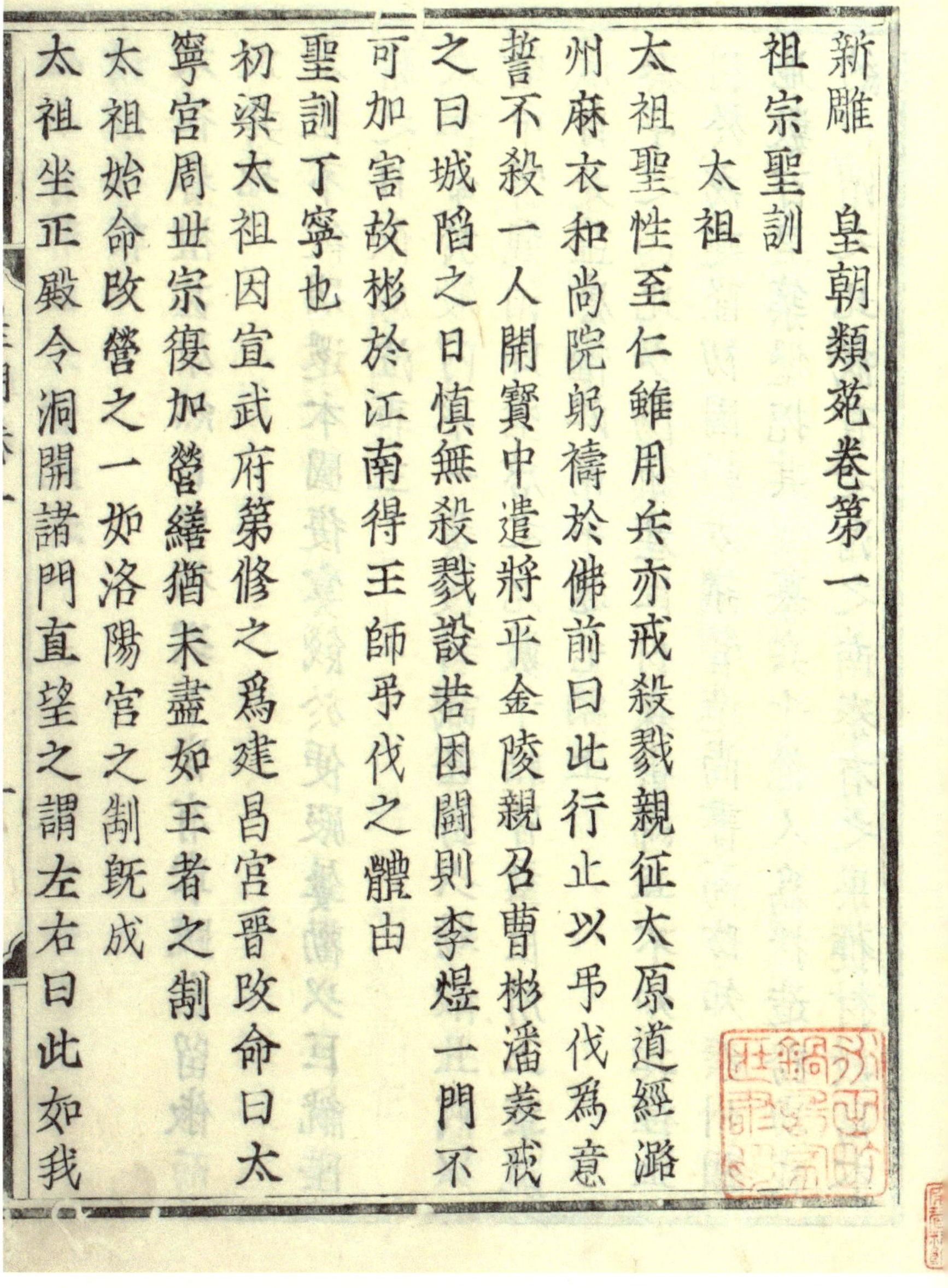
新雕　皇朝類苑卷第一

祖宗聖訓

太祖

太祖聖性至仁雖用兵亦戒殺戮親征太原道經潞州麻衣和尚院躬禱於佛前曰此行止以弔伐爲意誓不殺一人開寳中遣將平金陵親召曹彬潘美戒之曰城陷之日愼無殺戮設若困鬬則李煜一門不可加害故彬於江南得王師弔伐之體由
聖訓丁寧也

初梁太祖因宣武府第修之爲建昌宮晉改命曰太寧宮周世宗復加營繕猶未盡如王者之制
太祖始命改營之一如洛陽宮之制既成
太祖坐正殿令洞開諸門直望之謂左右曰此如我

元和勅版『皇朝類苑』国文学研究資料館蔵

動機ともども、大きな寺院くらいしかこれをこなせるところはなかったのですが、この活字印刷という新たな方法は、活字のセットと植字盤さえ手許《てもと》にあれば、思いついたら、そこで版を制作し、必要な部数だけ書籍を制作することができるものでした。自分が書籍の制作主体になれる、これは楽しいことだったと思います。

一番食いつきがよかったのは徳川家康でした。彼は慶長四年（一五九九）から、伏見の円光寺で出版事業を開始します。この時使った活字は今も円光寺に残っていて、重要文化財に指定されています。東京の印刷博物館は、伏見版『貞観政要』や駿河版銅活字を所蔵しています。家康は銅製活字の鋳造に挑みました。駿河版銅活字と呼ばれるもので、写真にあるのがその現物です。なかなかの出来映えの活字で、これによって制作した書籍も堂々とした素晴らしいものです。印刷博物館に行くといつでも見られます。ここは楽しいところですので是非足を向けてみて下さい。

朝鮮活字やこの銅活字のものも含めて、近世初期に盛んに制作された活字印刷による書籍を古活字版《こかつじばん》と称しています。それは、近世後期に再び木活字による印刷・出版が多く行われることになりますが、それと区別するために、古い時代の活字版という意味で付けられた名称です。

整版印刷と木活字印刷

この古活字版の時代、木活字印刷にどのようなメリットがあって、多くの人間が飛びついたのでしょうか。

駿河版銅活字　TOPPANホールディングス株式会社 印刷博物館蔵

活字印刷の利点の第一は、ある程度の分量の活字のセット、そして植字盤への初期投資さえすれば、誰でも同一のテキストの複製が可能となる幾通りもの「版」を手に入れることができるということです。

繰り返しになりますが、整版という旧来の印刷様式では、版を作成するために多量の良質な桜材を必要とし、その桜材を彫板するための彫工の労力もまた要しました。文字の大小、精粗にもよりますが、版を一面作成するにも少なからぬ労力と時間とが必要となり、その版木を保存するために、雨露をしのぎ、虫の害からのがれることのできる広いスペースと管理とが必要でした。

これらの問題を解決する画期的な手段として、木活字印刷は急速に広まりました。印刷部数は今日の出版と比較すればわずかなものでしょうが、不特定多数の人間に流通の回路が開かれたことは、画期的なことでした。これまで一部の階層の中でのみ流布していたテキストが社会に共有され、速やかに版を作成できるその特性から、時代に密着した内容のものがその価値の失《う》せぬうちに流通するようにもなりました。寺院以外には動機と資力を持ち合わせていなかった印刷という行為が、それ以外の一般の人の手にもわたることになったのです。

ただし、それなりのメリットがあったからという理由だけでは、その流行を説明しきることは困難かと思います。とかく流行というものは、そんな単純なもの、計算的なものではなさそうな気がします。まず、天皇が始めて、家康も始めて、周りにも本を作る人間が出始めたとなると、なんか新しくてかっこうのよいことに見えたという部分も大きかったのではないでしょうか。

古活字版が解放する古典

古活字版の時代、どの本が何部制作されたのかということについては、史料が無くて分かりません。しかし、万とか千という単位ではないことは確かでしょう。この時代の本作りのほとんどは商売ではなく志の仕事です。寺院による出版も多くありましたが、それ以外は、多分、知友や同好に贈呈するくらいのものだったと思われます。多くてせいぜい五十部くらい、百部も制作することは無かったと私は思っています。この当時、読者層が極めて限定的であったこと、本屋による広域的な流通は考えられなかったことなど、この推測にはいくつか理由がありますが、何よりも、この便利なもので本を作るのはけっこう面倒だったからです。活字を拾って並べて一面の版を作る、それを予定部数分刷り上げて保存し、今度は植字盤にある活字を全部ばらして、また次の一面を組んで印刷、またばらして組んで……、その繰り返しです。植字盤を二台以上用意したり、多くの人を使ったりして効率よく制作する方法もありますが、それでも、大部のものであればあるほど、製本に至るまで、摺りっぱなしの紙の山が棚や部屋を埋め尽くすことになります。

でも、仮に数十部の制作であると仮定しても、筆で書き写すのとは比較にならないくらい、桁違いの部数が一度にできるわけです。公家《くげ》の世界の内部に留《とど》め置かれていたテキスト、この世界の中だけで書写で制作されてきたものが、同一の版面を持つ固定化されたテキストとして広く世に出ていくことになるわけです。

なお、不足の活字は必要に応じて作ります（作らせます）。上野寛永寺にある天海版大蔵経（家康の年忌に際して家光が作らせたもの）に使った木活字の悉皆《しっかい》調査に加わったことがあるのですが、未彫のコマがたくさん用意されていました。お経は同じ漢字が同一版面にいっぱい出てきたり、使い回しのできないへんてこな文字もありますから、不足した場合、職人を呼んで即時作らせるのです。

嵯峨本の果たした役割

写真（72－73頁）は、国文学研究資料館が所蔵している『伊勢物語』の一本です。拡大してよく見てみましょう。木活字で印刷されたものです。贅沢《ぜいたく》な色変わりの料紙に印刷された仮名文字の美しさは、活字感を覚えさせません。美麗な写本のようです。これが、世界で一番美しい本と言われている嵯峨本《さがぼん》です。活字のメリットは、均質性、活字を組み替えて別の本文を構成しても違和感のないところにあります。ところが、この嵯峨本は、仮名書きの連綿体を極力再現しようと、活字印刷のメリットを逆に切り捨てているのです。とにかく活字というものを使って、無駄を承知で美しい本を贅沢に制作してみたというのがこの事業です。そして、この事業の歴史的意義は、主要な日本古典が広く享受される基盤を作ったことにあります。

さて、この嵯峨本に本阿弥光悦が関わったといわれることがありますが、これは江戸時代から続いてきた通説です。教科書にもそのように載っていたはずです。しかし光悦本とも呼びならわされてきた嵯峨本への光悦の関与が最近疑われてきているのです。光悦が嵯峨本の版下（版木を制作するための清書）を書き、その文字を活字で再現したとされてきましたが、光悦の弟子であった角倉素庵《すみのくらそあん》もまったく変わらない字を書くことが判明しました。そこで、よくよく考えてみれば、逆に光悦の関与を証する史料が一切見当たらないという事実に気付かされたわけです。これまでの常識が覆る可能性の高い事例です。

古典籍の流出について公家側に抵抗感は無かったのか、なぜ公家秘蔵の写本を利用できたのか、これは大きな問題です。自家に伝わっている写本は公家にとって飯の種なのです。依頼に応じて写本を制作して謝礼を受け取る。ですから、そのテキストが流布してしまうことは家の経営としてはマイナスのはずです。当時一流の古典学者である中院通勝《なかのいんみちかつ》という公家が嵯峨本の事業に関わっています。彼は複数の家の写本を比較検討の上、より良質な本文を選び校訂を加えているのです。なぜ公家たちがそんなに協力的だったのか、通勝の顔きき、角倉の財力等々理由はいくつか考えられますが、はっきりしません。嵯峨本の事業自体についての当時の記録が残っておらず、いまだに分からないことだらけです。

近世文学としての徒然草

写真（74–75頁）は、国文学研究資料館所蔵の古活字版『徒然草』です。

書き入れも多く、全体にちょっと草臥《くたび》れ気味で、かなり読まれた形跡があります。

むかしおとこうゐかうふりしてなら
京かすかの里にしるよしゝてかり
にいにけりその里にいとなまめいたる女
はらからすみけりこのおとこかいまみて
けりおもほえすふるさとにいとはした
なくてありけれは心地まとひにけり
男のきたりけるかりきぬのすそをきりて
うたをかきてやるそのおとこしのふすりの
かりきぬをなむきたりける

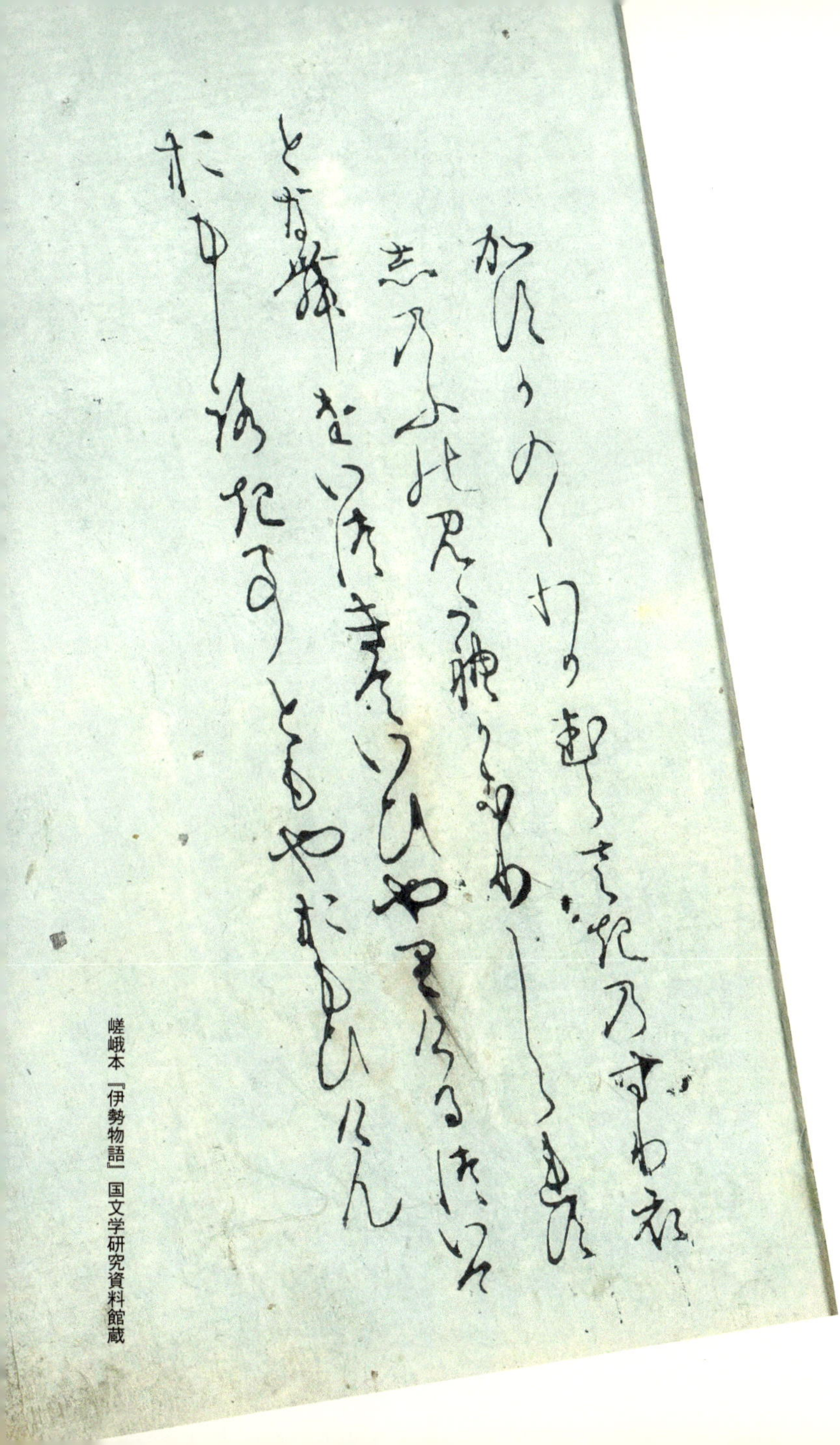

嵯峨本『伊勢物語』国文学研究資料館蔵

猶なまめかしそれより志もつかたは程に
つけつゝ時にあひ志たりかほなるもみつ
からはいみしと思ふらめといと口おし
法師はかりうらやましからぬ物はあら
し人には木のはしのやうに思はるゝ
よと清少納言かかけるもけにさることそ
かしいきほひまうにのゝしりたるにつけ
ていみしとは見えす増賀ひしりのいひ
けんやうに名聞くるしく佛の御をしへに
たかふらんとそおほゆるひたふるの世捨

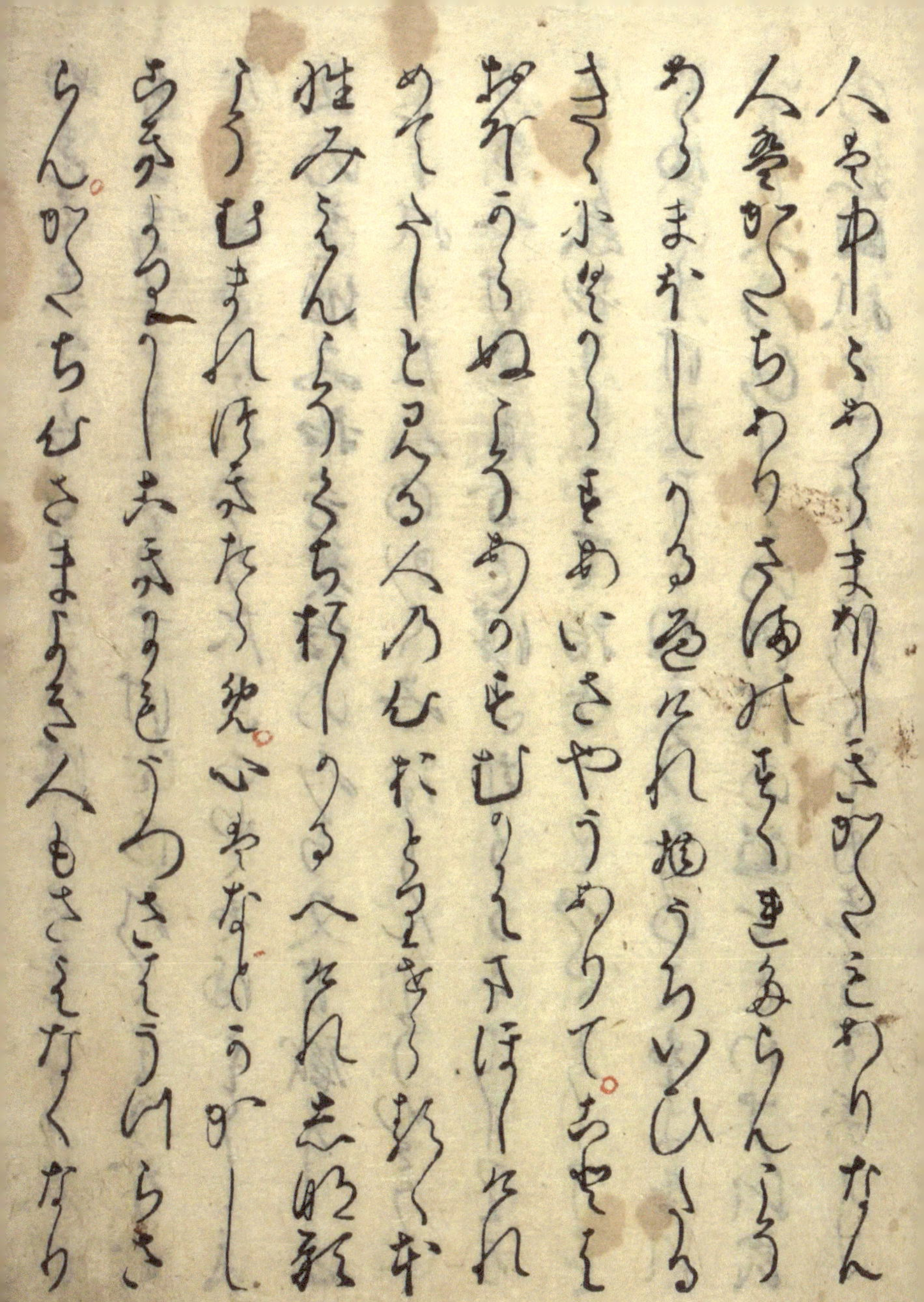
人はかたちありさまのすぐれたらんこそ
あらまほしかるべけれ物うちいひたる
きゝにくからずあいきやうありてことば
おほからぬこそあかずむかはまほしけれ
めでたしと見る人の心おとりせらるゝ本
性みえんこそくちおしかるべけれ品
かたちこそむまれつきたらめ心はなどか
かしこきよりかしこきにもうつさばうつ
らざらんかたち心ざまよき人もざえなくなり

古活字版『徒然草』国文学研究資料館蔵

『徒然草』は、中世の写本がほとんどありません。つまり、同時代にはほとんど知られていない、読まれていない作品だったのです。それが、嵯峨本の事業で発掘されて出版されました。これ以来、注釈書も含めて非常に多くの種類の版本が時代を通じて出版されました。百人一首に次いで、もっとも親しまれる古典となったのです。優雅な表現による理性的な叙述スタイル、またほどよい距離感からの透徹した人間観察と合理的かつシニカルな批評は、「教訓」表現の手本となって、「○△草」というタイトルをもつ多くの影響作を生み出しました。この嵯峨本の事業が無ければ、古典の教科書に『徒然草』など載ることはなく、「三大随筆」という妙な言葉も生まれなかったはずです。

さて、古活字版の『古文真宝後集《こぶんしんぽうこうしゅう》』の刊記（奥付）には、次のように本屋新七という者が出版したことが明記されています。

慶長十四己酉年陽月下旬　室町通近衛町本屋新七刊行

これは、自分の商売用に活字版で書籍を制作する本屋が、すでにこの早い段階で誕生していたことを示しています。書籍の市場が出来、出版が商売として成立する時代を迎えることになります。

古活字版の終焉《しゅうえん》、製版への移行、「業界」の成立

古活字版の時代は三、四十年ほどで終わりを迎えます。木活字による出版事業は寛永年間（一六二四〜一六四四）を最後にぱったりと見られなくなるのです。これは不思議な現象です。

木活字に代わって主流となるのは製版印刷ですが、この方法は、版を作るにも、保存するにも、より多くのコストがかかります。整版印刷にどのようなメリットがあったのでしょうか。

まず、読者層の拡大によって書籍の需要が増大し、木活字印刷では、その増大した需要に応《こた》えきれなかったのではないか、ということがいわれています。その具体的な説明には幾通りかあります。木活字印刷では、摺刷《しゅうさつ》を重ねていくにしたがって緩みを生じ百部程度の摺刷がせいぜいであったからとする説。木活字印刷では、百部程度摺ると印面が汚れるので、組をばらして洗浄する必要があったためという説。しかしこれらの説はずい分前に否定されました。

ある程度の説得力をもつのは次のような説明です。木活字印刷は、予定部数の摺刷を終えると解体され、また別の版を形成するために再利用されていくという方法で、そのコストの低廉を保ってきました。そのかわり版は残らないので、再版するには、また一から組版という労力を要することになります。その点、整版印刷は、一度版木に版を作成してしまえば、その版木が無くならない限り、必要な部分、部数の摺刷が可能です。何次もの摺刷を繰り返すことによって、その初期投資を回収できるという判断さえ下せれば、最初から整版で版をこしらえておけばよいわけです。そしてこの寛永期こそが、整版に投下する資本の回収を見込めるほどの書籍需要が成立した時期であるというわけです。

しかしそれだけでは、ほぼ一斉に競うように整版に切り替わること、整版に投下した資本を早々には回収できないような（つまりさほどの販売部数を期待できない大部で高価な）ものについても、ある時期から版木が制作されるようになったことを説明しきれないでしょう。

ではなぜか。私は、「版木には出版にかかわる権利が付随する」という合意がこの時期に形成されたのではないかと考えています。同業者のあいだで、最初に版木を制作した者が、そのテキストの独占的権利を持つという、業者間で認め合う版権（板株《いたかぶ》）のルールが生まれたからであると思います。ですから、権利の囲い込みのためにみな一斉に版木を制作しはじめるのです。これはこの時期の京都において、出版を業とする者たちの間における秩序が形成されたことを意味します。この時点を、京都における書籍「業界」の成立とみなすことができるでしょう。もちろん、書籍の市場が確たるものとして成立したことを背景としています。

これ以外に説得的な説明はありえないと私は思っています。商売の理屈を導入しないとうまく説明できないはずなのですが、大方の文学史や出版史の本は、このことの重要性を認識していないようで、いまだに読書人口の増加と書物需要の増大くらいの理屈を付けてお茶を濁しています。この先、書物商売の同業組合（本屋仲間）が成立しますが、この組織の意義、最重要の仕事は、出版に関わる権利である板株（版権）の保護と管理です。そこにつながっていく現象と見做《みな》さなければ、当面の儲《もう》けにならないような本についてまで、競い合うように版木制作に資本を一斉に投下しだすこと、一斉に活字による出版から撤退していくことを説明しきれないはずなのです。ついでに申しておきますと、著作者に帰属する著作権とは異なり、版権はあくまで出版者に帰属するものです。

パロディの時代

本節の最後に、この時代の文芸にちょっとだけ触れておきましょう。日本近世はパロディの時代です。現代と違って、まったくのオリジナルなものにはさほど価値を見いださないのがこの時代の人びとです。何かに基づいているものであることが大事です。これまでの日本の財産、蓄積されてきた古典は共有すべき知であり、これに基づく表現が望まれました。ちょっとウケを狙えばパロディの出来上がりです。

『伊勢物語』のおなじみの初段を、まずゆっくり声に出して読んでみましょう。

むかしおとこうゐかうふりして、ならの京かすかの里に、しるよしてかりにいにけり。そのさとに、いとなまめいたる女はらからすみけり。このおとこかいま見てけり。おもほえす、ふるさとに、いとはしたなくてありけれは、心地まとひにけり。男のきたりけるかりきぬのすそをきりて、うたをかきてやる。そのおとこしのふすりのかりきぬをなむきたりける。

かすかの丶わかむらさきのすり衣しのふのみたれかきりしられす

となむ、をいつきていひやりける。ついておもしろき事ともやおもひけん。

みちのくの忍ふもちすりたれゆへにみたれそめにしわれならなくに

といふうたの心はへなり。むかし人は、かくいちはやきみやひをなんしける。

次に『仁勢物語《にせものがたり》』の初段を音読してみましょう。

をかし、男、頰被《ほうかぶ》りして、奈良《なら》の京春日《みやこかすが》の里《さと》へ、酒飲《の》みに行《い》きけり。その里にいと生臭《なまぐさ》き魚、腹赤《はらか》といふ有けり。此男《おとこ》、買《か》ふて見にけり。おもほえず、古巾著《ふるきんちゃく》に、いとはした銭《ぜに》もあらざりければ、心地《ち》まどひにけり。男《おとこ》の着《き》たりける借《か》り着《き》る物を脱《ぬ》ぎて、魚の価《あたひ》にやる。其男《おとこ》、渋染《しぶぞめ》の著《き》る物をなむ着《き》たりける。

春日野の魚《さかな》に脱《ぬ》ぎし借《か》り着《ぎ》物酒飲《さけの》みたれば寒《さむ》さ知《し》られず

となむ。又つぎて飲みけり。酔《ゑひ》て、面白《おもしろ》き事《こと》どもや思《おも》ひけん。

道《みち》すがらしどろもぢずり足元《あしもと》は乱《みだ》れそめにし我奈良酒《われならざけ》に

といふ歌の心《こゝろ》ばへなり。昔《むかし》人は、かくいらちたる飲《のみ》やうをなんしける。

「腹赤」はマスのことです。さらに『伊勢物語』と突き合わせながら再読してみてください。よく出来ているでしょう。『仁勢物語』は『伊勢物語』の全段にわたって、逐語的にパロディ化しているのです。残念ながら作者が誰なのか分かっていませんが、古典に造詣が相当深い知識人、おそらくは公家の遊びでしょう。当然、『伊勢物語』全段を熟知している人間を読者に想定して制作されているわけで、限られた階層の中で作られて読まれていたことが推測できるわけです。近世の最初期において文芸に関与しえたのは、僧侶や公家、インテリ大名と医者や学者くらいでした。読者層は、これから先、大きく広がっていくわけですが、その動向は文芸の変化に密接に結び付きます。つまり、本の文化の変化に注目して読者たちの動向を捉えることができれば、文芸の歴史的展開のからくりに近付くことができるわけです。

近世京都の本屋とその業界

先に本屋の絵も示しましたが、最初に江戸時代の本屋について簡単に説明しておきます。今も本屋がありますから、なんとなく分かっているような気がしてしまいますが、じつは営業内容がかなり異なります。現代では、基本的には、出版と卸売（取次）と小売と、それぞれ別個です。われわれは集英社へ直接行って『週刊少年ジャンプ』を買ったりしません。江戸時代、小売専業の本屋はもちろんありますが、出版を行っている本屋で、卸売や小売を行っていない者はありませんでした。また、今では新刊本屋と古書店は許可証も別ですが、江戸時代、絵草紙屋は別として、新刊本だけしか扱っていない店はありません。専業の貸本屋もありましたが、普通の本屋や版元が貸本営業を行うことも普通です。さらに、本の修理など、本に関わることならなんでもやっていました。そして、兼業も普通のことで、同時に薬屋や文房具店などを営んでいたりしました。

本節では、全国に先駆けて本の業界が出来上がった京都のことを中心にみていきましょう。

中世までの印刷物のほとんどはお経の本か仏教書で、それを制作したのは寺院でした。高野山で作られたもの、鎌倉の禅寺で作られたものもあるのですが、圧倒的に京都の寺院で作られたものが多いのです。大寺院の門前には、お経の補修も行ったりする経師職が店を構えていることが多いのですが、それ以外にも版木を彫る彫工なども、その近辺でお寺の御用を務めていました。近世に入った段階で本作りのためのインフラが一番整備されていたのが京都ということになります。古活字版の時代、京都の寺院による活字本の出版も極めて多く見られます。要《よう》法寺《ぼうじ》は、近世初期に木活字で多くの仏書（要法寺版）を出版した寺院です。経本や仏書は江戸時代を通じて突出して多い出版物です。諸宗の本山を多数擁する京都は、末寺や学僧、一般信者のますます増加する需要に応えるべく、多くの仏書が制作される地となり、ここに多数の職人も育つことになります（今も仏教書出版の中心地は京都です）。

需要のあるところに向けて流通が開け、商売が成り立ちます。寺院の門前で本を制作する御用を務めてきた職人たちの中から、本の流通も手がける者が出てきます。自前で本の制作も行い、小売の店舗も開くというような、原初的な出版業者が門前町に出現してくるのです。

寛永十五年（一六三八）刊『清水物語』

『祇園《ぎおん》物語』は、刊記（奥付）が無いので正確な出版時期がわかりませんが、寛永年間末の出版と推定されています。これは物語の形式を用いて儒学に基づく教えを平易に説いた『清水物語』（寛永十五年刊）を仏教的立場から論評した本なのですが、その中で、この『清水物語』について「京や田舎の人々に二三千通りも売り申せし也」という記述があります。近世初期、京都以外はすべて「田舎」です。『清水物語』が二、三千部売れたというのですが、アバウトな概数ではあります。この数字をそのまま鵜呑《うの》みにはできないのですが、複数の版による本が残っていて、当時としてはかなり売れたことは確かなようです。

当時は啓蒙《けいもう》の時代です。新たな時代の指針を、書籍を通じて獲得しようとする人々が多くなってきた中で、このような教訓的な書籍が多く出版されたわけです。つまり、このような書籍が多数売れるようになったということは、それだけ新しい時代の新しい読者層が形成されてきたこと、書籍の市場が大きく広がってきたことを意味するわけです。そしてそれは、京都だけではなく京都以外（田舎）にもひろがっていったのです。

『清水物語』も『祇園物語』も、いずれも仮名書き（平仮名主体で漢字にはふりがな）のものです。学問のための書物の用字は漢文が基本で、仮名を使う場合は片仮名が原則です。つまり、平仮名主体の本が多数制作されたということは、学問に関与すべき層とは別のところにその読者層がある、その新たな読者層が本の市場の大きな部分を形成してきているということを反映しているわけです。そして、それらの本の内容が、仏教や儒学、立場を異にしていても、いずれも人の道を平易に説くものであったり、地理や歴史などに関わるさまざまな知識をかみ砕いて説くものであったりしていることは、新たな読者層の需要がどのへんにあったかを物語っています。この頃は、まだ民間では、名主や庄屋《しょうや》など中間層が読者層の中心でしたが、彼らは、村落を運営していく上で、上に立って指導的立場を維持していくために、人格的な陶冶と知識とを必要としていたのです。その限られた民間の読者層がじわりじわりとこれから広がっていくわけです。

『毛吹草』の記事から

寛永十五年（一六三八）序『毛吹草《けふきぐさ》』は、当時大いに流行し始めていた新文芸である俳諧の手引書です。俳諧は俳句とは違います。俳句は俳諧の発句の五七五だけで成立させるものですが、俳諧は、発句・脇・第三……、五七五・七七・五七五……と、長句に短句を、短句に長句を付けて展開させていく文芸、連句です。一人でそれを行うこともありますが、基本的には複数で詠み合って、全三十六句の歌仙なり、百句の百韻なりを創り上げていくのです。同様の形式のものに、中世大いに流行した連歌があるのですが、連歌は歌の言葉、雅語を用いるもので、俗語は使えません。それに対して、近世成立の俳諧は、その制約を取り払い、むしろ大胆に俗語をぶち込むことで、滑稽味も貪欲に加えていくものとなりました。当時は、談林俳諧と呼ばれる句風の全盛期でありました。句を付ける際のポイントは、言葉の縁、連想関係にある言葉を使って展開させていくという作法です。この『毛吹草』は、カテゴライズされた言葉を寄せ集めて編集されていて、付け合い語を見付ける便りになるわけです。

国名「山城　畿内」（つまり京都）を引いてみると、そこに京都の名物がずらりと並べられています。

山城　畿内

…表紙　板摺本《ハンノスリホン》　絵《エ》草紙《ザウシ》　摺絵縫薄物…

そこに「表紙　板摺本　絵草紙」と見えるわけです。「表紙」とありますが、紺地に金泥を用いて古雅な模様を描いた歌書表紙と呼ばれる豪華なものなどは、長い伝統に裏打ちされた京都の特産品です。近世後期になるとあちこちの地方で出版が行われるようになります。「田舎版」と呼ばれているのですが、その田舎っぽさの一つが表紙なのです。しっくりとしたかっこうのいい仕立ての表紙は、けっこうな文化度が要求されるもののようです。

次に「板摺本《ハンノスリホン》」という珍妙な言葉が出てきます。ほかに用例を見付けることができないのですが、これは明らかに、印刷という方法で制作された本、つまり一枚板で印刷された整版本のことを意味しています。これが他国にはない京都独自のものであるとの当時の一般認識がここからうかがえることは重要です。そして、この言葉のこなれなさは、しっかりと用語が定着しきれていない、新しいものであったということを意味するのです。

「絵《エ》草紙《ザウシ》」は、この場合、出版物ではなく写本です。京都には前代から草紙屋がありました。御《お》伽草子《とぎぞうし》が多いのですが、仮名書きの物語を豪華な絵入の写本に仕立てて販売していました。奈良絵本と呼ばれているもののほとんどがこれです。[1] 近世初期、いかに京都が本の文化で突出した先進地であったかが理解できると思います。

なお、近世初期における絵草紙は、奈良絵本のような写本の贅沢品（嫁入り道具なんかにします）なのですが、時代が下ると浮世絵のような印刷された安価なものになっていきます。これは鮮度が命、流行を追いかけるものになりますので、古いものの仕入れは行いません。地域密着型の商品ですので、それぞれの地域で制作されていきます。近世後期の京都でも木版印刷による草紙が制作されますし、そのような絵草紙屋が増えるのですが、京都出来のものは、江戸や大坂で作られたものに比べると質素なところが土地柄を反映していて面白いです。

地誌『京羽二重』

話は、半世紀ほど下ります。『京羽二重《きょうはぶたえ》』は貞享二年（一六八五）に刊行された京都の地誌（地域案内の本）です。地誌にはお買い物案内の情報も多数載っています。

歌書所　弁絵草紙
小川通一条下ル町　林和泉
東洞院丸太町角　喜左衛門
烏丸丸太町上町　与菱や

唐本屋
衣たな竹や町上ル　山形や清兵衛
衣のたな二条上ル町　同　善兵衛
二条通西ノ洞院角　壺屋宇兵衛

書物屋

	歌書	林白水
二条車屋町	法華書	平楽寺
同衣ノ棚	儒医書	風月
同東洞院	安斎書	武村市兵衛
同富小路	禅書	田原仁左衛門
寺町誓願寺下ル	真言書	前川権兵衛
寺町五条	同	中野小左衛門
右同町	法華書	同　五郎右衛門
五条橋通高倉	一向宗	西村九郎右衛門
二条御幸町	謡本	金屋長兵衛

半世紀の間に、京都の書籍産業がどんどん規模を大きくし、業界として整ってきたことがわ

1　京都で制作されているのになぜ奈良絵本と呼ばれているのか。これがよく分からないのです。当時の用語ではなく、近代になってそう称されるようになったのですが、誰か（おそらく骨董《こっとう》関係者）が、古雅な大和絵（奈良絵）で描かれた絵本だから奈良絵本だなどと言い出して、それがそのまま定着したのかもしれません。

かります。専門店化して棲《す》み分けが行われているわけですが、これは産業規模が大きくないとありえません。同じ書物の中でも、得意の分野で差異化を図っていることがわかります。誤解の無いように付け加えておきますが、扱っているのは新本ばかりではありません。当時の書物屋は、むしろ古書の割合のほうが格段に多かったと思われます。[2]

京都の書籍商は、仏書や儒書といった、価値の古びない書物の取り扱いを産業の基幹に据えて、大きく発展していきます。『京羽二重』に見える「平楽寺」など、いまだに健在で仏教書の出版を行っていますが、京都には、腐らないネタを抱え続けて長く存続していった本屋が多くあります。

『元禄太平記』からわかること

『元禄太平記』は元禄十五年（一七〇二）に出版された都《みやこ》の錦《にしき》作の小説（国文学の世界では「浮世草子」というジャンルに分類されています）です。都の錦（変な筆名です）は、癖の強いインテリで、書籍業界に通じていることを作品のあちこちでひけらかします。作りものですので、直接的な史料にはなりえないのですが、十七世紀頃の書籍業界に関わる史料が他にほとんど無い中で、彼の作品の中の随所に現れるウンチクは、当時の業界の様子を推し量る上で貴重な証言です。この小説は、京都の本屋と大坂（当時は阪よりも坂を使うのが一般的）の本屋が同じ舟で出会い、それぞれの業界の話をするというところから始まります。

京都の本屋仲間《なかま》にも、すぐれて見にくき衆中《しゆじう》多し。つく〲本屋の不勝手《ふかつて》なる、その源《みなもと》をかんがふるに、をゝくは唐本《たうほん》を和板《わはん》にするよりはじまれり。中頃史記《なかごろしき》、活法《くわつほう》のあらそひにて、七屋はおとろへ、小紅《こべに》はすたりぬ。されば金平《きんへい》、道乙両点《だうをつりやうてん》の通鑑一点《つがんいつてん》となして一板《はん》にさだめ、片《かた》板の通鑑《つがん》をば、朱子文集《しゆしぶんしう》か、杜氏通典《としつうてん》にするならば、世《よ》の為《ため》といひ、まして書林《しよりん》のたすけにならん。史記活法《しきくわつほう》ともにおなじ。是等《これら》は本屋の中間《なかま》たをし。たとへば一路《ろ》に三車《さんしや》を押《をす》がごとく、ともにやぶれてすたりゆく事、歎《なげ》くに絶《たへ》たり。

ここで語られていることは、京都の書籍業界の秩序がまだ整備されきっていない十七世紀の後半あたりの状況と思われます。中国から渡ってきた漢籍の和刻（日本で再出版すること）がごたごたの原因であるという指摘は重要です。[3] 儒学の世の中、売れ筋の漢籍の版の確保のために、複数の本屋が一つのテキストに群がって共倒れをしていたことがここから読み取れます。先に版木を整えた者がそのテキストの専売権を得るというルールが京都の本屋の間で成立した

2　ブックオフで売っているような「古本」をイメージしてはいけません。今でもそうですが、新本だけでは学問はできません。今の新刊本屋に並んでいるのは「今」という切り口だけです。すでに新本では入手できなくなった貴重書や、摺の鮮明な初摺のものを含めて、古書は過去の遺産の総体です。この品揃えが充実しているかどうかが書物屋商売の一流と二流とを分けていました。

3　和刻本の原本である漢籍は輸入品です。唐船が運んできたものが、唐本専門の市に流れて業者の手に渡るわけです。

と思われることはお話ししました。みな争って権利の囲い込みに走ったわけです。『史記』にしても『円機活法《えんきかつぽう》』にしても大部のテキストです。版木を調製するのにはかなりの資本の投下が必要です。他とかちあってしまったあげく、投下した資本を回収できないまま廃れていった本屋も多くあったというわけです。

京都の本屋七十二間《けん》は中古《ちうこ》よりさだまりたる歴々《れきく》の書林、孔門《こうもん》七十二賢《けん》にかたどり、其中に、林《はやし》・村上《むらかみ》・野田《のだ》・山本・八尾《やを》・風月《ふうげつ》・秋田《あきた》・上村《うへ》・中野《なかの》・武村《たけ》、此十軒を十哲《てつ》と名付けて、もつぱら世上にかくれなく、いづれもすぐれし人々なり。

このあとに、「十哲」として、いずれも、先に述べたような版権争いに勝ち残り、今後の京都の業界で中核を成していく本屋の名前が列挙されます。その二番目に挙げられる村上勘兵衛は、先に触れた「平楽寺」です。維新後もその力は衰えることなく、明治新政府や京都府の御用を務め、今に続いています（平楽寺書店）。

京都町触が示す世界

元禄十一年（一六九八）十二月に、町触が京都で出されます。

諸書物重板不仕分本屋とも互に申合来由候、雖然重板類板いたし候者間々有之、元板之もの及難儀之旨相聞不届候、向後重板類板仕間敷候、但相対之上ハ不苦候といへとも双方可断出候、惣而不謂浮説抔板行仕儀堅令停止候、若又板行仕度儀候ハ、訴出可受指図事
右之通洛中洛外本屋弁板彫共へ急度可令触知者也。

「重板《じゅうはん》（版）」とはまったくのパクリ、海賊版です。「類板（版）」は部分的なパクリです。これをしないように業界内互いに申し合わせてきたけれども、守らない者がままいて、「元板」の者が難儀するというので、そのような行為をしてはいけない（合意の上ならよいけれども）ということを最初に言っています。ここからは版権（当時は「板株」と言っていました）意識が明確に読み取れます。[4]

これは京都町奉行が勝手に出したものではありません。明らかに業界からの訴え、要望に応えて出した町触（願い触）です。この合意を破ることが違法行為であることの根拠を京都の業界は町触に求め、公権力の後ろ盾を得て、違法のものを取り締まろうとしたわけです。最後に根拠の無い「浮説」を出版してはいけない（どうしても出版したい場合は奉行所にお伺いをたてろ）ということを書いています。これはバーターです。お前たちの要望に応えて町触を出すから、その代わり人心をまどわすような怪しい出版物も業界あげて取り締まれ、ということです。[5]

4 版権と著作権が似たようなものであるという認識の人が多いのですが、これはまったく別物です。版権は出版物の制作販売を占有するための商売上の権益です。著作者には関係ありません。

こういった町触について、言論の統制であるとか、公権力の民間への介入であるとか、妙な近代的感覚で捉えてしまう人がいますが、そうではありません。ここから読み取れるのは、為政者と被為政者との間の協調、賢い取引です。当時の触書は近代以後の法律とは違います。明確な罰則規定を伴いません。公訴があれば奉行所は対応するのですが、商売に関わることなどの民事は、基本的には当事者間の内済・示談にもっていくように指導するだけです。民間のことは民間で、というのが一貫したスタンスです。海賊版の場合の多くは、版木を没収して元版の者がそれを受け取ったり買い取ったり（ちょっと理不尽だけど、よくあるパターン）、公権力に処罰してもらうという発想ではなく、自分たちで解決するための根拠として町触は機能するわけです。悪質な場合は仲間外しなどがおこなわれますが、日常的に取引をせざるをえない同業者間の話ですし、職人にしても一蓮托生《いちれんたくしょう》の共同体の一員ですから仲良くやっていくことが大事なのです。

最後の一行、「洛中洛外本屋」とともに「板彫共」に向けても発せられているところに注意する必要があります。「板彫」は版木を彫刻する職人、彫工のことです。本屋の違法行為は、取引停止とか、同業の中で制裁を科して規制することが可能なのですが、彫工は本屋以外の寺社や素人からの注文仕事も受けますし、また、彫工が主体となって制作することもあるのです。つまり本屋たちが気付かぬうちに、そこで問題のある出版物が制作されがちなのです。

そしてもう一つ大事なことがあります。京都の本屋仲間が公認されるのは、享保元年（一七一六）のことなのですが、実質的に仲間的な機構がすでに成立していて、町奉行所もそれを前提に対応しているということです。

『京都書林仲間上組済帳標目』

『京都書林仲間上組済帳標目』は京都の本屋仲間が残した文書の一つです。「書林」は出版も行う本屋のことです。

一大坂表ゟ毎度重板類板出来致、当地難儀ニ成候ニ付、当地御役所へ御断申上、大坂奉行所へ御願申候、仲ヶ間同士相対ニ可仕旨被為仰付候故、道頓堀ニて両仲ヶ間立会致重板類板互ニ相慎可申旨相定、大坂仲ヶ間より判形ヲ取、帳箱へ納置候。

ここでまず確認しておかなくてはならないことは、京都の町触は、京都でしか有効ではないということです。同業の違法行為を取り締まる根拠を町触の発効により京都の本屋は得たのですが、そのルールが大坂には及ばないということです。後発の大坂の本屋の出版が京都の本屋

---

5 「浮説」はその場その場の解釈でいかようにもできるようにしてある言葉です。噂ごとをネタにした瓦版的なものを主として想定していると思われますが、武家社会のごたごたの元である武家の先祖、家系の話なども含み持っています。体制批判的な出版物はそもそも表向きの商売に相応しくないので商業出版はされません（引き合わない、儲からないということです）。

の既得権をおびやかし始めたのです。大坂で出版が行われるようになるのは、京都に大きく遅れて十七世紀末頃になります。

この元禄十五年の記事は、急に起こってきた大坂における出版事業に急遽《きゅうきょ》対応せざるをえなくなった状況を物語っています。そして「仲ヶ間」という組織で対応、協議して解決しようとしているところも重要です。三都の本屋仲間が公認される以前のことなのですが、実質的な同業組織がそれぞれの地で結成され、地域を束ね、地域を越えた対応を行っているのです。

近世大坂の本屋とその業界

大坂は大きな経済都市です。諸藩の屋敷もあり、裕福な町人がいて、書籍の受容者も多かったはずですが、なぜこの地で出版業が早くに始まらなかったのか。答えは難しくありません。理由のひとつは、近世初期、新興都市であった大坂には出版に関するインフラ（本作りの職人や流通力）が京都のように整っていなかったからです。そしてもっと大きな理由は、京都に近かったからです。出版には少なからぬリスクが伴います。出版は、それに関わる資本投下の回収の目処《めど》がたって初めて行われます。資本規模の小さな小売専業の本屋が乗り出すには危険な事業です。そんな危険を冒すよりも、京都から仕入れてきて売ればよいわけです。それに、安定的に売れるような書物は、すでに京都の本屋が出版しているので、後発はなかなか参入しにくかったのです。

それでは、なぜこの元禄という時点で、京都の本屋仲間を慌てさせるような出版事業が大坂で興ってきたのでしょうか。

『好色一代男』冒頭を読む

その前に『好色一代男』の話をしなくてはなりません。これが近世を代表する名作だからというような理由ではなく、書籍産業を大きく進展させていく重要な歴史的役割を担ったからという大事な理由によってです。『好色一代男』は、写真のような体裁です。大本《おおぼん》という和本の最大サイズで八冊もある堂々とした本です。

「文学史」で、天和二年（一六八二）に出版されたこの作品の名称や作者が井原西鶴であるとか、浮世草子の第一作であるとか覚えさせられましたよね。不思議なことに気づきませんでしたか？　そんな大事な作品なのになぜ古文の教科書に載らないのかとか。それは読むとわかります。高校の教室で丁寧に解釈していくのはきついなと即座に思われるはずです。そして入試問題には到底使えない代物です（エロいからという理由だけではなく、大量の注を付けなくてはなりませんし、そうすると問題が成立しなくなったりします）。入試問題的古典教養に寄与しないものは高校の現場では不要、わが日本国では教科書からいさぎよく排除されます。

巻一の一「けした所が恋のはじまり」だけ読んでみましょう。アクロバティックな表現による笑いのツボがかなり高度で歯ごたえがあります。とてもよくできた作品であることがわかると思います。

けした所《ところ》が戀《こひ》のはじまり

櫻《さくら》もちるに歎《なげ》き、月はかぎりありて入佐山《いるさやま》、爰に但馬《たぢま》の國《くに》かねほる里の邊《ほとり》に、浮世《うきよ》の事《こと》を外になして、色道《しきだう》ふたつに寝《ね》ても覺《さめ》ても夢介《ゆめすけ》と替名《かへな》よばれて、名古や三左・加賀《かゞ》の八などと、七つ紋《もん》のひしにくみして、身は酒《さけ》にひたし、一條通《でう》り夜更《よふけ》て戻《もど》り橋、或時《あるとき》は若衆出立《いでたち》、姿《すがた》をかへて墨染《すみぞめ》の長袖《ながそで》、又は立髪《たてがみ》かづら、化物《ばけもの》が通るとは誠《まこと》にこれぞかし。それも彦七《ひこしち》が顔《かほ》して、願《ねがは》くは噛《かみ》ころされてもと、通《かよ》へば、なほ見捨《みすて》がたくて、其比《そのころ》名高《なだか》き中にも、かづらき・かをる・三夕《さんせき》、思ひ思ひに身請《みうけ》して、嵯峨《さが》に引込《ひきこみ》、或《あるひ》は東山《ひがしやま》の片陰《かたかげ》、又は藤《ふぢ》の森《もり》、ひそかに住《すみ》なして

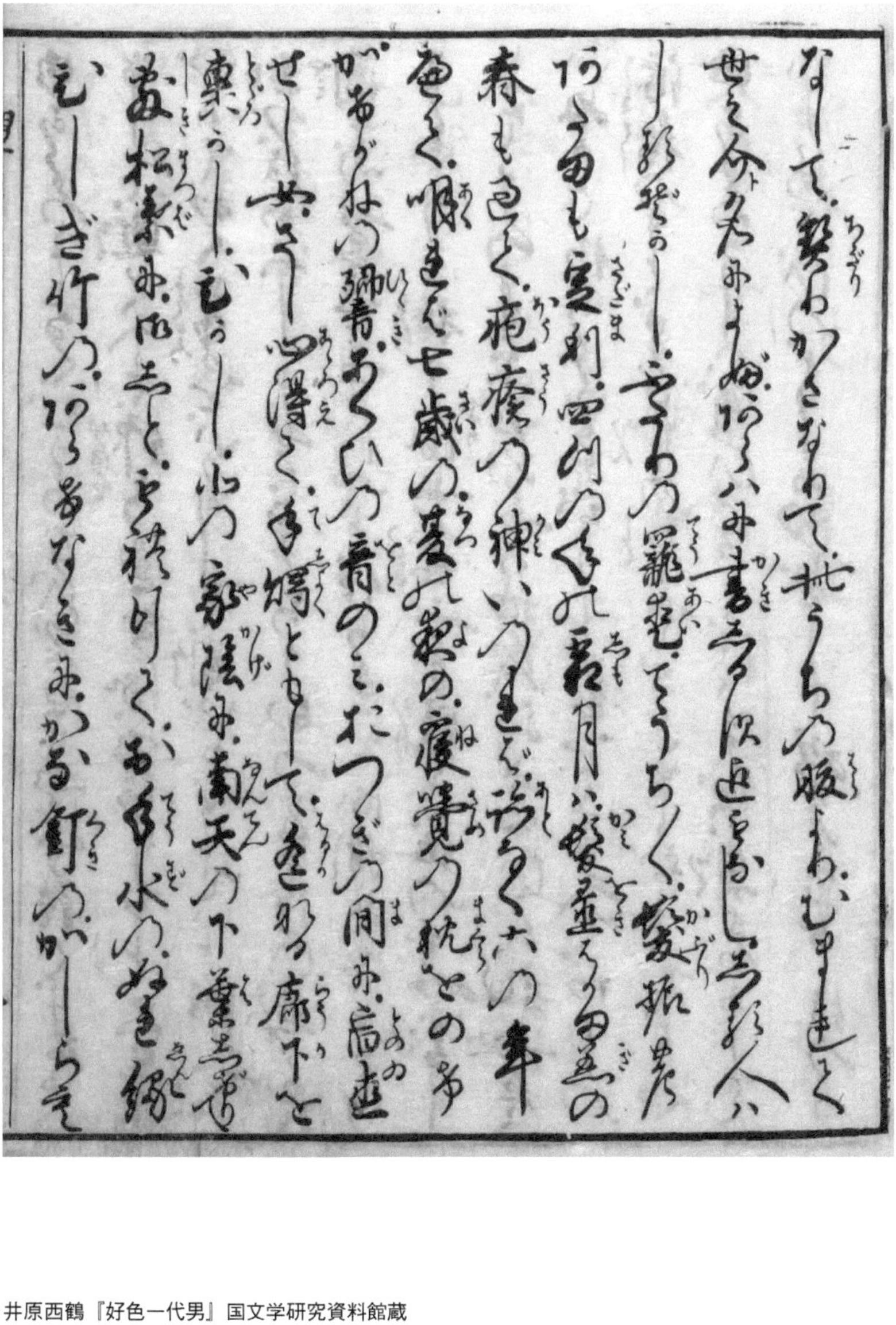

井原西鶴『好色一代男』国文学研究資料館蔵

桜《さくら》もちるに歎《なげ》き、月はかぎりありて入佐山《いるさやま》。爰《こゝ》に但馬《たぢま》の国《くに》かねほる里の辺《ほとり》に、浮世《うきよ》の事《こと》を外《ほか》になして

出だし「桜もちるに歎き、月はかぎりありて」、この導入は大事です。散る桜、山の端に入る月への思いは和歌を代表とする日本の雅文芸が大事にしてきた主題です。その王道にこの文章も乗っかってきているわけです。そして「入る」の掛詞《かけことば》で「入佐山」という但馬の枕詞につなげていく。日本の伝統的なレトリックです。でもその雅《みやび》な入り方は急転直下ひっくり返されます。

「かねほる里の辺に、浮世の事を外になして」が秀逸。「かねほる里」は生野《いくの》銀山をほのめかしています。「浮世の事」とは生活のためにしなくてはならないこと、お仕事です。つまり、「かねほる里」のそばに住んでいるから、お金は掘り放題、たんまりあって働かなくてもよいという理屈、本作の現実にはありえない設定を読者はそのまま呑み込むしかありません（ちなみに銀本位の大坂では「銀」が「かね」です）。このあたり、「雅」で始まった文章が、「俗」と衝突して心地よい滑稽を生んでいます。

色道《しきだう》ふたつに寝《ね》ても覚《さめ》ても夢介《ゆめすけ》とかえ名《な》よばれて、名古《なご》や三左《さんざ》・加賀《かゞ》の八などゝ、七つ紋《もん》のひしにくみして身《み》は酒《さけ》にひたし、一条通《でうとを》り夜更《よふけ》て戻《もど》り橋《はし》。或時《あるとき》は若衆出立《わかしゆでたち》、姿《すがた》をかえて

墨染《すみぞめ》の長袖《ながそで》、又はたて髪《かみ》かづら、化物《ばけもの》が通《とを》るとは誠《まこと》に是《これ》ぞかし。それも彦七《ひこしち》が皃《かほ》して、願《ねがは》くは咀《かみ》ころされてもと通《かよ》へば、なを見捨難《みすてがた》くて、其比《そのころ》名高《なたか》き中にもかづらき・かほる・三夕《せき》思ひ〳〵に身請《みうけ》して、嵯峨《さが》に引込《ひっこみ》或《あるい》は東山《ひがしやま》の片陰《かたかげ》又は藤《ふぢ》の森《もり》ひそかにすみなして、契《ちぎ》りかさなりて、此《この》うちの腹《はら》よりむまれて世之介ト名によぶ。あらはに書《かき》しるす迄もなし、しる人はしるぞかし。

では仕事をしないで何をしているのかというと、「色道ふたつ」に打ち込んでいるわけです。[6]女色と男色。『源氏物語』でも『伊勢物語』でも、「色好み」という王朝時代の価値観を基本としています。いかにたくさんの女性に愛情を傾けられるかというところが雅の基準の一つでありました。ところがこの男が「寐ても覚ても」夢のように打ち込んでいる対象は女性だけではない、両方いける。業平や光源氏よりずっとすごいでしょ、というわけです。タイトルの「好色」は王朝の「色好み」を近世的にありていに表現した言葉、この作品は、王朝時代の「色好み」という無上の価値観を「好色」としてそのまま江戸時代にスライドさせて放り込んでみた戯れ書きです。ここで、この作品の主人公がひたすら好色を追求することが作品中において大いに肯定されるという枠組、読者とのお約束ができあがります。

6　男色を「アブノーマル」として排除しようとするのは明治になってからのことです。江戸時代ではそういうのもありだよねという感覚、マイノリティでもなんでもありませんでした。

色里では本名で遊びません。「かえ名」（ニックネーム）を名乗り、それで呼ばれます。遊び仲間は名古屋山三郎《さんざぶろう》、加賀野江弥八郎、実在した（伝説の）歌舞伎者（アウトロー）です。酒浸りの遊び、彼は趣向を凝らし様々な出《い》で立ちで遊里に通います。コスプレです。「一条戻橋」は、渡辺綱《わたなべのつな》が鬼女と出くわしたり、安倍晴明の式神の話があったりとか、恐ろしげな伝説の集中している所。今も「化物が通る」と言われているけど、それはじつは夢介のコスプレだったんだというオチ。「彦七」は渡辺綱の鬼女つながり、動ぜず鬼女退治をした大森彦七のようにそんな噂も平気でということ。鬼女をほのめかしたので次に「かみころされても」という表現が来るわけです。非常に達者な文章の運びです。お前にならかみ殺されても本望だというくらいに打ち込んでその遊女のもとに通い、ますます見捨てられなくなって請け出してお妾《めかけ》にしてしまう。その相手は誰かというと、「かづらき・かほる・三夕」の三人、いずれも当時有名な遊女です。それぞれ嵯峨、東山、藤の森に妾宅《しょうたく》を構えて住まわせて、「契りかさなりて、此うちの腹よりむまれて世之介ト名によぶ。あらはに書しるす迄もなし」。ここは大笑いのところです。三人の妾の誰かから、本作の主人公世之介が生まれるのですが、誰が母親なのかはっきり書かないのです。だって、知ってる人は知ってますよね、って、これ、光源氏の出生の秘密をおぼめかす草紙地のパロディです。じつは、本作は『源氏物語』のパロディなのです。全体五十四話から成っているのですが、これは『源氏物語』五十四帖に由来します。七歳の話から始まって六十歳で女護《にょご》が島《しま》目指して船出するまで、一話で一歳ずつ年を取らせる趣向も『源氏物語』の年立てを意識しています。本作の出だしが「桜もちるに歎き、月はかぎりありて」であったことも思い出して下さい。

ふたりの寵愛《てうあい》てうち〳〵、髪振《かぶり》のあたまも定《さだま》り、四つの年の霜月《しも》は髪置《かみをき》、はかま着《ぎ》の春も過《すぎ》て、疱瘡《ほうさう》の神《かみ》いのれば跡《あと》なく、六の年へて明れば七歳《さい》の夏《なつ》の夜《よ》の寝覚《ねさめ》の枕《まくら》をのけ、かけがねの響《ひゞき》あくびの音《をと》のみ。おつぎの間《ま》に宿直《とのゐ》せし女さし心得《こゝろえ》て、手燭《てしよく》ともして遥《はるか》なる廊下《らうか》を轟《とゞろ》かし、ひがし北の家陰《やかげ》に南天《なんてん》の下葉《は》しげりて、敷松葉《しきまつば》に御しともれ行《ゆき》て、お手水《てうづ》のぬれ縁《ゑん》ひしぎ竹のあらけなきに、かな釘《くぎ》のかしらも御こゝろもとなく、ひかりなを見せまいらすれば、「其《その》火けして近《ちか》くへ」と仰《おほせ》られける。「御あしもと大事がりてかく奉《たてまつ》るを、いかにして闇《くら》がりなしては」と、御言葉《ことば》をかへし申せば、うちうなづかせ給ひ、「恋《こひ》は闇《やみ》といふ事をしらずや」と仰《おほせ》られける程《ほど》に、御まもりわきざし持《もち》たる女息《いき》ふき懸《かけ》て、御のぞみになしたてまつれば、左《ひだり》のふり袖を引《ひき》たまひて、「乳母《うば》はいぬか」と仰《おほせ》らるゝこそおかし。

さて、世之介は無事「七歳の夏」を迎えます。七歳は人として認められる年齢です（七歳までは神の内）。夜中に世之介が目を覚ましてみると、錠を下ろす音やらあくびの声やらが耳に入ってきます。次の間で宿直していた女性が、世之介が目覚めたことを察知し、手燭をともして長い廊下を歩いて彼を連れて行きます。「ひがし北の家陰に」とありますが、東北は鬼門です。縁起をかついで、屋敷のこの方角には「南天」を植えます（難を転じるの語呂合わせ）。どこに向かったのかあからさまに言わないところもミソ、方角とか「敷松葉」で徐々に察知できるしかけです。敷松葉はトイレに敷く松葉、トイレは鬼門の方角に設置します。世之介はトイレに連れて行かれたわけです。「しと」はおしっこのこと、「御」をつけているあたりも笑えます。手洗い場は竹製の濡《ぬ》れ縁のところ、竹を固定するための釘《くぎ》の頭でけがをしないか心配で、手燭の光を近づけて照らして差し上げると、世之介はこう言うわけです。「その火を消して私の近くにいらっしゃい」。「あなたの足許が心配でこうしてさしあげてるのに、真っ暗にしてよいものですか」と言葉を返すと、「お前は、恋は闇という言葉を知らないのか」とおっしゃったので、後について守り脇差しを持っていた女が手燭に息を吹きかけて、世之介の望みどおりにしてさしあげると、その左の振袖を引っ張って（まだ背が低いので、小声でも聞こえるように、耳を近づけさせたのです）、「乳母はいないだろうな」。大人でも言わないような、超くさい殺し文句を発するえげつないくらいのませっぷりですが、養育係の乳母は苦手。まだおねしょが心配な年頃であるにも拘《かか》わらず、早くも恋の心を発動させて、「いちはやきみやびをなんしける」（『伊勢物語』）どころではないその道の優れものというわけです。このあたり、大笑いの馬鹿馬鹿しい話なのですが、『源氏物語』ばりの敬語がばか丁寧に使われていて、そのあたりのギャップがまた笑いを誘う秀逸なパロディとなっています。

是《これ》をたとへて、あまの浮橋《うきはし》のもと、まだ本《ほん》の事《こと》もさだまらずして、はや御こゝろざしは通《かよ》ひ侍《はべ》ると、つゝまず奥《おく》さまに申《まうし》て御よろこびのはじめ成《なる》べし。

まだ体は大人になっていないのに、心根は早くもその道に通じていると、ありのままに奥方に申し上げたところ、「御よろこびのはじめ成べし」というわけで、なんせ、『好色一代男』の中では「好色」は賞賛されるべき美徳という前提がありますので、家をあげてこのことを喜びあったというわけです。

次第に事つのり、日を追《お》つて仮《かり》にも姿絵《すがたゑ》のおかしきをあつめ、おほくは文車《ふぐるま》もみぐるしう、「此菊《このきく》の間《ま》へは我《われ》よばざるものまいるな」など丶、かたく関《せき》すえらる丶こそこ丶ろにくし。或時《あるとき》はおり居《すえ》をあそばし、「比翼《ひよく》の鳥《とり》のかたちは是《これ》ぞ」と給《たま》はりける。花つくりて梢《こずへ》にとりつけ、「連理《れんり》は是我《これわれ》にとらする」と、よろづにつけて此事《このこと》をのみ忘《わす》れず。

世之介は日ごとにその偉大な能力を増していって、色っぽい絵の収集にはげみ、そのコレクションは文車《ふぐるま》（ブックワゴンです）に満載。「おほくは文車もみぐるしう」は『徒然草』の「多くて見苦しからぬは文車の文」に基づいています（『徒然草』の浸透ぶりがうかがえます）。そのように兼好法師は言っているけど、エロ山積みはちょっと……というわけです。それを引っ張って「菊の間」に世之介は入っていきます。「私が呼んだ人間以外は来るな」と言ってがっちり閉ざしてしまう。

といってもまだ子どもですから折紙遊びなんかもする。でも世之介の作るものは全部そっち系。比翼の鳥であったり、連理の枝であったり、頭の中はエロいことでパンパンです。

ふどしも人を頼《たの》まず、帯《おび》も手づから前《まへ》にむすびてうしろにまはし、身《み》にへうぶきやう袖《そで》に焼《たき》かけ、いたづらなるよせい、おとなもはづかしく、女のこゝろをうごかさせ、同じ友《とも》どちとまじはる事も烏賊《いか》のぼせし空《そら》をも見ず、「雲《くも》に懸《かけ》はしとはむかし天《てん》へも流星人《よばいど》ありや。一年に一夜のほし雨《あめ》ふりてあはぬ時《とき》のこゝろは」と、遠《とを》き所《ところ》までを悲《かな》しみ、こゝろと恋《こひ》に責《せめ》られ、五十四歳までたはぶれし女三千七百四十二人、少人のもてあそび七百二十五人、手日記《てにっき》にしる。井筒《ゐづゝ》によりてうないこより已来《このかた》、腎水《ぢんすい》をかえほして、さても命《いのち》はある物か。

すっかり意識しちゃって、ふんどしも人に任せない（六尺を上手に締めるのは、子どもには難しい）。帯すら自分で。後で結べないので、前で結んで後にぐるっと回すのですが。「へうぶきやう」はお香です。七歳のガキがコロンを使っているような感じ。まさに見ている大人のほうが恥ずかしくなるくらいです。

同じ年頃の子どもと凧《たこ》揚げをして遊んでいても、「雲に架け橋」という言葉があるのだから、昔天女に夜這《よば》いをしかけた人もいるんだろうなあとか、七夕の日だけ会える牽牛《けんぎゅう》と織女がその日雨降りで会えないときの心はさぞ悶々《もんもん》としてつらいだろうなあとかそんな妄想ばかりが浮かんでくるわけです。

「五十四歳まで」は作者のミス、六十歳までの五十四年間の話です。その間に相手をした女性は三千七百四十二人、男性は七百二十五人。概数ではなく、端数まできっちり出ている数字、信憑性《しんぴょうせい》があります。なんせ、世之介本人の手控えを集計した人数だから確かだというわけです。「井筒によりて……」は『伊勢物語』由来の言葉ですが、この数字も『小町の草紙』なんかに載っている業平伝説に由来します。

近世文学研究と『好色一代男』

いかがでしたか。日本古典についての教養の民間への浸透ぶりもうかがえます。よく出来ているでしょう。この大笑いの馬鹿話を創り上げるために表現を磨き、教養と知性を総動員しています。そして、高校の教科書に載らない理由もおわかりになったかと思います。『源氏物語』だって、エロくてグロいといえばそのとおりなのですが、『源氏物語』は長く大事にされてきた古典「歌書」なのです。権威。『好色一代男』の試みの面白さは、『源氏物語』だって詰まるところエロ話じゃん、と江戸時代ならではの合理主義で料理して見せたところにあるのです。

私も近世の文芸の中では極めて秀逸な作品の一つであると思います。文句なく楽しめる。しかし、この作品が大きく文学史や文化史で取り上げられるようになった経緯、みなさんが作者と作品名を覚えさせられることになった理由は、単に面白いからとかよくできているからといったことではありません。

第二次世界大戦敗戦後、民主主義の時代が訪れました。町人という民が書いた民のための

「文学」であるということが優れた価値として堂々と主張されるようになったのです。日本近世文学会も創立され、天下晴れて近世文芸の研究が旧帝大でも行われるようになりました。戦前から西鶴研究に取り組んでいた先生たちも、学会の創設に尽力して、学会のリーダー的存在になります。彼らは元禄期を町人文学隆盛の時代と位置付け、近松や西鶴の作品について上記の価値を備えた素晴らしい「文学」であるということを主張していきます。作者や作品についての研究はその後どんどん深化していきますが、それは「文学」というお墨付きを得たからです。となると、どこが「文学」として優れているかということを「文学」研究の方法で追究していかざるをえません。ただ楽しんでいる場合ではなくなりました。西鶴で「文学」を語れないと一流の学者ではないというような空気も学界に流れてきます。エロいなーとか言いながら笑って読んでいては申し訳ないようなことになってしまいました。先陣を切った西鶴学者たちががんばって残した言説、「文学」的評価は、揺るぎがたい「定説」となって教科書に残ることになりました。

『好色一代男』について、優れた作品ゆえに大ベストセラーになって大きな影響を与え、追随作がたくさん作られ、浮世草子という文学ジャンルが成立したという褒め方も文学史にけっこう一般的な記述です。大先生発の聞こえの良《い》い理屈は大方の人が鵜呑みにしてしまうのですが、この褒め方には事実をねじまげる嘘が複数あって、罪深いものだと私は思っています。追随作がたくさん登場したのは事実です。影響は多大でありました。ところが、その事実から、あるいはこの時代を代表する名作だからという「常識」から、たくさん読まれたに違いないとか、だったらベストセラーだよとか、根拠のない推測を展開していくのはフェアではありません。いったい何部売れたというのでしょうか。記録は一切残っていないのです。

それどころか『好色一代男』は現在きわめて所蔵が限られている珍しい本です。そんなにたくさん流通したとは思えません。それから、西鶴が書いたこの本が浮世草子の第一作、つまり浮世草子というジャンルを成立させた画期的なものであるという文学史の定説もフェアではない。まるっきりの嘘ではないのですが、大事な事実を無視しているということで、限りなくブラックに近い卑怯《ひきょう》なグレーです（これについては次節でとっくりと）。「文学」という限られた枠組の中で歴史を構想する限界がここに露呈されています。近代の「作者」概念や、自分たちが定義したジャンル概念をそのまま当時に当てはめており、きわめてドグマチックです。それで歴史の動きが説明しきれるものでしょうか。この本を当時の大坂の書籍業界の中に、また広域的な流通の中に、当時の人々の日常の中にひとまず置いてみるところから、事態の本質、この作品の本当の歴史的意義が見えてくるものと私は思っています。

それがどういうことなのか、いったいどこに『好色一代男』の歴史的意義があるのかについて、これからとっくりと語りたいところなのですが、前節からの伏線（新興の大坂の書籍業界がどうして京都に張り合えるようになったか）をまだ引きずって、続きを次節で述べます。

書籍業界と『好色一代男』

さて、先に冒頭を読んだ『好色一代男』について、「文学」の物差しを棚上げにして、歴史上に果たした役割を冷静に考えていきましょう。

『好色一代男』は天和二年（一六八二）、大坂の荒砥屋《あらとや》孫兵衛可心という者が版元になって出版された本です。荒砥屋の出版物はこれ以外に見当たりません。名前の下の「可心」というのは明らかに俳号でしょう。井原西鶴を小説家のように考えている人がいますが、そんな職業はこの時代にありません。いまの小説家のイメージを江戸時代の作者に当てはめてはいけません。江戸時代における小説は、非伝統的なもので、「文学」とかいうような価値を認められたものではありません。西鶴は俳諧の点者《てんじや》（宗匠）です。おそらく可心は、俳諧において交遊関係（パトロン的な関係も含めて）のある人物で、本屋ではないのでしょう。

つまり、この本はそもそも商品とすべく制作されたのではなく、仲間内のノリで、誰か（おそらく可心）が資金を拠出して作ったものだと私は考えています。刊記に「荒砥屋孫兵衛可心板」とあるのは、彼が金を出して版木を作らせたから、彼に版木の所有権があるということです。西鶴の俳諧仲間である水田西吟《みずたさいぎん》が本書の跋文《ばつぶん》を執筆していますが、そこに、もともとこれは西鶴の「転合書《てんごうがき》」（いたずら書き）で、それをもとに出版した旨のことが書かれています。序跋の文章をまともに受け取る必要はないのですが、仲間内でふざけた遊びに興じる雰囲気がよく伝わってきます。こんな内容のものなのに、大本（通常の版本の最大書型、家の財産となる四書五経などの漢籍や仏書などがこの書型です）という立派なサイズで八冊本、まるで流通を考えていない、無駄を承知の道楽としか思えません。『源氏物語』のパロディですからね、『源氏物語』と同じサイズにしようというノリなのでしょう。この贅沢な仕立てのものの出版にはかなりの資本投下が必要です。ふざけたものでありながら、読みこなすにはかなりの教養と読解力を要求されます。読者として想定されているのはごく限られた内輪の人間のはずです。広く読まれることなど想定していないこんな前例の無い読み物の出版を商売として発想するような無謀な商人はいないでしょう。

出版物が増加してくると、どんな本が入手可能なのかという情報が、とくに本屋さんに必要になってきます。「書籍目録《しょじゃくもくろく》」と呼ばれる出版書のリストが出版されるようになります。元禄九年（一六九六）刊『増益《ぞうえき》書籍目録』はその一つです。分類をほどこして検索しやすい構成になっているのですが、その「好色本」という分類の最初に「八　秋田や市　好色《こうしょく》一代男《おとこ》　五匁」とあります。「八」は冊数、「秋田や市」は版元名で大坂の秋田屋市兵衛のことです。この時点で版権は秋田屋に移っているわけです。可心が版木を売り飛ばしたのかもしれませんし、そもそも可心が秋田屋に制作を依頼し、そのまま秋田屋が版木を引き取ったのかもしれません（一定程度の部数と引替。江戸時代の自費出版ではよくあることです）。

この記事の一番下にある「五匁」は、基準的な売価です。江戸時代、本に定価は無かったのですが、本屋同士の取引の際（後ほどたっぷり触れます）、版元が設定した売価が基準として必要なのです。さて、この金額は高いのか安いのか、どのように評価すればよいでしょうか。これが難しいのです。江戸時代は、金・銀・銭という三種類の通貨が同時に通用していました。この三者間のレートは日々変動しますし、地域によっても相場が異なります。金一両が銀六十匁、銭四千文（四貫文）というのが、元禄頃の標準的（公定）相場です。ということは、『好色一代男』の基準価格は一両の十二分の一ということになります。一両の価値を実感したい時には、お米の値段や職人の賃銀なんかで比較して、今の〇〇円くらい、とするのですが、何で比較するかで随分と違ってきます。お米で換算すると安くなりすぎてピンときません。いま、人件費が高いですから賃銀で計算すると高くなりすぎます。十万以上、二十万以下、間をとって十五万くらいかなと、私はざっくり捉えています。[7] とすると、『好色一代男』は一万円くらいか、もうちょっと高いことになります。

みなさんは財布から一万円出して『好色一代男』を買いますか？　当時においても、いったい誰が買ったのでしょうか。優れた画期的「文学」だから、みんな貪るように読んだにちがいない、爆発的に売れてベストセラーになったにちがいない、そう思いたい人たちもいるでしょうが、ちょっと無理ではないですか。

民間で書籍を受容するいわゆる知識人は、そもそも中間層の名主・庄屋《しょうや》層が中心だったのですが、この頃にはとくに都市部で階層の幅がかなり広がってきていたことは事実です。でも、家の財産となって学問に必須の漢籍、あるいは実用的な本ならともかく、こんなふざけたものにみんな出費をするでしょうか。

『元禄太平記』

先にちょっと取り上げた『元禄太平記』（元禄十五年刊）巻一に、京都の本屋と大坂の本屋とのやりとりがあります。

京本屋「よきかなや近年《きんねん》、重板類板《ぢうはんるいはん》御制禁《せいきん》たりといへども、京都の板《はん》を大坂で重《ぢう》板し、大坂の板を江戸《ゑど》にて類《るい》板する事、是亦憂《これまたうれひ》の一つなり…当世《とうせい》はたゞかたひ書物をとり置《をい》て、あきなひの勝手《かつて》には、好色本《かうしよくぼん》か重宝記《てうほうき》の類《たぐひ》が増《まし》じや」

大坂本屋「仰《をしや》ればそうじや、すでに大坂にをゐて、家内重宝記《かないてうほうき》が出来《でけ》はじめしより此かた、其類棟《そのるいむなぎ》にみち牛《うし》に汗《あせ》するほどあり、しかれども此ごろは、はや重《てう》宝記もするゝになり万宝《まんぼう》にうつる、諺解古《げんかいふる》ふなれば、詳解《しやうかい》あらたまり、大成《たいせい》すたれば、集成《しうせい》おこる、とかく書物も飛《あす》鳥《か》川、附丁《ふてう》のかはる世のあきなひ、時うつり事さり、古板尽《こはんつき》、新《しん》板おこる中にも、永《なが》ふ流《はや》行《る》は好色《かうしよく》本なり、此道《みち》の作者西鶴《さくしやさいかく》といふ男《をのこ》出生《しゆつしやう》して、……」

京都の本屋は、まず重板類板の禁制のことに触れています。これは先述した元禄十一年の京都町触のことです。これによって、京都の本屋仲間の間で、ルールを徹底することができたわけです。ところが新たな悩みの種は、地域を越えた重板類板の問題です。先に取り上げた『京都書林仲間上組済帳標目』の元禄十五年の記事に、京都と大坂の間で協議が行われたことが記されていましたが、まさにいま対策の真っ最中のことであったわけです。京都の本屋は、仏書

7　時代的にずっと下る事例ですが、江戸時代のお金については、磯田道史『武士の家計簿』（新潮新書）が生々しくて参考になります。

や漢籍など、一度に多く売れるわけではないけれど、流行《はや》り廃りがなく長く売れ続ける書物の版権を所持することで、安定的な経営を行ってきたわけですから、それを侵食されると死活問題となるわけです。

そして、京都の本屋はぼやきます。そういう状況の今時は固い本は頼りにならず、「好色本」や「重宝記」の類が商売勝手がよくてましだと。それを受けて大坂の本屋が、「重宝記」の類が、手を替え品を替え、タイトルとコンセプトのさまざまな変化の中で盛衰を繰り返しているものであること、書籍はそのような流行の中にあるものであるということを語り、その中でも永く流行るのは「好色本」であるとします。そして、その発明者であるところの井原西鶴を賛美する言葉がこの後に続きます。西鶴は「好色本」流行の端緒を開いた人間であると言っています(浮世草子というジャンルを開拓した作者であるとは言っていません)。

「重宝記」は、占いや薬方、手紙の用語など、さまざまな日用実用的知識を一冊に詰め込んだ、まさに「重宝」な本です。大坂本屋が言うように、『家内重宝記』が流行の火付け役、元禄二年(一六八九)、大坂の森田庄太郎の出版物です。この本の成功はさまざまな二匹目三匹目のドジョウを大坂に誕生させます。京都の本屋がうらやましがっているのは、これが大坂の出版物だからです。守旧的な京都の出版物に無いタイプの、流行を追いかけるタイプのものであることは大坂本屋の言葉が雄弁にものがたっています。大坂の出版事業は、さまざまな廃れない書物の株をがっちりにぎっている京都の間隙を突いて、流行ものを武器にこの頃興ってきたのです。

「好色本」も同様に、京都の本屋がうらやましがる大坂発の商品であったわけです。しかもこちらは「重宝記」のような流行り廃りがなく、ずっと好調を堅持しているというのです。同じく『元禄太平記』巻五の一節です。

いづれの作者《さくしや》にても、とんと一部《ぶ》の草紙《さうし》に仕立《したて》、老《をひ》たるも若《わか》も智《ち》あるもおろかなるも、かはる心なくおもしろがり、永《なが》ふ風行《はやり》て売《うれ》つよく、本替《ほんがへ》の便《たよ》りに能《よい》こそ作者のほまれ、本屋の金蔵《かねぐら》なるべし

本屋側から見ると、万民が面白がって長く人気が続き、売れ行きの良いものを仕立てられる作者が一番であるというのですが、これは今も変わらない話です。そこで気になるのが「本替の便りに」よいという言葉です。

名著、蒔田稲城『京阪書籍商史』は、大坂本屋仲間の資料を精査して、本屋の営業の実態や仲間組織の役割をきっちり描き出しています。そこにある次の説明が本替についてもっとも簡明で要領を尽くしたものだと思います。

また平素取引関係が密接で、品物の出入貸借が錯綜していた同業者間では、其の生産勘定尻を金銀の受授を以てせずに、更に品物の遣取で決済する事を普通とした。これを『本替』と云つて、書籍商間に一種独特の商習慣とせられてゐた。これも本屋が他の問屋と異

つて、自らが生産者であり、問屋であり、且は小売屋であつたと云ふ特性から行はれ得た商習慣である。

『沖津しら波』

ここが本屋商売のキモ、もう少し詳しく説明してみましょう。都の錦作『沖津しら波』も、『元禄太平記』と同年の元禄十五年（一七〇二）に出版されたものです。作者都の錦が本屋を訪ねてくるところから始まります。

本屋「此ごろ事林広記《じりんくわうき》が和板《わはん》に出来ました。御覧《らん》なされませい」都の錦「叢書《さうしよ》の中に有て、唐《たう》本の時はことの外風行《はやり》し物なるが、和板《わはん》に起ては如何《いかゞ》あらふぞ。して直段《ねだん》はいかに」本屋「本替《ほんがへ》卅匁銀売《かねうり》廿五匁と定《さだ》め申候」

和刻本『事林広記《じりんこうき》』の値段を聞かれた本屋は、本替なら三十匁、「銀売」なら二十五匁であると答えています。「銀売」とは、現金取引による同業者への卸です。二十五匁で仕入れたものを基準小売価格三十匁で売れば五匁儲かります。これが普通の商売です。個別の交渉で決まるのですが、新版だとだいたい同業への卸価格は基準小売価格（これも版元が決めるのですが）の七～八割です（現代でも同様）。これに対して本替は基準価格による取引です（というより、本替を前提にして基準価格が決められます）。一見、損のように思えるかもしれませんが、まったくその逆です。本替は、原則自分の店の出版物を交換し合うことなのですが、出版物の制作原価は、高くてせいぜい基準価格の三〜四割です。長く売れ続けている本であれば、摺れば摺るほど版木の代金や彫刻料などの初期投資費用が相殺されていって、原価率はどんどん下がっていきます。ということは、普通の現金取引の半分以下の費用で仕入れられるということになるわけです。出版にはリスクが伴いますが、それを上回るメリットが想定できるわけです。

『玉淵叢話』

本替の実際をいくつかの事例でみていきましょう。『玉淵叢話《ぎょくえんそうわ》』は幕末から明治にかけて活躍した大坂の本屋河内屋三木佐助の談話記録です。[8] そこに本替のことが出てきます。

其頃大阪築地の同業者堺屋宇八郎方へ屡々来て泊る江戸のはんこ屋藤岡屋慶次郎といふがありまして斯ういふものを沢山に持ち参つて居りましたから、此方で出版した書物を遣

8　ゆまに書房より『明治出版史話』と改題復刻されています。興味深い話がいっぱい出てきます。余談ながら、嘉永五年（一八五二）に相楽郡和束郷白栖村の松田家に生まれた彼は早くに身寄りを無くし、八歳になった安政六年（一八五九）、大坂河内屋一統の書肆《しょし》河内屋佐助方に丁稚として奉公します。そこで、平かなくらい知らなくてはかわいそうだからと、その家の主婦菊が文字を教えるのですが、いろは四十八文字を習っている最中に菊は死去、彼は「やまけふ」までしか読み書きできないまま本屋奉公を続けていきます。そして、二十歳になるころ発起して文字を自力で習得していきます。

つて、それと交換した事が幾度もあります。向へ遣つた書物はどういふものかと申しますと

詩学精選　幼学便覧　詩語玉屑　金声玉振
詩楚階梯　対句自在　律詩韻函　和語活法
詩学便覧　万歳雑書　五経集註頭書

と云ふ様な何れも堅い物ばかりでございます

「はんこ屋」とは大坂で草紙屋をいう言葉です。江戸の草紙屋藤岡屋慶次郎が持ってきた「斯ういふもの」とは、当時の言葉でわ印《じるし》、艶本のこと、早い話がエロ本です。それと詩学書や漢籍を本替して帰ったというのです。後に精《くわ》しくお話ししますが、幕末になると民間の学問熱が拡大し続け、漢詩が広く民間に流行するのです。堅い書物ながら、江戸での売れ行きが十分見込めるわけです。いっぽうエロ本は、薄くても（制作原価は低くても）高く売れるもの（エロ強し！）、有利な条件で交換できるし、嵩張《かさば》らないので運送費も安く済むわけです。馬琴の『近世物之本江戸作者部類』を読むと、洒落《しゃれ》本も含めてそっち系のものは、制作原価に比して売価を高く設定できるものであることが分かります。こういうのが本替に最適なのです。

流通のために開版する

再び『元禄太平記』の記事を見てみましょう。

伏見《ふしみ》の夜舟にて下向《げかう》するに、京都《きやうと》の書林《しよりん》と大坂《をざか》の本《ほん》屋と同《をな》じ舟《ふね》に乗合《のりあひ》けり。大坂の本屋は京江のぼりて本替《ほんがへ》してかへる。京都の書林《しよりん》は大坂へ本替《がへ》にとて、一所につれだちくだる折《をり》から……

京都の本屋が大坂に行って仕入れてこようとしているのは、先ほどの会話から、重宝記や好色本といった、京都に無い本であることは明らかです。これは京都の需要だけを見込んでのことではありません。この頃は、京都の本屋が全国の書籍流通を牛耳っており、とくに江戸に積み下すものなどは大変な量にのぼるわけです。

これまで述べてきたことを若干整理しておけば、版元も小売を行う流通業者であったこと、自店の小売用の品揃えの充実に努めるのが営業活動の柱となっていたこと、本替はそのための有利な仕入れ方法であり、それを行うために出版に乗り出しているということです。大坂の書籍業界は、一過性の腐りやすいネタではあっても、京都に無い新商品を開発し続け、それをもって京都の業者と本替し、高価な漢籍・仏書類を有利に仕入れて小売することで飛躍的に成長していったということです。そしてこの頃には海賊版を制作して、京都の業者を脅かすくらいの実力を蓄えてきていたというわけです。

貸本屋――新たな書籍流通機構

元禄九年（一六九六）刊『増益書籍目録』の好色本の項の最初のところには好色本が八十点並んでいます。もうすでに一ジャンルを成しています。『好色一代男』は、好色本という商品カテゴリーを生み出したわけです。

好色本

秋田や市	八	好色一代男	五匁
池田や三右衛門	八	同二代男	四匁五分
西村一郎右衛門	五	同三代男	三匁
同	二	好色おとこ	一匁五分
同	四	京紅	弐匁
同	三	八人げい芸	弐匁

三匹目のドジョウ感丸出しの『好色三代男』は版元の西村市郎右衛門が作者です。これだけたくさんの追随作が生まれた理由は明らかで、先に検討したように商売になったからです。追随作のほとんどは「好色」要素を踏襲、拡大していきました。『好色一代男』はこの業界に「あ、エッチネタありなんだ」ということを気づかせたわけです。あっという間に、ほとんどポルノといってよいものが続々出版されていきます。そしてこれらは売れ行きがよく、大坂の

書籍業界を勢いづかせたことは『元禄太平記』ですでに見たとおりです。多くの西鶴学者が、好色本の祖というところをしらばくれて「浮世草子の祖」ときれい事にしたのには、「文学」であらねばならないという思惑があったことは確かです。「好色本」について触れていても、好色本を浮世草子というより厚みのある小説ジャンルにつながっていく一過程として、その意義を過小に評価しています。となると、『好色一代男』が大坂での出版文化を切り開き、書籍業界を隆盛に導いたという非常に大きな功績を真正面から指摘することは出来にくくなり、文芸ジャンル成立に関わるちっぽけな論点でしか評価できなくなってしまうのです。

さて、価格を見てみると、他より立派な造りの西鶴作品『好色一代男』や『好色二代男』が明らかに高いけれども、ほかも、その造本のチープさに着目すれば、安いとは言えないのです。江戸時代、総じて本の値段は安くはないのですが、好色本は割高です。それでも引き合いが強く商売として成り立ったのです。では、何部ほど売れたのでしょうか。

あれだけもてはやされた『南総里見八犬伝』でも、発売一年間でせいぜい五百部程度の発行部数でした。元禄期の好色本がこの部数を上回ることはありえません（ましてや『好色一代男』はさらに少ないはずです）。それでも商売になったのは、これが卸売、小売でもうけることを発想して出版したものではなく、交易の具、本替して高価な本を仕入れるためのもの、自店での小売営業を充実させるものとして制作されたからです。

さて、それでは、この程度の発行部数のものが広く読まれたことはどのように説明されるべきでしょうか。新たな書籍流通機構の成立を考えざるをえません。貸本です。みなさんの中には、エッチなDVDのコレクションを誇る人がひょっとしたらいるかもしれませんが、この手のものは、レンタルかネット配信がいいのでは？　同じDVDを繰り返し繰り返し繰り返し鑑賞するものでしょうか。それよりつぎつぎ別のものを見たいのでは？　その手のコレクションも本棚には並べないのでは？　並べてあるとしても彼女や家族には見られたくないですよね。

　江戸時代の人間は、購入して蔵書にすべきものと、借りて読むものとをきっちり分けるようになります。この当時もすでにそういう意識があったからこそ、貸本屋という商売が成立していったと思われます。[9]蔵書は家の財産として子孫に引き継ぐべきものです。一度読めば気の済む娯楽性の強い小説類は借りて読むべきものとなります。ましてや、好色本は子孫に残すべきものではないはずです。

　流通先の無い出版はありえません。貸本を流通の末端と想定して行われる出版事業は、貸本屋の存続を図ることを考えざるをえません。貸本屋のお客は、次々新しい作品を求めるわけですから、業界挙げて次々と新たな作品を出版し続けなくてはなりません。書型も貸本に向いている半紙本（大本より一回り小ぶり）で五冊というのが基本になっていきます。すでに一蓮托生の関係、どこかで滞ると、これまで回っていたものが途絶え、業界全体に大きなダメージを与えることになります。貸本屋の成立は、そこに向けた娯楽的作品が次々制作される体制の成立も意味するのです。

　つまり、『好色一代男』の功績を「文学」という狭い枠組の中で発想するのではなく、当時の社会と歴史の中に定位させて評価してやる必要があると私は思います。そうすると、大坂の書籍業界が力を付けて、先発の京都の業界と渡り合えるくらいになるのに寄与する新商品開発のきっかけになったこと、貸本屋という新たな書籍流通機構を形成し、民間に娯楽的読書という喜びをもたらしたことという大きな歴史的役割を評価できることになります。

貸本屋向け商品の充実——八文字屋本について

市場が厚く広いにこしたことはありません。業界はいつまでもすけべなお父ちゃんばかり相手にしているのではなく、その家族なども取り込んだ市場を形成していくことになります。エッチネタばかりではなく、はらはらどきどきのサスペンスやらホームドラマやら、家族みんなで楽しめるような、バラエティに富んだ娯楽小説が生産されてしかるべきです。西鶴自身も武家ものとか町人ものとか後世言われるような作品群を執筆していくことはみなさんもご存じでしょう。この手の読み物全体が「好色本」という括《くく》りでは収まらなくなってきました。小説ジャンルとして「浮世草子」というものが国文学という学問の世界で設定されることになりま

9　貸本商売は、これ以前も普通の本屋がやっていました。買うのではなくしばらく借用したいという客のニーズはあるからです。ここで話題にしたのは専業の貸本屋です。得意回りの零細な業者ですが、貸本商売だけで食っていける人間が出てくるわけです。客次第なのですが、だいたい五日から十日間くらいの貸出期間で、読み終わったものを回収して継ぎ本といってその続きを貸し出すのです。レンタル料は、旧作が安く新作は高いです。新作だと店売り価格の六分の一くらい。それが旧作になるとどんどん下がっていき、自分の商売のエリアで誰も借りなくなってくると、業者間の市に出して、他地域のレンタルに回るという構図です。

す。繰り返しになりますが、西鶴や西鶴作品を詳細に追いかけても、そこに「浮世草子」というジャンル成立の本質はありません。契機があるだけです。ことの本質はむしろ産業と市場（読者）の関係性の中にあるわけです。ここで詳しく触れることはしませんが、そういった誰でも楽しめる小説類出版の旗手となったのが京都の八文字屋《はちもんじや》八左衛門です。

近世江戸の本屋とその業界

江戸は、ほぼ何も無いところに人工的に作られた都市です。京都のような文化的伝統とは無縁だったわけです。さらに特殊な事情は、武士の人口比率が極めて高かったということです。総人口についても諸説あり、時代の推移で割合も変化するのですが、時代を通じて江戸という都市の総人口の少なくとも半数以上が武士であったようです。ということは、学問が必須の階層が過半を占めているわけですし、寺院も沢山あるので仏書が必要なお坊さんも大勢います。つまり江戸は開府当初から書物の一大市場であったということになります。

町人の中心地、日本橋――『色音論』

寛永二十年（一六四三）刊の江戸名所記『色音論《しきおんろん》』の一節です。

とほり町ものゝ本やをながむれば、ないてん外てん和歌のみち、かずをいはんはかぎりな

し

「とほり町（通町）」は日本橋です。ここに書店街が形成されました。「ものゝ本（物之本）」は書物のこと、物之本屋は書物屋です。「ないてん（内典）外てん（典）」は仏書と儒書、「和歌のみち」は歌書（日本古典）です。ここに店を出している書物屋は京都書店の出店です。京都から下ってくるもので江戸の書物需要をまかなっていました。たくさんの書物がここにあふれている様子は、江戸ならではの繁華というわけです。今は明治になって創業した丸善くらいしかありませんが、日本橋は江戸時代を通じて本屋が集中していた所です。

江戸は町割も整然と設計されました。たとえば深川には運河をたくさん作って物資の集積所にしました。今も木場には材木問屋が集中しています。町人地と武家地も截然《せつぜん》と分けられています。書店街は神保町なのではと思われる方がいらっしゃるかと思いますが、今の神保町あたりの大部分は武家地だったので、商売に向いている立地ではなかったのです（神保町の発展について興味のある方は鹿島茂『神田神保町書肆街考』をお読みください）。町人地の中心が日本橋で、京都資本、また伊勢資本の大店《おおだな》がこのエリアに集中しました。当時、書籍はそれほどの有力商品だったわけです（制作原価に比べて小売単価が高いですからね）。京都から積み下された荷物は、川・海を通って江戸湾へ、そして隅田川を遡上して日本橋に着くのです（水運は水損などのリスクも高いけれどコスパが断然よいのです）。

写真は、国立歴史民俗博物館所蔵の名品「江戸図屏風《びょうぶ》」です。日本橋を探せるでしょうか。

日本橋

「江戸図屏風」左隻　国立歴史民俗博物館蔵

書店と明確に分かる店は見当たらないようですが、近世前期における日本橋の賑《にぎ》わいと立地が分かると思います。大きな呉服屋が軒を連ね、小田原町の魚河岸は江戸湾で捕れる豊富な魚介類を扱っています。隅田川には物資を運んできた多くの船がひしめき合って、これらが運んできた荷は日本橋のたもと小網町の船問屋に陸揚げされるのです。

江戸の出版事情――『江戸図鑑綱目』

『江戸図鑑綱目』は元禄二年（一六八九）に出版された地誌です。京都の話をした時に『京羽二重』という京都の地誌に書店情報があることを示しましたが、この『江戸図鑑綱目』にも同様の記事があって、近世前期における江戸の書籍流通の一端がわかります。

十四

呉服町一丁目　　山形屋太兵衛
　唐本アリ
京橋南三丁目　　林文蔵
　歌書　書本アリ
通乗物町　　中野孫三郎
　天台書　法花書
同町　　前川権兵衛

　真言宗書
銀町三丁目　村上又三郎
　浄土書儒書かな草紙
石町三丁目　中村五兵衛
　法花天台書　経師類
同町　前川善兵衛
　真言宗書　古本アリ
同町角　山形屋善兵衛
　神書医書　経師類
同十軒棚　吉文字や
　儒書仏書諸宗共ニアリ
同町　山田伝右衛門
　板行
同町　麩屋五兵衛
同町　野田太兵衛
　儒書天台宗書
同町
　儒書医書

日本橋南二丁目　中野仁兵衛
芝神明前　中野左太郎
神田かち町　秋田屋常知
本町三丁目通　西村又右衛門
京橋南一丁目　日下部八右衛門
同四丁目　渡部善右衛門
神明前　八尾五郎右衛門
京橋南四丁目　小林太郎兵衛
新橋南一丁目　彦兵衛
三十間堀三丁目　木戸茂兵衛
　書本
石町三丁目通　麩屋平兵衛
　書本
　十五　地本屋
長谷川町　松会三四郎
　往来物
大伝馬町三丁目　山本九左衛門
　浄瑠璃本

同町　鱗形や三左衛門
同断
通油町　喜右衛門
同断
同町　山形や市郎右衛門
同断

最初に掲げた「十四」の一群はすべて京都資本の書物屋です。日本橋から銀座にかけて多くの本屋があったことがわかりますし、それぞれに充実しているジャンルが記載されていて、専門店化が進んでいることがわかります。最後の二店の「書本（かきほん）」は写本のことです。「十五」の項目は「地本屋」です。「地本」の「地」は「地酒」の「地」と同じです。本来その土地で作られ消費される酒が「地酒」なのですが、この言葉には「田舎出来の酒」という意味合いがそもそもありました。伊丹や伏見で造られた一級品の酒ではないという卑下です。今は、大手酒造メーカーの画一的に不味《まず》い酒ではなく、各地で丁寧に造られた個性豊かな酒というような意味で、居酒屋でもメニューにわざわざ「地酒」のページを自慢げに用意していますが、もともとは自慢の言葉ではなかったのです。

近世初期、伝統に立脚した文化的要素の何も無かった江戸という人工都市は、文化的なもの（本も酒も調味料も）をすべて京都から移送されるものに依存していました。京都から下ってく

「江戸版絵入浄瑠璃本」個人蔵

るものはすべてよいものです。下ってこない、すなわち、地元で作られたものは「下らない」（今われわれが使っている「くだらない」という言葉はここに由来します）ものなので、取るに足らないものという意識です。本も同じ。京都で制作されたものから見ると格段に見劣りする地元江戸出来のチープな草紙類が「地本」なのです。

ではどのようなものが地元で制作されたかというと、本来安くあるべきもので、輸送の経費が売価に上乗せされて高価になってしまうと誰も手を出さないようなものです（書物はそれ自体高価なので、輸送費が上乗せされてもさほど影響が無いし、必要なものなので仕方が無い）。『週刊少年ジャンプ』や『週刊少年マガジン』が三千円もしたら誰も買わないですよね。そんな類《たぐい》のものです。

つまり、消耗品的に読み捨てにされるようなもの、子ども向けのもの、ぼろぼろになって廃っていってもよいようなものが江戸で作られていくわけです。大坂が京都に近すぎたのでなかなか自前の出版事業が興らなかったのとは逆で、京都から遠すぎたので独自の出版が早くに開始されたのが江戸というわけです。

『江戸図鑑綱目』を見て下さい。松会《まつえ》が扱っている「往来物」は手習いのテキスト、子ども用の実用品です。それ以外はみな「浄瑠璃本」を主に扱っています。この浄瑠璃本は、後世絵入浄瑠璃本とか金平本とか呼ばれるものです（130–131頁）。江戸人好みの荒っぽい人形浄瑠璃（人形劇）の筋を借りてきて絵入の読み物に仕立てた他愛ないもの、まさに下らないものです。

四軒目の「喜右衛門」は鶴屋喜右衛門です。近世初期から明治期までこの業界を代表する活

菱川師宣筆「衝立のかげ」慶應義塾蔵

躍をしていた店です。

彼ら地本屋は上方で流行している読み物の海賊版も手がけます（文字をきちきちに詰めて紙数を節約したり、紙が上方には無いタイプのものもそっとした感じだったり、江戸の絵師による独特の挿絵を多数入れたり、初期の江戸版には独特のローカル色があってマニアも多いです）。

ここまでまとめると、この町で需要の高かった書物類は京都の出店による流通が支配しており、ちょっとした娯楽や実用のための冊子などの草紙類が地元の業者によって制作されるようになり「地本」と呼ばれていたということです。

また、ちょっと付け加えておきますと、京都から江戸店に向けて出荷されるのは、堅い書物ばかりではありません。圧倒的に男が多いいびつな人口構成のこの都市には、前にお話ししたような大坂出来の好色本も多数積み下されたはずです（江戸でこれらが貸本で読まれた実例は長友千代治『近世貸本文化の研究』に紹介されています）。そして、この手のものの需要が高いとなれば、江戸でも制作されないはずはありません。名手菱川師宣《ひしかわもろのぶ》の絵、また絵本が地本屋によって制作・販売されていきます。慶應義塾所蔵の高橋誠一郎浮世絵コレクションの一枚を見てみましょう。これはおとなしい絵ですが、きわどいもののほうが多いかな。

江戸の名産、浮世絵の歴史がここから始まります。

江戸町触の実際

寛文十三年（一六七三）五月に、このような町触が出されました。

覚

一　此以前も板木屋共ニ如被仰付候、御公儀之義ハ不及申諸人迷惑仕候儀、其外何ニ而も珍敷事を新板ニ開候ハヽ、両御番所江其趣申上、御差図を請、御意次第可仕候、若隠候而新板開候ものも於有之は、御穿鑿之上、急度可被仰付候間、此旨板木屋共幷町中之者共、少も違背仕間敷候事

丑五月

右は五月廿七日御触、町中連判

これは「板木屋共」に向けたものです。幕府に関わることはもちろん、みんなが迷惑するようなこと、「珍敷事《めずらしきこと》」を出版する際には番所の指図を受けろという趣旨です。「御公儀之義」は、今の政治に関わることです。徳川家に関わることも出版はタブーです。家康の一代記などは人気の読み物なのですが、これは写本でしか流布しません（『三河国後風土記』、山のように写本が残っています）。他の戦国大名などのことも当然触れられることになるわけで、そうすると、その後裔《こうえい》が藩主として各地にいる当時、彼らとの距離感やバランスで保たれている和が、名誉に関わる昔のことをほじくり出されて破綻することをおそれているわけです（実際、『陰徳太平記』とか、藩から訴えられて問題になった出版物は少なくありません）。したがって「諸人迷惑仕候儀」は諸藩に関わることがまず念頭にあるわけですが、そればかりではなく、今の無責任なSNS発信が引き起こしているのと同様のケース、民間で思わぬ不利益を蒙《こうむ》るようなことも含まれています。「珍敷事」はニュースです。瓦版（当時は「読売」と呼ばれていました）をイメージしてください。

さて、この町触を、きびしい言論統制が行われていた証拠として論じる人がこれまでの大多数です。私にはそのように思えません。同様の町触はこれ以後頻出します。これも度重なる禁令で言論がいよいよ封殺されていったと受け取る人がいますが、逆でしょうね。すでに述べましたが、これは守られていないからです。何よりの証拠は、当時の瓦版的な出版物が山のように今も残っていることです。『旧事諮問録』という本があります。これは、明治半ばに東京帝大史談会が編んだもので、江戸時代の生き残りの古老たちに当時の様子を語ってもらい、それ

敵討ちの読売（瓦版）と読売を描いた浮世絵　個人蔵

をまとめたものです。その中に、この瓦版について尋ねているところがあります。談話は、たまたま運悪く見つかっても、商品は取り上げられるけれど、番所に連れて行かれて説教されるくらいのことで済むので、取り締まろうにも頭の上の蠅を追うようなもので無理であることを語っています。町触は発するけれど、大方は町方の自治に委《ゆだ》ねられていて、実際の町人世界への介入はこのように御触れを発する程度が基本ラインなのです。

番所の指示を受けろということについては、実際は、お伺いをたてるなんて藪蛇《やぶへび》になるようなことはしないし、指示なんか仰いでいる余裕もありません。ニュースは鮮度が命です。ほかを出し抜いていち早く売り出さないと儲けになりません。売り子も業界が抱えておかなくてはならない大事な流通機構の一端です。売り歩くネタが持続的に無いと、彼らは生活できなくなり、大事な流通が途絶えてしまいます。ではどうするか。ニュースが無ければ作ればいいのです。どこそこ山で大ムカデが出ただの、どこそこ村で幽霊が敵討ちをしただの、遠いところの話はでっち上げし放題です。また、金次第で操作できるメディアでもあります。山東京伝の黄表紙『江戸生艶気樺焼《えどうまれうわきのかばやき》』の主人公艶次郎《えんじろう》は、モテ男であることを世間にアピールするために、偽のゴシップを読売にして市中に配付させます。どうせ嘘だと誰も受け取ってくれないのですけどね。現実にも可能な話です。

貞享元年（一六八四）四月に出された町触はちょっとこれとは事情が異なります。

覚

一　町中板木屋共　御公儀之義ハ不及申、珍敷事致板行候ハヽ、両御番所江申上、御差図次第可仕旨、此以前も御触有之、板木屋とも証文致置候所、此度服忌令之御触、御差図をも不請致開板、其上加筆仕候段、重々不届ニ付、御穿鑿之上、開板当人篭舎ニ被仰付候間、向後右之旨弥相心得、御公儀様之義は不及申、諸人可致迷惑儀、其外可相障儀、開板一切無用ニ可仕候、うたかはしく存候儀ハ両御番所江伺、御差図を請板行可仕候、若隠候而致開板ハヽ、御穿鑿之上急度曲事ニ可被仰付候間、板木屋共幷町中之者此旨堅可相守者也

子四月

右は四月九日御触、町中連判

まず、寛文十三年の町触に応じて「板木屋とも」が承知の旨の証文を提出したことがわかります（でもバレなければいいのです）。「板木屋」と呼ばれる職層に組織だった秩序があった様子もここからうかがえるかと思います。『服忌令《ぶっきりょう》』を出版した版元二人を牢屋《ろうや》に入れたことをこの町触は述べています。『服忌令』とは、親なら何日とかおじさんなら何日とか、喪に服す期間を定めたものです。これまでさまざまなものが行われていて統一されていなかったものなので、きっちり定めてほしいという要望が前からあったものです。みんなが儀礼で足並みを揃えたかったのです。そこで幕府は触書として発布したわけなのですが、みんなが欲している情報ですから出版すれば良い売り物になると思われたのでしょう。幕府が発した触を出版するに当

たって許可を得ていないだけではなく、分かりやすくするために仮名書きにしたりして、本文をいじってしまったようなのです（この現物は確認できていません）。これは、幕府発の布令《ふれ》を改竄《かいざん》したにひとしく、幕府の威信に関わることなので、このような次第となったわけです。後段はいつもどおりの決まり文句です。「板木屋とも」の「板木屋」は、版木を制作する職人を言う言葉です。印刷屋さんですね。急速に大都市化が進む江戸では、当然印刷の需要も高まります。薬の効能書き、箸袋、書類用の罫紙《けいし》等々。それに、文書社会ですから印鑑が必要です。たいていの板木屋は印判屋を兼ねていました。彼らが出版に乗り出すのです。江戸の出版産業の特色は印刷業から始まったところにあります。後ほど詳しくお話ししますが、出版に乗り出した板木屋がすなわち地本屋なのです。地本は彼らによって制作されはじめるわけです。

次に掲げた貞享元年（一六八四）十一月の町触は、読売（瓦版）に特化したものです。

覚

一　町中ニ而、むさと仕たる小うた・はやり事、勿論替りたる事致板行、売候者有之候、家主吟味いたし、何方ニ而も左様之者一切板行仕間敷候、尤辻橋ニて売候もの有之候ハヽ、其町にて相改、捕候而番所江可申来候、穿鑿之上、売主ハ不及申、致板行候者迄急度可申付候、近日改ニ廻し候間、其旨可相心得者也

子十一月

右は十一月十八日御触、町中連判

「むさと仕たる小うた」というのは、心中事件などを歌謡にしてその歌詞を印刷したもので、歌祭文《うたざいもん》や口説節《くどき》などさまざまあります。「辻橋ニて売候もの」という言葉から、彼らの営業場所がわかりますね。「其町にて相改、捕候而番所江可申来候」と民間任せの取締です。実効性が薄いはずで、この類の町触が頻繁に出されるのも無理はありません。京や大坂でもこの類のものは発行されているのですが、現存しているものから判断するかぎり、江戸出来のものが群を抜いて多いと思われます。江戸という町は情報が商売になる都市だったようです。

都市の不安と情報

歌人として有名な戸田茂睡《もすい》が当時の様子を記した記録『御当代記』をみてみましょう。噂は威力のあるメディアです。ひとたびネット上にアップされた「虚」が、あっという間に真実の顔を整えて広く人や生活を脅かす現代にも似た状況です。

一本所にてよる〳〵数百人の手拍子にておどりをおどる、そのこうた云、伊せハおぼろに駿河ハくもる　花のお江戸ハやミとなる　日光の事にてがってんか　おほさてがってんとうたふ、二ツ目三ツ目のあハひと聞ども、その声聞人の所によってかハるといへり、虚説なるべし
ある人のいハく、虚といへど実なり、天人を以てこれをいわする、おどりハ是御当家不

吉の例也、近く厳有院様御他界あらんとて巳の年より俄おどりはやり、江戸中貴賤老若武士工商までおどりたる事眼前なり、中比岡崎の信康卿御生害あらん時にも、三川にておどりはやりし也

多くの人々が毎夜群れ集り踊っているという噂。噂が人を呼び、歌と踊りの規模は大きくなっていっているという噂。噂が噂を呼んで、さまざまな憶測が飛び交っています。噂は一番のメディア、人の行動を決する力を持つ情報源です。

情報への過敏は、都市的な病といってよいかもしれません。多くの人間がいたるところから集りうごめき、また離散し、多量の物資がめまぐるしく流通する都市、時々刻々の変化・流転を免れないこの都市で、その全貌を、自らの拠《よ》って立つところを一個人が掌握することは不可能でしょう。無意識ながらも自分の根っこに不安を感じつつ生活を続けていかざるをえない都市住民にとって、「情報」は、直接五感に働きかける「現実」と等価、あるいはそれ以上の意味を持つのではないでしょうか。貪欲にならざるをえません。内容や質を問わず、次々生成される新しい情報を追いかけていかざるをえないことになります。情報に飢えたそんな心性を満たすように次々と新しい情報が生み出されていくわけです。一つの情報は増殖し、また「真実」として固定化し、あるいは分岐して別の情報を喚起、生成していきます。

とくに江戸という都市は、瓦版がやめられない商売として定着するくらい、情報に対する食欲が旺盛だったようです。そして、その食欲を瓦版がさらに増幅させていた可能性があります。

人心の安定を図ろうとするのであれば、実効性はともかく、このような印刷物取締の町触を発する意義は十分にあったのかもしれません。

同じく『御当代記』に、元禄七年（一六九四）、出版に関わって四人が罪に問われた事件のことが載っています。「諸人迷惑仕候儀」にあたる事例です。

一頃日、傾城町之事其外色々之事を書、噂草紙くさり引と名付候て板本に出し候ニ付、書物作り申し候本町壱丁目平三郎、板行致候通り油町甚九郎、書物うり申し候通り旅籠町三左衛門、神田なべ町仁兵衛四人籠者致候

「噂草紙くさり引」とありますが、正しくは「吉原草摺引《よしわらくさずりびき》」、遊女評判記の一類です。それを「噂草紙」と誤ったあたりに人々の興味のありかが見て取れるかもしれません。「噂」を商売の種とする人間に対して、「噂」によって不利益を生じかねない者、この場合は吉原関係者から訴えが出され、執筆者、印刷・製本者、流通業者が摘発されているのです。そしてこの一件自体が江戸の「噂」となり、茂睡の書き留めるところとなりました。

民間におけるトラブルなのですが、訴訟を起こされ裁判沙汰になると、奉行所は裁許を下さざるをえません。この場合はとくに吉原関係者からの訴えでしたので、放っておくわけにもいかなかったのです。吉原は幕府公認の遊里ですので、幕府の威信に関わることにもなります。そして多額の税収が発生するところでもあったのです。吉原の有力者からの訴えは捨て置くわ

けにはいきません。「甚九郎」は板木屋甚九郎、近世初期の江戸において草紙類を盛んに開版している人物です。「三左衛門」は鱗形屋《うろこがたや》三左衛門、近世中期まで草紙問屋の中核として活躍する本屋です。もともとは「板木屋」と一括りにされていたこの草紙の業界でしたが、この頃にはすでに印刷・製本という職を主とする店、流通に長《た》けた店と職掌が分化して役割分担がなされ、一体の大きな産業となっている様子が見て取れるところがこの史料の見所です。

地本問屋の誕生

前節では、「板木屋」と呼ばれる職人層から、江戸密着型の出版物を制作し流通させる者、つまり地本屋が生まれたであろうということを、盛んに発せられる町触などから推測して述べました。最初期の地本屋、その成立に関わる当事者たちの記録は残っていません。当時は仲間も結成されていないので公的な文書も作成されませんでしたし、京都のように近世初期から営業を始めて現代にまで存続しているような本屋もいないものですから依《よ》るべき家文書も無いのです。それから、江戸は火事が頻発する都市であったし（明暦大火以前の記録類は稀少《きしょう》です）、維新期に大きく変貌し、関東大震災や空襲に、東京オリンピックなど昔のものが壊滅してしまう「災害」に伴う開発も重なってとにかく史料の残り具合が悪いのです。

『暦記録』に見る発生過程

「江戸暦（綴暦）表紙」個人蔵

彼らの商売の成り立ちを証する史料がないものか、あちこち調べ回ってようやく出会ったのが江戸暦問屋の文書『暦記録』です。写真は、宝暦九年（一七五九）の江戸暦です。

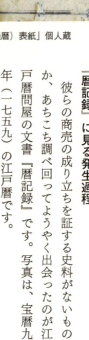

暦は生活の必需品でした。日めくりやカレンダーとは違いますよ。六曜をはじめ、その日その日に関わる吉凶等の情報を盛り込んでいるものです。おばあちゃんの家に冊子の神宮暦なんかありませんでしたか？　あんなやつです。生活の足並みを時間で揃えるための指針でしたし、八十八夜とか二百十日、また二十四節気など季節の天候について参考になる情報（科学的根拠はありませんが）も農業従事者にとって重要でした。もともと陰陽道宗家の公家土御門《つちみかど》家が暦の編纂《へんさん》を行っていて幕府は手を出せなかったのですが、貞享元年（一六八四）になってようやく幕府が暦の編纂権を掌握します。以後、統一された正確な暦の全国流通は幕府の威信にかけて行われなくてはならない事業となりました。

全国的に毎年大量に必要とされるものですから、各地で暦が出版されています。[10] 江戸で出版された暦が江戸暦です。幕府はそれら業者に同じ本文の暦を発行させなくてはなりません。『服忌令』の一件で見たように、幕府発信の情報は一字一句正確に伝えられる必要があります。そのためには、各地の業者を把握・管理して天文方の原稿通りの出版物を作成させることになるわけです。

ことのついでに暦の値段についてお話ししておきます。暦にも一枚摺のものや冊子になったもの、大きいもの小さいものなどいろいろな種類があります。『暦記録』（後述）に、正徳五年（一七一五）の書き上げがあり、そこにこの年の江戸暦の価格が記されています。

直段付之覚

一とぢ暦　壱ふくニ付　代六文
一同大字け引　壱ふくニ付　代九文
一折暦　壱ふくニ付　代拾文
一御本紙卦引　壱ふくニ付　代廿六文
一略暦　壱ふくニ付　代三文
一懐中暦　壱ふくニ付　代三文
一七よう暦　壱ふくニ付　代百文
〆七通

10 京都の大経師暦、伊豆三島の三島暦、大和の南都暦、伊勢の伊勢暦、会津の会津暦等々地方それぞれ個性的で面白い。レアアイテムもあって集め出したら止まらなくなりました。今では各種地方暦の山が書庫の一角を占めています。

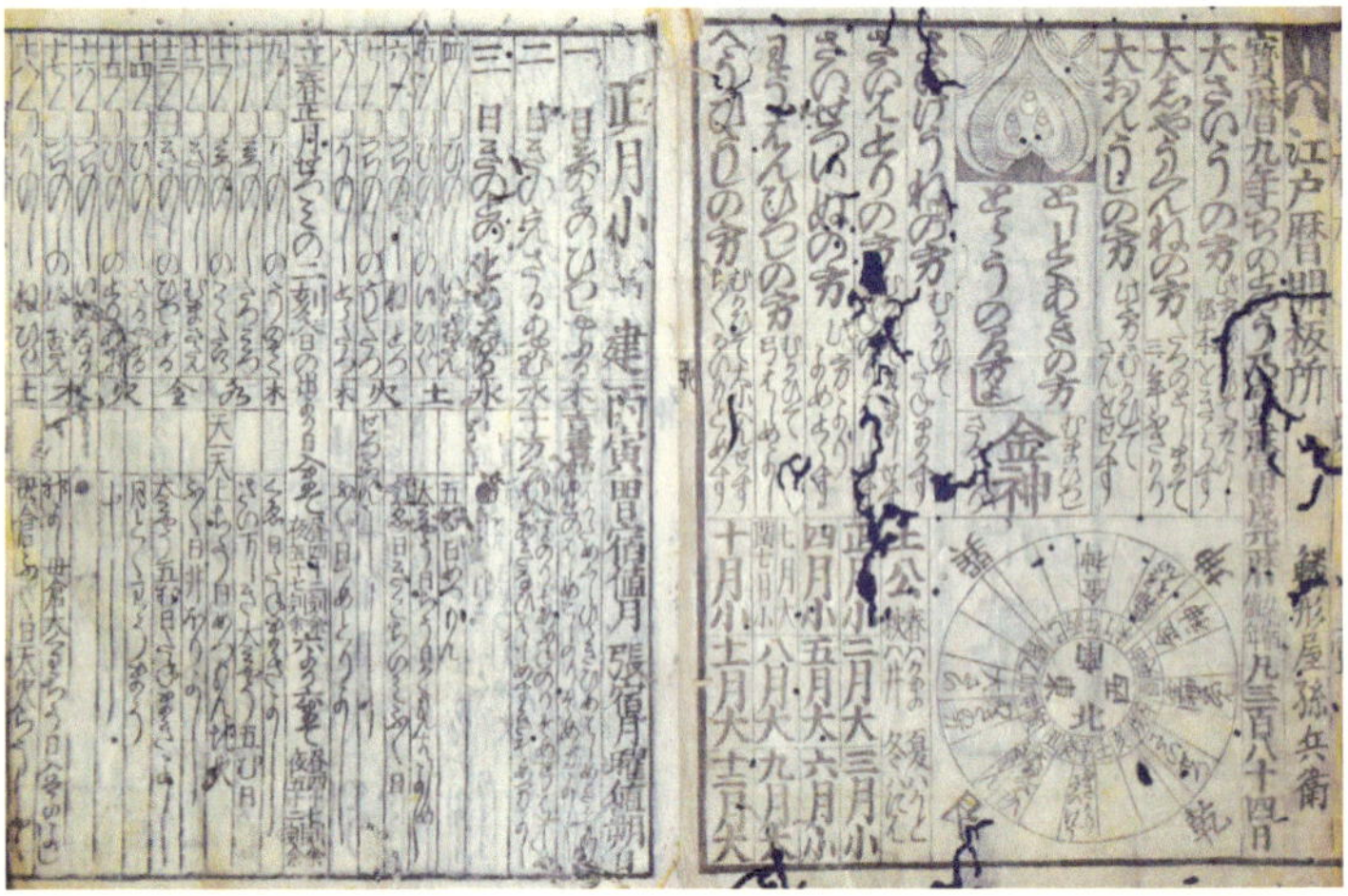

「江戸暦　本文」 個人蔵

写真にあるような中本型の綴暦《とじごよみ》はこの時代六文というわけです。この当時の草双紙赤本と同じくらい。十一月末から十二月にかけて売り始めるのですが、その年によって値段が違います。制作時の紙の値段が大きく価格を左右するのです（本の制作費用で紙代が一番高い）。

ついでに流通のコストについてひとつ事例をあげると、江戸での小売価格が十六文から二十文くらいと思われる寛政期の江戸暦を、今の岩手県南部前沢町（現奥州市）の人間が百三十から百七十文、十倍近い価格で購入している事例があります（『書籍文化史料論』勉誠出版、二〇一九年）。流通コストは現代とは比較にならないくらいシビアに売価に反映されていたのです。

さて、貞享二年（一六八五）暦の作成に際

して、江戸では名乗りを上げた「板木屋」二十八人に任せました。元禄七年(一六九四)には、その二十八人が帳面に付けられ、それ以外の参入を許可しないようにしました。業者管理の体制が強まります。この体制で江戸暦が制作されていたのですが、元禄十年(一六九七)、それが十一人に絞られる事件が起きました。その十一人は暦問屋仲間結成を許され、幕末までその体制が続きます(天保改革時、株仲間が解散させられましたが、暦問屋仲間は存続を許されました)。

その江戸暦問屋が残した記録が『暦記録』で、原本が東京国立博物館に現存しています。『暦記録』に、元禄七年に起きたある事件の記事があります。彼らが制作した元禄七年暦の中に、下げ渡された写本どおりではないミスがあることが判明、以後こういうことが無いよう管理を強めるために、当初から暦制作を手がけていた業者二十八人以外の参入は以後許さないことにして、二十八人の名前を帳面に付け置くことになったというのです。元禄七年六月二十九日、業者四人の連名で翌元禄八年(一六九五)暦制作の請け負い手形が出されたのですが、この四人は同業の中でも主立った者たちであったと思われます。

それが元禄十年(一六九七)に、二十八人から十一人に絞られる事件が起きるわけです。「乍恐以書付御訴訟申上候」という、十一人連名の訴状があります。

乍恐以書付御訴訟申上候

一 御当地暦板行商売之義、私共先年より仕来リ罷有候、然所ニ、四年已前、戌之六月ニ例年之通暦板行望之者者申参リ候様ニと御触ニ付、御帳面ニ付キ申候分弐拾八人ニ御究

被遊、證文仕差上、此外板行致間敷旨町中御触被為　仰付、難有奉畏、去年迄御写本頂
戴仕板行仕来リ候処ニ、此度長谷川町三四郎与申者、当月十三日ニ申越し候者、暦之儀、
御運上金差上元〆之御訴詔申上候間、弐拾八人不残支配ニ付申様ニと申候得とも、元〆
支配請候義、迷惑ニ存、私共合点不仕候得者、廿八人之内少々相かたらひ御訴詔申上候
之由、又候相断申ニ付驚入、乍恐御訴申上候、此上者何分ニ茂以　御慈悲、私共江被為
仰付被下候者難有可奉存候以上
元禄十年丑六月十九日

大伝馬町弐町目新四郎店　甚右衛門
通旅籠町又兵衛店　九左衛門
同町清六店　喜右衛門
同町孫兵衛店　七右衛門
通油町五兵衛店　勘右衛門
同町家主　三右衛門
同町茂左衛門店　喜左衛門
同町同店　金兵衛
通塩町茂兵衛店　七兵衛
新和泉町市郎兵衛店　権左衛門
通油町治平店　忠兵衛

御奉行所様

元禄十年六月十三日、仲間外の長谷川町三四郎が、運上金を差上げ、頒暦業者《はんれき》二十八人の元締め支配をおかみに願い出るので、彼は全員自分の支配につくようにと二十八人に申し入れて来たのです。承知せずにいたところ、三四郎はその後二十八人の仲間のうち若干名の合意を取り付け、残る者共も支配に付くよう申し入れて来ました。この訴状は、それを不服として十一人の連名で出されたものです。注目すべきは暦出版に関わった業者の顔触れです。勝ち組の十一人しか分からないのですが、彼らはこの後、地本業界の中核を成す者であることがわかります。

甚右衛門、これは木下甚右衛門。宝永六年『源氏花鳥大全』、貞享四年『舞楽大全』、元禄九年『東鑑後撰集《あずまかがみごせんしゅう》』等の出版物が確認でき、金平本の出版も少なくありません。九左衛門は山本九左衛門。古浄瑠璃正本をはじめ、一枚絵や草双紙、吉原細見などなどの出版で有名な江戸を代表する地本問屋です。貞享四年『江戸鹿子』に浄瑠璃本屋として記載されています。喜右衛門は鶴屋喜右衛門で、これまた説明の要の無いくらいの地本問屋の中核です。七右衛門は表紙屋七右衛門。元禄十一年版の江戸暦の刊行が確認できます。他の出版物では、延宝八年の『新増補江戸鑑』、貞享三年の『新正江戸鑑大全』、貞享四年の『楽の上もり』などがあります。勘右衛門は山形屋勘右衛門と渡辺敏夫『日本の暦』によって推定されています。だとすれば、近藤清春画『太閤軍記』、享保三年刊の『八百屋お七恋ざくら』などの刊行が確認出来ます。三右衛門は井筒屋三右衛門。岩瀬文庫には、元禄二年暦の表紙題簽《だいせん》が所蔵されていて、明和まで暦の出版があります。他には、寛文頃の『御すゐでん』、天和二年「増補絵入江戸之絵図」、延宝六年『御家仮名往来』、また、元禄十六年には『元禄武鑑大全』という武鑑の出版もあります。以後古浄瑠璃を中心に江戸前半期に盛んな地本の出版が認められる版元です。忠兵衛を渡辺敏夫『日本の暦』は藤田忠兵衛と推定しています。とすれば享保八年に『鎌倉北条九代記』の出版があります。喜左衛門は吉田屋喜左衛門でしょう。延宝十年の暦を刊行しているほか万治二年に正本『源氏のゆらひ』、延宝六年に『四季仮名往来』の出版があります。金兵衛は伊勢屋金兵衛。一枚絵、草双紙、往来物の出版が江戸後期にまで認められます。七兵衛は山形屋七兵衛でしょう。寛文頃に『よしうち』、貞享四年には「新板江戸大絵図」、元禄七年にも「新板江戸大絵図」の出版があります。権左衛門は海部屋、または貝府屋《かいふや》権左衛門。元禄四年の江戸絵図をはじめ、元禄期を通じて江戸絵図の出版が多く認められます。

地本問屋の成立

ここでちょっと補足しておきます。そもそも暦の業者ではなかった長谷川町三四郎は、なぜこのような挙に出たのでしょう。彼は、前に取り上げた『江戸図鑑綱目』に地本屋として筆頭に載っている松会三四郎です。江戸のこの業界では古株で江戸城の書物御用も務めています。幕府にもちょっと顔が利くし、それなりの勝算があったのでしょう。先にも述べたように、暦は生活必需品ですから大量の発行高を見込めます。年一回の季節物の商売で単価も低いものですが、幕府に保護されていて安定的な収入は得られるわけです。彼ら暦業者を束ねることによって、三四郎は利益の一部を吸い上げようとしたわけです。彼は、上方版の海賊版なんかも作っていてそれなりの利を得ていたものと思われますが、三都の業者の申し合わせが進展してきて、そのような商売もしにくくなってきている時期です。新たな利権は魅力的だったのでしょう。

彼の勝算の中には、彼らを支配して運上も差し出すという提案を幕府がすんなり受け入れるだろうという思惑もあったに違いありません。この暦業者二十八人は「板木屋」です。印刷業から身を起こして、日用的な軽い出版物も手がけるようになってきた者たちで、すでに述べたように、瓦版なんかも彼らの手になること、町触に明らかです。つまり、彼の提案は、自分が支配して不都合な出版物を制作させないようにするという意味合いがあったはずなのです。そして、彼らの増してきている営業力が古参の三四郎には脅威だったし、支配すれば旨味《うまみ》につながると考えたものと思います(三四郎傘下の子会社化です)。

二十八人のうち半数の十四人の合意を取り付けたところで三四郎は仕掛けるわけですが、その十四人と様子見の三人については、名前が記録に無くて誰なのかわかりません。おそらく十四人は、寄らば大樹の陰、三四郎に抵抗するよりも彼から仕事を多く回してもらったほうが有益と考えるような弱小の者たちだったのでしょう。松会三四郎は当時一番大きな地本屋だったのです。出版物も群を抜いて多い。彼が発行していたものは近世前期の江戸を代表する出版物で「松会版」と呼ばれて今珍重されています。彼に媚《こ》びていれば印刷の下請けの仕事が回ってくると踏んだ者がいても不思議はありません。

それに対して、逆訴の十一人は、三四郎が脅威を覚えるような実力を備える者たちであったことが、この後の活躍ぶりからもうかがえます。

さて、面白いのは奉行所の裁許です。

三四郎訴訟之仕方不届ニ被　思召、依之籠舎可申付候得共御用捨被遊、卅日之手錠ニ被仰付候、又拾四人之者共儀、弥不届ニ被思召、三四郎同前ニ可申付候得者三四郎手錠ニ候、御用捨被遊、此為科怠自今以後暦板行商売御取上被成候、重而訴訟仕間敷候、又惣方江不付三人之者共、御公儀之捌を待、拾四人之方首尾能者三四郎江組可仕下心、又拾壱人之首尾能者此方江可付存念、一事両様之科ニ有之、是又拾四人同前ニ、暦板行商売之儀向後取上候と急度被　仰渡、則　御番所證文判形被為　仰付、其上拾四人之家主名主江被　仰渡候者、此以後暦類板行仕候ハヽ、其人者不及申、重類ニ至迄急度御仕置可申付候、又拾壱人之者共儀、永々暦板行商売可仕候、仲間立合相違無之様ニ吟味可仕候、何方ニ不寄暦類板行仕者有之候ハヽ、無用捨早々可申上候、拙者共難有奉畏候事

三四郎は訴訟の仕方が不届きだということで、本来なら牢屋にぶちこむところ、一等免じて手錠三十日。三四郎に付いた十四人も同様に不届きで手錠相当なのだけれども、これも一等免じて暦商売取り上げ。様子見の三人も卑怯なので暦商売取り上げ。罪の理由と処罰の軽重はどうにでもなるものです。これは、三四郎を取るべきか、十一人を取るべきか、どっちが得策か

という幕府の判断によるもの、幕府は後者をとったわけです。暦業者ではない三四郎に暦と業界の監督を任せるよりも、仲間の中の主立った者に仕切らせたほうが実効性が高いと踏んだのでしょう。そんなわけで、この暦業者十一人、すなわち「板木屋」の顔役たちは、暦出版という独占的利権を得るとともに、暦を含めて違法な出版が行われないように、地本業界の秩序維持を託されることになったわけです。ここから江戸の地本産業の隆盛が始まります。

なお、この一件の後もしばらく松会三四郎の本屋営業は確認できますが、享保期に火事に遭い、板株（版権）なども売り払ってしまったようで、その後の営業は確認できません。

さて、江戸の草紙文化を今後支えていく地本問屋が職人集団の中から誕生したということには大きな意味があります。言葉を換えれば、このことが江戸の草紙文化の特色に大きく作用しています。地本問屋と職人層との間の距離が近いというよりも、ほぼぐずぐずに融合、一体化に近い関係を保っていくのです。この関係の中で婚姻や雇傭《こよう》関係が取り結ばれたりしていきます。したがって、浮世絵でも瓦版でも、何かネタを思いつけばすぐに制作に取りかかれる体制がこの一体化した業界に維持されていきます。彫工や製本師が版元にもなれるし、地本問屋はどんな注文も受け付ける印刷工房的役割も担うわけです。職人たちを干乾しにさせないように絶えず仕事を与えていく、次々新企画を案じていく業界になります。つまり元禄期の大坂の業界以上に流行を追いかける（流行を仕掛ける）出版が江戸で行われるようになっていくのです。

第三章　花ひらく本の文化——雅と俗の近世中期

いまから四、五十年ほど前までは、近世文学史を構想する時、前期と後期に二分することが一般的でした。近年では前期・中期・後期と三つに分けるのが他の文化の推移に重ね合わせてうまく説明できるとして、これが主流になっています。私も同意見です。おおよそ享保期を境に世の中の空気が変わりはじめ、寛政期を境にまた大きく新たなうねりが起こります。享保から寛政期、だいたい十八世紀に収まる範囲が近世中期ということになります。中野三敏さんは、この近世中期という時代を、「雅」（高位の伝統的文化）と「俗」（新興のくだけた文化）がバランス良くぶつかり合って、優れた近世的文化が生まれた時代と評価しています。

成熟する近世文化と書籍市場

まず、この時代の特色をざっと解説しておきましょう。

書籍流通網の整備

元禄から享保期にかけて、書籍の出版・流通機構がどんどん整備されていきます。三都を中心に数多くの書籍が生み出され、日本全国に巡らされていくのですが、これは市場の変化と連動する事象です。近世初期には存在しなかった新たな読者たちが出現してきたわけです。

書籍の出版と流通に関して整備された町触が享保七年（一七二二）に出され、これと前後して三都の本屋仲間が公認されます。このことによって書籍業界の秩序が確立されるのがこの時期です。京都書林仲間は享保元年（一七一六）、江戸書物問屋仲間は享保六年（一七二一）、大坂本屋仲間は享保八年（一七二三）に公認されます。前に見たように、それまでにも同業の組合的組織はあって、それなりに機能していたのですが、公認されたものではありませんでした。書物屋にとっては、板株《いたかぶ》（版権）の侵害は死活問題だったので、その防止のために公権力の後ろ盾が必要だったのです。幕府にとってみれば、仲間内による事前のチェックで、問題のある出版物が世に出ることを未然に防ぎたかったわけです。仲間公認に三都のタイムラグがありますが、これはその地域の業界全体のまとまり具合（申し合わせの整備）に依《よ》るのでしょうね。実質仲間的組織は機能していたわけですから、たいした差ではないという見方も可能です。

板株についての三都共通の申し合わせができ、他地域で販売する際のルールも定められました。安定的に書籍を制作し、各地にそれを供給できるような体制が整いました。違反者は次々現れ、厄介な問題も多々出てきますが、それらを三都の仲間で協議して対応するシステムができます。

都市の成熟——経済と余裕

大坂や江戸が活気づいてきます。とくに江戸は、酒や調味料、料理など自前の文化も成熟していきます。芝居や文芸についても、江戸ならではの特色あるものが生み出されていきます。自信を持つのですね。江戸っ子であることを誇らしく自任するようになるし、地本にまつわる劣等感も無くなり、この都市に誇りを持つようになってくるのです。

天下の台所である大坂の経済的伸長は前期からめざましかったのですが、大坂という都市はその後も経済力をどんどん増していきました。巨大な資本を形成していった有力商人たちも、ひたすら貯《た》め込むより、稼いだ金を有意義に使おうという気持ちが勝っていき、文化的なものに投資するようになります。惜しみなく投下される金銭によってさまざまな芸能が活気づき、遊里が栄え、食の文化力もめざましく向上していきます。そしてそれは先進的な知も育《はぐく》みます。たとえば有力町人たちが出資して一流の学者を招いて運営した懐徳堂《かいとくどう》という町人のための学校もできるのです。そして、俳諧や狂歌、また漢詩文や和歌など、さまざまな文芸に遊び始める人が増加し、それらの層が厚くなり、飛び抜けた才能をそこに発揮していく人間も現れていきます。伝統と既得権にすがる一方の京都に対して、京都とは別種の文化的優位を誇るようにもなってきます。また「大坂愛」が増していって、都市全体の整備・発展を町のリーダーたちは考えるようになる。豊かな文化を築いていくことにみんな意義を認めていくのです。そして、大坂の書籍産業はますます規模を拡大していきます。

文人趣味——都市的「遊民」の誕生

そんな大坂の余裕の空気が、教養を磨いていった町人世界から生まれた文人の存在を許容していきます。「文人」は中国由来の概念です（この儒学の時代、中国は憧れの国でした）。大坂のように都市全体に経済的余裕ができ、文化的なものに時間とお金を費やすことを許容する空気の中で理想化されていったライフスタイルです。この道一筋という生き方ではなく、さまざまな文化的分野で一流の才能を開花させていく生き方、それも職業的にではなく趣味的に関わっていくという非生産的な生き方を理想とするもので、これを実践する人間が多く現れます（パトロンが多数いるので生きていけるのです）。そして、彼らの間でネットワーク的関係が築かれ、相互に刺激し合いながら、この時期ならではの高度な文化がさまざまな分野で花開いていきます。彼ら文人を含めて当時の知識人たちは緩い連帯で結ばれていて、そのサロン的な雰囲気の中で、自由に銘々の境地で遊んでいったのです。例えば、文人画や俳諧で今も人気の与謝蕪村であったり、書画で名を馳《は》せた池大雅《いけのたいが》なんか有名ですね。『雨月物語』などの小説や和歌や俳諧や和学や書などに手を染めた上田秋成は、養母が他界してから、それまで家を支えてきた医業をすっぱりやめて、文人生活三昧の人生を送ります。彼の才能を愛したさまざまな人に依存して生きていったわけです。秋成の随筆（というか友人への悪口だらけの書留）『胆大小心録《たんだいしょうしんろく》』には、友人である歌人の小沢芦庵《ろあん》に、和歌の先生でもして生計を立てたらどうだと言われた時のことが記されています。何もしないでぶらぶらしているのを見かねたのでしょうね。

芦庵云ふ。「そなたは何わざもせずして在るが、いたづら也。人の歌直して、事広くして遊べよ」と云ふ。答ふ。「人の歌直すべき事知らず」と云ふ。「いなや、たゞおろか者をかしこくしてつかはさせよと思ひて勤めよ」と云ふ。「いないな其方《そのかた》にうまれえぬ人は、かへりて愚にするにこそあれ。親のおしへしわたらひをよく心得し人も、おのれになき才学は、学ぶとはいへども、愚になるのみ也」と云ひしかば、芦庵答なかりし。

すがすがしいくらいの偏屈ぶりです。芦庵はまさに人の歌を直して生計を立てている人です。文人を扶助したパトロンの多くは、大坂の大商人や京都の公家《くげ》です。蕪村はもちろん、秋成の書画もけっこう今に残されているのですが、それらのほとんどは、厄介になった御礼にその家に遺《のこ》していったものと推定されます。

武家社会の安定と停滞——武士階級的「知」の民間への浸透

武家社会は世襲制を推し進めてきました。基本的に親の役職と禄《ろく》を嗣子が受け継ぐのです。生まれ落ちたときから平社員のまま終わるか重役にまでなるのかが決まっているわけですから、競争が起きません。武家社会は安定に向かったのですが、同時にそれは停滞も招きました。能力の無い人間でも重用せざるをえず、優れた人材を腐らせるしかなくなってきたのです。松平定信は、老中首座に着任してみて幕臣たちのダメっぷりに呆《あき》れてしまいました。遊んでばかりで学問も出来ず、仕事でも使い物にならない幕臣だらけだったのです。

武家社会で能力を発揮できず才能を持て余した武士に、厚みを増した都市空間は恰好《かっこう》の居場所を与えました。町人の文化的需要が彼らを受け入れたわけです。漢学塾を開く者もいれば、俳諧や狂歌また小咄《こばなし》などを町人とともに楽しむ者も出てきます。武士階級で育んできた学芸やセンスが町に流出していきます。ドロップアウトする武士も出てきて、彼らは都市の中に紛れ込み、そこで一花咲かせたり咲かせなかったり。そしてその「学」は非生産的な文芸の遊びに振り向けられて戯作《げさく》が誕生します。

古文辞学と和学

儒学の世界に大きな変化が起こります。柳沢吉保《やなぎさわよしやす》に仕えていた儒者荻生徂徠《おぎゅうそらい》の提唱した古《こ》文辞学《ぶんじがく》が近世中期の儒学の世界を席巻《せっけん》します。それまでの理念先行型の朱子学と異なり、四書五経を構成する語の用例を集めて語意を確定し文章を正確に解析していくところから古代中国の精神を究明しようとするのが古文辞学です。この時期に興隆していく和学は、古文辞学の帰納的解釈方法、自ら漢詩を作ってみることで古代中国の心を捉えようとする方法を摂取、転用し、日本古代の探求に援用したのです。

「文運東漸」——江戸という都市の繁栄と江戸文化

この時代の文化状況を説明する時に「文運東漸《ぶんうんとうぜん》」という言葉がよく使われます。まるで学芸の中心が江戸に移ったかのような誤解を与えかねない言葉です。先ほどお話ししたように上方の学芸も盛んなのです。ただ、江戸における学芸分野の発展がより著しいということだと受け取って下さい。都市の発展とともに教養層が増加したことも大きいのですが、徂徠の学問が流行したことも大きいですね。

近世前期、文化的なものを上方下りのものに多く依存していた江戸でしたが、自前の文化がどんどん花開いていきます。この都市の食卓をまかなう近郊野菜や江戸前の魚介類が安定的に流通し、加えてこの地の人々と食材に合う調味料も開発、供給されていきます。また、地酒も洗練されていきます。豪壮な祭や江戸三座の芝居もにぎやかに行われ、他国に誇れる独自の物産である浮世絵なんかも盛んに制作されていきます。そして、江戸の人間が調子に乗り始めます。このあげあげ気分、個人についてもそうなのですが、社会全体が上向きに前進するときに、とても重要な役割を果たします。

京都書商江戸出店の撤退、江戸書肆化

前にお話ししたように、近世前期の江戸の書物業界は京都の出店に牛耳られていました。しかし、須原屋茂兵衛（武鑑の版元）や小林新兵衛（徂徠学の書物の出版は主にこの書店です）のように、流通力の強い書物を制作して資本力を増す江戸の書物屋が増加していく中で、京都出店の多くはその存在意義が薄れて撤退していきます。あるいは、京都との結びつきを弱めて江戸に馴染《なじ》む営業を展開していきます。

書籍業界に視点を定めて、この近世中期を概観してみると、京都の全国的支配力が相対的にどんどん低下していって、大坂と江戸の業界に追い抜かれる時代と言えます。それまで京都に多くを依存していた名古屋の書籍業界も独自の本屋仲間を結成、出版も盛んになり京都離れが

進みます。京都業界の弱体化の流れを決定的にしたのが天明末の京都大火です。在庫の書籍や版木もかなりの割合で焼けてしまいました（そういえば燃えやすい）。『花園校本　観音懺儀《かんのんざんぎ》』の刊記部分の写真を載せておきました。そこに添えられた刊語には、この大火で板木をすべて焼失したが、幸い一部焼け残った本を使って翌寛政元年再版にこぎ着けた旨が書かれています。その後も仏書の制作と流通が京都の業界を支えていきますし、全国的に書籍の需要がどんどん高まっていきますから多くは生き残ってはいくのですが、かつての勢いは見られなくなります。京都が持っていた書物の板株（版権）も資本力を増した大坂の本屋にどんどん売り渡されていきます。

さて、それでは、先ほどざっと述べたこの時代の特色の最初に触れた、出版に関わる触書を詳しく確認してみましょう。

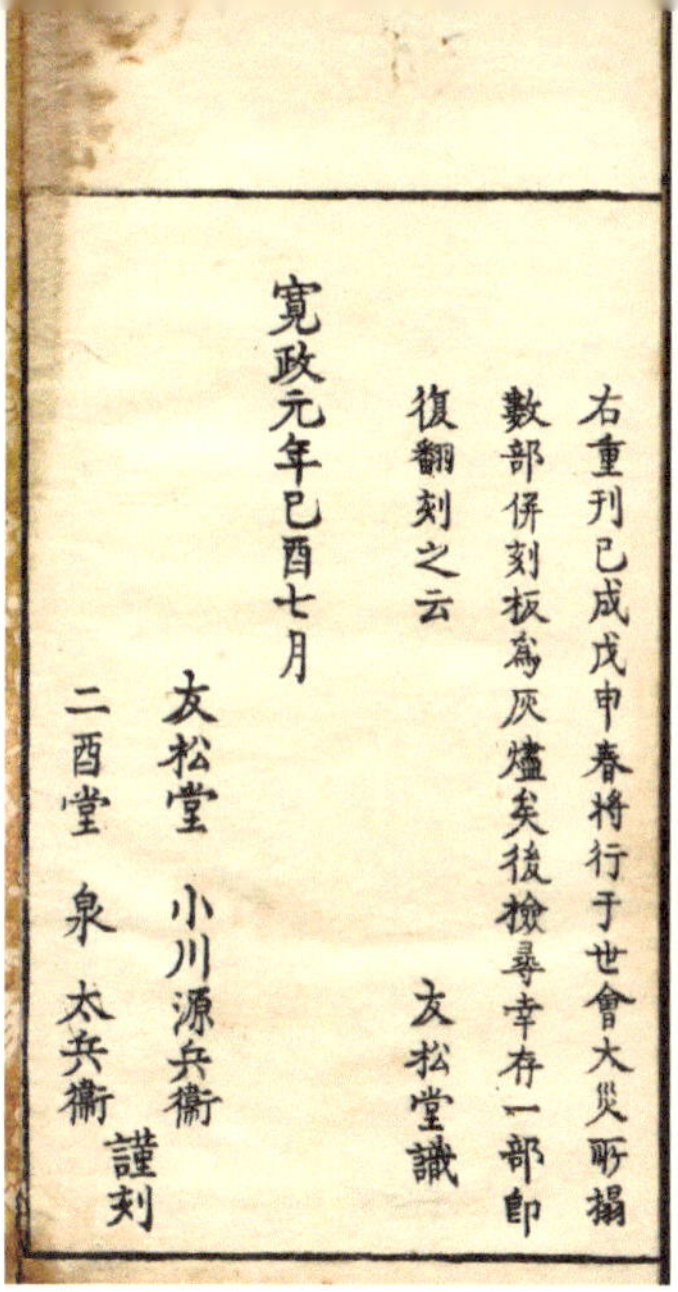
右重刊已成戊申春將行于世會大災所燬
數部併刻板爲灰燼矣後檢尋幸存一部即
復翻刻之云
友松堂識
寛政元年己酉七月
友松堂　小川源兵衛
二酉堂　泉太兵衛
謹刻

寛政元年重刻本
『花園校本　観音懺儀』個人蔵

町触

享保七年（一七二二）十一月に出された町触です。享保期は世の中が大きく転換していく時期です。政治・経済についてもしかり、文化全体についてもそうなのですが、当然本の世界もその例に洩《も》れません。先ほど三都の本屋仲間が公認されたことを述べましたが、その時発せられた触書です。ちょっとずつ解説していきます。

享保七寅年十一月被仰渡

一　自今新板書物之儀、儒書・仏書・神書・医書・歌書、都而書物類、其筋一通り之事ハ格別、猥成儀、異説等を取交え作出シ候儀、堅く可為無用事。

「儒書・仏書・神書・医書・歌書」が書物の主なジャンルです。儒書は時代の規範の拠《よ》り所だし、仏書・神書も精神的支柱であったわけで、前にも触れたように、長く継承されてきた本文を改変したり、伝統的な解釈をゆがめるような「異説」は世の混乱を招くという理由です。

一　唯今迄有来候板行物之内、好色本之類ハ風俗之為ニもよろしからざる儀ニ候間、段々相改、絶板可仕候事。

好色本がおおっぴらに流通している状況を踏まえているのですが、「だんだんとやめていく方向にもっていって」というニュアンスが読み所です。前条と違って、所詮民間の風俗上のことなのです。この手のものが本屋商売を支えていること、きびしく禁止しても無くなるはずはないことは百も承知。実際この後もきびしく摘発されることは無かったのです。

一　人之家筋、先祖之事抔を彼是相違之儀共、新作之書物ニ書顕し、世上致流布候儀有之候。右之段自今御停止ニ候。若右之類有之、其子孫より訴出候ニおゐてハ、急度吟味有之筈ニ候事。

これは、前に見た寛文・貞享の町触にも同様の文言がありましたが、この町触で主に何を意図したものか明確になります。「家筋、先祖」のことを暴き立てられて立場が悪くなったりするのは武家の世界です。戦国時代に取材した戦記・軍書類がたくさん出版されるのですが、先祖の不名誉な振る舞いが書き立てられたりして、問題沙汰になるケースがままあって、奉行所も対策に苦慮していたのです。

一　何書物ニよらず、此以後新板之物、作者幷板元之実名、奥書ニ為致可申候事。

今なら当たり前の話ですが、出版物の奥付に責任の所在を明示せよということです。ただし「作者幷板元之実名」明記は、この後も必ずしも守られていたわけではありません。

一　権現様之儀ハ勿論、惣而　御当家之御事、板行・書キ本、自今無用可仕候。無拠子細有之ハ、奉行所江訴出、差図ヲ請可申事。

徳川家に関することは「書キ本」（写本）でも取り締まるぞと言っていますが、これも無くなるどころか、どんどん大量に筆写されて流布されていきます（『三河国後風土記』等々）。つまり、書籍の出版・流通についての為政者側からのガイドラインは示されたわけですが、格別深刻な問題にならないかぎり積極的に摘発するようなことはまず無かったのです。

右之趣を以、自今新作之書物出候共、遂吟味、可致商売候。若右定ニ背キ候者有之ハ、奉行所江可訴出候。数年を経、相知レ候共、其板元問屋共、急度可申付候。仲ヶ間致吟味、違犯無之様可相心得候。以上。

仲間の中で吟味を遂げて、違反の無いようにせよという言葉で締めくくられます。仲間の機能に委《ゆだ》ねることが基本であって、幕府が直接違反を摘発するということはしないのです。これまでのものより整備されたこの町触について、細部にまで及んで、きびしく出版が統制されるようになったと解釈する人がいます。それは、町触独特の厳しい言い回しを額面通り受け取り、それが権力によって徹底的に行使されたと思い込んでいるからです。これ以後ますます盛業を誇っていく業界の様子を見てみれば、それが誤解も甚だしいことであることがよくわかります。どこからが危なくて、どの程度のことならお目こぼしになるのか、そのガイドラインが明示されることは、業界にとってむしろプラスだったはずです。

戯作誕生と草紙の文化

開発されて一世紀ほど、ようやく江戸という都市は独自の文化を築き上げていきます。これからしばらくは、近世中期に成立した戯作と、草紙の文化について述べていきます。

草紙業界の隆盛

江戸暦のところで述べましたが、そもそも印刷を業としていた板木屋のうちの何軒かが、徐々に娯楽的なものや日用に供する実用の冊子など「地本」を出版し始め、それらを行商に托《たく》したり、小売する店舗を持ったりするようになりました。

彼らが制作した商品「地本」で一番商売になったのは一枚絵、すなわち浮世絵であったと思われます。初期のものは元禄期、画工菱川師宣に代表される墨摺《すみずり》の版画です。近代になってヨーロッパで浮世絵が「芸術」として評価されるようになります。そして、その見方が逆輸入されて、現在、芸術然として浮世絵が展示されていたりします。しかし、本来、日用の消耗品的なものでした。大量に発行される一過性の娯楽でしたから、小遣い銭程度で買えるものでした。大事にしておくようなものではなかったので、そのまま散逸していって、レアアイテムになってしまったわけです。現在では大変な高値で取引される師宣の浮世絵にしても同様でした。師宣も、春信だって、清長《きよなが》や歌麿、写楽だって芸術家ではありません。草紙制作機構の歯車の一つ、絵を担当する職人に過ぎませんでした。

江戸という都市で浮世絵がもてはやされ、独自の物産にまで成長したのは、七割超が男性であったというこの都市の人口構成によると言われています。すなわち、春画の需要の高さです。画工でこれに携わらなかった者はいないでしょう。春画を含むところの浮世絵は地本業界全体の資本力を増強させ、大きな産業に組み上げていきます。画工、彫工、摺師といった職人層が厚く形成されていきます。それぞれの職の中で、徒弟関係、後継を育てていくシステムが構築されていきます。一人前になる前の修練として関与できる出版物も開発されます。子ども向けの浮世絵（おもちゃ絵）であったり、大字で彫りやすい浄瑠璃の稽古本であったり、いい加減でも文句の出ない草双紙であったり。子ども向けのものは売価が特に低いですから、それ単独では採算に合わなくても、業界全体としては帳尻が合っているわけです。つまり、産業の基幹的商品である浮世絵を柱として、その余沢としてバリエーションに富んださまざまな地本が江戸市中に出回ったわけです。

話を浮世絵に戻しますと、墨摺一色から始まった浮世絵は、徐々に細工を施して進化していきます。墨摺の絵に簡単な彩色を筆で施した「紅絵《べにえ》」、膠《にかわ》を混ぜた艶墨を使った「漆絵《うるしえ》」、そして色板を別に作って数色の板彩色を施した「紅摺絵《べにずりえ》」などが生まれました。慶應義塾図書館の高橋誠一郎浮世絵コレクションの紹介ページあたりを覗《のぞ》いてみてください。ちょうどよい画像が掲載されていてわかりやすいかと思います。ついでに鈴木春信の絵もみておいてください。

錦絵という事件

明和という時代になって、画期的な商品が誕生します。錦絵です。明和二年（一七六五）に、好事家《こうずか》たちによって「大小《だいしょう》」の交換会が行われるようになりました。太陰太陽暦を用いていた江戸時代、大の月と小の月が年によって異なりました。その年の月の大小を図案化してパズルのように画中に示した摺物が大小です。会のメンバーが競って鈴木春信のような名手に作画を頼み、金に糸目を付けず（道楽の世界ですから）、何度も重ね摺りして贅沢《ぜいたく》に仕立てた版画を制作しました。

随筆『仮寝の夢』（『随筆百花苑』七）はちょっと時代が下った文政期の成立ですが、大小の流行とそこから錦絵という様式の浮世絵が始まったことを簡潔に記しています。

一　今の錦画ハ明和の初、大小の摺物殊外流行、次第ニ板行種々色をまじへ、大惣ニなり、牛込御旗本大久保甚四郎俳名巨川、牛込揚場阿部八之進砂鶏《ママ》、此両人専ら頭取ニ而、組合を分ケ大小取替所々に有之、後ハ湯島茶屋などをかり大会有之候。一両年ニ而相止。右之板行を書林共求メ、夫より錦絵を摺、大廻に相成候事。

旗本の巨川《きょせん》と莎鶏が始めた、まさに「会」、武家主導の趣味の世界です。東京国立博物館がその大小の貼り込み帖『大小暦類聚』をネットで公開しています。遊び心あふれる楽しい図像を楽しんで、どこに月の大小が隠されているか探してみて下さい（時代が下るものですが、私が

「文久四年大小」個人蔵

持っている読み解きが簡単な大小を示しておきます)。
コストを度外視して完成された多色摺りフルカラー印刷の技法は、現象的にみればじつに速やかに、商業的出版物である浮世絵という一枚摺版画の世界に取り込まれていきました。その大小の版木を譲り受けた版元が、大小要素を削除したりして売り出してみたところ、これが大好評、それまでの浮世絵画工の主流であった鳥居派の様式的なものとは違うインテリジェンスあふれる画風と相俟《あいま》って、贅沢なフルカラーの版画が江戸っ子たちに大受けしたわけです。「吾妻錦絵」と題して売り出したので、そこからフルカラー印刷の浮世絵を錦絵と呼ぶようになりました。

浮世絵版画は生活の余沢を当てにする商品です。生活を脅かすほどの高価であっては商品として成立しません。錦絵には、多くの色板とそれを彫板・摺刷《しゅうさつ》する職人の手当てが必要で、簡単な彩色の紅摺絵などより各段にコストを要します。そのコストを相殺するのは、売価の引上げではなく、発行部数の多さでなくてはなりません。大小に使用した板木の流用という試行期間を経て、江戸の浮世絵出版はほぼ一斉に、速やかに錦絵という様式に移行したところを見ると、人気によって低価を保てる発行部数が実現されたものと思われます。なお、どれだけ重ね摺りするかとか品によって違いますが、当時の浮世絵の標準的価格は、大判一枚二十四文です。ワンコイン感覚ですね。一杯(二〇〇枚)売れたら元が取れるということになっていますので、卸価格が八掛けとすると制作原価は四貫文ほど、金にすると一両くらいといったところでしょうか。人件費の安い時代だったから成立していたわけです。

『寝惚《ねぼけ》先生文集』は、錦絵成立の二年後の明和四年（一七六七）に刊行された大田南畝《おおたなんぽ》の狂詩集です。狂詩というのは漢詩の様式で滑稽を競うものです。その中に「詠東錦絵」と題する七言絶句の狂詩があって、この「事件」を鮮やかに、また晴れがましく詠じています。

東錦絵《アヅマノニシキヱ》ヲ詠《エイ》ズ
忽《タチマチ》 吾妻錦絵《アヅマニシキヱ》 移ヨリ《トウツテ》
一チ枚《マイノ》紅摺《ベニズリ》不沽《ウレザル》時《トキ》
鳥居《トリヰ》 何敢《ハナンゾアエテ》 春信《ハルノブ》ニ勝《カナワ》ン
男女《ナンニヨ》写《ウツシ》 成《ナス》当世《トウセイノ》 姿《スガタ》

錦絵は紅摺絵をあっという間に駆逐したとこの狂詩にあります。新しい様式の担い手として、鳥居派の絵師に代わって清新な画風の新しい絵師鈴木春信が登場し、画風・画題も大きくその幅を広げました。浮世絵の歴史はここに大きく展開することになったのです。江戸人にとってもこれは大きな事件であったことは、この狂詩がよく物語っています。紅摺絵より格段に要するであろうコストは、人気の高まりによる発行部数の増大によって相殺され、発行点数の増加によって、浮世絵は回転のめまぐるしい商品となりました。江戸の「今」を映し出す華やかなメディアとなったのです。と同時に、この発明は、江戸が他国に誇るべき代表的な物産の成立でもありました。『江戸名所図会』（天保五年〈一八三四〉刊）は、地本問屋鶴屋喜右衛門の店頭を描き「江戸《ゑど》の名産《めいさん》にして他邦《たほう》に比類《ひるい》なし。中《なか》にも極彩色《ごくさいしき》殊更《ことさら》高貴《かうき》の御翫《もてあそ》ひにもなりて諸国《しよこく》に賞美《しやうひ》する事尤《もつとも》夥《おひたゝ》し」と説明を付けています。「東錦絵」、また「江戸絵」と誇らしげに称されるこの特産品は、江戸自慢の大きなタネとなりました。

『武江《ぶこう》年表』は江戸草分け名主の斎藤月岑《げっしん》が編んだ江戸という都市の歴史です。その明和年間の記事に「谷中笠森稲荷境内の茶屋鍵屋のおせん、浅草奥山銀杏木の下楊枝店柳屋のおふぢ、美女の聞えあり（春信の錦画に多く画けり）」とあります。鈴木春信は、錦絵創始に重要な役割を果たした絵師でした。好事家の案じた意匠に基づいた大小の画工を務めたのが彼だったことは再三触れてきました。当然、最初期錦絵の担い手となったわけです。彼の本領は美人画において発揮されましたが、その中でも、当時美女としての評判の高かった柳屋おふじ・鍵屋おせんを描いたものを多く製作しています。[1]東京国立博物館のおせんの絵を見てみましょうか。

1　評判になった女性たちの多くは、美人度の高さを買われて雇われた者たちです（その店の実子もいましたが少数）。茶屋や、盛り場の店は、他の同業者との競争に勝つために看板になるような娘を置きました。「二十人美女を地内へおん並べ」（安四）という川柳がありますが、これは浅草の二十軒茶屋（今の仲見世あたり）を詠んだ句です。「水茶屋の娘の顔で下す腹」（拾二）という句もあるように、お茶を何杯もおかわりしてお腹をこわす馬鹿な男もいたでしょう。こういった娘たちの評判は店の集客につながるわけです。店とメディアの結託も大いに可能性あり。「老若の交代をする二十軒」（三五・24）というわけで、人出が少ない夜の時間帯はおばあさんが店番。そういえば昭和に女子大生ブームがありました（斉藤慶子、宮崎美子……）。続いて女子高生ブームが起きました（とんねるずMC「夕やけニャンニャン」で生まれたおニャン子クラブ）。いつの時代も変わらないもんです。

鈴木春信筆「お仙と若侍」東京国立博物館蔵

彼女らの評判が、錦絵の席巻という一大事件と時期的に重なったことは大きな意味を持ちます。単なる偶然ではありません。当時は素人娘ブームで、『あづまの花軸』など、素人娘や茶屋娘の評判記類、また番付が多数制作されました。

彼女たちが評判だから錦絵に仕立てたというのも、それはそれで間違ってはいないのですが、その評判は錦絵のブームとともにあったということが重要です。美人としての評判は錦絵によって作られた面が大きいのです。浮世絵は世の中を映し出すメディアでありますが、メディアには世の中を作っていく力があるのです。錦絵というメディアによって彼女らの評判が定着し一層増幅されることになった故のブーム現象と考えるべきです。素人娘や茶屋娘の評判は、錦絵の流行が作り出した現象といっても差し支えないと思います。

赤本『さるかに合戦』

さて、浮世絵が大きく支えていった地本産業は、その余沢ともいうべき愛すべき出版物も生み出していきます。草双紙がその一つです。「下らない」地本の典型です。

説明は後回し、まず体験することが大事です。しかし、二、三注意を。ともすれば、われわれは文字が書かれていれば、まずそれをがつがつ読んでしまいがちですが、この手の絵本は絵を「読む」ところから始めなくてはいけません。「絵解《えとき》」というのですが、絵を子どもに見せながら、年長者がお話を聞かせてあげるものなのです。本屋の入口付近に幼児向けの大判の絵本が置かれていたりしますよね。小学館や講談社のもの、みなさんもお世話になったはずです。

「はたらくくるま」とか「ももたろう」とか、ディズニーものとか。あんな類です。本の形をした玩具《おもちゃ》、親と子がいっしょになって遊ぶためのものです。律儀に書かれている文字を読んであげるというのではなく、「あ、この赤いブーブーなんだろうね」とか、「ガチャピンはダンスも上手だね」とか、絵を見せながら、そんなやりとりを子どもとすればよいだけです。昔話であれば、絵解きする人間はだれでも知っている話ですから、絵を見せながら自分なりの話の組み立てで聞かせてやればいいのです。

それでは、はじまり、はじまり。

【表紙】

赤本『さるかに合戦』佐賀大学附属図書館蔵

それではまず表紙から。赤本なのでこの表紙は赤です（なぜ赤なのかは次項）。その左側に絵入のタイトルが貼られています。書籍の表紙に貼られている表題の紙を題簽《だいせん》といいます。大きめの草双紙の題簽は内容の一部を絵にしたものを伴うのが普通で、とくに絵題簽《えだいせん》と称します。もちろん子どもの興味を引くための工夫です。上部に「さるかに合戦」とタイトルがあって、左端に「西村重長」とあり

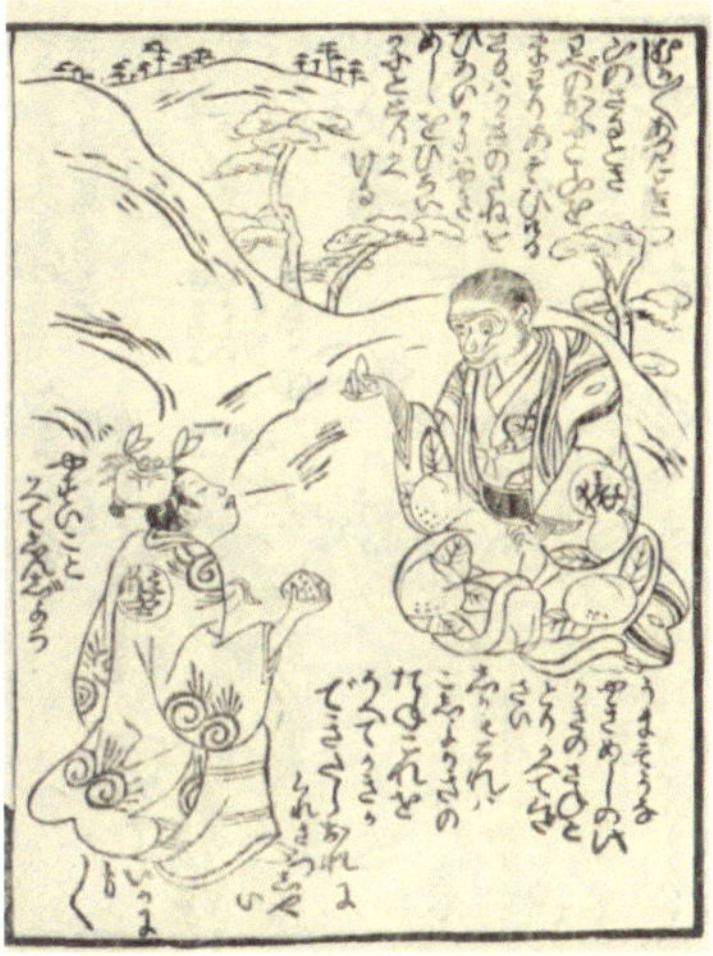

ます。西村は画工（草紙類の絵を担当する職人）です。作者の名前はどこにもありません。このジャンルはそもそも作者不在の世界です。

【一オ】

その横、一オ（第一丁表）の絵を見て下さい。絵の間に文字が書き入れられていますよね。本文なんて言ってはいけません。これは「書き入れ」と言います。あくまで絵が主体、文章はその隙間に書き入れられているにすぎない添え物、画工がちゃちゃっと適当に書き入れているものです。読まなくてもいいのです。

おなじみの場面、山に猿と蟹《かに》がいます。草双紙の登場人物（？）は擬人化されます。[2] 猿は着

---

2 草双紙における擬人化による作品にはさまざまなものがあります。鳥居清長の『名代干菓子山殿《なだいのひがしやまどの》』は、当時のお菓子たちが擬人化されて登場、頭に饅頭《まんじゅう》や煎餅を載っけた奴らばかりが登場します。まだまだ初期の草双紙っぽい。京伝の『御存商売物《ごぞんじのしょうばいもの》』の登場人物はぜんぶ本ですが、これは頭に本を載っけていない。その本らしい振る舞いをする人間という描き方でひねりを利かせている（名著『江戸の本づくし』平凡社新書を御覧下さい）。春町の『辞闘戦新根《ことばたたかいあたらしいのね》』になると、諺《ことわざ》や流行語を無理やり擬人化するという荒技の世界。バリエーションもいろいろあって面白いものです。

物を着せるとそれっぽくなる（ちょっと気味が悪いけど）のですが、蟹はその形状のまま擬人化するとグロテスクで子どもが泣き出しかねません。そのフォルムを活《い》かしたまま擬人化しにくいものは頭にそれを載せてそれと示すのが草双紙の約束です。頭の上に蟹を載せています。
猿の左袖には○の中に「猿」、蟹は背中に「蟹」。これを名壺《なつぼ》と言います。絵解を基本にする草双紙の表現の工夫で、絵を見ただけでそれが何者なのか読み手に分からせるのです。猿の着物の柄は桃、これは古代中国からおなじみの取り合わせです。蟹は宝珠、蟹を海のもの（沢蟹なんですけどね）としての取り合わせです。
書き入れには「むかし〳〵あつたとさ。山の猿と沢辺の蟹と山を廻り而遊びける。猿は柿の核《さね》を拾ひ、蟹は焼き飯を拾ひ、さねと取替へける」とあって、自分なりの絵解に自信の無い人はここを読み上げても可、お馴染《なじ》みの発端です。それぞれの科白《せりふ》はそのすぐそばに書き入れられています。猿は「うまそうな焼き飯の。此柿の実と取替へてください。しかもこれは御所柿の種、これを植へて柿ができたら俺にくれさっしゃい」、蟹は「いかにも〳〵、易いこと、替へてしんじよう」と、人が好《よ》いというか蟹が良い返答、柿の種と焼きおにぎりの交換交渉成立です（なんで、山に焼きおにぎりが落ちているのかとか、そんなもの拾って食べていいの、などという野暮なことは言いっこなし）。

【一ウ・二オ】

次、一ウ（第一丁裏）・二オ（第二丁表）の見開きの写真です。急な展開。もう柿が実を付け

てます。書き入れには「それより蟹はくだんの柿のさねを山の上へ持ち、なれ〱、ならずは鋏《はさ》み切らんと言ふ。草木心無しといへども一夜のうちに大木となり、柿こと〲くなりにける」とあります。トトロが手伝ったのかもしれませんが、なんせ、赤本は五丁しかありませんので、先を急ぎます。絵解をする人はその間の事情を埋める話をてきとうにしてやればいいのです。先ほどの猿（だと思うのですが、名壺も無い）が柿の木に登り、仲間の猿には美味《おい》しい柿を落としてやり、蟹には渋柿を投げつけるという場面。書き入れには「猿は此所へ駆け来たり、枝へ登り、採りて得させんと、うまき柿を採り、渋柿をば投げつける」とあります。仲間の猿は着物を着ておらず、猿感丸出しですが、右の猿は手拭いで頬被《ほおかぶ》りをしています。三枡《みます》の紋が染められていますが、これは市川団十郎（江戸歌舞

伎のスターです）の紋です。子どもにも大人気の役者ですので、読者サービスなのでしょう。

書き入れに「柿を採らんと思へども枝へ登ることかなわず、眺めいたる」「沢蟹鋏之助難儀」とあって、蟹に立派な名前が与えられています。思いついちゃったんでしょうね。猿は猿のまま、これは思いつかなかったか。また蟹の科白の書き入れに「やたらに投げまいぞ〳〵、あいたく〳〵。みんな渋柿だ、降りてください、さるとは行き方の悪いぞ」と、「さりとは」に猿をかけたダジャレが出てきます。これも思いついて書かずにいられなかったのかと思いますが、この先も同じダジャレが何度も出てきます。お楽しみに。

【二ウ・三オ】

右奥、蒲団《ふとん》の上、枕を抱えた蟹がいます。鉢巻きをしていますが、これは頭痛鉢巻きといって、芝居で病人を演じたり、絵本で病人を示すときに付けます。渋柿の当たり所が悪かったのでしょう。書き入れでは「いづれも様、よかろうように頼みます」などと言わせています。

その前に車座になって、キャラのたったやつらがいます。蟹の横から見ていくと頭にはとぐろを巻いた蛇、名壺にも「蛇」とあります。書き入れには「めくらへび市」とあって、「盲蛇に怖《お》じず」という諺から思いついた名前のようです。「〇〇市」というのは市名《いちな》と言って、目の不自由な人に与えられる名前です（座頭市はちょっと変）。「思案のしてさし手引く手に見知らせませう」などと言わせています。「引く手」は、目の不自由な人を誘導する「手引き」を利かせています。

その左隣、ドレッドヘアのような人（うーん、人ではないか）がいます。名壺に「荒」、書き入れに「あらめ入道」とあります。荒布《あらめ》はわかめみたいな海藻ですね。彼のせりふ「あらめんどうな猿めだ」と、これくらいのダジャレが子どもたちにはちょうど良いのかも知れません（「ふとんがふっとんだ」レベル）。「拙者は庭にひかへませう」と作戦を口にしちゃっています。

その左隣、これはこれは、やっちまった感半端ない大胆な擬人化ですね。名壺に「杵《きね》」、書き入れには「手杵搗右衛門」という名前あり。こいつもダジャレ連発で、「きねん祈禱《きとう》でもたまるまいぞ。杵とかちんは名所を知る」などと言っています。杵だけに「祈念」です。「かちん」は杵に縁のある餅のことで、「歌人は居ながら名所を知る」という諺の「歌人」のダジャレになっています。

その手前は見るからに臼。臼が頭部でそこに目鼻口があります。アンパンマンの世界にいそうな感じ。書き入れによれば「立臼入道」。

その手前は名壺に「玉」、頭に載っけているのは卵でしょう。前髪のある若者に作っています。卵はひよこよりも若いですから。でもいい名前は思いつかなかったみたいです。

その右、名壺に「丁」、頭の上にはちょんまげよろしく包丁が載っています。名前は「包丁太郎」。ネーミング意欲がかなり減退しています。

その右、名壺に「蜂」、頭のリボンのようなのは蜂を描いたつもりなのでしょう。名前は「熊蜂刺右衛門」。

その右、お茶を出している小僧は豆蟹。せりふ「豆蟹でもあがって、お茶はえ」。素揚げにして塩をふった豆蟹は酒の肴《さかな》にもお茶うけにもよろしいものではありますが、このセンスはいかがなものか。今の絵本ではありえないですね。

【三ウ・四オ】

「沢蟹意趣返す」と書き入れにあるように、いよいよ猿を懲らしめにかかるという場面。

右側に蟹（その左にあるのは煙草盆です）、左の猿は、もう画工が面倒になったのか、憎まれ役なので猿そのもののほうがよいと判断したのか、着物を着ていません。顔が真っ黒ですね。これは、猿を憎く思った持主の子どもが墨でいたずらしたのです（草双紙にはこの手の落書きがよくあります）。

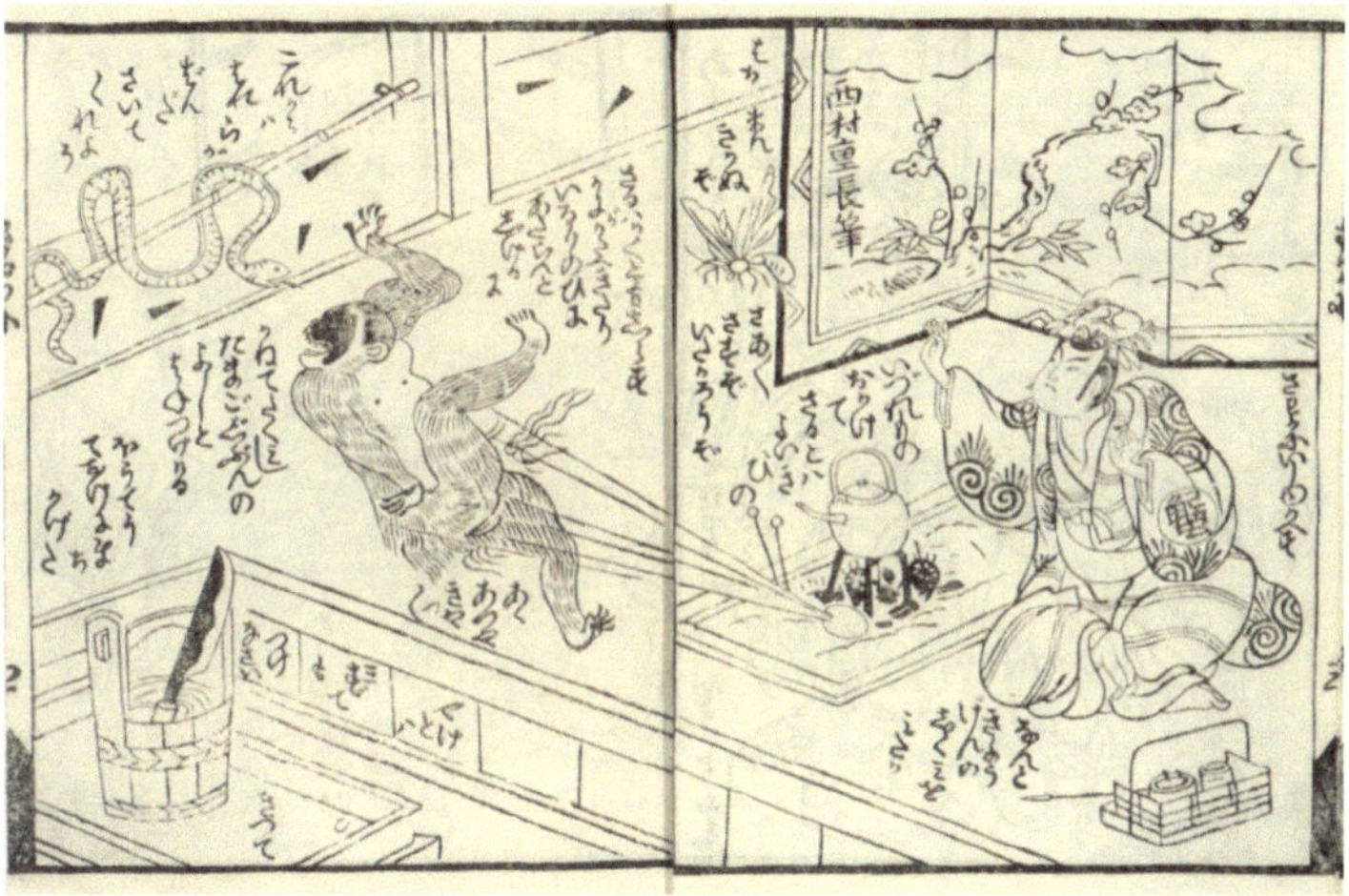

蟹以外の面々も、もう人の姿をしていません。囲炉裏に潜んでいた卵は破裂して猿に熱い卵液を吹きかけています（自爆！）。その上を蜂が飛んで刺してやる準備、「さあ〱、刺すぞ、痛かろうぞ」などと言わせています。「八幡《はちまん》きかぬぞ」はもちろん蜂だけに。猿の後には、蛇と、手桶《ておけ》に潜んだ包丁が待ち受けています。「やけどは水でもつけなさい」と、やけどをした猿へのトラップです。

蟹の科白「いづれものお蔭《かげ》でさるとはよい気味の」は二度目の「さるとは」のダジャレ。

【四ウ・五オ】

「猿を生け捕らんとわれも〱と働く」と書き入れにあるように、猿への攻撃は続きます。この場面はみんな人の姿。変幻自在（というか御都合次第のいい加減というか）。右端に猿のしっぽを捕らえた蟹。こんなマッチョだっ

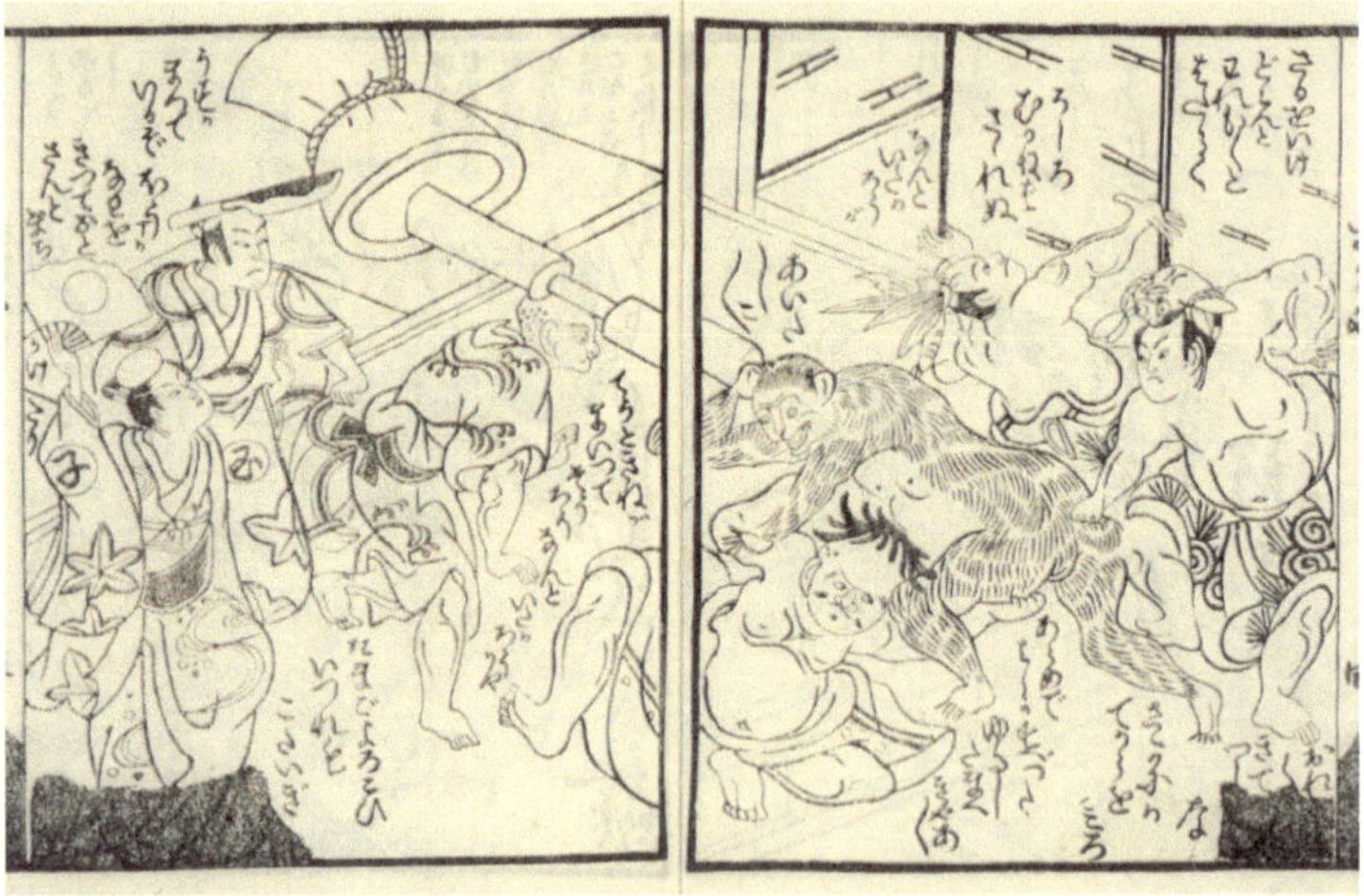

たのね。一人でもいけたんちゃう？

その奥、蜂の後ろ向き攻撃。なんせ針はお尻についてるからね。「後向かねば刺されぬ。なんと痛かろうがや」と科白の書き入れで種明かし。

猿を下からすくい投げしているのは荒布。ぬるぬる攻撃です。「荒布で腹がすべった」と猿の科白が書き入れられていますが、擬人化するとこのようになるのですね。

そして杵の攻撃。「ちょうど杵が参って候。何と痛かろうがや」と科白。あれ？ 前に出てきた時と随分様子が違うな。その後、吊《つ》り下げられた臼を包丁が切り落とす準備。臼の科白「臼が待っているぞ」はネタバレの極み。その横で「いずれもごたいぎ」と、なぜか卵が踊り狂っている。

【五ウ】

どすんと猿の上に落ちてきた臼がなんともシュール（ねらってはいないはずですが）。目鼻口の付き所、これで合ってる？　待っている間に口ひげも伸びたみたいです。包丁のせりふ「まず縛ろう。首があぶないぞ」が面白い。頭に包丁載っけたやつがそんな作業をしてはいけないよね（前に出てきた時と包丁の向きが違うところにも注目）。蟹は「さるにても（もちろんダジャレ）その分には置きがたし」などと言っていますが、卵は「もう許してやらっしゃい」と言っていて、本作では猿は死にません。これは、後ほどお話ししますが、子ども向けだからというのではなく、草双紙が正月の縁起ものなので、死んだりなんだりの結末は避けているのです。

いかがでしたか？　キャラクターの描き方もブレブレでいい加減な作りです。江戸で出来た文字通り「下らない」ちっぽけな絵本です。作者の存在が前提の文学の物差しをあてがうわけにはいきません。だから価値が無いというのではなく、文学の価値尺度でこれを評価してしまうと、「下らない」もので満たされていた時代の贅沢、このようなものを子どものそばにふんだんに配置していた社会のおおらかさ、大人たちの優しい心根を見損なってしまうのです。当時の（今も同様だと思うのですが）「下らない」ものの存在にはとても大きな意味があると思います。

なお、この『さるかに合戦』は、口承でずっと伝えられてきた昔話を絵本化したものですので、オリジナルではありません。毎年のように、どこかの草双紙版元が手がける定番のネタです。すべてが手がけた画工の裁量に任されるので、蟹の助っ人《すけと》たちにしてもそれぞれかなりのバリエーションがある世界です。栗が出てくるバージョンもちゃんとありますよ。

草双紙

草双紙《くさぞうし》は江戸で生まれた絵本です。以前お話ししたことを思い出してください。江戸は、上方から遠く離れた地で、書籍の移送には経費がかかります。そしてその経費は売価に反映されてしまいます。そこで、子ども向けの消耗品的なものなど、売価を安く設定せざるをえない書籍は「版木屋」が地元で開版して間に合わせました。玩具同様の子ども向けの絵本なども、地元で生産されるべきもので、まさに「地本」、しょせん粗末な田舎仕立てのものですって感じそのものです。この再生紙を使って仕立ても粗末な草双紙、赤本は享保期には発行されていたようです。当初は、先ほど眺めたような「猿かに合戦」のように昔話やおとぎ話のダイジェストを絵解するような一冊ものでした。現物があまり残っていないのですが、寛延頃(一七四八~五二)まで刊行されたようです。徐々に、芝居の筋を取り込んだものなども増え、少々は内容も複雑化して、二冊、三冊のものが多くなっていきます。表紙も、黒いもの(黒本)、萌葱《もえぎ》色のもの(青本)が仕立てられるようになっていきます。

草双紙一般の特性を箇条書きにしてみました。『さるかに合戦』を思い出しながら確認してください。

●中本、一冊五丁、粗製

文庫本より若干大きいくらいの書型です。一冊五丁（十ページ）で仕立てるのが約束です。時代が下って長編化しても、五丁を一冊として数えます（明治になって変わる）。おそらくは、内容を問わず紙数で価格が決まる類《たぐい》のもので、統一されたほうが業者間取引にも楽ちんだからでしょう。初期の赤本は五丁で話が完結。器に合わせて料理が決まる世界です。表紙はへなへなです。綴《と》じもいい加減。とにかく安くできるように仕立てられています。

●幼童向け、教訓性

たてまえとして想定する享受者は子どもです（江戸時代の大人、とくに男は子どもみたいなもので、彼らもにやにや楽しんでいたはずです）。なので、子どもが読んでためになるように（親が安心して買えるように）、教訓的な要素を盛り込んであります（意地悪をした猿はひどい目に遭う）。

●絵が主体、絵解という享受

これは先ほど説明しました。作者がいないと不安なのか、『さるかに合戦』を作った西村重長みたいな画工を「絵師作者」なんて言う人がいるけど、感心しない。一人で草双紙を楽しむ場合にも、書き入れは後回し。絵解をされているような感覚で、まず絵を「読む」のです。

●正月出版、景物化

草双紙は正月に新板が発行されます。これが店に並ぶと、また正月が来たなって思うわけです。正月は子どもにとっても楽しい季節、双六《すごろく》や凧《たこ》揚げといった正月らしい遊びとともに草双紙もある。親やおじさんが御年玉として子どもにプレゼントするのも可。

●縁起性、鏡餅・門松……、めでたし

そんなわけですから、鏡餅や門松と同様の縁起物でもあるわけです。正月という目出度《めでた》い季節とともにあるものなので、バッドエンディングは許されません（猿は死にません）。笑いとめでたしが必須です（現代のテレビ、正月のお笑い番組と同様）。

●呪術性、「赤」い表紙

赤本は赤い表紙が付けられています。赤は疱瘡《ほうそう》（天然痘）の神様が嫌う色とされていました。子どものそばに赤を配置してやる親心です。

●低価格、一冊五文～十文

子どものおもちゃとして供されるもの、一年のうちにぼろぼろになって原形をとどめなくなるのが前提なので安くなくてはいけないわけです。今度の正月にはまた新しいものが売られるのです。正月は全てが生まれ変わって新しくなる季節です。神社の御札だって新しいものに替えますよね。草双紙も同様、正月新版というのが縁起性を確保するのです。

●消耗品、漉《す》き返し紙、リサイクルの文化

本を制作するコストで一番大きいのは紙代です。草双紙は漉き返し紙という再生紙（浅草紙とも）を使って安く制作されます（今の漫画雑誌も再生紙でしょ?）。そしてぼろぼろになって本の形をとどめなくなったものは、紙屑買《かみくずか》いに売られて、[3]また再生紙として生まれ変わるわけです。

それなのになぜ今に残っているのかというと、近世後期を迎える頃から、ちょっと昔の江戸を懐かしむブーム（現代の昭和ブームみたいな）が起きたことが大きいのです。それは、考証学の影響を受けて、近世前期の江戸という都市を生活レベルの遺物から考証していくという民間の「学問」の成立につながります。大田南畝や式亭三馬《しきていさんば》、柳亭種彦《りゅうていたねひこ》など人気者がこれに熱を上

3　どんな紙でも紙屑買いは買っていきます（汚いものでも）。江戸では浅草紙とも呼ばれていて、再生紙業者は浅草の隅田川沿いに集中していました。隅田川に浸《つ》け込んでじゃぶじゃぶ洗って極力不純物や墨を洗い流すのですが、やはり限界があります。繊維がばらついてぼそっとした感じ、黒ずんだ感じは免れません。草双紙を見ていると髪の毛なんかのゴミもけっこう入ってますね。

げ始めたこともあって、かっこいい遊びとして、古い浮世絵や草双紙などを蒐集《しゅうしゅう》する人々が多数現れるのです。彼らマニアを相手にした「珍書屋」という商売もできたりします。今、国会図書館や都立中央図書館、また大東急記念文庫や東洋文庫などに収まっている古い草双紙のコレクションを見ると、ほとんどの物に彼らマニアの蔵書印が捺《お》されています。つまり、近世後期から明治にかけての「江戸ブーム」、コレクターが存在したから、かろうじて今に残っているという次第です。じつは上方でも似たようなちっぽけな草紙が多数生産されたのですが、江戸のようなブームが起きず、コレクターも育たなかったので、ほとんどが散逸してしまっていて、もはやその全容を明らかにするのが不可能に近い状況です。

●速報性、当世への関心

一年で切り替わるというのは、現代においては、なんとも悠長すぎる感覚でしょうが、当時においては、「今」を映し出すことを可能とするメディアでありえました。流行が盛り込まれるわけです。

そんなわけで、中身をがつがつ分析する前に、まずモノとして当時どのような位置づけであったのかを理解する必要があります（これは草双紙に限ったことではなく、多くの文学研究に不足している視点です）。『さるかに合戦』を御覧いただいて、現代のマンガに通じるものを感じた人も多かったかもしれません。江戸時代の草双紙の文化があったからこそ今の水準のマンガが日本にあると私は思っています。形態や様式がそのまま継承されていくというわけではありません。まず、絵を読むリテラシーが醸成され、受容の基盤が共有されたことが大きいのではないでしょうか。それは大人も取りこんでのことであることが大きく働いていて、大人も満足させるような水準の高さが保証されるわけです。そして、何よりも、「下らない」ものの存在を許容する社会的合意の形成がこの時代になされていたことが大きいと思っています。声高に価値を主張するわけではないけれど、「あってもいいじゃないか」という感じ。明治期、この手のものが表向き否定されますが、それでもひっそり脈々と精神的伝統は受け継がれていったのではないでしょうか。なお、草双紙についてもっと詳しく知りたい人は、『シリーズ〈本の文化史〉2　書籍の宇宙　広がりと体系』(二〇一五年、平凡社)に「草双紙論」という名論文を載せておきましたので、御一読ください。

黒本・青本

赤本がまだ刊行されていた延享(一七四四〜四八)前後に表紙が黒色の黒本は生まれたようです。黒に色を変えた一番の理由は、大人(とくに女性)の読者を意識して、子どもっぽさを脱してみようという趣向だったのだと私は思っています。女性の大好物であるお芝居関係の本は黒表紙が基本で、それが芝居ネタであることをアピールしたのが黒本なのかと。黒本が刊行されている時、萌黄色の青本が出てきます。黒本と青本の間に明確な内容の差は見られません。同一作品が両方の体裁で刊行されることもあります。中央大学図書館所蔵の青本『地打薬《ぢうちやく》

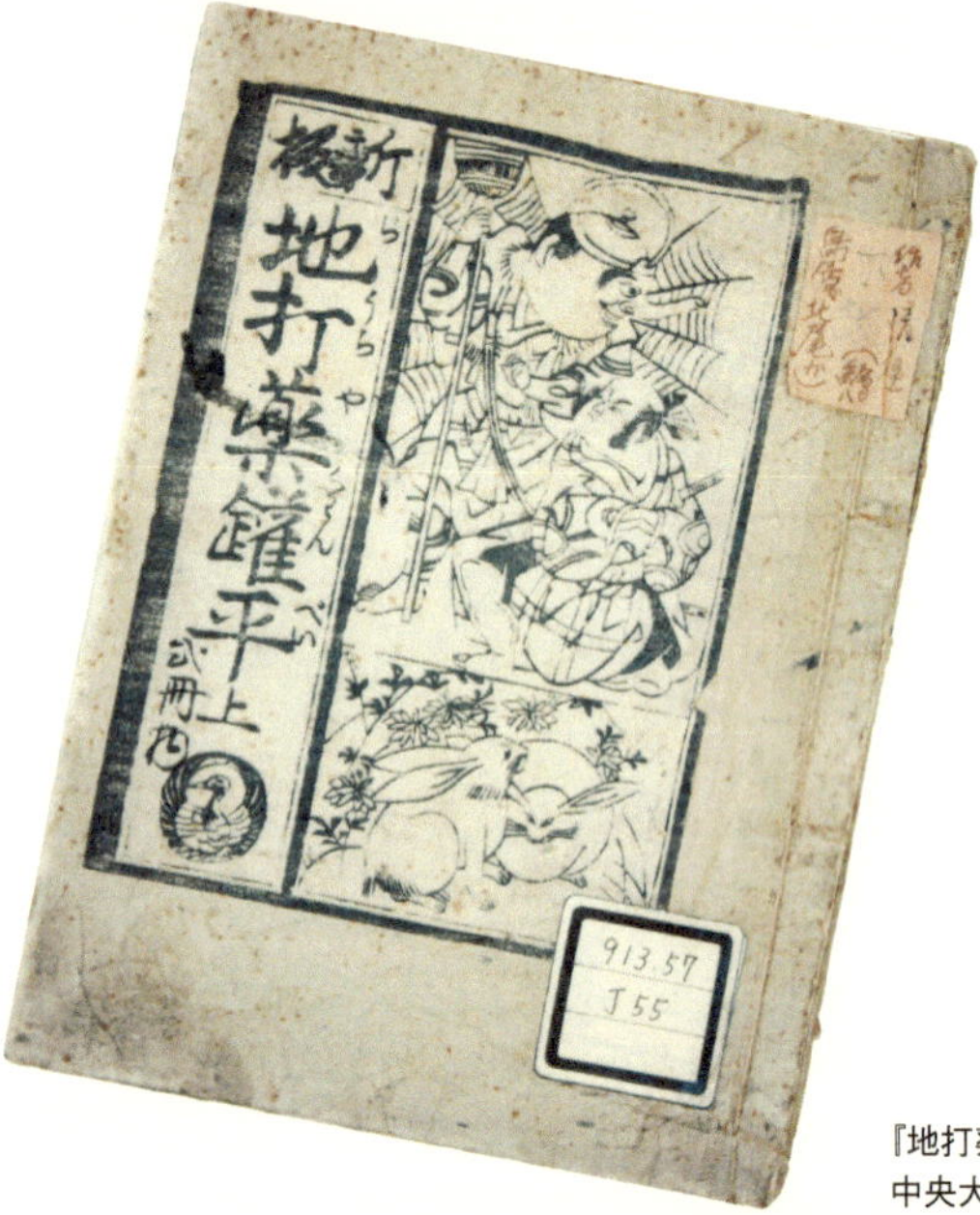

『地打薬罐平』
中央大学図書館蔵

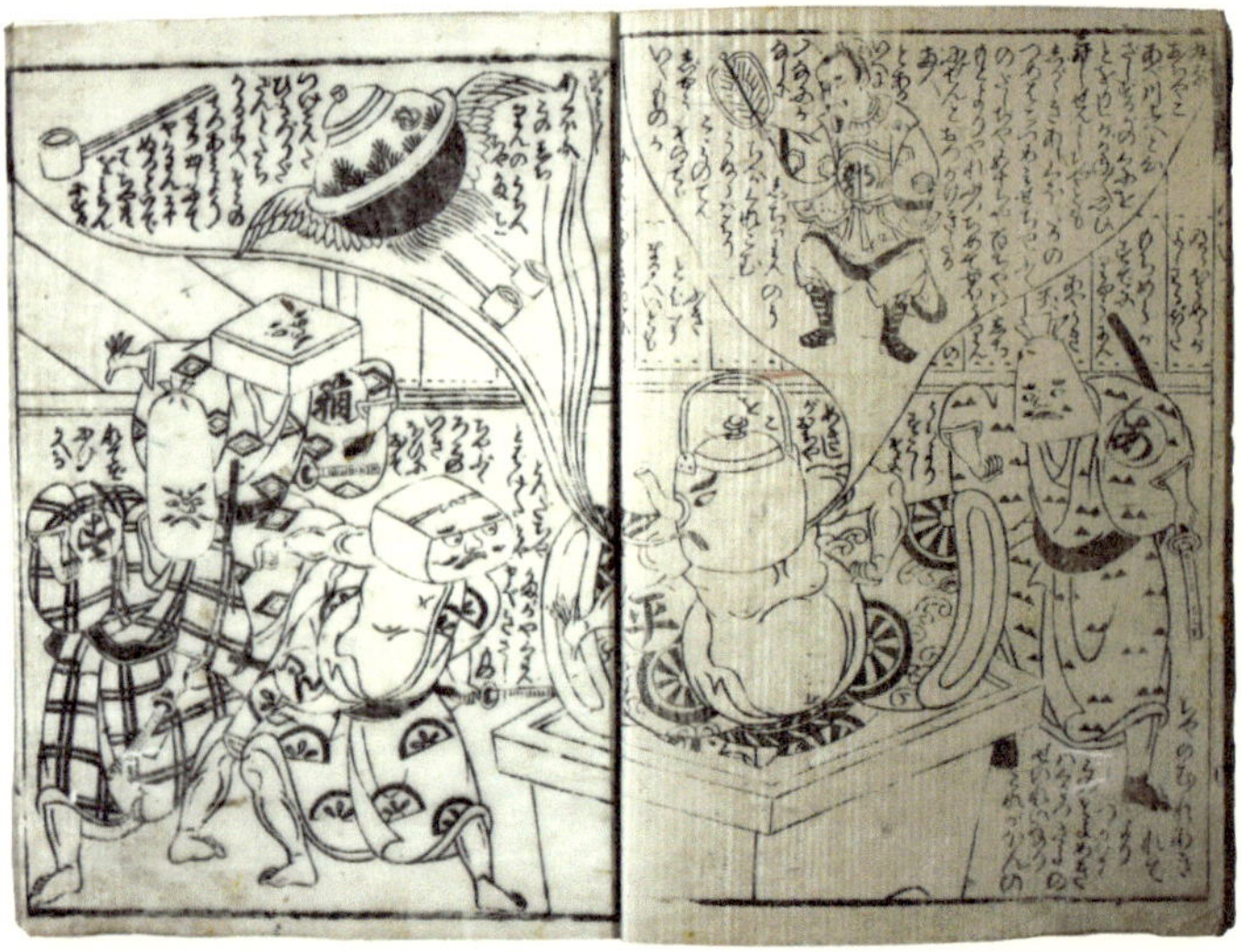

罐平《わんぺい》』の写真を載せておきました。表紙はもともともっと緑がかっていたはずですが、紫外線で青系の色素が飛んで、今はこのように藁《わら》色になっています。絵題簽は大きめです。ついでにおしまいのほうの場面も載せてあります。漉き返し紙の黒ずんだ様子がわかると思います。髪の毛や糸くず、墨色の抜けていない紙の繊維などがぼんやり確認できると思います。

大田南畝の随筆『一話一言』巻八に「鱗（形）屋孫兵衛方絵草紙作者は、津軽侯内に居候吉右衛門と申候軽き者之作之よし。あだ名をおぢいと申候。鯛の味噌づでよもの赤のみかけ山のかん鳥などいふことば、此男のいひ出せし也と右藩中之人の話也」とあります。鱗形《うろこがた》屋孫兵衛版草双紙の筆耕のアルバイトをしていた下級武士の話です。彼が草双紙に書き入れた「鯛の味《み》噌《そ》づで四方《よも》の赤、[4]一杯呑みかけ山のかん鳥」というギャグは子どもたちに大受けだったようです。

これは『一話一言』にしか見られない情報なのですが、この話の裏を取るべく、黒本・青本

4　「四方の赤」は、上方下りの酒に負けない「四方《よも》の瀧水《たきすい》」という江戸自慢の銘酒を醸造した四方久兵衛製の赤味噌のことです。当時注目を浴びていた事物を取り入れた言葉遊びが受けたのかもしれませんが、こういうのは現代に生きるわれわれにとっては共感することが難しい。みなさんは「あたり前田のクラッカー」（「てなもんや三度笠」より）で笑えますか？　無理ですよね。「アッと驚く為五郎」（「巨泉・前武のゲバゲバ90分!!」より）も無理でしょうね。そのうち「アイーン」にも注釈が必要になります（惜しい人を亡くしました）。もうちょっと経つと「押すなよ！」も笑いのツボが見失われているはずです。

を徹底的に調査、この洒落《しやれ》言葉が鱗形屋版に特有のものであることを確認して「おぢい」実在の蓋然性の高さを立証した研究もあります。

地本（草紙）の流通

地本問屋も小売の店を構えていたことは、以前紹介した山本平吉店の写真でもおわかりいただけると思います。浮世絵人気と需要の上昇にともなって、小売専門の店が、盛り場を中心に、江戸市中各所に出来てきます。絵草紙屋（絵屋、また絵店とも）と呼ばれています。いつごろこれが出現したのかは分からないのですが、享保ころの刊行と思われる『ゑいりどうけ百人一首』「ふぢわらの道のぶあつそん／まけぬればかわぬ物とはしりながらなをつらにくきあきないのみち」の一コマ、「ゑ」の暖簾《のれん》を掲げ、下に浮世絵が吊るし売りされている商店が描かれています。享保ころには、このような草紙類を主たる商品とした本屋があって、絵草紙屋という呼称はすでに用いられていたわけです。ですが、言及のある史料に乏しくて、さほど目立つ存在でもなかったかと思われます。それが、錦絵の時代、江戸時代も半ばを過ぎると、言及する史料が多くなってきます。浮世絵への注目度と需要が高まって、流通組織の充実がなされるようになったと考えられます。

天明ころまでの江戸の風俗を懐古した山東京山《さんとうきようざん》の随筆『蛛《くも》の糸巻』（弘化三年頃成）に、次のような記述があります。

此頃は、今の如く絵店にて、錦絵の団扇は稀には売もありけれど、はし〱には絵みせさへなければ、うちわを物に入れて背負ひ、竹に通したるをもかたげ、「ほんしぶうちわ、ならうちわ、さらさうちはや、ほぐうちは」とよびて売りありく、おほかたは、若しゆ、二さいなどなり、にしきゑのうちわ一本十六文なり、其粗末なりしをしるべし

「はし〱には絵みせさへなければ」とあって、天明期以前はまだまだ町内に一軒絵草紙屋があるという状況ではなかったことがうかがえます。それが十八世紀も終盤になるあたりから、江戸市中いたるところに見かけるようになります。文化十四年（一八一七）森屋治兵衛刊『気替而《きをかえて》戯《げ》作問答《さくもんどう》』（山東京伝作、歌川豊国画）の一図を載せておきました。浅草因果地蔵前の絵草紙屋を描いています。キオスクのような小さな店舗ですが、浮世絵が吊るし売りされて、草双紙が並べられて、賑《にぎ》やかな境内に欠かせないものとして風景に溶け込んでいます。楽しそうな店ですよね。この絵草紙屋については『絵草紙屋　江戸の浮世絵ショップ』（二〇一〇年、平凡社）という「名著」もありますのでご覧いただけると幸いです。地本問屋を核として流通の末端である絵草紙屋までにいたる機構の整備は、そのまま業界の発展を意味するわけです。絵草紙屋の商品は、ほとんどすべて江戸の地本問屋の生産するものです。地本問屋は生産業者であると同時に、「問屋」であって流通の要《かなめ》でもあります。そしてまた流通の末端でもあって、自店で小売も行うのが普通です。その商品が流通で勝負になるかならぬか、それが、生産に踏み切るかどうかの判断材料になります。流通という機構が全てを決します。

の毛見ん
そうして
いろく
じんぞうの
どうぞうは
なりにさ
わけだ
ござるね
「あんまり
らくにて
いらく
「じんぞうのぞうりは人間にちがひざうりの
まへにあるちがひざうり事のめぐるか
ごとくめぐれそれぬ品でござる
まかせのかし人あらはがくづるそん
にやとうまれかはりて人にかへるぞと
あさられまんの世のけまうりは
ほんまそえきざうとうまれ
かはりて伊左あそけられ
まへのよのえんとうかはりて
ほんまそれからとうまれかはりて
あるひ口ひとのくるみとなるまへのよにて
ふくぶかざうりへとまりて男へはまあそざうりか
まがへにあるまへのよのたぬきのきえたまへばよ
中で八ぶうりけさとうまれかはりてざまぶれの
おんまへたりくにむかはりて

▲たとへばこれ
とのふくろへ
あけりいど
よさくのよの
さきのかが
ぶんそんの
あるとのとう
とうまれ
かはりて
よくかならず
くろとは
うまれ
じんぞうの
ぞうりて
ござる

『気替而戯作問答』中央大学図書館蔵

　また、小売主体の絵草紙屋も時に応じて出版をするのは珍しいことではありません。彫師や摺師《すりし》なども、問屋を経ずに絵草紙屋にそのまま卸すようなやり方で出版を行うこともありました。この業界全体は、密接に絡み合い、もたれ合う組織です。大きな問屋は、生産の機構、すなわち職人集団を確保しておくために常時何らかの仕事を用意しておく必要があったはずです。また、絵草紙屋や行商といった流通業者を干乾しにすることも、流通が目詰まりを起こしてしまいますので、自店の死活に関わることです。この一連の機構のどの部分を欠いても、築き上げてきた体制を維持できません。まさに一蓮托生《いちれんたくしょう》の世界です。版元である地本問屋ももともと印刷業から発展したと思われること、また同時に小売も行っていたことは、以前にも述べました。つまり、制作から流通に至るまでの各段階が完全に分化しないまま発展してきたのがこの業界なのです。下職から絵草紙屋まで、密接な関係を地本問屋は保持し続けています。それは、何か急を要する仕事が発生すれば、即座に下職を動かし、出来上がった製品を即座に流通に供することを可能とするのです。それが不可能であれば、問屋商売はやっていけないわけです。下職には不断に仕事を与えつづけ、流通のパイプには断えず新商品を供給し続けなくては、両者との関係を保つことができません。このような小回りのきく態勢のもと、地本産業はすぐれて速やかな生産・流通を行い、時代に密着し速報性を備えた出版物を送り出してきたのです。

インテリ武士たちが生んだ戯作

戯作というと、大衆的な文芸、庶民の文芸と受け取る人がいますが、そもそもそうではありません。近世中期に成立した戯作は、武士階級の知識人のものでした。「文学研究」の方法では、なかなか料理をしにくいものです。笑いのための「作品」ではあるのですが、みんなが笑えるような親切な作り方はしておらず、笑うためにはかなり高度なインテリジェンスと経験を要します。そしてその「作品」をいくら精緻に解析しても「作者」の姿が見えてきません。作り手は「作品」の側に身を置かず、最初から行方をくらましているのです。

中村幸彦『戯作論』は、その発生と特色とを初めて十全に解き明かした名著で、この分野について、いまだにこれを超える成果は無いと言っていいでしょう。私の知見の多くもこの著作に導かれてのものです。ぜひご一読ください。

戯作の特色、戯作成立の背景

まず、戯作という文芸がどのようにして誕生したか、また、それはどのような特色や時代的意義を持ち合わせているのか、いくつかの視点から簡単に説明していきましょう。

戯作は、幕臣を中心とした武士階級の遊びから成立したものです。以前、近世中期の時代的特色として、武士階級において世襲制度が定着したことをあげておきました。これは武家社会に安定をもたらしました。そのいっぽうで、才能を生かせず、それを持て余してくすぶる人間も出てくるわけです。立派な武士になるために学問修業に励んできたわけですが、いくら学問が優秀でも、相応のポストにありつけるわけではないのです。借金だらけの家督を継ぐ下級の幕臣もそうなのですが、ましてやその次男坊、三男坊になると、良い養子縁組でもない限り、貧乏でうだつの上がらない人生が待ち受けているのは歴然としているわけです。そういった鬱屈を晴らす方法はいくつかあります。酒を飲みまくる（これも少しはお金がないと）。お姉ちゃんを追いかけ回す（これはお金がかかりそう）。釣りにはまる（絵に描いたような現実逃避）。けちな博奕《ばくち》に狂う（元手は少々必要）。とかとか。そんな中で稀《まれ》に自分が培った学識を遊びの道具として憂さを晴らす人間も出てきます。そのような人間が戯作の担い手となっていきます。

初期の戯作は漢文体です。例えば四書五経のパロディのようなものだったりします。自分が体得した四角四面な言葉をもって卑俗な風俗を表現したりするのです（孔子が遊女屋で遊んだり）。学問の言語とその言語が表現する卑俗な内容との大きなギャップに戯れたわけです。江戸の漢学塾の書生たちの間で、そのようなふざけた作文を作って競い合うのがはやりだしたことが戯作の発生であると言われています。自分の学識をひけらかすことでもありますから、表現はどんどんペダンティックになっていきます。

戯作は、戯れに作るということです。最初からふざけたやつは戯れもなにもない。本来のちゃんとしているべき自分があってこその戯れ。戯作とは、けして本気、本来の文事ではないという宣言です。本来、学問は自己を高め、国や藩の経営に従事するに相応《ふさわ》しい人間になるためのものです。また、人々の模範となって上に立つ分として振る舞うのが本来の自分ですから、それから逸脱している行為は「戯」なわけです。つまり、「戯作」を標榜《ひょうぼう》する行為は、本来の自分とは別の人格を虚構して遊ぶこと、本来の自己を安全地帯に確保する行為でもあるわけです。戯作が一回限りの使い捨てのペンネームで行われるわけです。それは書いた物に責任を持たないということです。生活者としての自分とは切り離された視点から事態を描き出すので、傍観的な態度が作品に貫かれます。また「うがち」という手法、切り口をもっぱら用います。「穴を穿《うが》つ」ことです。その場合の「穴」とは「穴場」の「穴」と同意です。いままで誰も気づかなかったことや場所、また視点です。それを鋭い表現で的確に突いてやる行為が「うがち」です。これは「通」という美意識に発するものです。

江戸という都市の歴史が始まって一世紀、この都市独自の文化が育ち、発達していきます。「通《つう》」という美意識もその一つです。似たような美意識に「粋《すい》」（「いき」[5]ではありません）という上方のものがあるのですが、これは主に遊里での遊びという限定的な局面で発揮されるものです。通は、遊びの場の比重が大きいとはいえ、生活万般に通じる美意識です。「食通」とか「映画通」とか、今もこの言葉は生き残っています。人より何かに通じていてかっこいいというような意味。つまり平たく言うと「通」とはこの時代の江戸におけるおしゃれ、かっこよさを表現する言葉です。遊びや食の最新スポットに通暁していたり、役者や巷《ちまた》のアイドル情報の

5　九鬼周造に『「いき」の構造』という名著があります（岩波文庫）。これは「意気」という近世後期にもっぱら言いはやされた捉えどころの無い美意識について哲学的手法で分析を試みたものです。その分析結果にはうなずけないところも多いのですが、概念のはっきりしない言葉を相手に悪戦苦闘してみた哲学的冒険の軌跡は迫力ものです。文句なく面白い。

宝庫だったり、最先端の情報をいち早くキャッチして、それをいい呼吸で他に提供できたりすればかっこいいわけです（「うがち」はこれに適《かな》うわけです）。そして、ヘアースタイルを含めて最新のファッションでかっこよくきめていたら、これもかっこいい。それから、発する言葉のセンス、場に合ったおしゃれな会話ができればかっこいい。そのためには空気を読む鋭さ、その場にいる人の心に通じていることが要求されます。

これら諸条件を備えている人を「通人」と呼びます。みんなかっこいいのは大好きですから、通人が理想なわけです。みんな無理しちゃいます。ファッションなんか、世間より半歩先に行ってるくらいがちょうどスマートなのですが、とかくがんばりすぎちゃって意味不明の域にまで走っちゃうやつがいる。これは「行き過ぎ」と呼ばれて馬鹿にされます。逆に「野暮《やぼ》」（これが通の反対語です。「不通」ではありません）の世界の住人となってしまいます。

戯作も、通を意識してかっこつけて行う営為となります。ですから、かっこいい表現を気取ります。最新の江戸風俗を描きたがります。そして、通人や通人を気取る人々を描きたがります。作者自身、匿名の陰に隠れて、自分こそ何でもお見通しの通を気取っているわけです。不健康で一筋縄ではいかない屈折した文芸なのです。

このような戯作がかっこいい文芸としてもてはやされた宝暦、明和、安永、天明という時代は「会」ブームでした。同好のその道の通を気取る人間が集まって排他的なサークルを作るのです。生花の会（当時は男のおしゃれな趣味）、蹴鞠《けまり》の会、豊後節（江戸浄瑠璃）の会等々。先にお話しした大小の交換会もそれです。俳諧や狂歌などの文芸の会も活潑《かっぱつ》です。また、小咄《こばなし》を持ち寄って競い合う会もできます。戯作も会の産物です。高度な教養を持っていておしゃれな表現を誇る人間たちが集まって趣向の相談をしたりしながら酒を飲むのです。グループ文芸ですね。会の産物という要素も大きいので、「作者」を特定の個人に措定しがたいわけです。とかく現代人は、作品があれば「作者」の存在に疑いを入れないのですが、戯作に接していると、そもそも「作者」って何？　という大問題にぶちあたります。そもそも「会」は、同好相寄る、芸や趣味による集まりですので、階層による芸・趣味、また学識の偏差が反映されるところはありますが、基本的に身分の垣根はありません。天明期の狂歌会などは、あらゆる身分・階層を巻き込んで展開しました。会に入っていく、また取り込まれるのは、それなりの人脈、交友関係のしからしむるところです。

さて、絶対的な通は存在しません。比較の上に成り立つ概念なのです。よりかっこいい人間がいれば、それより劣る人間は野暮になるわけです。通とは、極めて不安定な美意識です。通でありたい、通である自分を確認したいという欲求が会という仕掛けを生みました。その道の通たちが集まっているところに自分がいることで自分の通を確認できるわけです。ですから、誰それの会にこの間顔を出してきた、なんてのが自慢になるし、うらやましがられたりするわけです。誰でも参加できるような会は無意味で、ハードルを高くして排他的にならざるをえません。

通という江戸独自の美意識を謳歌《おうか》していったこの時代は、江戸が都市としてめざましい成長を遂げていった時期です。浮世絵という他国には無い独自の物産、江戸三座の歌舞伎芝居と市川団十郎の荒事《あらごと》、山王祭を代表とする大規模な祭、新吉原の華やかさ、日本橋周辺の大店《おおだな》、両国広小路や浅草の賑わい、隅田川の涼み舟と花火、練馬や秦野《はだの》の大根や小松川の小松菜など充実した近郊野菜、江戸人好みの銚子や野田の醬油《しょうゆ》、隅田川諸白《もろはく》（上方下りに負けない江戸出来の酒です）、江戸湾の豊富な魚介を使った寿司《すし》や天ぷらなどの料理、隅田川の川魚料理、日を追うような速度で進歩していくのです。かくして江戸は上方コンプレックスから抜けだし、江戸に居住していることを誇りに思うようになります。「江戸っ子」の誕生です。江戸という都市とそれを構成するモチーフを賛美することが江戸人共通の了解事項となります。戯作もその気分にずっぽり浸《つ》かりながら、江戸の今を描き出していくのです。

戯作の誕生には、近世中期に学問の世界を席巻した荻生徂徠の古文辞学が大きく関与しています。山崎闇斎《やまざきあんさい》や木下順庵《きのしたじゅんあん》が主導してきた朱子学の世界では、漢詩を作ったり文事に遊ぶことは許されていませんでした。学問はそんなことにうつつをぬかすためにあるものではないというわけです。ところが、徂徠は、古代中国の人々の精神世界を理解するためには詩の理解が有効であると説きます。さらに自分で詩を作ればより理解が深まるとも主張します。いきなり『詩経』レベルの詩を作るのは難しいので、唐詩を勉強して唐詩風の詩をまず作ってみようということで、唐詩のアンソロジー『唐詩選』が高弟の服部南郭《はっとりなんかく》の校訂を経て世に出ることになります。『唐詩選』は、この後ロングセラーになっていきます（小林新兵衛版）。今でこそ漢詩のアンソロジーの代名詞的存在になっていますが、それはここから始まるのです。あくまでも、学問上の方法としての漢詩許容でしたが、これが大きな雪解け現象を学問世界、武士階級にもたらしたわけです。いったん外れた制約は勝手に拡大していきます。弟子の服部南郭自身、漢詩どっぷりの人生を送りますが、文芸全般が許されるような雰囲気にもなっていきます。文事にふけることが恥ずべきことどころか、かっこいいことにも思われてくるのです。戯作に戯れた武士たちのほとんどは徂徠学の徒です。日野龍夫『服部南郭伝攷』(一九九九年一月、ぺりかん社)なんか参考になるかと思います。

ちょうど田沼の時代です。「賄賂政治」とか「役人の子はにぎにぎをすぐ覚え」とか、汚辱にまみれた堕落した時代であったと習った人も多いのでは。でもその時代イメージの多くは、松平定信政権の行ったネガティブキャンペーンの成果です。歴史は勝者によって作られます。田沼の経済施策は江戸という都市の伸長の追い風になりました。江戸っ子のあげあげ気分が増長していきます。そして厚みを増していく都市空間には各地からの産物と情報が流入してきますし、さまざまな人々を呑み込んでいきます。出稼ぎ人、季節労働者の出入りもはげしく、藩邸にはそれぞれの地方世界がそのまま持ち込まれてきます。多様な社会を抱え込んだこの複雑な空間は隠れ場所にも事欠きません。物とお金が動いて活況を呈する状況にはビジネスチャンスもありそうです。一旗揚げようと高松藩を脱藩して、平賀源内も江戸に出てきます。

戯作と狂歌の大流行

通と会

この後ちょっと触れる洒落本『遊子《ゆうし》方言《ほうげん》』の一部を見てみましょう。

通り者「……そして、会《けい》へちッと、出るやうにしたい。」むすこ「あい新交《しんこう》が会の時にちよと、まいりやした。」通り者「新が会の時にや、おら行《いか》なんだ。すべて此ごろは、通り者が会をながす。それでおれがせんども、蔵前《くらまへ》の弁魚《べんぎよ》に、川崎《さき》屋の雷同《らいとう》が所で、みんなゐたによつて、弁魚にそふゆッた。是《これ》からは会をみんなが、流《ながさ》ないはづだ。何《なに》をいふも、みんなが銭のなひしよゐだ。

「通り者」と「むすこ」の会話です。「通り者」は通人という意味なのですが、この場合は通人だと思っているのは当人だけというイタいケース、「通り者」の称にはそういった人間を小馬鹿にする気味合いがあります。その通り者がむすこに通指南をしている滑稽な場面です。「会《けい》へちッと」出るのがよいと彼が言っています。先ほど述べたように、会への参加は他に通であることをアピールするとともに、自分自身の通を確認できる行為だからです。むすこは新交の会に出たとあっさり〈新交は江戸浄瑠璃の三味線方と思われます。おそらく文魚《ぶんぎよ》〈後述〉などが支援して、名だたる通人が顔を揃えるような会が実際にあったものと思われます）。ところが会に出ろと指南していた通り者は出ていないわけです（「新」と一文字で気安げに呼んでいるのも、偉そうで鼻持ちならない通人ぶった言い方）。そして、最近の通人は会をサボりがちだからさと言いつくろいます。それで「蔵前《くらまへ》の弁魚《べんぎょ》」（蔵前の札差文魚のこと、当時名だたる通人で、十八大通《じゅうはちだいつう》の筆頭です）に指導してやったからみんなちゃんと出席するはずだと大口をたたきます。挙げ句の果てのしょぼい一言が、「みんな銭が無いからそうなるのだ」と。自分のこと、語るに落ちた滑稽です。

通という美意識と会との関係を見るのにちょうどよい史料になるかと思います。戯作もそれを趣味とする同好が寄り合って会、あるいは会的な組織を作るということは先ほど触れました。戯作の会も通をアピールする装置であることに変わりはありません。そして戯作を執筆して出版する行為も、仮想的ではありますが、会への参加と同様の意味をもつことになります。通人ぶっている作者の態度がイタい戯作もいっぱいあります。

木室卯雲《きむろぼううん》が編んだ『鹿子餅《かのこもち》』は、明和九年（一七七二）出版の咄本《はなしぼん》です。編者の卯雲は高位の幕臣です。彼が中心となって小咄好きの人々が集まり「咄の会」が誕生します。武士も町人も入れ込みの世界、いわばサークルで、参加者銘々が会に持ち寄った自作の小咄の中で秀逸なものを選んで一冊に編んだのです。この作品から咄本が戯作の一つに数えられるようになります。もちろん同好の出資で制作された自費出版物です。つまり、大小の会同様、武家の知的センスが町に降りて融合した中から生まれた下らなくてなかなかよろしいもの、近世中期の江戸ならではのものです。
笑い話は大昔からあって、説話の一群を成していました。近世初期にも『醒睡笑《せいすいしょう》』や『きのふはけふのものがたり』など笑い話を集めた本が編まれましたし、大坂で流行した軽口本《かるくちぼん》もその流れの中にあります。江戸の咄本がそれ以前の上方のものと異なるのは、会話体の江戸弁と相俟《あいま》っての落ちの切れ味、ストンと落ちるスピード感です。当時の江戸風俗を知らない人でも分かる（つまり、余計な注釈不要の）ものをいくつか。

牛《うし》と馬《むま》
「総《そう》たい、けだものゝ中《なか》で、爪《つめ》の割《わ》れた物《もの》は道《みち》が早《はや》い。犀《さい》などゝいふやつ、爪がわれて居《ゐ》るによつて、波《なみ》を走ること、飛《と》んだこつた」「ハテナ、しかし馬《むま》は爪《つめ》がわれてなけれど道《みち》が早《はや》い。あれはどうした物だ」「あれは爪が割て居《ゐ》ぬから、まだ人が乗《の》られる。あれが爪がわれて見やれ、不断《だんと》飛ぶやうで、中々人が乗られる物ではない」「牛はどうした物だ、あいつは爪《つめ》がわれてゐれど、道がおそいは」「あれか、あれは爪《つめ》が割《われ》て居《ゐ》るから道《みち》をあるく。あいつが爪《つめ》がわれぬと、だいなしうごくこつちやない」。

犀を見たことのある日本人はいなかったと思いますが、『倭漢三才図会』などを通じて、世界の博物学的知識が共有されているわけです。

俄道心《にわかどうしん》

相店《あいだな》の八兵衛《はちべえ》、欠落《かけおち》して行衛《ゆくゑ》しれず。程少《ほどすこ》し過《すぎ》て、両《りやう》ごく橋《ばし》の上《うへ》で、ひたと出つくわした所、ごつそり剃《すつ》た道心《どうしん》すがた。でもゆるさず、胸《むな》ぐらひつとらへ、「コリヤ八兵衛、坊主《ぼうず》に成《なつ》たとて料簡はならぬ。いつぞやの八百の貸し、たつた今かへせ」「これ、坊主《ぼうず》に成《なつ》たと思《おも》つて安《やす》くするな。かう成《なつ》ても、心《こゝろ》まで坊主《ぼうず》にやならない」。

博奕の借金でしょうね。

恋病《こひやみ》

恋《こひ》はをなごの癪のたね、むすめざかりの物思《ものおも》ひ寝《ね》、「たゞではない」とみてとる乳母《うば》、しめやかに問《と》ふは、「おまへの癪もわたしが推量ちがひはあるまい。だれさんじや、いひなされ。となりの繁《しげ》さまか」「イヽヤ」「そんなら向《むか》ふの文鳥様《ぶんてうさま》か」「イヽヤ」「してまた誰じやへ」。娘《むすめ》まじめになり、「誰でもよい」。

ばかばかしくていいでしょ？　このように身分を超えて非生産的な遊びに興じる風潮が武士たちの間に広まるのが近世中期です。なお、この時期の咄本は、岩波文庫『安永期小咄本集』に収まっています。肩に力を入れなくても誰でも読める古典、読後の脱力感は岩波文庫の黄色カバーの中で一番です。ぜひ通勤・通学のお供に。さて、この同好の趣味的サークルの産物だったものが江戸市中に流行が及び、江戸人に愛されて咄本は次々に制作されていきます。そして戯作、江戸文芸の一角を占めるようになります。咄は再利用、再構成されていき、徐々に長編化していきます。近世後期になると咄のプロが現れ、寄席が市中あちこちに出来てそこで演じられるようになりました。江戸落語の成立、落語家の誕生です。延広真治『江戸落語　誕生と発展』（講談社学術文庫）あたりが参考になります。

洒落本

最初に成立した戯作が洒落本です。基本的に文庫本を一回り小さくしたくらいの小本《こほん》という書型が基本で（咄本もこの書型にならいます）、二～三十丁で終わる短編小説です。漢学書生の遊びから発した初期のものは漢文体で、かなり難解です。四書五経に出てくるような堅苦しい漢文で遊里風俗を描くというのが定番。

明和七年（一七七〇）に、先ほど一部を見た『遊子方言』という作品が出て、これで小説的な型が決まります。先に見たとおり、「会話体」と称しているのですが、登場人物の会話を中心に話が進んでいきます。その会話の中に情景描写や時間の経過等々を仕込むというなかなか達者な運びです。服装や髪型、持ち物や化粧などの情報を微細に記して登場人物の人となりを読者に伝える手法もこの作品で確立されました。この作品では、通を気取るそこそこ年配の男「通り者」と、まだ親がかりの若い男「むすこ」というキャラクターを設定して、吉原まで行く道中、むすこに遊里指南をするもののすぐ化けの皮が剝がれてしまう通り者の滑稽な会話、また茶屋でのやり取りや、遊女屋の二階座敷での遊びなど、吉原に関する情報満載で話が進み、床が収まって振られる通り者、モテるむすこ、カラスがカーカー、夜が明けて話が終わります。

一度キャラクターやストーリー展開に定番の型ができあがると、誰でも作者として参加できる場となります。モチーフやシチュエーションを変えれば、どんどん新作を作り出せるわけです。洒落本は素人の道楽、参加型の文芸です。もちろん自費出版。作者のほとんどは通を気取った見栄《みえ》っぱりで、出版物にするのがかっこいいのですが、出版せずに終わった稿本もいっぱい残っています。『遊子方言』は、作者となって自分の通をひけらかすお楽しみの世界を切り開いたのです。この一定の型に則《のっと》って大勢が参加して戯作の一大ジャンルが形成されました。

この後説明する黄表紙は既存の地本問屋の制作・流通に乗っかりますが、洒落本は違います。ふざけた版元名をふざけた奥付に掲げたりして、誰に依頼して制作させたのかわからないケースも多いのです。おそらく懇意にしている本屋を通じて誂《あつら》えてもらったものが多いかと思います。自己満足のための自費出版ですから、基本は仲間内に配っておしまい。一般の本屋には置かないものですが、貸本の需要が高いので、その流通には乗っていく。普通の本屋に無いというあたりがまた貸本商売に向いているのです。制作した本屋や摺物所は、依頼者の注文部数（出資分）を納めたら、版木は手許《てもと》に残りますので、それで流通の需要に応《こた》えていく。出版した作者は、世間でそれが評判になっていることを密《ひそ》かに楽しむわけです。評判になると、世間では作者の詮索が始まり、実は誰々らしいというような噂が出始めます。その噂の記録や、仲間内の人間が書き留めたものなんかで、作者を特定できる場合もあるのですが、誰の作なのか、いまだに不明のものも山のように残っています。この匿名性や貸本メインの流通といった初期の戯作に相応しいあやしい屈折感も、この後、天明期になると希薄になり、ひたすら明るい日向《ひなた》に出てしまいます。匿名の陰に隠れる必然性のない町人が多数参加し始めたことも一因ですが、彼らと遊びはじめた武士たちにしても、派手なパフォーマンスを演じて注目を浴びる悦《よろこ》びのほうを選んでしまうようになるのです。

黄表紙

青本『宗祇《そうぎ》俳諧《はいかい》行脚《あんぎゃ》物語《ものがたり》』と黄表紙『善悪《ぜんあく》邪正《じゃしょう》大勘定《おおかんじょう》』の表紙の写真を掲げておきました（中央大学図書館所蔵）。体裁も表紙の色もほとんど変わりません。われわれが黄表紙と呼んでいるものも、当時の人は青本と呼んでいました。ちなみに「青本」の「青」は緑という意味です。本来萌黄といって若草色に染めていた表紙だったのですが、その中の青い色素は紫外線で飛びやすく、年数の経過とともに藁《わら》色になってしまうのです。黄表紙とは、青の色素が抜けきってしまった後代の命名、国文学の術語です。国文学の世界では『金々先生栄花夢《きんきんせんせいえいがのゆめ》』が世に出た安永四年（一七七五）以後出版された青本を、それ以前のものと区別して黄表紙と呼ぶことにしたのです。『金々先生栄花夢』は、子ども向けの粗末な絵本である青本のパロディです。子ども向けの体裁そのままのものに大人の笑いをぶち込んだ戯作なのです。恋川春町《こいかわはるまち》（駿河小《お》島《じま》藩の江戸留守居役という高位の武士です）のこのふざけた試みは、戯作ブームの中、大きな話題となり、これに追随した作品が翌年から大量に出版されることになります。あっという間に、

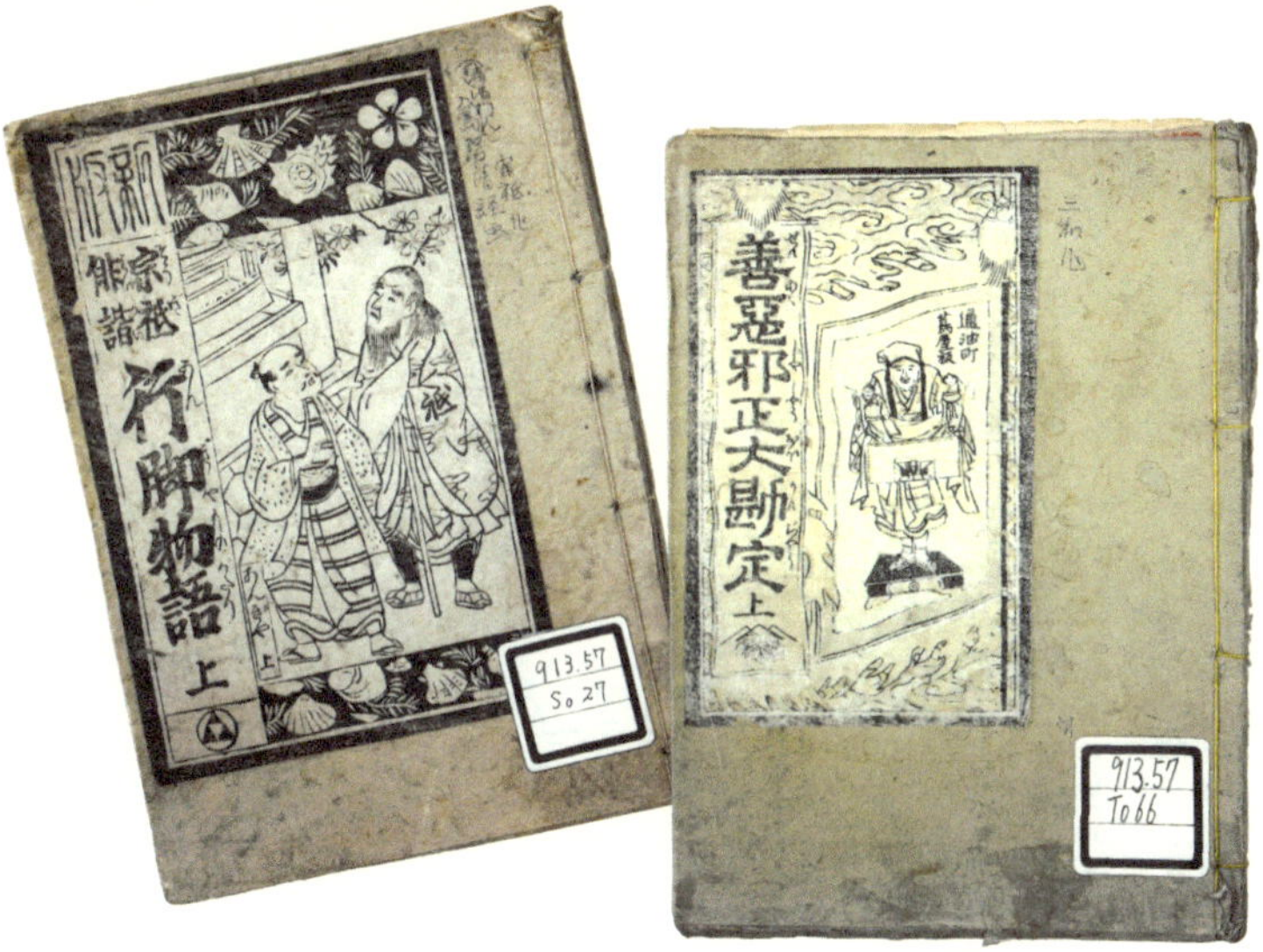

『宗祇俳諧行脚物語』と『善悪邪正大勘定』の表紙　中央大学図書館蔵

子ども向けのコンセプトはどこへやら、青本は大人のお楽しみの戯作になってしまいました。というわけで、『金々先生栄花夢』から新たな戯作の一類が誕生したということで、それまでの青本と区別するために黄表紙という名称で呼ぶことにしたわけです。

草双紙の歴史における「作者」の誕生は『金々先生栄花夢』からです。「画工　恋川春町戯作」という署名は画期的です。これ以来、草双紙において「作者」という指標が有効になって、「作者」たちは、「作者」という虚構の人格をこの戯作を通じて幻出し、道化の演技に興じていくことになります。

草双紙は、前に見たように、本来幼童向けを建前とした粗末な絵本でした。『金々先生栄花夢』は、それを戯作の一類に転化してみせた一回性の試みであったはずです。この時期、洒落本の世界で培われた戯作の骨法を、他の出版物の様式にぶち込む戯れが大いに行われました。たとえば、役者評判記のパロディとして、初物の評判記や青物の評判記が作られたし、往来物のパロディや地誌のパロディも作られました。『金々先生栄花夢』も、それらと同列のもので、恋川春町は、草双紙という子ども向けの草紙をパロディの素材にして戯れたのです。新しいジャンルを開拓しようとして作ったわけではありません。

しかし、『金々先生栄花夢』がはからずも証明してしまったように、絵を主体とし、絵解という鑑賞方法の草双紙は、戯作の方法を一気に拡大したわけです。画中に仕込まれる、うがちや笑いの要素を読者に絵解させる方法は、かなり高度な知的ゲームに読者を遊ばせる可能性をもっていたし、「通」をビジュアルに表現できるものでもありました。春町の発明は、あっという間に戯作表現の主要な方法となったのです。

江戸狂歌

国文学という学問において戯作は散文作品として定義されていますので、韻文である狂歌や狂詩はこれには外れます。ですが、まったく同じ時代状況の中で同様の人間たちが同様に戯れたものなので、別個に扱うのも難しいと考えます。ここで江戸狂歌についてさらっと概要を述べておきます。戯作流行の最中、狂歌に興じる連中が出てきます。内山賀邸《うちやまがてい》という和学者に就いて和歌を学んでいた若き幕臣たちが、戯作と同様のノリで始めたもので、唐衣橘洲《からごろもきつしゅう》、四方赤良《よものあから》、朱楽菅江《あけらかんこう》といった達者な連中が先導しました。これらの名前は狂名といって、狂歌の世界における名乗りです。つまり、戯作の戯名同様、本来の自分から離れて、匿名の陰に隠れて遊ぶ仕掛けです。四方赤良は大田南畝です。彼は漢学においても抜群の秀才なのですが、最下級の御家人である御徒《おかち》の家柄でした。数年先の扶持米《ふちまい》まで札差の抵当に入っているようなみすぼらしい生活です。彼は、もてあますほどの才能を狂歌・狂詩・戯作へと振り向けました。酒好きで明るい人柄ということもあって、彼は狂歌の会や戯作者の集まりの核となり、彼の周りには、絵師やら役者やら、芸者やら遊女やら、さまざまな才能をもった人々が身分を超えて集うようになります。恋川春町など戯作にもっぱら耽《ふけ》っていた武士たちも参加してきます。彼は江戸っ子のアイドル的存在となり、今をときめく田沼意次の側近土山宗次郎にもかわいがられたりします。

ここに、天明期の狂歌・戯作壇が成立します。十年ほどの短い期間でしたが、ここを母体として、狂歌や戯作の研ぎ澄まされた名作の数々が生まれていきます。石川淳は「運動」という言葉でこの間の活力を表現しました。石川淳らしい鋭い言葉です。作品そのものもさることながら、意義はむしろ彼らが集うことのほうにあったのです。

天明三年（一七八三）に須原屋伊八により出版された『万載狂歌集《まんざい》』は四方赤良（大田南畝）編の狂歌撰集《せんしゅう》で、彼の才が遺憾なく発揮されていて私の大好きな江戸文芸のひとつです。全体が『千載和歌集』のパロディとなっています。この勅撰和歌集は部立てを確立したもので、以後の勅撰集の範となりました。『万載狂歌集』はその部立てをガチガチに守ることで、全体が一つのパロディ作品として大笑いできる仕掛けになっています。ちなみに「万載」は、正月の

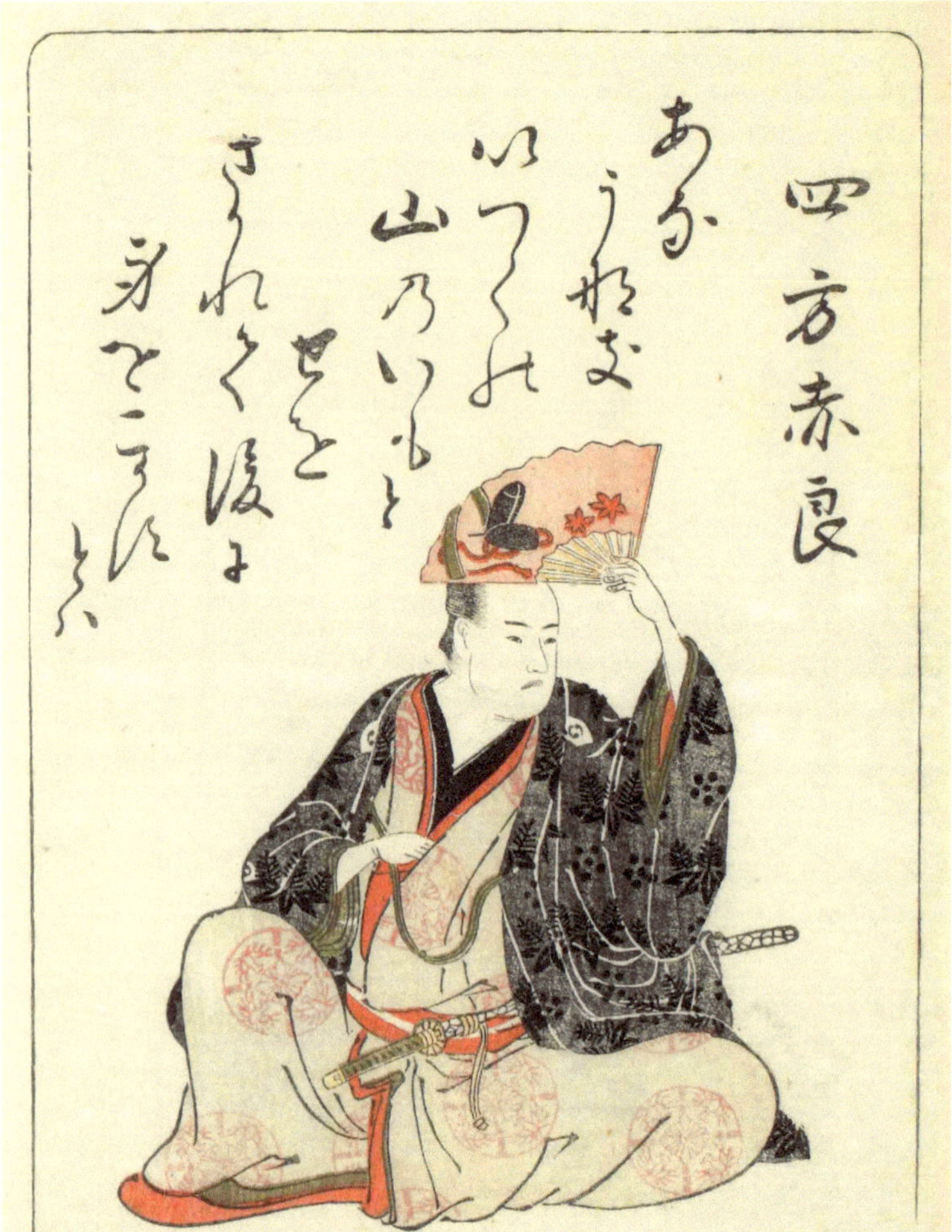
四方赤良
あなうなぎいつくの山乃いもとせをさかれて後に身をこかすとは

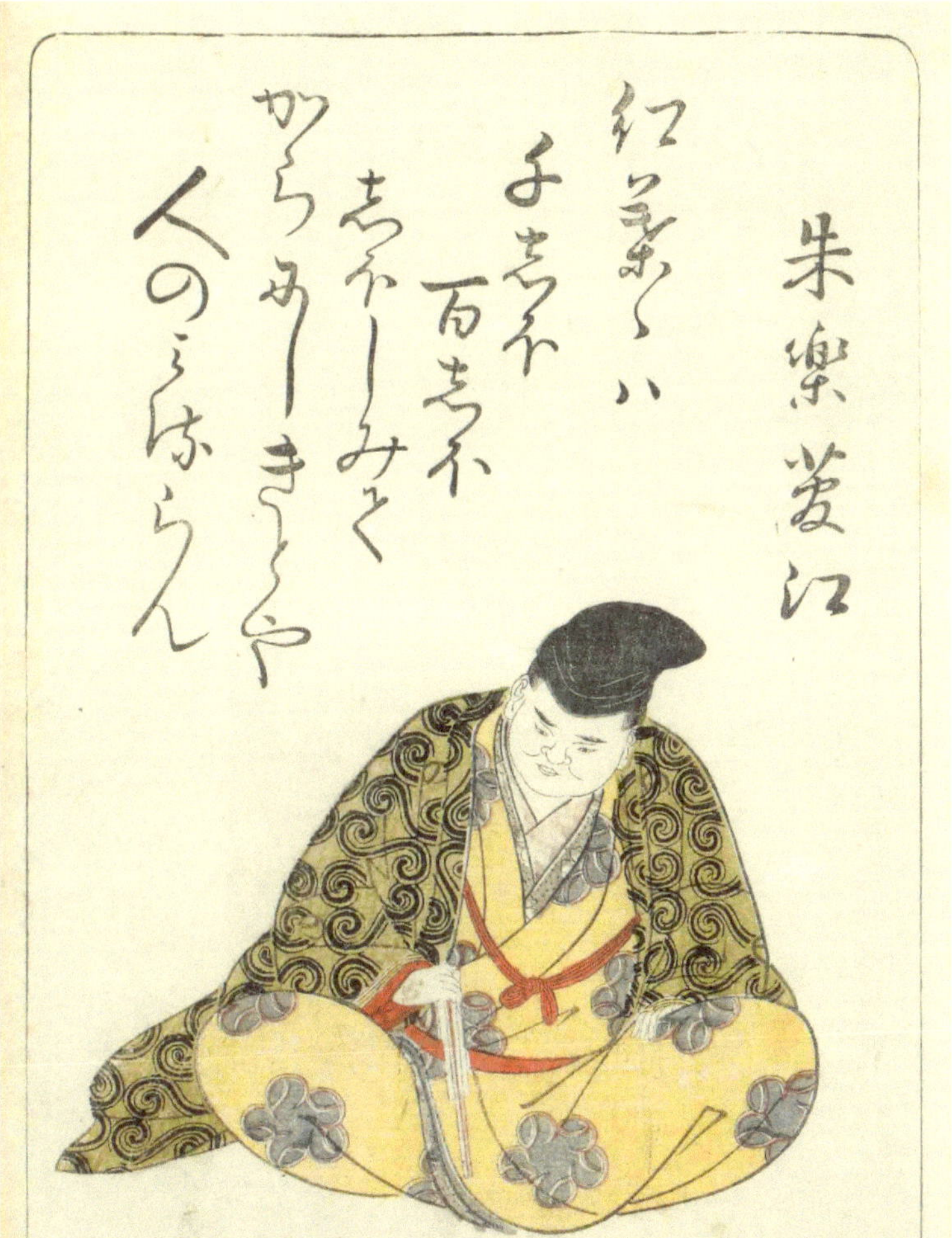

宿屋飯盛（石川雅望）編・北尾政演（山東京伝）画
『吾妻曲狂歌文庫』東京都立中央図書館蔵

右が南畝、左は朱楽菅江

風物詩三河万歳で、タイトルからして江戸の正月気分に浸って笑えるものになっています。
その中から分かりやすい狂歌をいくつか並べておきましょう。

をみなへし口もさが野にたつた今僧正さんか落ちなさんした　　四方赤良

『古今和歌集』の僧正遍昭の歌「名にめでてをれるばかりぞをみなへし我落ちにきと人にかたるな」をうまく本歌取りしています。「をみなへし」は女郎花なので遊女言葉にしています。口さがない遊女が「僧正さんが落っこちた」と告げ口しているわけです。落ちるとは、異性にころっと気持ちを持って行かれることを言います。軽やかでさらっとした詠みぶりです。

七へ八へへをこき井出の山吹のみのひとつだに出ぬぞきよけれ　　四方赤良

『後拾遺和歌集』「ななへやへはなはさけども山ぶきのみのひとつだになきぞあやしき」が本歌です。「七重八重」を「七屁八屁」と転じて、「こき出で」に「井出（山吹の名所）」を掛けています。七連発、八連発しちゃったけど、山吹色の「実」が一つも出ずに済んだので清潔を保ったということ。ふざけた歌ですが、この明解な明るさが赤良の持ち味です。

いづれまけいづれかつほと郭公《ほととぎす》ともにはつねの高うきこゆる　　から衣橘洲

初鰹《はつがつお》と初ほととぎす、いずれも夏の到来を告げる名物で、その優劣はよく論じられるところです。この歌では、どっちが負けでどっちが勝ち（鰹をかけています）ということはない、どっちも初音（初値）が高く聞こえるからと機知的にまとめています。座布団一枚ですね。

山かけにつもる豆腐の淡雪も春のものとて腹にたまらず　　あけら菅江

「山陰《やまかげ》」にすりおろしたとろろ芋の「山かけ」、「原」に「腹」が掛けられています。淡雪豆腐にとろろを合わせたものでは食べ応えがないという下卑たことを、山陰に消え残る淡雪は春の暖気で野原にたまらないという歌の世界の約束事に紛らして表現しています。

おふじさん雲の衣をぬがしやんせ雪のはだえが見たうござんす　　よミ人しらす

富士山に「お」を付けると「お藤さん」、素人女性にありがちな呼称になるところがミソ。歌意は難しくない。詠み人知らずとしたのは、勅撰集のパロディですから、それにありがちな作者無表記を趣向したもので、紛れもない赤良の作です。あっさり軽妙でいいですね。

この時期の江戸狂歌も戯作も、教養層の武士たちが閉塞感《へいそくかん》から気分だけ抜けだし、繁華な江戸の町の中で町人たちといっしょに戯れ、めでたさの気分の中で浮かれている明るさがあります。

第四章　本屋・蔦屋重三郎の商売——近世中期から後期へ

江戸という都市には前期から中期へとめざましい文化的発展が訪れて、町と郊外の様相が一変していきました。それが近世後期に近付いてくると、都市部のみにとどまらず全国規模で大きく時代が変容していきます。文芸についてもそのとおりです。もちろん文芸の変化は文芸の世界の中だけで完結する話ではありません。文芸を取り巻くさまざまなものの変化の中にあっての変化です。文芸に接して時代の変化を感じ、時代に変化をもたらしたさまざまな要因を大きく捉え、その視点を保ちながら、ふたたび文芸の変化を見つめ直し、変化の由来するところを明確にしていく、そのような思考の往復運動が要求されるでしょう。

おおまかに言えば、近世中期とは享保から寛政頃、近世後期は寛政以後ということになります。後期は十九世紀ですね。寛政という元号の前後を示すと、宝暦・明和・安永・天明、そして寛政、その後が享和・文化・文政・天保となります。寛政という時代は比較的長く十二年あるのですが（天明九年〈一七八九〉が寛政元年、寛政十三年〈一八〇一〉が享和元年）、この前と後を比べてみると、ここで大きく時代が動いたことが実感できます。まず書籍市場が大きく動きます。つまり読者層の大きな変化がそこにあることになります。本屋は本を流通させることを仕事としています。どのようなものを仕入れるか、また制作するかは、市場をどう捉えているかという判断に依《よ》ります。優れた本屋は市場を正確に見極め、そこに効果的な商品を投下していきます。また市場の今後の動向を予測してそこを開拓していきます。つまり、鋭い分析力のある本屋の振る舞いを正確に跡付けていけば、その時々の彼の分析結果が見えてくることになります。それは市場の動向、つまり当時の読者の好尚、またその変化、読者層の地域的偏差などを推し量る有力な材料なのです。読書記録など残さない普通の読者たちの総体の動きをそこから見てみようという方法なのです。

そこで取り上げるのが蔦屋重三郎《つたやじゅうざぶろう》、彼は時代の動きを敏感に捉えてそれに対応する天才的な能力のあった希有《けう》な本屋です。そして、彼が時代の好尚を先取りして制作した出版物は、当時の人びとの文化を主導し、この時代の文化を象徴するものとなったのです。時代に大きくからんでこの季節を駆け抜けた蔦屋重三郎という人間の足取りを追いながら、周りの景色の変化を実感してみるのです。しばらく彼に付き合っていただきます。

吉原が生んだ蔦重

創業

寛延三年（一七五〇）正月七日、蔦屋重三郎は吉原に生まれます。曲亭馬琴の『近世物之本江戸作者部類』（岩波文庫で簡単に読めます）に「顧《オモ》ふに件の蔦重は風流もなく文字もなけれと、世才人に捷れたりけれは当時の諸才子に愛顧せられ、その資によりて刊行の冊子みな時好に称ひしかは、十余年の間に発跡して一二を争ふ地本問屋になりぬ。世に吉原に遊ひて産を破るものは多けれと吉原より出て大賈になりたるはいと得かたし」とあります。吉原から江戸に進出して（吉原は江戸ではありません）屈指の地本問屋になった希有な存在として同時代の人間から注目されていたのが蔦重（以下、この略称で）なのです。吉原でどのように彼が成長していったのか、具体的に跡付けられる史料はありません。彼が関与した出版物で創業期からの足取りをたどってみましょう。

蔦重の名前を出版物に初めて確認できるのは安永三年（一七七四）正月に鱗形屋孫兵衛が出版した吉原細見『細見嗚呼御江戸《ああおえど》』です。蔦重二十五歳の時です。吉原細見とは、遊女屋とその所属の遊女たちの情報を柱として、吉原情報を集約した冊子です。遊女など異動が激しいので、正月と七月、年に二回大改訂が行われて発行されるのが通例です。この吉原細見の刊記に「此細見改おろし小売取次仕候　新吉原五十間道左りかわ　蔦屋重三郎」と記載されています。「改」は新情報を盛り込んだ編集と見なしてよいでしょう。それから、吉原の各商店への卸売、そして自店での小売、これが最初に確認できる彼の営業です。注目すべきは、これの序文です。福内鬼外《ふくちきがい》が執筆者なのですが、これは平賀源内の別号です。確証は何ひとつ得られませんが、この後の蔦重の仕事ぶりに照らしてみると、造本の変化や源内への執筆依頼など、蔦重がまったく関与していないという可能性のほうが低いと思われます。この年秋の鱗形屋孫兵衛版『細見百夜章』にも同様の仕事で蔦重は関与しています。

この安永三年七月に『一目千本《ひとめせんぼん》』という遊女評判記が出ます。これが蔦重最初の出版物です。ぱっと見たところ、華道書、投げ入れの絵本です。当時、立花、投げ入れなど、華道は通人の趣味でした。女性よりむしろかっこつけたがる男の芸。遊女の美しい姿をその流行の投げ入れの花で見立てたという遊女評判記の一種なのです。見立てたといっても、そもそも遊女本人と花との間に明確な対応関係は無い、無いことを承知の制作だったと私は思っています。絵師の北尾《きたお》重政《しげまさ》[1]は吉原に入り浸るような人間でもないので、遊女本人を確認した上で相応《ふさわ》しい花を見立てて描いたとも思えないのです。おそらく投げ入れの花だけを描いた原稿を見せて、遊女に花を選ばせていったのではないでしょうか。重政は、一枚絵をあまり残していないので近代以後の認知、人気が低いのですが、当時の江戸においては一番の人気絵師で、多数の弟子を持ち、影響力も群を抜いていた人です。

でも見立てがあまりに高度というか無謀というか。これで遊女の具体的な容姿を連想できた人間は、その遊女を知っている人以外にいなかったはずです。吉原見物に来た人間なんかがお土産に買求めることを想定した出版物のように思われるかもしれませんが（そういう需要もあったでしょうが）、右から左に売れるようなものとは思えません。さて、その昔、この本をめくってみて変なことに気づきました。すべての遊女が網羅されているわけではなく、偏りがあるのです。大きな遊女屋なのに、まったくこれに取り上げられていない遊女屋もあれば、もっ

1　十九世紀になって歌川派が大きな画工集団を形成して、ギルド的な職人集団となっていくのですが、重政をはじめ、十八世紀末の浮世絵師にある程度共通して言えることは職人的要素が薄いことです。文人的要素が濃くて、絵の先生みたいな感じです。そのあたりがこの知性を重視する時代に尊敬を集めて、浮世絵師を数え上げる時に一番初めに重政は名前を挙げられたりするわけです。

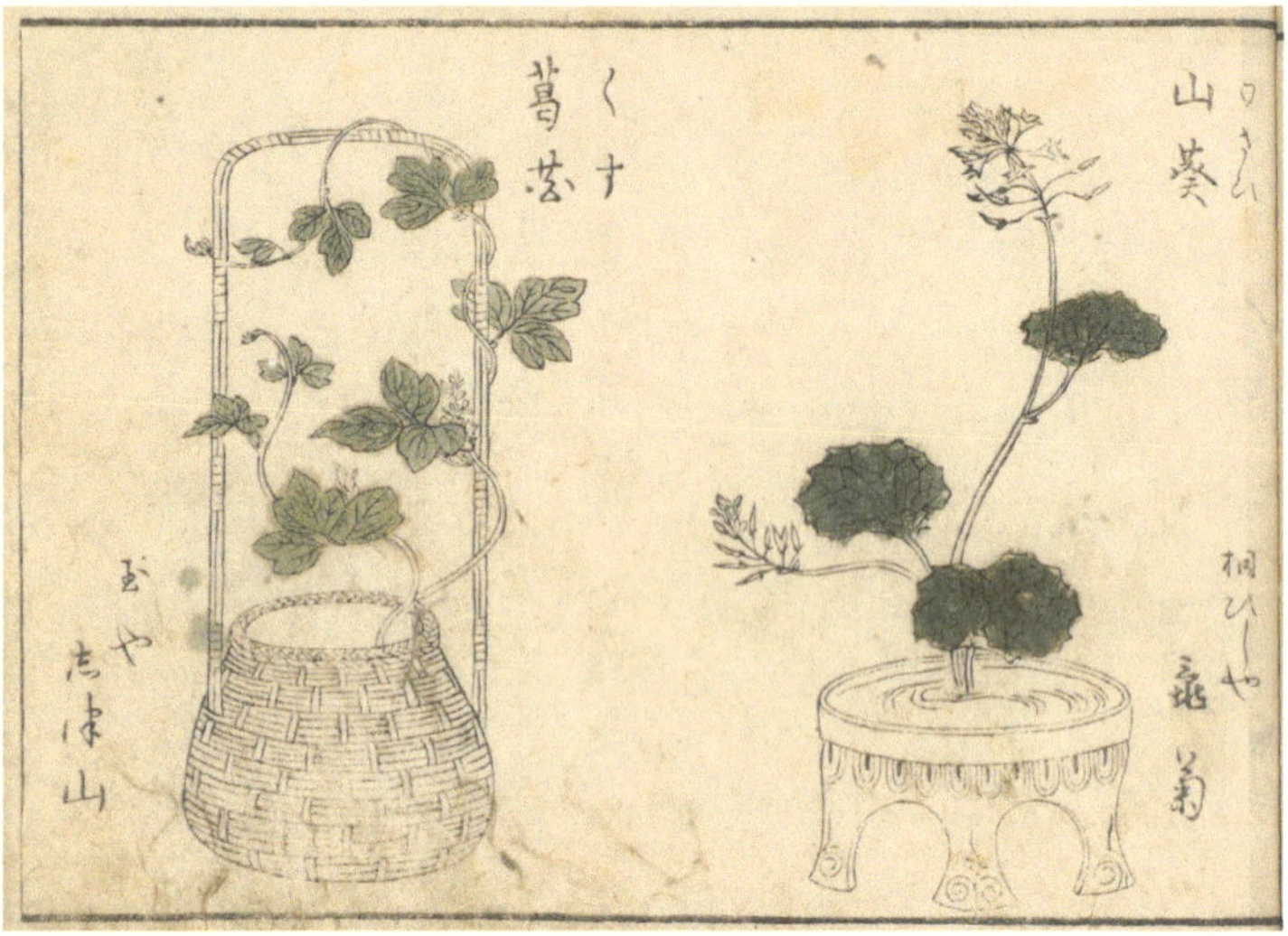

『一目千本』大阪大学附属図書館総合図書館　忍頂寺文庫蔵

と高位の遊女がいるのに、彼女は載っていなくて、それ以外の遊女が載っているとか。となると、結論は一つ。自分の店をアピールしたい店、自分をアピールしたい遊女、馴《なじ》染みの遊女におねだりされた殿方が出資して出来上がった本であろうということです。そういうニーズを掘り起こしてプロモート、編集して本に仕立てたのが蔦重というわけです。一般にたくさん売れなくても、はなから採算が取れている出版行為で、蔦重にとってはきわめてリスクの低い仕事です。

　さて、この本には歴史的に大きな意味があります。これは名実ともに吉原で出版され発信された最初のものなのです。吉原細見にしても、江戸の本屋による出版物だったのですが、吉原に蔦重という本屋が誕生し、彼を通じて吉原から吉原情報が出版という方法で広く発信されることになったのです。一流の絵師による高雅な絵とオシャレな編集センスによって仕立てられたこの本は、吉原の文化的優位を広くアピールするものとなっているのです。そして吉原の本屋蔦重の存在を広告するものでもありました。

翌安永四年正月、鱗形屋孫兵衛版春細見『細見花の源』にも改め取次として関与しますが、鱗形屋孫兵衛版の吉原細見の仕事はこれで最後です。この年三月刊の遊女評判記『急戯花《にわかはな》の名寄《なよせ》』は蔦重二点目の出版物です。俄《にわか》とは、吉原芸者[2]や茶屋の人間が総出で、踊りや鳴り物を織り込んだ寸劇（コントみたいなもの）を演じてみせる吉原のイベントです。この年の俄は久しぶりの復活で、三月の桜の行事[3]とセットで行われました。本書はその行事にぶつけるべく制作されたものです。序者の「耕書堂」は蔦重の堂号で、本書は彼の編集したものです。遊女の定紋付の提灯《ちょうちん》の絵に短評[4]を加えた遊女評判記です。そして『一目千本』と同様、遊女屋や遊女に著しい偏りがあり、同様の制作方法であったと思われます。

---

2 町芸者と区別する呼称です。芸者とは芸を売り物にする者、男女を問わずそう称しますが、吉原で芸を売り物に出来る者は一流を認められた人間だけです。芸以外のものに頼りがちなそんじょそこらの町の芸者とはわけが違うというプライドが彼らにはあります。

3 桜の木を根こそぎ調達して、吉原のメインストリート仲之町の端から端まで植え並べて花見に興じる吉原の一大行事。歌舞伎十八番の「鞘当《さやあて》」なんかが、これを背景に演じられます。

4 たとえば有名な扇屋の花扇の評は「いわての山の岩つつしいわねはこそあれ恋しきものと玉つさの見事さたくひなし」。手紙の筆跡が見事であるらしいのですが、全体ぴんと来にくい気取った評ですね。

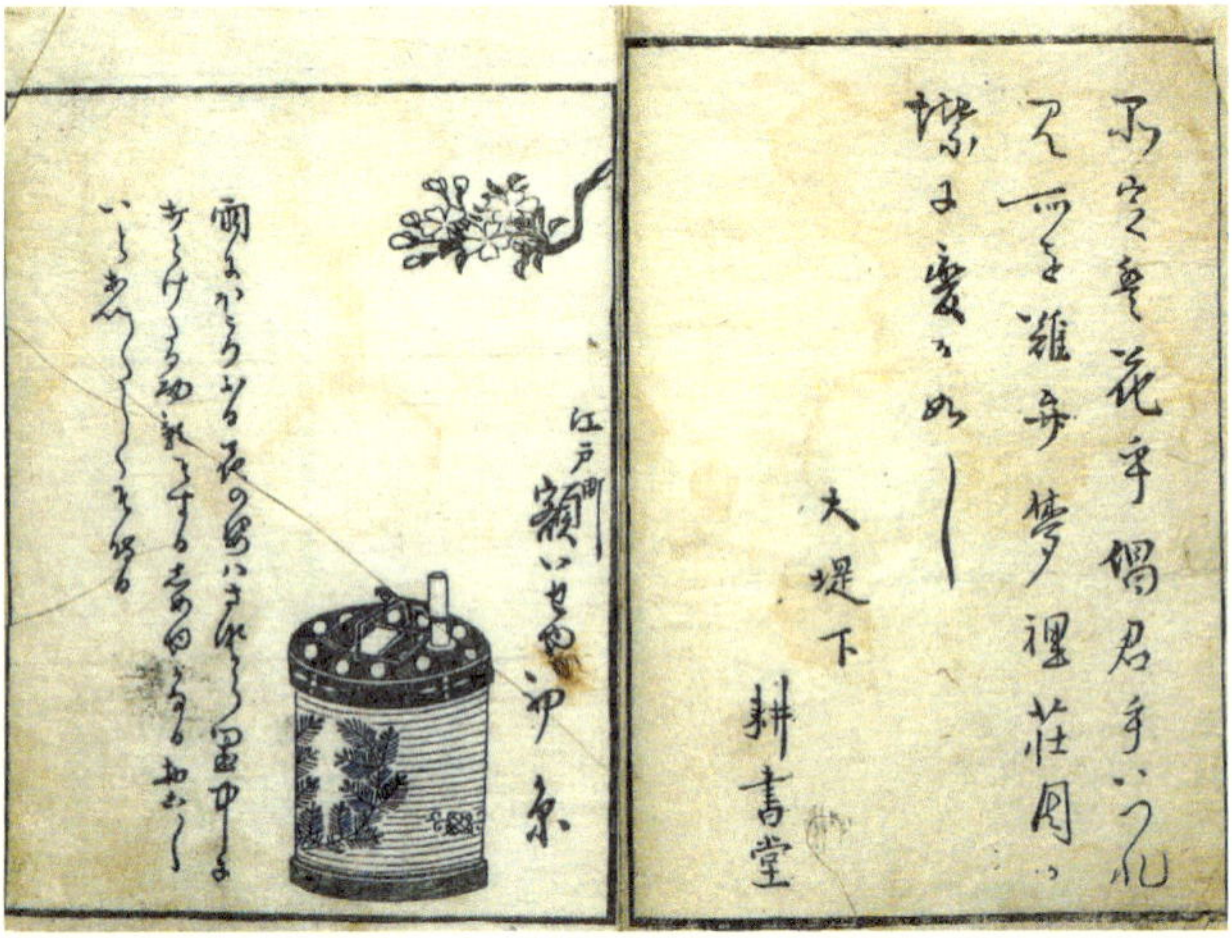

『急戯花の名寄』東京都立中央図書館加賀文庫蔵

この時期の吉原はさまざまな行事に力を入れていきます。[5] そしてそれを江戸市中に盛んにアピールしていくのですが、それは蔦重の出版活動の動きとぴったり重なることは特筆されてよいことだと思います。吉原は蔦重という男を地元に得て、江戸市中への発信機能を高めていったことは明らかです。今後も遺憾なく発揮される蔦重の広告センス、イメージ戦略がこの時期から確認できるのです。

この年七月の吉原細見『籬《まがき》乃花』は初めての蔦重版吉原細見です。鱗形屋孫兵衛が秋版の吉原細見を出版できない状況に立ち至ったようで、それに代わって蔦重が手がけることになったと思われます。これには、吉原町の実力者たちの後押しもあったと推測されます。吉原細見の新版が発行されないとしたら、それは吉原にとって屈辱的なことですし、蔦重の能力も彼らは十分心得ていたはずです。吉原情報が、江戸の本屋ではなく吉原から発信される時代が訪れました。天明初年には競合する吉原細見を発行する版元がいなくなり、天明三年（一七八三）にはすべての株を手に入れて蔦重の独占出版物となります。そして、天保期に株を譲るまで、蔦重は店の看板商品として吉原細見の発行を継続していきます。

　さて、蔦重版の版面は他の吉原細見と大きく異なります。鱗形屋版はここのところ小本縦型を採用してきました。蔦重版は小本より一回り大きい中本で、各町の通りを挟んだ両側の遊女屋をにらみ合わせる形で配置しています。これのほうが位置関係がわかって便利だからという人もいますが、私にはそうは思えません。ぐるぐるひっくり返して見なくてはならず混乱して

5　深川をはじめとする岡場所（非公認の遊里）が、江戸市中から近いしお手頃価格で手軽に遊べるというので大いに繁盛していくのですが、その分吉原が不繁盛になっていった時期です。「けいどう（警動とか計動とか漢字を宛てますが、正解がわからない）」といって、吉原の実力者（大店《おおだな》の茶屋や遊女屋の主人が役人をやっています）の願い出を受けて（幕府公認の遊郭なので願い出は聞かざるをえない）、一斉に岡場所の違法営業をガサ入れして、おねえちゃんたちをしょっぴいていくことも行われました。そのおねえちゃんたちは吉原で働かされることになるのですが、敵もさるもの、けいどう情報を事前に得て（岡っ引きなんかは鼻薬を嗅がされると情報を漏らすくらい平気、持ちつ持たれつの世界）、岡場所の経営者たちは、連れて行かれても痛みにならない女性をその日は店に出していたりするのです（吉原で使い物になるはずがない）。いたちごっこ。そこで、吉原は町ぐるみで集客を本気で考えていくことになり、吉原の良さを積極的にアピールして客を呼び込む戦略を取るわけです。三月は桜、七月は燈籠、八月は八朔《はっさく》、九月は月見、十月は後の月見等々、男女老若を問わず江戸人が見物に訪れるような特別なイベントを用意するわけです。

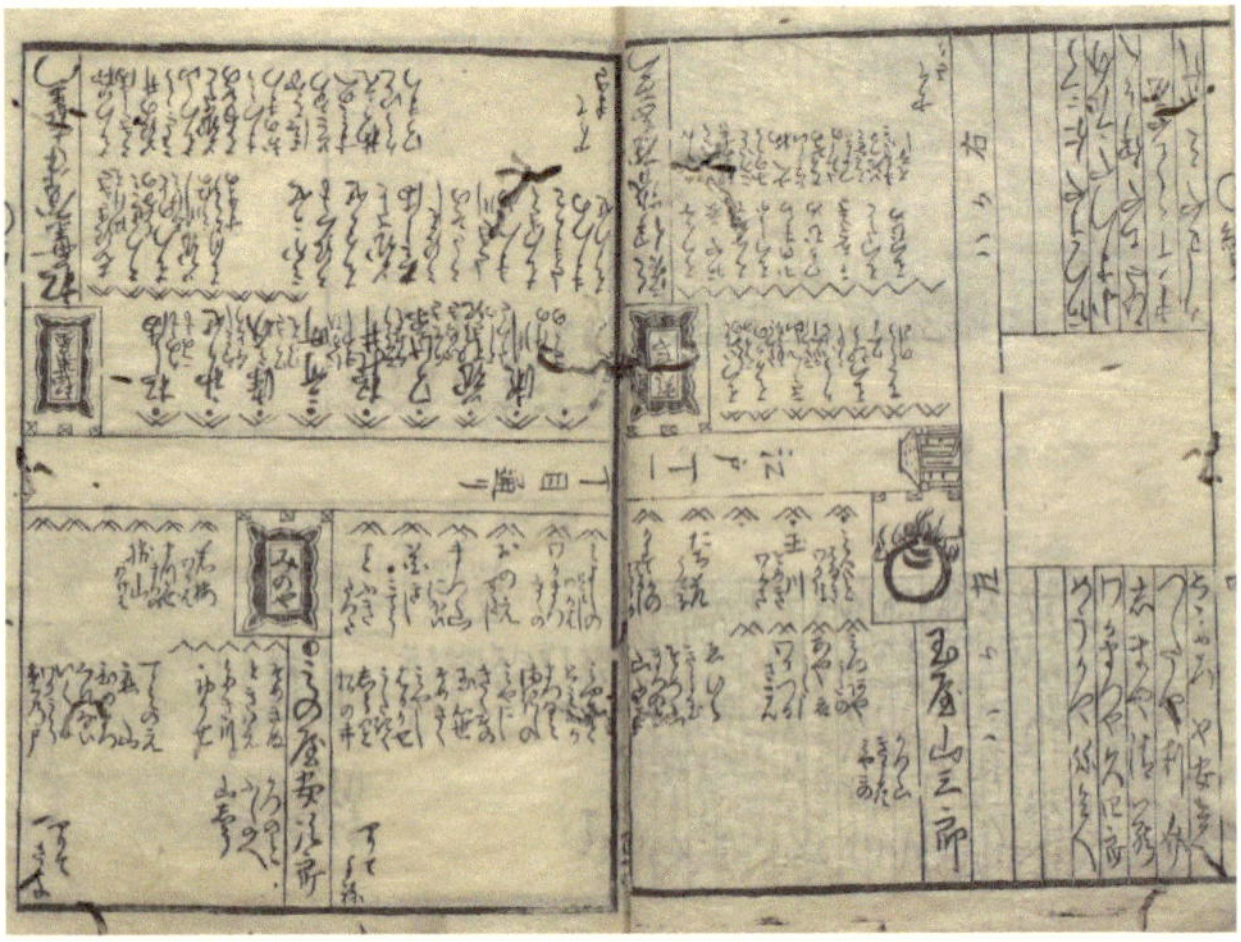

吉原細見『籬乃花』　江戸東京博物館蔵

しまいます。蔦重版の勝利はこの様式の好評によるものとは思えないのです。勝因は何か。もちろん、情報の正確性もあるでしょうが、使用する紙数の少なさが最大の勝因のはずです。書籍の制作費用の最大のものは料紙代です。蔦重版は同じ情報料を保持しつつ紙数を約半分削減できているのです。これに伴って、版木の枚数も半分、彫師や摺師への手間賃も半分ということになったはずです。つまり制作原価を押さえて安く卸売することができたはずです。吉原や浅草の店、また江戸市中でも、小売店が蔦重版を取り扱うほうに傾くのは必然です。吉原細見の需要がもっとも高いのは、なんといっても吉原です。安い上に、地元の本屋の発行となれば、蔦重版しか置かなくなりますよね。彼の商才が顕著にうかがえる事例です。

吉原細見を自店の出版物の広告媒体として

使ったのも蔦重が最初です。鱗形屋版には、鱗形屋が江戸売弘《うりひろ》めをしている京都島原の細見『一目千軒』と大坂新町の細見『美保づくし』の広告があるのですが、蔦重版は、まるでそのパロディのように、直近の出版物『一目千本』と『急戯花の名寄』の広告を掲げています。この後徐々に蔵版物が増えていきますが、そのほとんどを吉原細見の巻末に広告していきます。一定量の発行部数を期待できる定期刊行物である吉原細見は広告媒体として最適です。もう一点注目すべきところがあります。どちらも「吉原名物」として、袖の梅や巻せんべいなどが並べられているのですが、蔦重版はその中に「よしわらさいけん 是もあき人の家々にあり」の一条を入れているのです。吉原細見が正真正銘吉原出来の名物になったわけです。鱗形屋版を知っている人が見たらにんまりするような本作りのセンスです。そして、吉原におけるシェア確保を確信している蔦重の自信のほどもうかがえるようです。

安永五年（一七七六）正月に蔦重が出版した『青楼美人合姿鏡《せいろうびじんあわせすがたかがみ》』は大本三冊の絵本で、絵画史、絵本史に残る贅沢《ぜいたく》な名品です。絵師は北尾重政と勝川春章。重政は先に述べたとおり、当時の絵師の中ではもっとも実力を評価されていました。勝川春章は役者似顔絵の創始として人気絶頂の絵師です。この二人の合筆は、まさに夢の共演です。そして、彫板・摺刷《しゅうさつ》とも一流の手際、料紙も含めて造本もきわめて贅沢なものです。かなりの制作費用を要したものと思われます。刊記を見ると山崎金兵衛と共同で出版した形になっていますが、蔦重版の蔵版目録にしかこの書名は掲載されていませんので、山崎が制作費用を分担したとは思えません。蔦重はまだ本屋仲間に加入しておらず、出版書を本屋仲間の流通には乗せられないのです。その蔦重

万太夫

北尾重政・勝川春章筆『青楼美人合姿鏡』東京国立博物館蔵

に代わって流通に関わる仲間の認可を得るために山崎を合版元としたものと思われます。

まだ独立した店舗も構えていない駆け出しの本屋がなぜこのような豪華な本を出版できたのでしょうか。一図に収められている遊女の数に差がありますし、遊女や遊女屋に偏りがあるのです。ということは『一目千本』や『急戯花の名寄』と同様、描かれたい遊女や遊女屋、またその遊女を描いて欲しいなじみ客から出資を募って制作費用のかなりの部分をまかなったと考えざるをえません。吉原の駆け出しの本屋がこのような豪華な絵本を発行したという話題性は、店の大きな広告となったはずです。ほとんどの蔦重版には広告に関わる発想がめぐらされています。

安永五年出版の読本『烟花清談《えんかせいだん》』は昔の遊女や客の逸話を集めた本です。あまり残っていない本なのでたくさん売れたとは思えません。これは吉原仲之町の引手茶屋《ひきてちゃや》駿河屋市右衛門の著作、彼の道楽の出版物ですね。駿河屋は吉原の顔役で蔦重の叔父《おじ》にあたります（後述）。叔父にしてみれば、資金をすべて出して甥《おい》に仕事を与えてやった感覚でしょう。吉原は親類縁者の関係性の極めて濃いところ、若き蔦重はその血縁、地縁の力をフルに活用して商売を軌道に乗せていくのです。

同年正月『名華選《めいかせん》』、七月『吉原細見家満人言葉《やまとことば》』、翌安永六年（一七七七）正月『四季の太夫《まつ》』と吉原細見の出版も順調です。

西村屋与八版磯田湖龍斎画「雛形若菜初模様」と蔦重

近世中期の浮世絵に、知性に裏打ちされた品の良さを感じる人が多いと思います。北尾重政のリアルな描線にしても勝川春章の似顔にしても、それまでの様式的な鳥居派の絵作りとは一線を画すものです。武家による趣味的な摺物である大小から錦絵という新しい様式が生まれるわけですが、その時から知的な新しい画面構成の追求がさまざま行われるようになりました。武家社会の知性の民間への浸透が浮世絵の世界にも確認できるわけです。鈴木春信も教養層である武士階級の人間とともに趣向を練り上げていけるような知性の持ち主でした。その春信の影響を強く受け、春信風の美人画をたくさん描いた磯田《いそだ》湖龍斎《こりゅうさい》はもともと武士階級の人間でした。彼が描いた遊女絵の連作「雛形若菜初模様《ひながたわかなのはつもよう》」は、安永四、五年からはじまり天明初年までの期間に百点を優に超し、百五十点に近い作品が刊行されたものです。この大規模な連作は吉原遊女名入りの肖像というこれ以後定着する様式の嚆矢《こうし》でもあり、浮世絵の歴史の上で看過することの出来ないものなのです。なぜ多年にわたるこのような連作の制作が行われたのか、な

6　吉原は格式を重んじる所で、勝手にふらっと遊女屋に行っても中に入れてもらえません。下級の遊女屋は別ですが、かならず仲介役の茶屋を通さないと遊びが成立しません。その茶屋が引手茶屋です。吉原のメインストリート仲之町に軒を連ねています。茶屋は遊女屋には客の質（経済力）を保証し、客には遊びの質を保証する役割です。大門をくぐった客は、まず茶屋に立ち寄ります。そこでゆっくり酒肴《しゅこう》を楽しんでいる間に、相手の遊女の確保と客の遊びの希望（料理や芸者など座敷の遊び）をかなえるべく段取りを整えます。決済はすべてこの茶屋を通じて行われます（遊女屋でちゃらちゃら現金を出すような野暮なことはしません）。なので、客の質をよくよく見極めないととんでもない損害が茶屋に発生します。

ぜそれが可能であったのか、この連作にはどのような意味があったのかが問われなくてはなりません。

版元は永寿堂西村屋与八なのですが、この連作の初期のものの中に、西与の「永寿堂」の版元印とともに「耕書堂」という円形の印形を彫り付けたものがいくつか確認できます。明らかに蔦重がなんらかの関与をしているのです。この連作錦絵は、遊女や妓楼《ぎろう》、そして吉原そのものを広告する機能を持っていたということが重要です。この絵が江戸市中にある絵草紙屋の店頭を飾ります。絵草紙屋がそのまま吉原の広告メディアとなるのです。矢継ぎ早に発行され、次々掛け替わるあでやかな遊女の画像は、吉原情報そのものであるとともに、遊女個人、妓楼はもちろんのこと、吉原という機構全体を巧みに演出し江戸市中に広告するわけです。この発想は、この時期より盛んに行われ始める吉原関係の草紙の発行と無関係なものとは思えません。この長期間にわたる大がかりな連作の背後に吉原の実力者、また吉原全体の意向が働いていたはずだし、版元との間に立って蔦重がこの企画に大きく関わっていたことも確かであると思われます。

本企画の実現については、たとえば一定枚数の買上げとか、制作費用の一部負担など、版元西村屋与八に有利な条件の提示があった可能性もあります。なぜ蔦重が版元にならなかったのか疑問に思う方もいらっしゃるかもしれませんが、江戸地本問屋の基幹商品である浮世絵の出版への参入はおいそれとできることではなかったからだと思われます。歌麿や写楽の絵の版元として有名な蔦重にしても、寛政期に入らないと本格的な浮世絵出版を行えるようになりません。地本問屋の仲間が保持している流通上の結束や利権、これまで維持されてきた職人組織との濃密な関係性などがあって、新規の業者が簡単には参入できない仕組みになっていたのだと思われます。[7]

これまで、ほとんど江戸市中の版元の手で、吉原の意向とは必ずしも連動せずに行われていたことを、吉原が調整的に戦略的に行い始めました。版元蔦重が吉原関係者の支援のもとに登場した意味はここにありましたし、蔦重の腕の揮《ふる》いどころもここにあったわけです。吉原は吉原情報を自ら発信し、江戸に向けて広告する機能を内部に得たのです。蔦重の仕事の大きな特徴は広告に関して極めて意識的な点にあります。市中に出まわる出版物を、蔦重の店とその本拠である吉原の広告にしていくような仕掛けを発想していくのです。

7 同業の共倒れを防ぐために参入する業者の数を制限することはどの商売にもあることです。とくに仲間を組織している業種は商売の権利が株になりますが、それ以外の業種でも、株とはいえないまでも同業者間でそのような秩序は形成されていたはずです。草双紙の版元も、入れ替わりがありながらもほぼ一定数を保っていきます。史料が残っていないので確定的なことは言えないのですが、浮世絵の業界も同様だったと思われます。資本力と商売の実力だけではなく、同業者との協調関係等、参入には問われる部分が多々ありそうですが、よくわからないままです。

朋誠堂喜三二との出会い

安永六年正月に出版した『江戸《しまん》評判記』横本三冊は役者評判記のパロディで、江戸の有名商店をランキングしたものです。たとえば実悪部大上々吉が薬屋の大坂屋平吉、若衆方上々吉が鈴木越後（羊羹《ようかん》が有名な上菓子屋）とかとか。役者評判記のパロディは当時流行の戯作《げさく》で（興味のある方は、中野三敏『江戸名物評判記案内』〈岩波新書〉、同編『江戸名物評判記集成』〈岩波書店〉をご覧下さい）、大田南畝とその知友たちも多数手を染めましたが、これは朋誠堂喜三二《ほうせいどうきさんじ》が作ったものです。喜三二は、秋田佐竹藩の江戸留守居役です（かなり高位）。留守居というのは江戸詰の勤務で、幕府や諸藩との調整役、情報収集役です。接待族なので、吉原で幕府のエライさんを接待するなどお手の物。職業柄江戸の流行を心得、遊びに長《た》けているのです。しょっちゅう吉原に入り浸っている喜三二が蔦重と知り合うのはごく自然なことです。喜三二は、黄表紙『金々先生栄華夢』を作った恋川春町（彼も駿河小島藩の江戸留守居役です）とも懇意な仲で、春町に絵を描いてもらって黄表紙を作り始めたのがこの安永六年のこと。彼の黄表紙作品、どれもこれも才気に満ちた上々の滑稽が嬉《うれ》しいものになっています。[8]

蔦重は喜三二という名手と手を組んで、流行の戯作の出版に乗り出していくわけです。

三月出版の『手毎の清水』は安永三年に出版した『一目千本』の版木を利用して仕立てた華道書です。抜け目が無いですね。蔦重を一流のプロデューサーとして持ち上げる言説は多いのですが、その前に目端の利いた一流の商人です。この本にも喜三二の序文がついていて、喜三二が相当蔦重の才気に入れ込んでいることがうかがえます。

八月出版の『明月余情《めいげつよじょう》』は、前にも触れた吉原の行事俄に際して発行されたもので、絵本形式の番付（誰によるどんな出し物があるのかという情報を盛り込んだもの）です。これにも喜三二の序文が付けられています。仕事から離れて蔦重と仕事をするのが楽しかったのでしょうね。『吉原春秋二度の景物』（文化七年成）という随筆に「此頃は年々仁和歌絵草紙板行出たれバ、其草紙にくわしく見ゆ。蔦屋重三郎五十間道住など始之絵草紙屋と成りしはじめ也。駿河屋市右衛門など艸紙の板行世話しける」とあります。叔父駿河屋市右衛門の後ろ盾が明確に示されている史料です。曲亭馬琴『吾仏乃記《あがほとけのき》』家譜改正篇五に「畊書堂の主人に叔父あり。尾張屋其（ママ、「某」か）甲と云。新吉原仲の町なる。七軒第一の茶屋にて。其家頗富り」とあります。「尾張屋」は「駿河屋」の間違い、馬琴の記憶違いですね。「七軒」というのは、「七賢」になぞらえて大門を入ってすぐの七軒の引手茶屋を言います。他とは別格の茶屋で、吉原町の実力者です。

さて、十二月の序文のある『娼妃地理記《しょうひちりき》』は大傑作です。「笙《しょう》」「篳篥《ひちりき》」に「娼妃」（遊女のこと）を掛けています。内容は地誌のパロディの戯作なのですが、吉原を一国に見立て、遊女屋や遊女を郡や名所になぞらえて、遊女評判記を作っているのです。『一目千本』や『急戯花の名寄』に続く路線でありながら、喜三二の戯作センス、吉原の知識（うがち）が詰め込まれて、一級の洒落《しゃれ》本になってしまっています。

喜三二との出会いは、蔦重にとって、以後強烈な展開を見せる戯作出版の最大の契機となり

---

8 『親敵打腹鼓《おやのかたきうてやはらつづみ》』なんかおすすめです。かちかち山の後日談で、狸の子が兎に敵討ちする話。あっけにとられるほどのばかばかしいラストがたまらない。

江甲國 十五郡

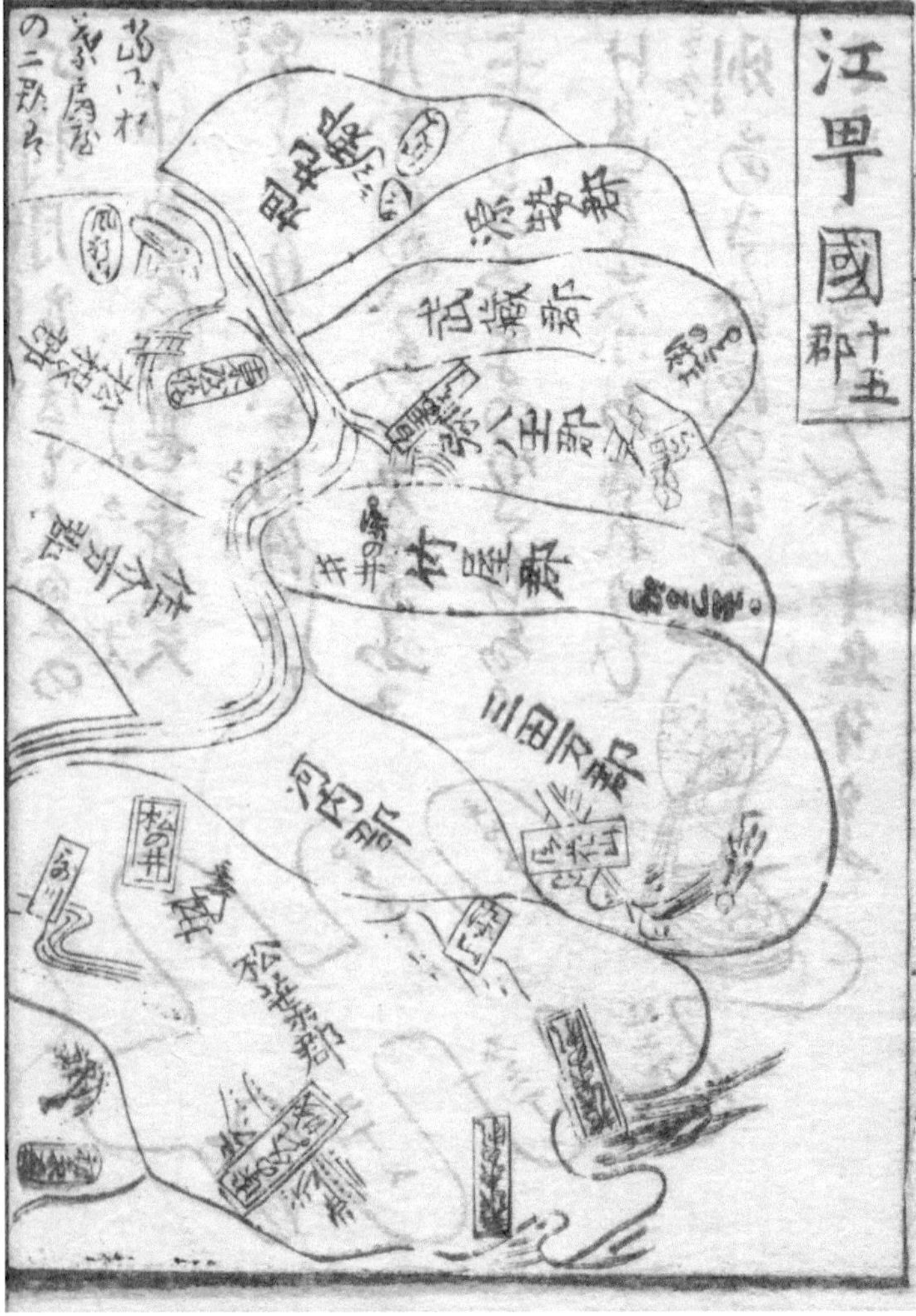

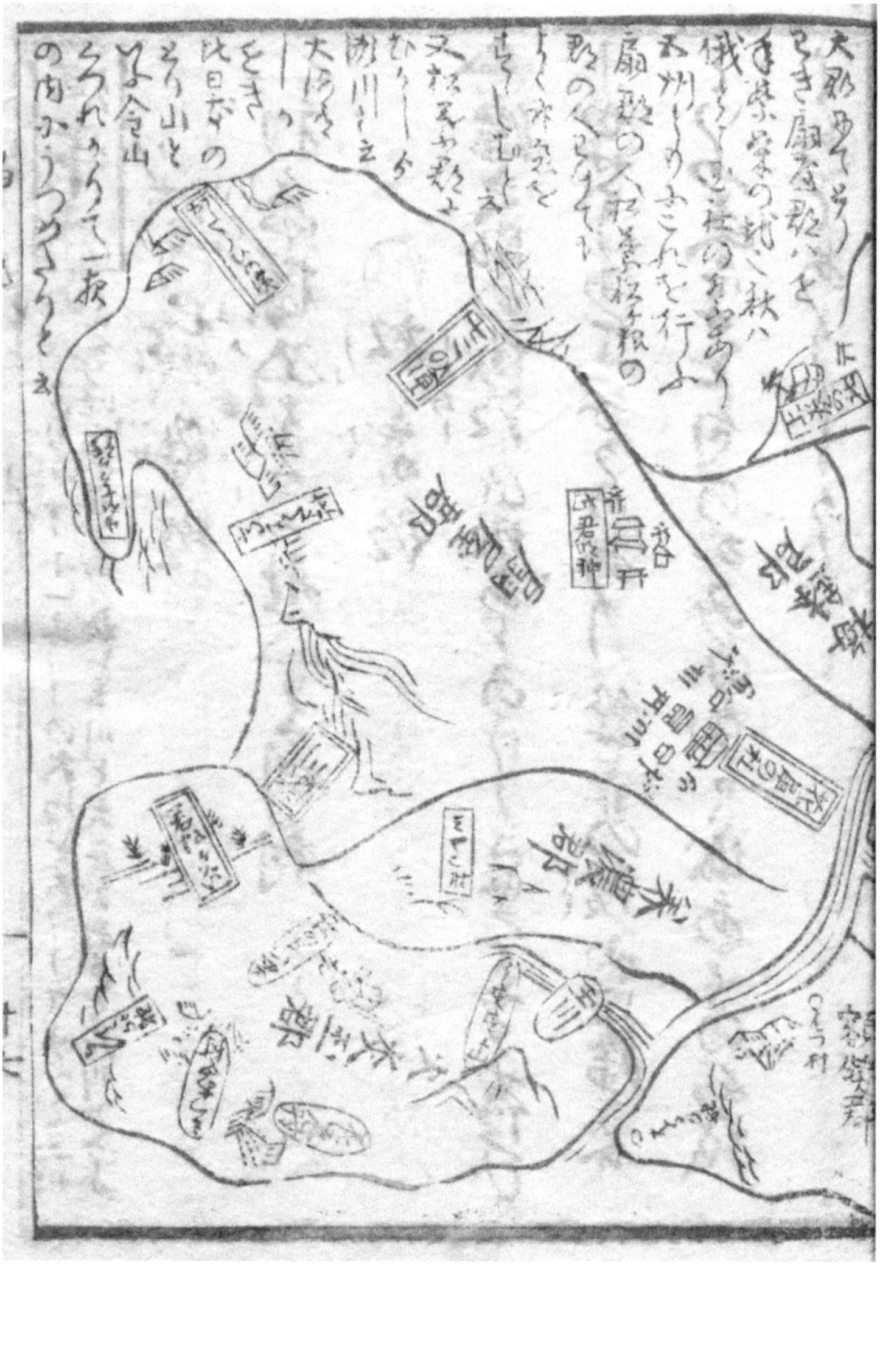

『娼妃地理記』国立国会図書館蔵

ました。

富本正本・稽古本、『碁太平記白石噺』

安永六年の冬、大門口に独立した店を構えます。これまで、大門口から数えて四軒目の茶屋蔦屋次郎兵衛（おそらく親戚）の店先を借りての商売だったのですが、八軒目に独立した店を構えるようになります。親類を含めて地元の支援もあったのでしょうが、商売の順調さがうかがえます。

翌安永七年（一七七八）、この年より、富本正本の出版を手掛けはじめます。富本節は、この前年に太夫となった美声の富本豊前太夫《とみもとぶぜんだゆう》が人気で、当時大流行の江戸浄瑠璃となりました。この太夫と提携関係を取り結び、これの正本（上演時に発行されるもの）発行の権利を蔦重は得たわけです。吉原五十間道の蔦重店は、富本節の人気上昇とともに、江戸市中から注目される本屋になっていきます。大字で印刷された稽古本も蔦重が発行していくのですが、これも人気の浄瑠璃ですから、あちこちに富本節の稽古所が出来、修得しようという素人も多く、大量の部数が捌《さば》けたものと思われます。

さて、安永九年（一七八〇）正月初演の『碁太平記白石噺《ごたいへいきしろいしばなし》』という人形浄瑠璃があります。紀上太郎《きのじょうたろう》・烏亭焉馬《うていえんば》・容楊黛《ようようたい》の合作で、由井正雪一件の世界に仙台女敵《めがたき》討ちの話を織り交ぜたものです。この七段目「新吉原の段」は烏亭焉馬の作で、これが評判を呼びます。姉妹が親の敵討ちをするという話なのですが、敵を見付けるために姉は吉原で宮城野という名前の遊女をやっています。この段には実在の遊女屋主人や吉原芸者なども登場し、当時の吉原を知っている人は大喜びの内容となっています。これを執筆するために焉馬は吉原に居続けをしたというような噂が流れるくらい、吉原のうがちに富んでいたのです。

古への。葭蘆《よしあしはへ》生し所をば今は吉字《きちぢ》に書キ替《かへ》て新吉原の繁昌《はんじやう》は。外に類《たぐ》ひもなまめきし。或は貸本小間物や。早いぞめきは浅黄裏《あさぎうら》。陣笠股《じんがさもも》引キ国侍イのさ〱。歩行昼狐《あるくひるきつね》。一度もこんと言もせず。跡ふり帰りそゝり行。

と七段目は始まります。普通の遊びでは知り得ない吉原の昼の世界、遊女たちのオフの様子が描かれます。小間物屋などの商人が遊女相手の商売に訪れる時間帯なのですが、そこに「本重」と呼ばれる貸本屋が登場します。彼は「又此間お頼申ました女郎様ン方の名前。書キ付ケて下さりませ細見を急ぎます」などという科白《せりふ》を言います。吉原細見の改めをやっている本屋の重三郎、蔦重を貸本屋として登場させているのです。親の敵討ちを志している遊女宮城野に『曽我物語』を貸すというそこそこ重要な脇役です。すでに吉原通ならご存じ、吉原の名物本屋となっていたのでここに登場しているわけです。しかし、この間の蔦重と吉原の振る舞いに照らしてみると、この七段目の成立に彼らが関与していた可能性は疑えてきます。蔦重が貸本屋役で現れる宮城野所属の遊女屋の主人「大福屋惣六」は、実在の遊女屋主人大黒屋庄六のもじりです。吉原芸者を統括する見番《けんばん》を設立した人間で、彼はその収益で吉原整備を行っていく吉原の顔役です。俳名秀民、十八大通の一人で当時の吉原の名物男の一人でもありました。吉原改革の急先鋒《きゅうせんぽう》で、吉原の広告戦略にも一枚も二枚も嚙《か》んでいるはず。この浄瑠璃でも大きな役どころなのですが、この七段目そのものが大黒屋庄六や蔦重など吉原側の働きかけがあったものではないかと私は考えています。劇界を巻き込んでの広告戦略です。

ちなみに、吉原をエリアとした貸本業も蔦重の営業の主要な部分でした。おそらく吉原での営業権を確保したのでしょう（江戸全域の貸本屋を束ねる世話役が三人ほどいて、彼らの差配の下、営業圏がかち合わないように各貸本屋は営業できる町を割り当てられていました）。人口稠密《ちゅうみつ》で、遊女なども熱心な読書家ですから、良い商売になったものと思われます。一軒一軒、遊女屋や茶屋、商店をめぐって、貸本を行っていくのですが、毎日遊女屋を巡廻《じゅんかい》している地元の貸本屋蔦重にとって吉原細見の改めはうってつけの仕事です。

なお、作者烏亭焉馬は平賀源内とも親しく、当時町人戯作者の代表格でもありました。洒落本や黄表紙の作もありますが、江戸落語中興の祖として有名です。

黄表紙の出版

前に述べたように、文学史では、安永四年（一七七五）刊恋川春町の『金々先生栄花夢』を黄表紙の第一作とします。子ども向けの粗末な絵本である青本のパロディとして、大人の遊びの世界を描き大人向けの笑いを盛り込んだものです。これ以後、新たな戯作として多くの人間がこれに戯れ大流行していきます。最先端のおしゃれな遊びとなったのです。制作するのも通というおしゃれに適《かな》う行為であり、それを読む人間にも通に連なる悦《よろこ》びとおしゃれな自分を確認できるわけです。そんな黄表紙の出版を蔦重は安永九年から開始します。

この年のものは全部で十点確認できます。その中の一つ『伊達模様見《み》立蓬莱《たてほうらい》』は巻末に広告があります。芝居の舞台を描き、富士山形に「喜」の字のこの時期の商標を背に付けた蔦重自身が幕引き姿で登場しています。幕を開けた舞台右に外題看板、上部に「左《ひだり》に記《しる》す短尺《たんじゃく》の外題《げだい》は則《すなはち》是子年新版《これねのとししんはん》／耕書堂《かうしよとう》ときこえしは花のお江戸の新《しん》よし原大門口《はらおゝもんぐち》と日本堤《にほんつゝみ》の中にまとふや蔦《つた》かづらつたや重三《じうざ》が商売《しょうはい》の栄《さかへ》」として、その下に「当世御絵《とうせいおんゑ》双紙《さうし》」と外題っぽく大書しています。そしてこの「外題」の左脇には「御求御らん可被下候」とあります。

自分自身を画中の舞台に登場させ（役者ではなく幕引きという裏方であるところがニクいです）、黄表紙出版開始を宣伝し、店の繁盛を予祝しているのです。黄表紙の巻末にはその年の新版の広告を載せることがよくあって、これもそのお約束を踏まえています（大道具の桜に下げられている短冊にこの年の蔦重版新版のタイトルが書かれています）。その上で、蔦重版黄表紙時代の幕開けを歌舞伎の舞台の幕が開く様子で表現したわけです。舞台上の演者（作者・画工）を描かず、蔦重自身だけを裏方として堂々と描いているところが彼らしくて面白い。発行部数も多くはないこの黄表紙を使った宣伝効果の程を疑う人もいるかもしれませんが、江戸という都市における最強のメディアは噂であることを考えれば、納得いただけるかと思います。この目録には載っていないのですが、同時に朋誠堂喜三二作『鐘入七人化粧《かねいりしちにんげしょう》』、同『廓花扇之観世水《くるわのはなおうぎのかんぜみず》』の二点の袋入本も出版しています。「袋入本」というのは、黄表紙の豪華本のようなもので、

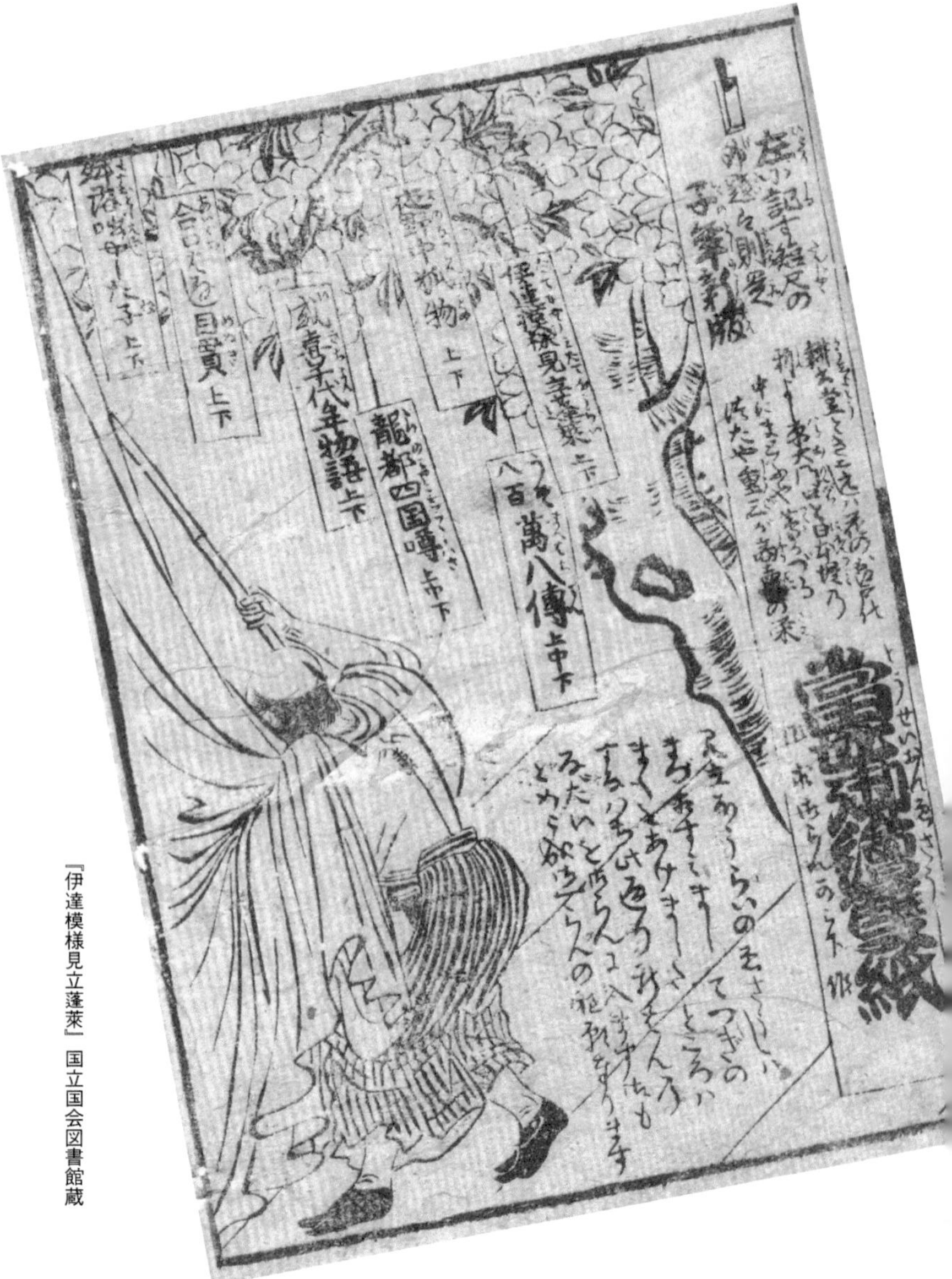

『伊達模様見立蓬莱』　国立国会図書館蔵

本文の料紙を上質のものにして、錦絵風の色摺りの賑《にぎ》やかな上袋を掛けて売り出した草双紙です。価格は黄表紙の倍、体裁が違うので別物というのが当時の認識です。ですから『見立蓬莱』の黄表紙リストには載せないのです（文学史は本の体裁ではなく内容で分類しますから一緒くたに黄表紙にしてしまっています）。この二点の喜三二作品は翌安永十年（一七八一、天明元年）に黄表紙の体裁で再版されますが、蔦重の黄表紙出版の開始には、朋誠堂喜三二という戯作の名手を作者として得たことが大きく関わっているのです。そしてこの黄表紙出版開始は、蔦重の名を世間に知らしめるこの本屋らしい効果的なパフォーマンスになっています。

翌年、当春刊の黄表紙を素材にした擬評判記『菊寿草《きくじゅそう》』が刊行されます。これは大田南畝が作った役者評判記のパロディで、安永十年刊の黄表紙をランキングした遊びです。この年の黄表紙を南畝は全部見たのですね（さすが）。そのトップに位付けされたのが喜三二の『見《みるが》徳一炊夢《とくいっすいのゆめ》』です（これ傑作。盟友春町作『金々先生栄花夢』の夢オチの趣向を受け継いで、夢を売る珍商売の話。文句なく笑えます。日本古典文学大系『黄表紙・洒落本集』に注釈付きで収められているので簡単に読めます）。これが蔦重版なのです。その細評に「通町組　なんた外に板元もない様につた屋を巻頭とは　ひいき　くそをくらへ大門へはいつた事はないか細見は目に見えぬか」とあります。吉原の本屋が吉原の本屋であることに甘んじず、既成の地本問屋の商圏に食い込んできたこと、地本問屋の流通網に「外部」からの商品が侵入してきたこと、そしてそれがいかに異例に属することであったかをよくうかがわせてくれます。江戸人もびっくりの大快挙です。

大田南畝の文化十三年（一八一六）の日記『丙子掌記《へいじしょうき》』九月七日の条に「評判記の名を菊寿草と云。此時、立役・女形の巻頭ともに蔦屋の板にて、喜三二のさくなりし故、蔦屋重三郎大によろこびて、はじめてわが方に逢ひに来れり」とあります。これをきっかけにして、蔦重と南畝の親しい交際が始まります。田沼意次の側近土山宗次郎のお供で吉原に行った折など、狂歌仲間の朱楽菅江などとともに南畝はしばしば蔦重の店に寄って遊ぶようになります。

狂歌・戯作ブームの最高潮

通油町進出

天明三年は蔦重にとって画期的な年となります。全ての株を手に入れて吉原細見が名実ともに蔦重の独占出版物になります。それを言祝《ことほ》いで、南畝が序文を書き、菅江が祝言の狂歌を添えた吉原細見が発行されます。狂歌・戯作界の中心人物大田南畝との密な交遊が天明元年から始まったわけですが、それに端を発する戯作で蔦重の出版物が充《み》たされていきます。

この年正月の出版物は、天明二年以前のそれに比べて、戯作類を中心に格段に充実しているのです。天明二年蔦重版の戯作は黄表紙六点のみであったのに対して天明三年刊蔦重版には、まず黄表紙が『廓𥶡費字盡《さとのばかむらむだじづくし》』『猿蟹遠昔噺《さるかにとおいむかしばなし》』の恋川春町作二点、『三太郎天上廻《さんたろうてんじょうめぐり》』『誤賦《あやまったか》大和功《ひのもとのいさおし》』『長生見度記《ながいきみたいき》』の喜三二作三点に加え、『源平総勘定《げんぺいそうかんじょう》』『寿塩商婚礼《ことぶきしおやのこんれい》』の四方赤良（大田南畝）作袋入本二点、『嘘多雁取帳《うそしつかりがんとりちょう》』『模聞雅話《ももんがわ》』の志水燕十《しみずえんじゅう》作二点、都合九点を数えることができます。

そして、大田南畝撰文蔦屋重三郎母墓碑銘に「天明三年癸卯九月、居を城東通油町に移して一書肆を開く」（原漢文）とあるように、九月、日本橋 通油《とおりあぶら》町《ちょう》に店を出します。このあたりは鶴屋喜右衛門など、地本問屋が多く営業していた所です。『近世物之本江戸作者部類』洒落本作者部に「天明中通油町なる丸屋といふ地本問屋の店庫奥庫を購得て開店せしよりその身一期繁盛したり」とあって、青本や紅摺絵などの出版で一時期を画した丸屋小兵衛という地本問屋の店を、おそらく沽券《こけん》（営業権）とともに蔵ごと購入したもののようです。ここに江戸の地本問屋としての営業の本拠を得て大いに活躍していくのです（ちなみに、吉原五十間道の店は蔦屋徳三郎名義の支店として営業を続けます）。

蔦重の店とても、営業の柱が小売にあることは他の本屋と変わりありません。吉原から進出してきたという話題性、当時流行最先端の狂歌や戯作の本を出版していることが、店のブランドイメージを高め、オシャレな店として、多くの江戸人がここを訪れるようになるわけです。今もっとも注目株の戯作者・狂歌師による流行最先端の草紙類のラインナップをこの正月新版として投じた後、満を持しての通油町出店そのものが十分演出された見事なパフォーマンスなのです。

大田南畝と狂歌師蔦唐丸

四方赤良こと大田南畝と蔦重との親交が天明元年に始まったことは、先に触れました。赤良はこれも以前に述べましたが、狂歌の世界の中心人物です。天明二年後半は江戸の狂歌熱が急速に高まって、赤良を一つの核として、狂歌の世界が大きくまとまり始める時期です。四方赤良を中心とした狂歌師たちの噂は江戸市中に広がり、あちこちに狂歌の連（同好のグループ）が結成されます。武士とか町人とか、身分・階層の隔たりを超えて流行の文芸に多くの江戸人が興じ始めるという前代未聞の展開となります。戯作に入れ込んでいた武士たちも狂歌を始めるようになります。大田南畝を核として狂歌の世界と戯作の世界とが大きく重なっていくのです。

翌天明三年、蔦屋重三郎も蔦唐丸《つたのからまる》という狂名で狂歌の仲間に入ります。妙な話に聞こえるかも知れませんが、この天明期の江戸狂歌の本質は、狂歌そのものには備わらないようです。狂歌を糊《のり》として仲間が集うところ、宴《うたげ》をみんなで楽しむところにむしろ本質があるのです。だから、必ずしも狂歌が得意とは言えない役者（たとえば五代目市川団十郎〈狂名花道のつらね〉）や遊女屋の主人夫婦（扇屋主人の狂名は棟上高見《むねあげのたかみ》、その奥さんは節松嫁々《ふしまつのかか》）とか、果ては大名家の人々（たとえば姫路侯の御曹司で江戸琳派《りんぱ》の大立て者酒井抱一《ほういつ》〈狂名尻焼猿人《しりやけのさるんど》〉）とか、さまざまな分野の人々が、虚構の人格を形成する仕掛けである狂名を名乗ってこの世界に遊びます。楽しく呑めれば狂歌は下手くそでもいいのです。狂歌師というと狂歌を職業にしているような感じを得てしまうかもしれませんが、戯作同様に本来は武士たちの遊びでしたから、それで収入を得るという発想はもちろんありません。生活者である自分を一時切り捨てて（当然、身分の垣根からも自由になります）、別次元の世界に遊ぶ仕掛けとして本名とは異なる珍妙な狂名を名乗り、別の自分を狂歌師として虚構したのです。なので、普通は日常の自分とは大きく離れるようにふざけた狂名を付けるのですが、団十郎や蔦重なんかはむしろ本来の姿べったりの狂名で、この世界に臨む姿勢がよくわかります。

蔦唐丸は狂歌会の常連となりますが、彼の歌も上手とは言えません。彼の得意とするところは狂歌に遊ぶ人たちの場の用意をすることです。一趣向凝らした狂歌の会を彼らにさせて楽しませるのです。吉原での狂歌会のセッティングなどもちろんお手の物、会に欠かせない人間としてごく自然に溶け込んでいけたのは、如才ない彼らしい才気のなせるところでしょう。

かくして、南畝やその側にいる今をときめく狂歌師・戯作者などの作品がごく自然に蔦重の出版物として世に出ていくことになります。一線を行くオシャレな出版物を発行する本屋というイメージが定着していきます。本や摺物を出すなら彼の所から、ぜひとも自作には蔦重の屋標（富士山形に蔦の葉）を入れたものでという風潮にもなってきます。蔦重はそういった趣味の摺物や戯作の印刷・出版を請け負う店（摺物所《すりものどころ》）として、狂歌連の摺物や狂歌本の発行を盛んに行っていきます。

天明期の歌麿のみずみずしい浮世絵はすべて蔦重の発行物です。狂歌入りのものも多く、それは浮世絵様式の摺物（特注の趣味的印刷物）と見なすべきです。歌麿の出自はまだ解明されていないのですが、吉原出身という説はかなり有力なように思えます。同じ喜多川姓の蔦重とはおそらく親戚関係かと思われます。（おそらく遊び散らかして）家を出た（出された？）歌麿は、天明期に蔦重の許でやっかいになっていました。歌麿は蔦重の十歳くらい年下と思われます。

その彼に与えた仕事です。どんどん腕前を上げていく若き絵師による発行物は蔦重版のブランド価値をますます高めていくことになります。

天明中期の狂歌・戯作界と蔦重

天明三年以後、狂歌師・戯作者入り乱れての遊びが最高潮を迎えます。みんな、さまざまな分野の遊びに才能を浪費していくわけです。天明三年三月におこなわれた南畝の母親の還暦祝いには数多くの狂歌師・戯作者がやってきました。抜け目の無い蔦重は、彼らにお祝いの狂文や狂歌を書かせて、本に仕立てます（天明四年刊『狂歌狂文老莱子《ろうらいし》』）。宝合会《たからあわせのかい》は万象亭《まんぞうてい》（洋学者森島中《もりしまちゅう》良《りょう》）主催のふざけた催し。銘々宝物を持参してその由来の口上を述べるのです。たとえば、ただの陶器の破片を持ってきて、これが弓削道鏡《ゆげのどうきょう》の使った尿瓶《しびん》であるとか言い立てるわけです。これには蔦重も参加しています。また、恋川春町は江戸市中の狂歌連を束ねて大規模な会を開催するなど、天明三年ころから積極的に狂歌の世界に遊びます。狂名は酒上不埒《さけのうえのふらち》。南畝など趣味の合う人々との交遊が楽しかったのだと思います。遊びすぎて疲れちゃったのか、天明六年くらいには大会を催すこともしなくなりますが。春町作黄表紙『万載集著微来歴《まんざいしゅうちょびらいれき》』（天明四年、蔦重版）は、狂歌が楽しくて仕方のなかった春町が作った黄表紙です。交遊のあった狂歌師たちが実名で登場します。

かたや南畝も黄表紙なんか作ってみたりします。おそらく蔦重にねだられてその気にさせられてのことなのでしょうが、器用な人です。天明三年『源平総勘定』『寿塩商婚礼』、天明六年

『手練偽《てれんいつわり》なし』などが彼の作品です。

さてそこでこの世界における蔦重の仕事ですが、趣向を凝らした遊びを用意して、そこで彼らが詠んだ狂歌などを出版物に仕立てていきます。蔦重版となって世に出ていくまでが彼らの遊びとなります。もっとも、こんな遊びにうつつを抜かさず、まじめに（?）狂歌に打ち込んだ人も大勢いました。唐衣橘洲なんか真面目なほうです。酒好きで社交的で明るい四方赤良が狂歌界の中心になって、遊びの雰囲気ぱんぱんの天明期の狂歌のカラーが決定づけられた感が強いです。天明四年六月には隅田川で三船の遊びを用意したり、天明五年八月、赤良・菅江・橘洲と狂歌師評判記の会を催して、役者評判記のパロディ『狂歌評判俳優風《わざおぎぶり》』として出版したり、また同年十月には、百物語戯歌の会を主催して、翌天明六年に『狂歌百鬼夜狂』としてその時の狂歌をまとめて出版したりしています。出版物で狂歌師や戯作者を遊ばせているのです。歳旦狂歌集とは正月を言祝いで制作する狂歌集です。天明四年の歳旦狂歌集は、歌麿などに絵を描かせて黄表紙の体裁のものを各連が競って制作しています。天明五年の歳旦集は「夷歌《えびすうた》連中双六《れんちゅうすごろく》」、道中双六のパロディで、これも歌麿が絵を描いています。また、黄表紙はこの当時二冊物・三冊物が普通なのですが、この年の蔦重版は袋入一冊物（五丁）を一挙十六点出版するということをやってのけます。他から際だった特色を打ち出して話題性をねらったものです。五丁完結の遊び場をたくさん設けて、多くの狂歌師・戯作者をそこに遊ばせてみたという側面もあって、とにかくこの年の蔦重版はにぎやかなものとなりました。狂歌師の鹿都部真顔《しかつべのまがお》も恋川好町《すきまち》の筆名で黄表紙を作るなど狂歌・戯作壇あげての競作の場を設定したわけです。

さて、この世界に山東京伝という新星が登場し活躍していきます。彼は北尾重政に絵を習い、北尾《きたお》政演《まさのぶ》の画名で黄表紙や絵本の画工を務めていました。蔦重版でも富本正本の表紙絵などを手掛けています。それが、天明二年鶴屋喜右衛門刊の黄表紙『御存《ごぞんじの》　商売物《しょうばいもの》』が南畝の黄表紙評判記『岡目八目』巻頭極上々吉に位付けされて、これを縁に南畝や他の狂歌師・戯作者たち、また蔦重と親しく交際するようになります。ここからめきめきと戯作の才能を発揮しだすのです。この『御存商売物』は大傑作です。当時の数々の本や一枚摺が、その本の性格のまま擬人化されています。これを詳しく読み解いて、当時の本の文化について解説したのが平凡社新書の『江戸の本づくし　黄表紙で読む江戸の出版事情』。これも傑作（書いた本人が言うのだから確か）。天明期の黄表紙の代表作として『江戸《えど》生艶気樺焼《うまれうわきのかばやき》』（天明五年、蔦重版）、『江戸春《えどのはる》一夜《いちや》千両《せんりょう》』（天明六年、同）等多数あります。洒落本は『息子《むすこ》部屋《べや》』（天明五年、同）、『客衆肝照子《きやくしゆきもかがみ》』（天明六年、同）等これまた多数あって、蔦重版にとって欠かせぬ戯作者になっていきます。

また、その京伝と仲の良かった戯作者に唐来三和《とうらいさんな》がいて、彼の天明三年の初筆、洒落本『三《さん》教色《ぎょうしき》』（勘当された天照大神《あまてらすおおみかみ》が孔子のところに居候していて、そこに釈迦《しやか》が誘いに来て、三人（？）で吉原に遊びに行く話。江戸の『聖《セイント》☆おにいさん』）もいいけど、インテリジェンスあふれる黄表紙作品がいいですね。京伝との競作もあり、天明期の仲間内感が濃厚で嬉しい。『江戸生艶気樺焼』の主人公艶次《えんじ》郎《ろう》が作者山東京伝に恥をかかされた仕返しをするという筋の中で京伝の一代記をでっちあげたのが、その唐来三和の『通町御江戸《とおりちょうおえ》鼻筋《どのはなすじ》』。これの画工が北尾政演（京伝）というふざけた遊びです（シリーズ江戸戯作『唐来三和』に入っています）。

また、蔦重は絵師としての北尾政演の腕も高く買っていて絵本の数々を彼に作らせています。『吉原傾城新美人《しんびじん》合《あわせ》自筆鏡《じひつかがみ》』（天明四年、蔦重刊）とか『天明新鐫五十人一首吾妻曲《あずまぶり》狂歌《きょうか》文庫《ぶんこ》』とか、こちらの方でも、彼は蔦重版に欠かせぬ存在となっていくわけです。国会図書館本の『吉原傾城新美人合自筆鏡』は摺もよくて保存もよくて見事ですよ。京伝の知的な構成力、細部までとことん描き尽くさずにはいられないといった感じのうがちに富んだ画面作りは彼の戯作に通じるものがありますね。『吾妻曲狂歌文庫』は、当時の狂歌師の画像入り狂歌集です。これも各狂歌師を扮装《ふんそう》させた戯作的な画面構成で楽しいものです。

天明三年からの四、五年は、狂歌・戯作の世界がもっとも生き生きしていた季節のように見えます。実際そうでもあったのですが、それはほとんど残された蔦重の出版物を通じての理解であることに留意する必要があります。ここでいったんおわかりいただきたいことの一つは、文芸の歴史は作者と作品のみで描くことはできないということ、作者・作品を中心に構想された「文学史」は、歴史を動かす原動力の所在を捉えきっていない以上不十分だということです。二つ目は、当時の遺品や証言を通じて時代を理解するしかない以上、現代のわれわれも蔦重の演出を通してこの時代の文化を捉えることから逃れられないということです。

『傾城《けいせい》買《かい》四十八手《しじゅうはって》』

京伝の洒落本『傾城買四十八手』をちょっとだけ読んで、京伝の手並みを見てみましょうか。タイトルの「傾城」は、もともと中国の言葉です（『漢書』）。「傾国」とも表現されるのですが、

『傾城買四十八手』個人蔵

いずれも王様が夢中になって城（国）を傾けてしまうような絶世の美女を言います。日本では転じて遊女。家を傾ける存在ですね。「四十八手」はご存じ相撲の決まり手。この洒落本は遊女と客のさまざまな「取組」を見せようという趣向です。最初の話「しつぽりとした手」をゆっくり読んでみます。

○しつぽりとした手 客はむすこ、逢方〈あひかた〉はつき出し間のなき中三。尤〈もつとも〉初会。

タイトルの下に「客はむすこ、逢方《あひかた》はつき出し間のなき中三。尤《もつとも》初会」と書かれています。「四十八手」ですから、相撲の取組めかしているのです。「むすこ」は洒落本の伝統的なキャラクターで、まだ親がかりであんまり遊び慣れていないうぶな若者です。相方という言葉は漫才でもお馴染みですね。少女の頃から廓内《かくない》で教育されて一人前の遊女になっていくという通例に対して、身売りして間もなく折り紙付きでデビューするのが「突き出し」です。ことさらに教育を施すまでもない良家のお嬢さんだったりするケースも多く（事業破綻で一家離散とか）、注目度の高い存在でした。「中三」は「昼三」[9]。当時遊女の最高位です。吉原の上級の遊女屋は遊女を昼と夜で仕切ります。昼の揚げ代が金三歩（一両の四分の三、今の感覚では十万円ちょっとでしょうか）。ところが昼だけとか夜だけとか片っ方だけ揚げる（片仕舞）というわけにいかないやっかいな世界です。夜しか遊ばなくても、昼夜合わせた揚げ代が要求されます。なので、このクラスと遊ぶとなると、揚げ代だけで三十万円くらいは必要になります。それに料理や使用人への御祝儀や茶屋の手数料やら、一晩で片手は軽く飛んでいく世界です。

9　昼三という呼称は、昼三が最高位じゃなかった時の名残です（昔は太夫が最高位だったのですが、太夫を置く時代ではなくなるのです）。近世中期には昼三が最高位になり、美貌・技芸・教養の三拍子揃った遊女が務めることになります。このクラスになると彼女と馴染みの関係を維持できる客はごくごく一握りです。自分の身に付けているものはもちろん、座敷の調度から妹女郎・禿の衣類やアクセサリーまで、みなこの遊女の出費になります。遊女は給料制ではありません。百両とか五十両で身売りし、それを十年の年季、「労働」で返済していくのです。揚げ代は一切彼女の手に入りません。つまるところ、馴染み客が全部遊女商売の経費も背負《しょ》い込まなくてはならないので、蔵前の札差か魚河岸の旦那くらいのよっぽど裕福な町人だけしか通い続けられません。なので、このクラスの遊女はせいぜい一人か二人の馴染み客にすがっていくことになります。

さて、「初会」という設定がこの話のキモです。格式を売り物にする吉原は遊びのルールがやかましい世界です（低級な店はその限りではありませんが）。段取りを踏まないとだめ。まず最初に遊女と会うのを初会と言います。いわばお見合い。遊女はろくに口もきいてくれませんし、客も指一本触れられないまま朝まで過ごすというのがルール。初会だけで終わりにするのも遊びのルール違反。気に入らなくても再度会いに行ってやるというのが礼儀なのです。これを裏を返すといいます（今も、誰かに連れて行ってもらったバーなんかにもう一度は行ってあげるという文化は残っていますね）。この裏の時もまだ見合い後の初デートみたいなものなので、深い関係にはなれません（やり手がしっかり見張って管理しています）。ここから先に行くかどうかは大きな決断です。三回目からは「馴染み」という関係になって、ほかの遊女と遊ぶことができなくなります（すでに馴染みの遊女のいる客がほかの遊女とさらに馴染みの関係になった時は客に対して過酷な制裁が加えられます[10]）。

この三回目はいわば結婚式、盛大なお祝いが行われます。

女郎　此春からの突出しにて、年は十六なれど、大がらにみへ、いたつてうつくしく、下村のおきな香をうつすらと付、人がらよく、あいきやう皃〈かほ〉にこぼれ、髪はしのぶにゆひ、百介がくこの匂ひ、心をあぢにさせ、ひぢりめんのどうにて、紫じゆすに、金糸と銀糸であら礒をぬひつめたへりをとりし、額〈がく〉むくを着、ゐち川が注文ばたにて、おほち桐をおつた、壁チヨロのひらぐけをしめたるねまき姿。みす紙をつまにもちそへ、らうかにて

彼女の容姿や衣装、髪油等々の情報が行を割って小さい字で記されます。これが洒落本の「小書き」「衣装付け」で、『遊子方言《ゆうしほうげん》』がこの様式を整えました。「分《ぶん》」の時代です。服装等にしても自分の分をはみ出さないように生きようとするわけですから、外見にその人の分が表れます。人は見た目がすべて、見た目を細かく記述すれば、その人となりを提示できるという発想です。「下村の翁香《おきなこう》」「百介《ひゃくすけ》のくこ（髪油）」「越川（呉服屋）」すべて、当時トレンドのブランドものです。「人がら」という言葉が出てきます。今では人柄というと性格のことを主に言い

10 その事実が発覚した時点、あるいは元カノの遊女が腹を決めた時点で、新しい彼女のところにもともとの馴染みの遊女が、きっちりけじめをつける意の手紙を書いて合意を取り付けます。新カノは自分のところにいつやってくる約束かを元カノに知らせるのがルールです。その日、元カノの遊女に付いている禿二名に命じて大門口（吉原の出入り口はここ一箇所）に張り込ませます。急所の羽織の紐《ひも》（無理やり引き離そうとすると羽織が切れる）に取り付いて「御用」です。遊女屋に連れてこられてからは、しばらく吉原に足を向けられないようなさまざまな辱めを受けます。言葉で責められながら、片小鬢《こびん》を剃り落とされちゃう。顔にいたずら書きされる。女物の着物を着せられる。その上で縛られて店先でさらしもの、あるいは桶《おけ》伏せといって、大きな天水桶をひっくり返した中に閉じ込められて放置される。これらは吉原という町の中での決まり事（私法）の範囲で行われる刑罰なので、「法」を犯した客は逆らえない。元カノの腹が収まった頃合いを見て茶屋が間に入り、それ相応の詫《わ》びの挨拶（当然手切れ金や各方面への心付けも）をもって釈放という段取りです。ここまでこじれるのはレアケースで、その前に、お金の力でうまく収めるのが普通です。前に言ったように、位が高くなればなるほど、馴染み客の存在は遊女にとって大きい意味を持つので、このような過激な制裁も大いに許容されるわけです。どっちの遊女にとっても大打撃なのですが、吉原の遊女の売りは「意気」と「張り」、毅然《きぜん》とした態度が要求されるのです（気に入らない客は振られて当然）。

ますが、当時は（というより本来は）外見について言う言葉です。もちろん性格がにじみ出るわけですが。衣装については実に細かく表現されていますが、私も含めて現代人にはなかなかピンとこない。「注文機」は反物を織るところからの特注品で、これも含めて全てが高価で豪華なんだろうなあ、とは想像するのですが、うーん、ピンと来ない。

ことぢやア。［かぶろ］両てんの花かんざしにて、あたまおもそうにふりむきなんざんすへ。［女郎］さつきいひ付た事を、わすれてくれめへヨ。［かぶろ］モウそふ申イしたヨ。トいふは、床のとりやうを、いつもとかつてをちがへて、とらせてくれろと云事。これは、となりがまはし座敷ゆへ、むつごとのきこへぬやうにとの心づかひ、こんやのきやく大のもてとみへるなり。

洒落本は会話でストーリーを進めていきます。「ことぢやア」は禿《かぶろ》（遊女の身の回りの世話をする少女。昼三は二人抱えています）ことじを呼ぶ言葉。「廊下にて」とあるので、寝間着に着替えてこれから客のいる部屋に向かうところ（昼三クラスの遊女は座敷と部屋と二間所有しています。座敷は御馳走《ごちそう》を食べたり芸者の芸を堪能《たんのう》したりしながら遊ぶところ、部屋は寝室です）。それに応ずる禿の描写「両天の花簪《はなかんざし》にて頭重そうに」というのが京伝の描写の細かいところ。さっき言いつけたことを忘れなさんなという遊女に対して、もうそのように言ってあるとの返事。その内容が小書きで具体的に記されています。それは寝床の取り方についての注文。隣が回し座敷（特定の遊女の専用居室ではなく、必要に応じて使える部屋。多くは、客がかち合ったりして遊女を他に譲った客が朝まで一人過ごすのに使われる。それでも料金はちゃんと取られるし、じゃ帰るというのも遊びのルールに反する。きついなあ）だから、いちゃつく言葉が隣に聞こえてはかわいそうだというので、隣から離れた所にとってくれとのこと。これは大変なことです。「今夜の客、大のもてと見へるなり」とあるように、彼女の一目惚《ぼ》れなのです。先ほど説明したように、初会でそういう関係になることは許されていないのですが、彼女のほうからその禁を破ろうとしているのです。初会馴染みといって、男にしてみると夢のような話です。

客ムスコ　年は十八くらゐ。むつくりとして男もよく、あまり口をきかず、いかにもよき所のむすことみへる風俗。つれも一人あり。床おさまつて、五ツぶとんのうへに、はをりをとつたまゝよこになり、手あぶりの中へ、火ばしのさきで何か書て居る所へ

さて、彼女が一目惚れした客ムスコは十八歳くらい（ムスコが未成年であることにびっくりしないでください。現代のように法律によって成人概念が定められている時代ではありません。前髪を剃ったところで、もう一人前の大人扱いです。だいたい十五、六歳ですね）、「むっくりとして男もよ」い。男の描写に作者は熱心ではありません（気持ちはよくわかります）。いま、男ぶりの良さを表現するのに「むっくり」とは言わないですよね。この時代、ふっくらしているのがイケメンの要件です（今時のイケメンのほとんどは江戸で通用しないかも）。一人寝所で所在なげに居る様子はいかにも遊び慣れていない感じがよく表現されています。

女郎　来り、はづかしそうに、くらきほうへすはり　上着をおとんなんせんかへ。　ムスコ　アイ。トいつたばかり、ぬぐ。　女郎　たゝんで床の

間の上、にをき　ぬしやアいつそ気がつまりんすヨ。 ムスコ なぜへ。 女郎 だまつておいでなんすからサ。 ムスコ わつちや何ンといつてよいものか、しりやせん。 女郎 うそをおつきなんし。ぬしやアいつそ手があらつしやるヨ。 ムスコ 手とやらは二本ほきやござりやせん。 女郎 にくらしいの。　トつめりそふにしたが、ゑんりよして、つめらず。たばこすひ付る。火たちぎへがしてなし。手をたゝく。

ここから二人のぎこちなくはずまない会話が始まります。この続かない会話、この二人の間の気恥ずかしくも張り詰めた空気を感じさせる描写は名人芸ですね。「手」とは手練手管、異性を落とすテクニックを言います。彼女、語るに落ちているし、それがムスコにも伝わります。

返す言葉が「手は二本しかない」、かゆくなるようなよくあるはぐらかし。異性をつねるという行為は、気のある証拠、気持ちのアピールです。この文化は昭和に絶滅したとかしないとか（どんな感じなのかピンと来ない人は「男はつらいよ」とか社長シリーズとかでも観て下さい）。このにっちもさっちもいかない空気を救ってくれるのは煙草、だけど火が無い。この運び上手ですね。

かぶろ　きたる。 女郎 火を入てきてくりや。よくいけてヨ。 かぶろ アイ。　ト火入を持ゆく。かべごしにとなりより、 ほうばい女郎 おたのしみざんすね。 女郎　きこへたれど、わざと、　なんざんすとへ。ちつともきこへんせん。　トぢらし、にっこりとわらふ。ほどなくかぶろ、火入の火をふきおこしながら、持きたる。 女郎 ヲヤてめへ、ゆびをどふした。
かぶろ よひに中の町で、いぬにくつつかれんしたヨ。 女郎 それみや。いはねへ事かよ。

コレヨ、それにこりて、モウ犬や何かと心やすくしめへヨ。トあどけなくしかる。 ムスコ モウやすみや。トくしかうがいをわらって居る。
かぶろ ぬき、みす紙へつゝみ、わたす。 女郎 うつむいて居る。 コレサこれをしまつての、そして着かへて、モウやすみや。
かぶろ アイそんならお休なさりイし。ト立ゆくひやうし、立かけ有し琴へ袖がさわつて、コロリン。シャントなる。

隣から仲間の遊女の声、彼女がこのムスコに気のあることは周囲にバレバレなのです。火を持ってきた禿に「ヲヤてめへ指をどふした」。禿が持ってきたたばこ盆の火入れに向かう視線、禿が息を吹きかけてぱっと明るくなったところで浮かび上がる禿の指先に遊女の視線が移る様子を、この一言がすべて表現しています。犬にかじられたという答えに対して「犬や何かと心やすくしめへヨ」。心やすくする（懇意になる）という大人の言葉を彼女まだ使い慣れていないのですね。髪飾りを片付けたら寝てよいという指示によって部屋を去ろうとする禿の振袖が壁に立てかけてあった琴に触れて、琴の音がこの空気の中に響きます。禿の幼い挙措動作もよく想像できるし、二人の間の空気に響くこの効果音は抜群です。

女郎 しづかにしやヨ。ト枕元へたばこぼん引よせ、たばこすい付る。ぱつと火たつ。そのあかりにて、むすこのかほをつく〴〵と見て、みぬふりし、じぶんが一ツぷくのみ、又すいつけて、むすこにやる。
ムスコ わつちやたばこはきらひサ。

煙草を吸い付けたときの一瞬の明るさの中、彼女はムスコの顔を「つくづく見て見ぬ振り」。うーん、絶妙。少しでもムスコの気を引こうと吸い付け煙草をムスコに渡そうとするのですが、ムスコの反応は煙草が嫌い。先になかなか進んでいかないこの感じがなんとも言えないむずむず感です。

女郎 おあんなんせんかへ。モシへぬしの内は、花菊さんの客人の近所かへ。ムスコ イ丶へちがひやす。女郎 どこざんすへ。ムスコ 神田の八丁堀サ。女郎 うそをおつきなんし。よくはぐらかしなんすヨ。ムスコ 跡でしれやす。女郎 なぜへ。気にかゝりんす。いつておきかせなんしな。おいひなんせんと、くすぐりんすよ。ムスコ いはずともいゝじやアねへかね。マアとをひのさ。女郎 ほんにかへ。ムスコ おめへあててみな。女郎 そんなら、かしら字をいつておきかせなんし。ムスコ かしら字はにのじさ。女郎 まちなんしよ。にのじだね。コウトそんなら日本橋かへ。ムスコ わらひながら、ちがつたね。女郎 又しばらくかんがへて、そんなら、にかは丁とやらかへ。ムスコ いんへ。女郎 じれつてへ、どこだのう。トかんざしで、まへがみをかく。ムスコ やつぱりほんとうは、日本橋の近所西河岸サ。女郎 ソレ見なんし。よくあてんしたらう。モシへ日本橋へもかんのんさんを通つていきんすかへ。ムスコ しれたことサ。

会話に詰まったら住所の当てっこ、これは今も変わらないか。「神田の八丁堀」ははぐらかす時の常套《じようとう》文句、芝居や小説などフィクション世界でよく使われる地名なのです。正解をじらすムスコと当てにかかる遊女、この他愛《たわい》ないやりとりで二人の距離が急速に縮まる様子が描かれます。「に」から始まる地名というヒントで「日本橋」、江戸の繁華を代表する土地だし、大雑把だし、ムスコが笑うのも無理はありません。続いての答えは「にかは町」、そんな町はありません。三河町を聞きかじってそのように覚えてしまったのでしょう。ムスコの優しい正解発表は「日本橋の近所の西河岸」、ムスコの家は大手の問屋のようです。ほんとうは当たっていないのだけど、彼女大喜び。可愛いですね。そして日本橋へは浅草を通っていくのかという質問。ムスコ同様、読者にも彼女が江戸の地理に明るくないことが伝わります。箱入り娘で育ったか、田舎から売られてきたかといった彼女の過去へ思いを向けることになります。

女郎 大かた内には、おかみさんがござんせうね。ムスコ ナアニまだそんなものがあるものだ。女郎 そんなら、どこぞの女郎しゆに、おたのしみがあんなんすだらうね。ムスコ 内がやかましくて出られぬから、こつちのほうなぞへは、きた事はねへのサ。きよねんとりのまちのかへりに、つれがあつて、外へ一度いきやした。わつちが事ばかしいはずとも、おめへのいろをちつと咄してきかせナ。女郎 どふしてそんな事がござんすものか。わつちや去年までみのわの寮にゐんして、此春からでんしたヨ。いろをしたくつても、わつちらがやうなものは、だれもしてくれんせんものを。ムスコ よくうそをつくの。うそつきとつけやせう。女郎 ほんざんすよ。

この後、まだ駆け引きを知らない彼女の直球気味の幼いアプローチが続きます。奥さんいるんでしょ？　馴染みの遊女がいるんでしょ？　それに対して、ムスコは、自分のことばかり聞かないで、お前の恋人のことを聞かせろよ。それなりに噛み合ってきました。去年まで箕輪《みのわ》の寮にいたと彼女は話します。寮は、吉原のほとんどの遊女屋が吉原の外に設置していて、遊女の保養場所、教育場所になっています。彼女はここでみっちり教育を受けていたわけです。言葉の矯正や礼儀作法、それに琴や三味線などの音楽、手跡や和歌など、吉原の遊女として恥ずかしくないデビューをさせるために一流の先生が仕込みます。そして、恋愛したくても私のような者は誰も相手にしてくれない、と彼女。それに対して「よく平気でそんな嘘をつけるね、嘘つきというあだ名を付けることにしよう」とムスコ。このあたりの会話も聞いてむずがゆくなってくるけど、このかゆさがくせになるかも。ここからぎこちないなりに急展開。ゆっくり読んでみて。

ムスコ　そんなら客にほれたのがあるだらう。女郎　人にほれるのはきらひサ。ムスコ　そんならわつちらには、なをだらうね。女郎　ぬしにかへ。トかほをみてわらひ、跡は申ンすめへ。トふとんのすみへつけしくゝりざるを、ひねくつてゐる。ムスコ　じらしなさるね。女郎　モシへわつちやたつた一ツ、ねがひがござんすよ。ムスコ　どふ云ねがひだ。女郎　わつちがほれた客しゆの来なんすやうにさ。ムスコ　おめへ今、ほれたものはねへといつたじやねへか。女郎　たつたひとりござんすよ。ムスコ　うら山しい事だの。どこの人だへ。女郎　だまつてゐる。ムスコ　コウどこの人だへ。女郎　おまへさ。トおもひきつていふ。ムスコ　でへぶあやなしなさるもんだの。トむねどき〳〵。

女郎　ほんでござんすよ。それだけれど、わたしらがやうなものだから、もうこれぎりでお出なんすめへね。ムスコ　もつてへねへ。おめへのやうなうつくしひ女郎しゆだものを。女郎　あいさ。左様サ。たんとおなぶんなんし。ムスコ　ほんにサ。呼んでさへくんなさるなら、くる気さ。女郎　うそや。ムスコ　きたらどふしなさる。女郎　じつかへ。ムスコ　しれた事サ。女郎　マアうそにもうれしうざんす。ムスコ　それがうそだ。女郎　ほんの事サ。ムスコ　どれ、ほんかうそか。トだきついてわりこむ。女郎　ヱ、モつめたいが堪忍《かんに》しなんしへ。ト足で〆つける。うまきさいちうの所へ、たばこ入にきせるをはさみ、片手に持チ、一座きやくト来る。此きやくは四十ぐらゐ。これはこゝへよほどなじみなり。万事ゆきわたつた気なれど、じつは大のはんかなり。今夜はでへぶはださむいばんだ。ゲイ、いつてもよしかへ。

いよいよ二人の気持ちマックス、とそこに、決まったように現れるのが通を気取る野暮なツレ。「はんか」は半可通。自分は通人であると思い込んでいる独りよがりの野暮のこと。

女郎　わるいとき、じやまとはおもひながら、よくお出なんしたね。サアおはいんなんしな。一座　そんなら一ッぷくのめの若草としやせう。トすはる。女郎　トたばこつけて出し、こゝへおあがんなんせばいゝね。一座　コウおいらん、わつ何さ、こゝがよしのくずサ。ムスコ　へゝんなせへな。トぎりをいふ。一座　コウおいらん、わつちが弟《をとゝ》ぶんだから、かはいがつてくんなせへ。女郎　いつそ宵からわつちをじらしてお出なんすよ。ムスコ　何、みんなこつちがあやなされるのさ。女郎　ちよつとみなんし。トきせるで、つまねをして、ぶしかしぬしがお師匠《しやう》さんだから、手があんなんすはづさ。一座　にくらしい。

コウ栄《ゑい》さん。おめへなざアいまつからだア。ずいぶんかいねへ。おいらアモウ老いこんだぜ。だいいち、こんがわるくなつて、一ッぱい呑《のむ》とぐつとねるから、これじやア傾城が死なねへはづだ。女郎　ヲヤあれほど花菊さんをおころしなんせばよふざんすは。一座　ナニサあのけいはこつちの畠で生《は》へねへ女郎さ。モウきやせん。女郎　かはいそふに、そんな事をいひなんすな。いつつけんすよ。一座　きいてもいゝのさ。こういつちやアおかしらしいが、三百六十よかん日、此里へへへりこまつて、尻に四ツ手駕《かご》のたこができ、びろうどのはんゑりが顔へかゝらねへと、ねつかれねへ男。トはなしにのりがきて、きせるの火玉のひざへおちたをしらず、きりたての上田の小袖もえる。女郎　見つけ、ソレ火がおちんした。一座　ホイ。トけしたばかり。女郎のまへのみへあれば、おどろかぬ皃で、トいふものだから、ソレ左りの目がいごくと、こいつアこふだなと、わるごうが入て居《ゐ》るから、わつちらをよぶにやア、傾城もマアむづかしいのサ。トうぬがこんやわるくされるあたりを、こゝへきていふ。女郎　あきれてだまり、みす紙を小よりにして、床の間にいけしかきつばたへぶつつけて、じやうだんし、たいくつのてい。一座　ヲヽついはなしが長くなつた。長居はやぼのいたり。おいらん、お休《やすみ》。ト立。ムスコ　マアあすびなせへな。一座　いんにや、でへぶねぶくなつたヨ。ときに、おらアいゝが、おめへはちつと早くけへらざアわるからうによ。ムスコ　そふさ。ちつとも早イがよふござりやす。女郎　うれしや、やう〳〵ゆくそふだと思ひながら、モシへ、もちつとおはなしなんしな。しかしおとめ申ンすめへ。花菊さんがおしかんなんすだらう。一座　そふいふ所もねへ点さ。ト次の間へ出、ヲヤばんとうさんをはじめ白川だ。コリヤア夜ばへにくる事だはへ。トあんどうのそばへよつて、さいぜんのやけ穴へ、ゆびを入てみて、大きにふさぎ、出行〈いでゆく〉。あとはふたり、ほつとためいき。中の間のとけい、チヤント七ツ半。茶や男　ハイおむかひでござります。

こういう手合いは、決まってダジャレを連発します（まさにおやじ、……すんません、私にも同じ病気が潜伏しています）。「のめの若草」は「野辺の若草」（長唄の一節）、「ここで良い」に「吉野葛」。いいところだったのにうるさい限りです。空気の読めないところが野暮の一番の特徴、なかなか退散してくれません。どうも馴染みの相方花菊に冷たくあしらわれたようです。仕方なしのおだてにおだをあげていきます。「三百六十よかん日、……」と。四つ手駕は吉原通いの高速駕籠《かご》です。「びろうどの半襟」は豪華な吉原の夜具。調子に乗って煙草の火で小袖を焦がしてしまいます。去り際の一座客のことば「番頭さん」は番頭新造、マネージメント専門の若い遊女です。若い遊女は眠気に弱い。「白川」は白河夜船で、船を漕《こ》ぐように寝ていること、去り際も小うるさいですね。やっと帰ったと思ったら時計は七つ半、今でいえば午前五時くらい。茶屋の男が迎えに来てしまいます。まだ親がかりのムスコは店を開ける前に帰宅しないと具合が悪い。地下鉄もタクシーも無い時代、吉原から江戸まではかなり時間がかかるのです。この後に「評」（この最後の「評」は、相撲の取組を意識した趣向なので、取組の解説風に仕立てたもの）がありますが、省略します。

京伝の理想とする世界がよくわかります。吉原は虚構の恋愛を売り物にするところですが、そこでも小さな真実がありうるかもしれないと思わせるような京伝の筆で、リアルに彼の理想とする世界が構築されています。京伝という作者を得て洒落本表現が至り着いた境地です。私はこの小品を近世文芸を代表するものの一つであると高く評価しています。

武家の遊びであった戯作は知性が勝って突き放したようなゲーム感覚の表現をもっぱらとしていましたが、彼らの中で笑いのセンスに磨きをかけた京伝の表現は、彼らの表現の良いところを汲《く》み取りつつも、読み手の心に訴えかける繊細な情の表現に磨きを掛けていきます。インテリを相手にしたものであった戯作が、多くの共感を得られるようなものに仕上がっていき、京伝は一番人気の作者になっていくわけです。京伝作品は商売になるわけです。

狂歌界の倦怠ムードと蔦重

みんなが参加し始めて流行《はや》りすぎると、流行を先導してきた人たちが逆に離れていくというのは、現代にも通用しそうな話。『故混馬鹿集《ここんばかしゅう》』(朱楽菅江撰、天明五年〈一七八五〉正月蔦重刊)の一首を見てみましょう。

このころもはらたはれ歌を世にもてあそびてことにたはれたる
ひやうとこをいひのゝしるにことばはさしたるおかしきふしも
いひ出ざりければいさゝかあざけりて子子孫彦がもとによみて
つかはしける　　　　　　　　　　　よみひとしらず
糞船のはなもちならぬ狂歌師も葛西みやげの名ばかりぞよき

「詠み人知らず」となっていますが、明らかに編者菅江の歌です。詞書《ことばがき》にある「ひやうとこ」

は表徳（本来俳号の意味）で、ここでは狂名のことを言っています。流行に乗って狂歌を始めた人々の多くが、狂名ばかり凝るくせに歌の手並みはさっぱりというのに嫌気がさしているというのです。「糞船《くそぶね》」は葛西船《かさいぶね》のこと。江戸湾沿岸付近の総州（千葉県）の農家は江戸市中の屋敷や長屋の家主と契約を結んでいて、舟を使って便所の屎尿《しにょう》を汲み取りに来るのです。彼らにとって、人口が集中している江戸の屎尿は効率のよい肥料として大事なものだったのです。葛西からばかり来ているわけではないのですが、江戸人は屎尿を運ぶ舟をすべて「葛西」とか「葛西舟」と呼びます（みなさんの中に葛西の人がいるかもしれませんが、気を悪くしないように）。もちろん肥料用で、野菜と交換という契約です（馬琴の日記には、去年より大根の本数が少なくて気に入らないとか細かいことが色々書かれています）。狂歌は「名」に「菜」を掛けているわけです。江戸湾を通って隅田川を遡上し、水運都市江戸にめぐらされた水路・運河に分け入り契約している家の汲み取りをします（下掃除と言います）。それをたっぷんたっぷんに満載した舟が鼻持ちならぬ臭いを振りまきながらひっきりなしに隅田川を通過するのです。この狂歌集に載せてもらうべく寄せられたクソみたいな狂歌をいっぱい読まされて、このクソ野郎と言いたくなるくらい菅江はイライラしていたのでしょうね。

彼らと関わることで店のイメージを保ってきていた蔦重は、沈滞ムードの中、次の展開を考えないわけにはいきません。国会図書館本の『画本虫撰《えほんむしえらみ》』を見て下さい。やや後摺ですが、この狂歌入り絵本の豪華さは分かると思います。歌麿の画力のほども十分伝わってきます。この本の刊記に添えられた広告文に「鳥之部／獣之部／魚之部　喜多川歌麿筆／宿屋飯盛撰／右近

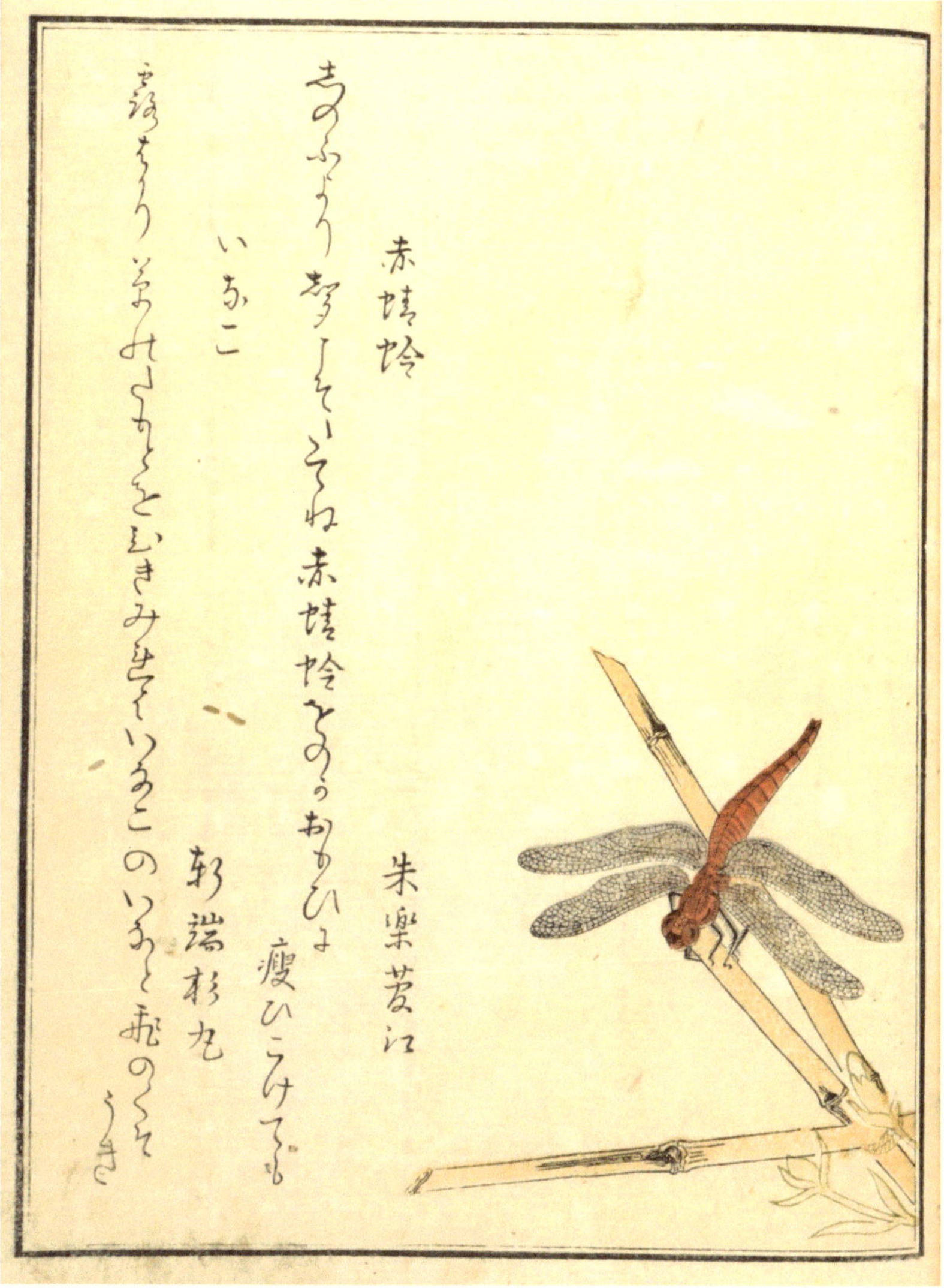

喜多川歌麿筆・宿屋飯盛撰『画本虫撰』国立国会図書館蔵

紀定丸撰・喜多川歌麿筆『狂月坊』国立国会図書館蔵

日出版仕候題板元より出し候間御望之方は右之題にて恋の狂歌御出詠被下板元へ御届可被下候以上」とあります。この『画本虫撰』に続く企画として鳥・獣・魚をテーマとした歌麿画の狂歌絵本を出版することを予告していますが（これらのうち鳥の部のみ『百千鳥』として実現します）、それに際して版元蔦重が狂歌を募集しているのです（もちろん、狂歌を載せてほしい人はそれなりのお金を支払うわけです）。集まって楽しむことが本義であった狂歌が、狂歌会をすっとばして蔦重プロデュースの狂歌絵本に直結していくこともありという世界になってきたわけです。

ついでに国会図書館本の『狂月坊《きょうげつぼう》』（274-275頁）も見ておきましょうか。歌麿を使った蔦重の豪華な狂歌絵本の数々は出版史に残る名品です。天明期の文化の粋を物語るものとして展示されたり書籍に紹介されたりします。現代人も蔦重の演出を通じてこの時代を見ているわけで、彼の時代を彩るセンスのあなどれなさにあらためて気づかされます。

時代の変わり目

寛政改革と狂歌・戯作

天明末、江戸の武家社会に大きな風が吹きます。天明六年（一七八六）八月田沼意次解任、翌年老中首座に着任した松平定信は田沼派の掃討にかかります。意次の右腕土山宗次郎（この年の暮に死罪）に可愛がられていた南畝は派手な振る舞いを控えるようになります。定信の新政を皮肉った落首が南畝の作であるというような噂も流れるようになってくると自粛せざるをえません。天明七年の四方連の歳旦狂歌集は『千里同風《せんりどうふう》』という題で、もちろん蔦重が刊行しています。国会図書館蔵本には南畝の書き入れがあります。

これは天明七年丁未のとしの歳旦狂歌集なりことしの秋文月の頃何かしの太守の新政にて文武の道おこりしかはこの輩と交をたちて家にこもり居しも思へは三十とせあまりのむかしとなりぬ

文政四のとし卯月もちの日　　七十三翁蜀山人

文政四年（一八二一）に、この狂歌集出版時の自分を振り返って書き付けたものです。この狂歌集を最後にして、南畝は狂歌の交わりから足を洗うわけです。そもそも、当初から狂歌会に参加していた武家たちの間で倦怠感《けんたいかん》がきざし始めている中、中心的存在であった南畝の退陣によって、狂歌の世界は大きく変化していきます。狂歌を続ける武士ももちろん多かったのですが、勢いを増していったのは、政治の風向きと無縁な町人たちのグループでした。宿屋飯盛《やどやのめしもり》、鹿都部真顔《しかつべのまがお》、大屋裏住《おおやのうらずみ》、浅草市人《あさくさのいちんど》といった人々が狂歌の世界を主導し、ますます裾野を広げていきます。幕臣を主とした武士階級の知が市井に入り込んで盛り上がった現象でしたが、徐々に幕臣的なセンス（都会的なインテリ風という感じかな）をこの世界は希薄にしていきます。

改革下の世情――『よしの冊子《ぞうし》』より

この時期の江戸の様子をうかがうのに大変有用な史料があります。『よしの冊子』といって『随筆百花苑』（中央公論社）に収められているので、誰でも簡単に読むことができます。これは、松平定信の老中首座時代、側近の水野為長が定信の施政の参考に供すべく、江戸市中また江戸城内に流れていた噂や風聞を細大漏らさず書き留めた希有な記録です。あくまでも噂、風聞なので、文末は「……のよし」、それで付けられたタイトルです。寛政改革下の風聞をここまで集積してある史料はほかにはありません。多くの人間に働きかけてかなり積極的に情報を集めたようですが、仕事とはいえ、それを逐一書き留める筆まめさもすごいですね。定信が知りたいこと、知っておくべきことを中心に情報の集積がなされたものと思われます。「随筆」と呼ばれる書き物や日記なんかにちらりほらりと同様の記事を見付けることはできるのですが、それらを全部集めても『よしの冊子』には遠く及びません。この書留が具体的にどのように政策決定に利用されたかということについての史料は無いのですが、幕臣の実態に関わる風聞とその後の改革政治の動向なんかを考え合わせれば、政治運営にかなり有力な史料となったことは間違いないでしょう。この記録をざっと眺めながら、寛政改革下の江戸の空気をまず感じてみましょう。

【倹約】

一　無学之ものも、西下の御役後ハ、質素倹約齟齬不正棄等の文字をバ見知り候と、悦び

候よし。〈十二〉

「無学之もの」は幕臣について言っています。田沼時代にも倹約は呼び掛けられていたのですが、西下（定信）の方針は重く受け止められたようで、漢字もろくに知らない不勉強な幕臣も定信発信に関わる漢字を覚えるようになったという目出度《めでた》い話。老中になった定信がまず呆《あき》れたのは、幕臣たちの学問レベルの低さでした。

【不景気】

幕臣に対する引き締めは江戸の町にも大きく波及します。人口の多くを占めるただ消費するだけの階層が一斉に自粛を始めると、町の経済がとたんに回っていかなくなります（なんか、リアルで身にしみる話）。

一　此節とても吉原へ相応にハ人も参れども、八朔や月見の趣向も中々例年の様にハなく、芸者もひそかに呼候。堺町も芝居ハあれどもつゞき桟敷抔ハなく、金銀の落も夫だけ少なくさびしきことの由。吉原も堺町もこまるよし。〈一（天明七年）〉

吉原と芝居町、贅沢を売り物にしているところが一番ダメージを蒙《こうむ》ります。「夜の街」（イヤな響きだ）「イベント」……これも身にしみる。

一　蔵宿一件後ハ吉原至て淋しく、三日程続き一向客無之事御ざ候て、町奉行へ訴出候抔さた仕候処、中々左様之事ニハ無之、別而先日中より俄か出し候て、七月灯籠時分同様ニ繁昌、大門内込合候程ニ付、江戸ハ広い事だ、山の手抔でハ吉原へハ人がひとりゆかぬとさた致候へ共、思の外の事だとさたのよし。〈十一（寛政元年九月九日より）〉

いろいろな噂が取り沙汰されているようです。「蔵宿一件」は棄捐令《きえんれい》です。各藩とも財政がきびしくなっていく中、大名が吉原で金を遣い散らすこともなくなりました。この当時吉原を支えていたのは、魚河岸の旦那衆と札差（蔵宿）といった突出して金を持っていた町人たちです。棄捐令による札差の損失は百万両以上、彼らが吉原にお金を落とさなくなると、町全体がとたんに冷え込むであろうという推測ももっともなことです。ちなみに「山の手」は、外堀の北側の小高い丘陵地で、ここに御家人たちの長屋があったことから幕臣たちのことを言っています。

一　よし原ハ実ニ衰微仕候由。留守居寄合止候ニても大違ひ、蔵前ニてもよほどちがい、其外先ハどうらく者少く相成候程ニ付、実ニすいび仕候由。表向ハすいびの様ニハ不申候由。扇屋と申ハ吉原一番の大店、株をうり候由。是ハ貧乏ニて売候ニハ無御座、勝手づくニて売、カナ川へ女郎店を出し、近辺ニ田地をかい始終安心の謀をなし候由さた仕候へ共、実ハすいび故よし原ニてハ大店たもちがたく、はやく右之通ニ取計候よし。すいびと申さた実ニ御座候よし。

棄捐令、倹約令、自粛ムード、逆風の中、衰微しているようには見せていないけれど、吉原の衰微は事実であるという噂ももっともなことです。ただし、扇屋が株を売ったとかいう話はまったくのデマ。

一　いせや四郎左衛門ハ当時かし付金七千八百両、俵向凡一万五千俵程御座候由。四五万石の大名のくらしかたじやとさた仕候よし。四郎左衛門蔵宿一番と申候さた。〈十一（寛政元年九月九日より）〉

この札差の損害は相当なものです。

一　蔵宿利下ゲニ付、狂哥、
借銭を浅草川であらはれておごりハならず己《ミ》からなす宿

落首です。「浅草川」は隅田川のこと、札差が店を構える蔵前は、隅田川沿いにあります。札差にがっちり財布を握られている幕臣たちにとっては小気味よく感じるところがあったのでしょう。

一　世間銭廻りあしく不景気と、小言を一統ニ申候ハ、定式之事ニ御座候内、当霜月十五日明神参詣の祝ひ、子供も格別少く、立派成装束仕候ハ猶更少く御ざ候由。役者菊之丞娘帯解ニて参詣仕候処、昔と引かへ甚麁服仕候由。右之通故明神施物甚少く、神主抔は大ニ難渋仕候由。尤明神ハ社領も至て少く、施物をのミあてニ致し居候故、別して難渋仕候よしのさた。〈十四（寛政二年十一月四日〜）〉

今の七五三ですね。当時の女形のトップ瀬川菊之丞も帯解の子どもを着飾らせもしないで参詣、不景気が神社にまで及んでいるという噂。

一　此節ハ吉原へもせこ入候て、三蒲団ハ二ツに成、二ツふとんハ一ツニ相成候由。享保時分でも夫ほどにハなかつたとさた仕候よし。〈十五（寛政三年二月一日〜）〉

「三蒲団《みつぶとん》」は豪華寝具（綿は高い）、吉原の贅沢の象徴の一つ。その枚数を減らしたというのは、さすがにデマですが、いかにもありそうな話として沙汰されているほど、吉原にとっては大ダメージです。

一　吉原俄八月より今以仕り殊外はやり、俄計ニて客も相応ニ参候由。近頃玉や、額河や抔申其外弐三軒の大店不繁昌ニて店を仕廻候由。御時節がら客一向無之、中々大店ハ持こたへられず由、扇や、丁子や抔も潰かゝり候由。松葉屋計ハ堪へ居候由。吉原ニて床花五両も遣候客御坐候へバ、右客の様子様体或ハ宿所等迄委しく聞糺し、其上ニて右金子を貰ひ、扨金子をバ亭主に預候由。右の位ニ付、二両三両の床花ニても遣候客ハ大にもてはやし、御客々々とあがめ候由。中々五両共花を遣候客ハめつたにハ無之、居続も二日も留候へ共、三日とハ武家町人共ニさし置不申よしのさた。〈十七（寛政三年十月二十九日～）〉

「床花」は客が遊女に渡す御祝儀。五両も渡す上客がめっきりいなくなったとのこと。「居続《いつづけ》」は連泊のこと。代金は事後茶屋を通じての決済ですので、この不景気の中、踏み倒されでもしたら危ないというわけです。

【景気の冷え込み】

一　西下御役後、武具師ハ次第ニ繁昌仕候へ共、町人の売買の内にも先ヅうれ兼候もの多御座候由、其上賄賂奢侈相止申候ニ付、少しも玩物類ハ一向売レ不申、殊ニ菓子や樽物屋抔金銀引たり不申候よし。京橋辺ニハ二三軒も店を仕廻候者御ざ候ニ付、右体之者ハ御恨申上候ものも御ざ候よし。〈七〉

武具師繁盛については武道流行の余沢。倹約、自粛ムードの中、玩具やお菓子など不要不急のものは動かなくなりますね。

【文武】

おバカな幕臣だらけであることに、定信は相当な危機感を覚えたようです。前にお話ししたことを思い出していただきたいのですが、武家社会の安定を図るために世襲制度が行われて、近世中期にはそれがほぼ完璧に行き届いたのです。このレベルの低さはそこからくる必然、競争無き世襲制度の行き着くところです。もちろん、真面目に研鑽《けんさん》を積んでちゃんと役職をこなす幕臣もいたし、南畝みたいに学問好きで資質のある幕臣も少なくなかったのですが、勉強しなくても将来のポストが約束されていたり、勉強してもその甲斐《かい》が無い未来しか見えなかったりしたら、多くの人が勉強に身を入れなくなっていくわけです。田沼時代のバブル的な町の高揚感はそれを一層助長したわけですね。幕臣の教育に力を入れていきます。幕臣たちは武道に励み勉強しなくてはならなくなりました。

一　近頃世上ニて書物読候もの多御座候処、韓非子抔相はやり会読等御座候由。原田清右衛門抔一向文字も読不申候て韓非子ノ会読をはじめ候よし。外も右様之馬鹿者彼是御座候よし。〈一〉

大笑い。『韓非子』は、四書五経もろくに読めていないない馬鹿者が手を出すべき書物ではない。何から始めるべきかも分かっていないない幕臣。

一　此節武げい流行ニ付、今迄何之音さたもなき所ニ俄ニけいこ場抔出来、ばた〱と騒申候由。学文抔も其通大名衆の窓ニて大分素読之声が致候由。めつたニ文武共教へちらかし申候よしのサタ。〈二〉

これが日本なのですね。「文武」は幕臣に対してのかけ声だったのだけれども、幕府がその方針なら、うちの藩でもやる姿勢を見せておかなくてはと横に並び始める。外に聞こえるように殊更の素読。この雰囲気が次第に民間にも流れ始めるのです。「めつたニ（やたらに）文武共教へちらかし申候」の表現がいいですね。

一　此節学問被行《おこなはれ》候へ共、学問の趣意も不弁、只騒立候ものゝミ多有之候ニ付、何卒上より学流の御糺し有之、正学ニ趣候様仕度ものとさた仕候よし。〈十五〉

ここ、大事なところ。これが「寛政異学の禁」の正体です。みなさんは、松平定信は学問の統制までも行い、朱子学以外の儒学を禁止したと教わったのではないですか？「寛政異学の禁」という後代の造語はそういう意味しか発しないですよね。大間違いのまま今も世の常識となっています。慌てて『韓非子』なんか読み始める「馬鹿者」が一人や二人ではなかったのです。学問する意味も知らないまま学問しなくてはと浮き足だって騒ぐ「馬鹿者」だらけだったのです。定信は新たに人材登用の制度を始めることにしました。試験を課し学問に優れた人間を重く取り立てることによって、幕臣の不学、人的に停滞した状況を改善しようとしたわけです。儒学には学統・学派があり、それぞれ、訓読の仕方や解釈に差があります。どの訓読・解釈を正解とするかによって、勉強の仕方が変わります。だから、幕府の方針を示して欲しいと幕臣のほうから希望していたのです。そして、それならそもそも幕府の御用学問であった朱子学（正学）でいいんじゃないの、という話に落ち着いたのです。自由であるべき学問に対する弾圧とか、そんな近代的な話でもなんでもないのです。ちなみに、第一回の試験、御目見得以下の部でトップの成績を収めたのが大田南畝です。彼は有能な役人として出世していきます。まじめに武士本来の生き方ができる可能性が開かれたところで、狂歌や戯作に逃避する根本的理由が幕臣たちには無くなったのです。

一　小普請抔より学問の書上いたし候所、組ニより、聖堂とハ聖道と可書事也とセ話致申候も有之、南部主税支配抔ニてハ、経書ハ小学、史類ハ論語、経済の書ハ近思録とかけ抔と申候由。書出し候者甚困り候由。〈十七（寛政三年）〉

「小普請《こぶしん》」は、三千石以下の役職の無い旗本・御家人のことを言っています。どのような学問を修めてきたのか学歴を提出する際に、小普請の各組頭が指導にあたったようなのですが、漢籍の四庫分類（経・史・子・集）もわきまえていない無学の組頭のいる組は悲惨、せっかくのチャンスなのに潰されかねません。

【自粛ムード】

田沼時代に人気を誇った者たちの去就が取り沙汰されて、さまざまな噂が飛び交います。「自粛警察」っぽい鬱陶しい空気が武家社会に流れます。

一　四方赤良など狂哥連ニて、所々ニて会抔いたし、又奉納物或ハ芝居抔の幕などをも、狂歌連にて遣し候ニ付てハ、四方先生故格別人の用ひも強く候処、御時節故左様の事も相止申候間、赤良抔ハ腹をたて申候よし。〈二（天明七年十一月〜天明八年四月）〉

やはり、一番注目されるのは南畝です。自粛するのも無理は無いです。

一　あふむがへしの草双紙ハ松平豊前守殿作共申し、豊前守殿作成が夫を春町に託せられし共申、又豊前殿小石川の春日町ニ上屋敷御ざ候故、俳名を春町とも申候由のさたニ御座候。〈七（天明九年正月ころ）〉

『文武《ぶんぶ》二《に》道万石通《どうまんごくどおし》』は天明八年正月蔦重版の黄表紙で、作者は朋誠堂喜三二。寛政改革下の武家社会のてんやわんやを茶化したもので、一般には知られていないうがちも多く、大いに評判になりました。それを受けて喜三二の盟友春町が同様の趣向で仕立てたのが天明九年正月蔦重版『鸚鵡返文武二道《おうむがえしぶんぶのふたみち》』です。喜三二の趣向をさらにエスカレートさせて、これも大評判。春町とは誰だという詮索が始まり、駿河小島藩の藩主丹波守（『よしの冊子』は「豊前守」とあやしげな間違いをしています）まで容疑者リストに入ってしまったわけです。

一　佐竹の家老に喜三次と申草双紙造り御座候て、西下の御事抔作り出し候処、西下ニて佐竹へ御逢被遊候節、其御元御家来の草双紙を作り候者ハ、才ハ至極有之候様ニ聞へ候へ共、家老の才にハ有之間敷と御咄御ざ候由、右ニ付佐竹ニてさし置がたく、国勝手ニ申付候と申さたのよし。〈八（天明九年四月十八日〜）〉

喜三二のことを定信に当てこすられた佐竹侯が、喜三二に国勝手を申しつけたというまことしやかな噂。噂は尾ひれが付いて一人歩きします。そんなモンスターが出てくるようになると、幕臣のみならず、幕府の顔色が気になって仕方がない他藩でも自粛、自主規制の空気になります。喜三二も春町も、これが最後の黄表紙執筆になります。

一　寝惚ハ狂哥いたし候ニ付、先達而頭より被叱候処、此節もぢりはやり申候間、又々も

ぢりの点仕候由。尤点の内にハ能句も余多御ざ候由、狂哥で被叱ても又もぢりをするじやと申さたのよし。〈同〉

「寝惚」とは寝惚先生、狂詩の作なんかに使った南畝の別号です。彼が狂歌にふけっていたことを組頭に叱られたとの噂（もちろんデマ）。そんなことには南畝は負けていないぞと思いたい気持ちも世間にはあったようで「もぢり」なるものの点者になったという評判がたつわけです。「もぢり」は多分地口《じぐち》（「石の上にも三年」→「伊豆の舟にも三年」のように近い音をかすめた洒落）のことだと思います。

一　草双紙を作り候佐竹留守居、万石通《トウシ》抔と時事を造候ニ付、万一御咎も有てハ済ぬと申候て、国勝手ニ被申付候由。浮世絵を書候小笠原の留守居も、主人より咎被申付候と申すさた。〈同〉

これも喜三二（佐竹留守居）と春町（小笠原の留守居）の噂。単なる噂にすぎないのですが、噂になること自体、疑心暗鬼のあらぬ腹の探り合いが始まっていることを物語っているわけで、噂になっている藩もその対応に注目されているのです。世間の注目を集めた有能な作者たちが一斉に戯作や狂歌をやめていきます。彼らを広告塔のようにして、自店の商売を盛り上げてきた蔦重も困ったことになりました。

【書物景気】

武士階級の戯作者が主導してきた蔦重の草紙商売も先の見えないことになりました。その一方で、好景気が訪れたのは書物の商売でした。

一　去年より学問はやり候ニ付、書物直段段々引上ゲ、四書ノ唐本抔百疋位仕候が壱両位ニ相成候由。詩経集注抔ハどの書物屋ニも切レ候て無之候由。其外小学抔の類も今急ニ入用と申候てハ無之よし。〈二（天明八年二月より）〉

にわか勉強に励み始めた幕臣が買いあさって、四書五経類が高騰、品切れの大騒ぎです。

【心学・中沢道二人気】

真面目を是とする空気が武家社会全体に流れます。石門《せきもん》心学は石田梅岩創始の学問です。学問といっても特定の思想に立脚するものではなく、平易に道徳を説くもので、さまざまなわかりやすいたとえを引いての講釈は階層を問わず大いに受け入れられたものです。その心学講釈の世界に中沢道二《どうに》というスターが現れます。寛政改革が始まる絶好のタイミングで彼は江戸にやってきます。大名にも信奉者が現れ、藩邸での講釈も行われたようです。彼がこの時期にもてはやされたのは、もちろん時代の風によるところも大きいのですが、何より彼の話術でしょうね。彼の道話を採録した『道二《どうに》翁道話《おうどうわ》』という本が出版されているのですが、読んでみると実にわかりやすい。草木虫魚やら和漢の故事やら、さまざまな面白い喩《たと》えで飽きさせず丁寧に話を進めていく彼の講釈が、聞いてためになる「娯楽」として当時支持されていたであろうことが容易に推測できます。

一　道二事段々相はやり伊奈摂津守初相集り十五人扶持合力仕候由。妻子をも引取せ、近藤左京屋敷内に差置、火消同役抔へも道二を進め候よし。道二事一体ハ律義ものニ御座候処、段々はやり候ニ付、自然と高慢ニ相成、道徳の事ハ拙者程会得仕候ものハ天下ニ有之間敷候。弾正様抔も至極御信仰被遊と自慢仕候由。世上の評判によもや越中様ハ夫ほど御信仰でハ有まいと申候よし。〈五〉

一　道二講尺繁昌いたし、諸大夫布衣くらいの人、又以上以下共聴聞に参り承り申候者御座候間、小理屈を申候ものハ、道二の講尺をバ聞かぬがよい。以上以下と分れバよい。何もかも打込だ、何レにも其徒党に相成候様にどふか脇へも聞へるから、聞にハ行ぬがよいと申候ものも御座候よし。〈六〉

一　道二此節段々行はれ門人五百人程も出来候由。右ニ付松紀侯御弟松平内蔵允、戸田中務、牧野内匠三人ニて紀侯へ、あなた様至極道二御信仰のよし、道二も所々ニて風聴仕候由。余り甚く相聞へ如何ニ奉存候間、道二をバ決して御信仰不被成候様ニと被申候よし。紀侯イヤあれも人の為ニ成てよいと被申候由。右ニ付三人ニて当時の様子ハ却て左道の様ニ被存候。却て衆を惑ハし候気味も相成甚不宜候。夫を御信仰と申候てハ、至極不宜義と厳く被諌候ニ付、紀侯も成程各の存寄、尤也、已後ハ信仰致すまじと感服致され候よし。家中ニて悦び候もの多く御ざ候よし。〈九〉

武家社会も江戸市中も道二の噂で持ちきりです。武士は、学問を自らに課し、徳を高め、人としての範を示す役割の身分です。その武士たちが真面目に学問に打ち込み始めたこと、本来あるべき真面目な空気が武家社会に流れ始めたことを民間は敏感に感じ取ります。その動きに共感し、空気に同調し、自分たちもよりよい人間になっていこうと思うのです（ここがすごい。江戸時代らしさなのか、日本人らしさなのか）。道二の講釈は民間でも人気を集め、心学ブームが寛政期の江戸の町に訪れます。

『心学早染草《しんがくはやぞめぐさ》』（寛政二年、大和田安兵衛版）は京伝の黄表紙の中でもっとも売れたものではないかと思われます（上方で海賊版も出ます）。江戸の心学ブームに趣向をとり、心学講釈にありがちな分かりやすい喩えを黄表紙に持ち込んでふざけたものです。この黄表紙の場合、人に備わる善の魂と悪の魂の力関係で行動が決するとして、その魂を可視化して両者の葛藤を描きます（白い天使と黒い悪魔みたいな感じ）。善玉と悪玉、今に残るこの言葉はこの黄表紙から始まります。主人公の理太郎、吉原に遊んで翌朝迎えに来た茶屋の男と帰ろうとするところ、悪玉が引き留めようとしている場面などわかりやすいと思います。この黄表紙のラスト、道理先生（道二のもじり）が登場して悪玉を成敗します。

京伝の『照子浄頗梨《かがみのじょうはり》』（寛政元年、蔦重版）は、小野篁《おののたかむら》の地獄巡りを趣向として、さまざまな「地獄」（多くは寛政改革下の珍現象）を描きます。暗闇《くらやみ》地獄に落とされた不勉強な幕臣たちが文字通りの鬼の先生の下で学問をさせられている様子を描いて、時世を茶化しています。この中で「足下は、この頃出た経典余師を御覧《ごらう》じたか。恨むらくは、間に合いすぎますの」という科白があったことを覚えておいて下さい。『経典余師《けいてんよし》』という書籍は近世後期という時代を読み解く鍵になりますが、これは、後ほどとっくりと説明いたします。

天明期狂歌・戯作壇の崩壊と山東京伝人気

蔦重にとっても、この間の世の動きは、経営方針転換の機会となりました。世の変化をいち早く察知しそれに対応していくセンスは、とくに商売にとって一流と二流とを分けるものだと思います。つまり一流の商才を備える人間の足取りをたどれば、彼が世の中をどのように捉えていたか、世の中がどのように動こうとしているのかが見えてきます。前項では、『よしの冊子』を用いて、さまざまな噂が流れる時代の空気に接してみました。天明六、七年から寛政二、三年くらいまでの蔦重の足取りをたどってみると、この「空気」の裏打ちができると思います。

天明期の文芸世界を主導した武士たちが、その世界を後にしていきます。彼ら武士作家の遊びの場をお膳立てし、彼ら時代の主導者とともに時代の先端を行くセンスを売り物にして店の名を上げてきた蔦重も経営方針を立て直さなくてはならなくなりました。戦略の一番の柱は、もっとも経営に寄与する人材の確保です。山東京伝の作品を鶴屋喜右衛門と共同で独占にかかります。
『伊波伝毛乃記《いわでものき》』は馬琴が書いた京伝の伝記です（岩波文庫『近世物之本江戸作者部類』に収められています）。そこに「天明の末に、書肆蔦屋重三郎鶴屋喜右衛門等とともに、日光御宮弁に中禅寺に参詣せしことあり」とあります。もちろん日光参詣の旅費は蔦重・鶴喜持ち。この二店が京伝を丸抱えしていったことをこの記事から読み取ることができます。また同書に、山東京伝の煙草入店の開店準備資金調達のために寛政四年五月に両国柳橋万八楼《まんぱちろう》で行われた書画会についての記事があるのですが、そこに「是日、書肆鶴屋、蔦屋、酒食の東道したりき」とあります。生業《なりわい》を得るため、京伝は寛政四年に煙草入店を開きます。京伝の人気とデザインセンスで流行店となったのですが、その開店資金調達のための書画会[11]（サイン会みたいなイベント、御祝儀を渡して色紙や短冊に絵や狂歌を書いてもらうのです）において蔦重と鶴喜が客の飲食の接待などの費用（おそらく会場費も）を拠出していたわけです。これでは、京伝もほかの版元に作品を渡すわけにはいきませんよね。

『山東京伝一代記』は京伝の弟の山東京山が書いたものです。ここに寛政三年洒落本一件（後述）の奉行所調書が掲載されているのですが、そこに「五六年以前より、不計草双紙、読本の類作り出し、右本屋共へ相対仕、作料取て売渡来候に付」とあります。天明六年くらいから京伝は原稿料を得ていたことになります。特定の版元が彼を専属にできたのは金の力です。スポンサーの言いなり、人間は金で縛られてしまうのです。

蔦重は山東京伝キャンペーンを展開していきます。寛政三年になって作者名を絵題簽《えだいせん》に明記したものが一時に現れます。それは蔦重版と鶴喜版の黄表紙でした。他の版元は、それから七、八年遅れてようやく一部の作者を絵題簽に明記するようになりますが、それに比べると極めて早い、つまりここに極めて意識的だったということです。以後慣習化するこの様式が蔦重・鶴喜の足並みを揃えてこの年に始まったのは、両書肆による京伝戯作の独占刊行と無関係であるはずはありません。「山東京伝」という名を広告し購買欲に働き掛けようとしたものだったのです。蔦重が京伝の旧作黄表紙五点を一挙に再摺刊行したのは寛政三年中のことです。同じく旧版の京伝作品『指面草《さしもぐさ》』、『古契三娼《こけいのさんしょう》』等を鶴喜から求版して再摺したのもこの頃のことだったと思われます。また寛政三年の新版目録「晒落本類目録」には「山東京伝戯作」と題して京伝作品を別立てで列挙しています。これらの動きは京伝人気の反映ではあるのですが、それ以上に、「山東京伝」という作名を広告し、より一層の人気を煽動《せんどう》するためだったと思われます。そして、山東京伝を専属とした版元という印象を世間に与え、蔦重という店の名を高める行為でもありました。

11　書画会は近世後期になって広く行われるようになります。資金集めだったり趣味の披瀝《ひれき》であったり、同好との交遊であったり、目的はさまざまです。秘蔵の書画の展観をセットにしたり、茶会とセットにしたり、さまざまな趣向のものが各地方で行われています。人をたくさん呼ぶためには、それなりのゲストを招いたり、事前の宣伝が必要です。引札（チラシ）なんかがたくさん残っています。明治になると、新聞広告もよく使われます。

この間の蔦重の対応をいくつか見てみましょう。

京伝の『心学早染草』の刊行と同じ寛政二年に蔦重が刊行した黄表紙に『忠孝遊仕事《ちゆうこうあそびしごと》』と『即席耳学問《そくせきみみがくもん》』の市場通笑《いちばつうしよう》作品二点があります。蔦重が通笑の黄表紙を手掛けるのは初めてです。『即席耳学問』自序に「蓼《たで》くふ虫《むし》もすき〳〵のみちは馬鹿《ばか》〳〵しいと二三年やめた所《ところ》へ、蔦重《つたじう》が憑《たのみ》に例《れい》の教訓《きやうくん》異見《いけん》のうつとうしいも随分承知之助《ずいぶんしやうちのすけ》と板元《はんもと》のほうからしやれかける」とあります。これ、笑えなくてものすごく詰まらない黄表紙です。もともとそういうタイプの作者で、天明期のはじけた笑いの黄表紙が流行する中、彼の作品の需要が無くなったわけです。それをことさら、真面目を志向し始めた世の中の空気、このご時世の中でわかりやすい教訓の需要の高まりを感じた蔦重は、それに投じる商品作りとして彼の起用を試みたわけです。

寛政三年に蔦重が出した山東京伝の黄表紙に『箱入娘面屋人魚《はこいりむすめめんやにんぎよう》』があります。序文の代わりに蔦重が登場して口上を述べます（といっても京伝の作文ですが）。

まじめなる口上

まつもつてわたくし見世の儀おの〳〵様御ひゐきあつく日ましはんしやう仕ありがたき仕合ぞんじ奉り候。扨作者京伝申候はたゞ今までかりそめにつたなき戯さく仕り御らんに入候へとも、かやうのむゑきの事に日月および筆かみをついやし候事、さりとはたはけのいたり、殊に去春なぞは世の中にあしきひやうぎをうけ候事ふかくこれらをはぢ候て当年よりけつして戯作相やめ可申とわたくし方へもかたくことはり申候へ共、さやうにては御ひいきあつきわたくし見世きうにすいひに相成候事ゆへぜひ〳〵当年ばかりは作いたしくれ候やう相たのみ候へは京伝も久しきちいんのわたくしゆへにもたしかたくそんしまげて作いたしくれ候。すなはちしやれ本およびゑさうししんはん出来候間御好人さまはげだいもくろく御らんの上御求可下ひとへに奉希候。以上。　寛政三ツ亥の春日　板元　蔦唐丸

去春の悪しき評議とは、『黒白水鏡《こくびやくみずかがみ》』という寛政改革下のごたごたを茶化した黄表紙の絵を担当したことで処罰を受けたという噂が広まったことを言っているという説がありますが、この下手くそな黄表紙が咎《とが》めを受けたという事実は確認できません。京伝はまじめで臆病な性格のようで、これにて一気に自粛モードに入るところだったのですが、執筆してくれないと店が衰微してしまうから是非書いてくれとの蔦重からの依頼を断るわけにもいかず、今年も洒落本・黄表紙を作りました、という広告めいた口上です。

寛政三年京伝作洒落本一件

蔦重が寛政三年に出版した京伝作洒落本が咎めを受けて二人とも処罰されたことは有名です。これまで、喜三二や春町の黄表紙一件と一連の、定信による民間へのきびしい言論弾圧の好事例として紹介する論が多く、それは今もさほど変わらないようです。高校の日本史でもそのように習いましたよね。世の中の常識になってしまっています。でも、ちょっと冷静になって考

えてみてください。幕府のトップが一介の素町人、本屋や戯作者などをピンポイントでターゲットにするものでしょうか。定信には、幕臣の教育、幕府の財政と機構の立て直しというもっと大事な仕事があります。当然定信の指示を示す証拠はありません。あるはずがありません。

先ほどちょっと触れましたように、京伝の弟である京山が書いた『山東京伝一代記』にこの時咎めを受けた人たちそれぞれについて、町奉行所が作成した調書が引用されています。そこに決まって出てくるのが、寛政二年十一月に出された町触を引き合いに出す文言です。たとえば、京伝の調書であれば、次のようなところです。

同十一月之町触に、書物類之儀に付、前々より厳敷申渡候処、いつとなく猥に相成り、何によらず、行事改之絵本、双紙之類迄も、風俗之為に不相成、猥ヶ間敷事勿論無用候、一枚絵之類、画のみに候はゞ、大概は不苦、言葉書等有之候はゞ、能々相改め、如何成品々は板行為致間敷候、改方不行届歟、或は改に洩候はゞ、行事可為越度旨、且、一枚絵、草双紙問屋の外にも、同様之商売致候者有之趣に候間、書物屋共へ前書申渡候趣を相心得、已来は、新板之書物、同断草双紙、一枚絵之類、取扱之節は、書物屋幷に草双紙屋之内、行事共へ其品差出、改更之上売買致、猥り成儀無之様可致旨、申渡有之、承知致罷在候。

この町触は、書物と地本の両方ともに言及していて、少々混雑しているのですが、書物については享保の触書と趣旨は同じです。これに先だって、十月に地本問屋に出された仲間触があって、これと照らし合わせれば、地本については「風俗」上の取締です（「言論」ではありません）。これら触書は、この年末に地本問屋仲間が公認されることと密接に関係しています。仲間の構成員がこの時二十人に定まるのですが、この二十人にとっては大きな利権を得ることになります。これとセットで、仲間による事前の改めを徹底せよという触書が出されたことは、享保七年の町触と同様です。享保七年の時と同様、地本問屋の主立った者と町役人、さらに奉行所と、触書についての事前の調整がなされたと見てよいでしょう。

調書では、この洒落本三作がいかに不届きな内容であるか述べられていますが、これまで出版された洒落本と比べても特段内容的に悪質であるとは思えません。作者にしても版元にしても行事にしても、悪質性を意識していたとは思えないのです。この取締の本質は、これらの洒落本の内容には関わらないところにあると考えます。つまり、前年末に結成された仲間による事前の改めの機能を徹底させるべく行われたことであるというのが私の見解です。行事にも版元と同様の重めの処罰を下しているところからも、そのように思えるのです。改革の本旨とは関わらない民間レベルのこと、定信なんかが与《あずか》り知らないところです。武家の風俗を正す動きを民間でも敏感に察知し、町役人が、その空気に乗じて町人たちの風俗も改めるべく奉行所に働きかけたのではないでしょうか。大人気の京伝と今をときめく版元蔦重を選んだのも見せしめの効果としては良い判断です。地本業界挙げて自粛モードに入っていきます（といっても一、二年くらい洒落本出版を控えただけですが）。資本も半分になり、吉原の店も蔦重は手放すことになりました。これは蔦重店にとって大丈夫とは言えなかったと思います。寛政九年に蔦重が没し、番頭が二代目になるのですが、二代目になってみるみるうちに商売が色あせてくるところをみると、初代だからこそ、その人間力や商売センスで持ちこたえていたことが歴然としています。ダメージはずっと抱えたままだったと思われます。

変わりゆく書籍市場

京伝の教訓的黄表紙群を考える

天明期までの黄表紙は、武士階級を主とした知識人の余技ともいうべきものでした。作者が想定する読者は自分と同程度の教養と戯作理解のセンスを備えている者でした。画中や書き入れにとがった笑いをパズルのように組み入れて、読者はそれを解いて笑う仕組みです。京伝も、このような手練《てだ》れたちの中で揉《も》まれてセンスを鍛えてきましたから、同様のノリで、思いっきり機知的な笑いで勝負していました。ところが、その京伝の黄表紙も、寛政期になると、極端なうがちを押さえてきわめて平易な筋立てと理解し易い滑稽とで作品を成り立たせるようになってくるのです。そして、その傾向は他の版元のものより蔦重版に濃厚なのです。

寛政五年（一七九三）蔦重版『堪忍袋緒〆善玉《かんにんぶくろおじめのぜんだま》』は、善玉・悪玉ものの第三編です。第一丁表、自序代わりの画賛は、「心」の文字を杜若《かきつばた》の花に見立てて描いて、「心《しん》は画《ぐわ》なり濃《こ》くもうすくもかきつはた」の句を添えています。この見立てと教訓っぽい句は心学書のノリそのものです。最後の場面では京伝自身が登場して、本を置いた机を前に「堪忍袋」を手にして、子どもたちに「子供衆《こどもしゆ》、此堪忍袋《かんにんぶくろ》の緒《を》を切《き》らぬやうにしませうぞ。お父《とゝ》さんや、お母様《かゝさま》の言《い》わしやる事を背《そむ》かしやると、直《ぢき》に悪《あく》玉が取憑《とりつ》きます。ヲ、怖《こわ》ひ事〱」などとやさしい口ぶりで教訓していたりするわけです。

冒頭は、「味《あぢ》を食《く》ひしめたる本屋《や》の」蔦重が京伝宅を訪れて、気乗りのしない京伝に善玉・悪玉ものの第三編を作らせようとしている場面です。ちなみに、描かれている女性は、前年に京伝が請け出した吉原扇屋の番頭新造菊園、今は愛妻お菊です。掲げられた額には「菊軒」、のろけてますね。京伝は「二番煎《ばんせん》じの茶表紙《ちやびやうし》は、言葉《ことば》の花《はな》が薄《うす》くて人の酌取《くみと》る事あるまじ。これは不可《ふか》ならん」と、お茶になぞらえて、善玉・悪玉ものの三番煎じ、三編は誰も見ないだろうと言っています。そのように気乗りのしない京伝に対して、「行《ゆ》く川の流《なが》れは絶《た》へずして、しかも昨日《きのふ》の見物《けんぶつ》は今日《けふ》の見物《けんぶつ》にあらず」と蔦重は引き下がりません。こういう趣向を嬉しがる新たな読者がどんどん誕生してくるという理屈です。二番煎じ三番煎じと言われようが、売れるに相違ないという版元の確信からは、こういった教訓的作風の黄表紙のマーケットが拓《ひら》かれつつあること、天明期の黄表紙享受者とは別の読者がマーケットを形成しつつあることが読み取れると思います。

この場面には、商売人蔦重の明確なねらいと、蔦重の希望を容《い》れざるをえない立場になった半職業的作者とが描かれています。かくして、版元主導の下、「今日の見物」に向けて本作は制作されたわけです。なお蔦重の科白「偽作は受取りません」は、前年の京伝黄表紙の中に馬琴の代作が交じっていたことをほのめかしています（『実語教幼稚講釈《じつごきょうおさなこうしゃく》』[12]、びっくりするくらい笑えない黄表紙です）。

同年蔦重刊『貧福両道中之記《ひんぷくりょうどうちゅうのき》』も、心学講釈の絵解といった趣の濃い教訓的な作品です。父の恩は山のごとく高く、母の愛は海のごとく深し。誰でも一目見れば通じる極めて分かりやすい見立てです。人生を旅に見立てて、徳行のいかなるものかを平易に説くこの一作も「この草双紙《ぞうし》を御覧《ごらう》じたら、三太郎がやうな真似《まね》をせず、八之介がやうな良《よ》い人にならふと思《おぼ》し召《め》し、お父《とゝ》さんやお母《かゝ》さんに御世話《おせわ》を焼《や》かせず、手習《てなら》い、算盤《そろばん》を精《せい》出して、悪戯《わるいたづら》をなさるなや。必《かなら》ず〱此お爺《ぢい》が言《い》ふ事《こと》を忘《わす》れまいぞ。子供衆《どもしゅ》、合点《がてん》か〱」と、きわめて平易な教訓で結ばれます。『山東京傳全集』第三巻解題（棚橋正博担当、二〇〇一年三月、ぺりかん社）は「かなり刷り出されて多く売れたものと考えられる」としていて、まさに「今日の見物」に打ってつけの商品であったということになると思います。

寛政八年蔦重版の『人心鏡写絵《ひとごころかがみのうつしえ》』[13]も、京伝自身を講釈師として登場させる趣向で、自序に「……読本《よみほん》より。手《て》がるくわかる稗史《ゑざうし》となし」とあるとおり、心学講釈をそのまま平易に絵解したような作品です。

寛政九年（一七九七）蔦重版の『虚生実草紙《うそからでたまことのそうし》』も、全体が「赤本先生」の講釈という趣向で、心学講釈の絵解といった趣の強い作品。最後は「善悪邪正《ぜんあくじゃしゃう》、皆《みな》、おのれ〱が身《み》の行《おこな》ひ、一心《しん》によるぞかし。まづ今晩《こんばん》の講釈《かうしやく》は、これでめでたく打止《うちど》めませう」と結ばれます。鶴喜の黄表紙も京伝は作っているのですが、蔦重版のように教訓色を強く打ち出したものは多くないのです。ということは明らかに版元蔦重の戦略として、人気作者京伝に教訓色の強い黄表紙を作らせたということなのです。

書物問屋蔦屋重三郎

蔦重が書物問屋仲間に加入したのは寛政二年のことです。経書が払底するほどの空前の学問ブームが江戸に起きて、書物の商売にはバブルが訪れていたということは、先に述べました。蔦重が書物問屋仲間に加入して書物商売を始めるのも当然、彼の経営者としてのセンスの光るところです。そして江戸に限定されない広域的な書物商売に乗り出します。名古屋の新興書店

---

12 寛政四年（一七九二）、蔦重から出された『実語教幼稚講釈《じつごきようおさなこうしやく》』は、その題名に明白なように（題名からして分かりやすい）、また、自序にも「朱《しゆ》に交《まじ》れば赤本《あかぼん》に実語教《じつごきやう》を絵《ゑ》解《とき》して彼童子《かのどうじ》が翫物《ぐわんぶつ》に授《さづ》け」と見えるとおり、教訓をもっぱらとした往来物「実語教」本文（「山高きがゆえに貴とからず、木あるをもって尊しとす」ってやつ）の趣旨を、和漢古今に喩えを求めて平易に絵解したものです。馬琴の『近世物之本江戸作者部類』に、「趣向かき入れともに馬琴代作也」と注記があります。この時期の版元蔦重が京伝にどのような作を期待していたかが鮮明に表れています。

13 二丁裏では、蔦重を登場させ「今夜《こんや》の講釈《かうしやく》はよく覚《おぼ》へて草双紙《くさそうし》にしましやう」と言わせていたり、巻末では、「聞手《きゝて》大勢《せい》のうち、富士《ふじ》山形《がた》に蔦《つた》の紋《もん》の付たる男の胸《むね》の鏡《かゞみ》には、今夜《こんや》の講釈《かうしやく》を書留《かきと》めて新版《しんはん》の草双紙《くさそうし》にしませふといふ抜目《ぬけめ》のなき姿《すかた》が写《うつ》る」と、心学講釈を取材してその内容を草双紙化しようとしている版元の姿を描いています。版元主導で、この手の教訓的な草双紙が制作されていることを戯画化して描いているわけです。

永楽屋東四郎と提携して、名古屋の出版物の江戸売弘めを行ったり、また逆もあったり。著作の刊行に漕ぎ着けるべく伊勢松坂の本居宣長《もとおりのりなが》に会いに行ったりもします（寛政七年）。でも、そんな書物商売だけが狙いだったとは思えません。江戸の草紙はまさに「地本」で、江戸という都市限定の狭い流通網しかありません。それに対して書物問屋の流通網は全国的です。これまで地元江戸で消費される「地本」であった草紙類の江戸以外への流通もねらいの一つであったと思われるのです。実際、書物問屋の売弘《うりひろめ》許可の記録である『割印帳』の寛政五年九月割印の条には、天明六年（一七八六）版『宝珠庭訓往来如意文庫』、寛政六年（一七九四）六月二十四日割印の条には寛政五年版『女用文章千代寿』、また寛政七年八月六日不時割印の条には『紅梅百人一首』と、自版の往来物の江戸外への流通を図っている様子が読み取れます。

ここで、京伝の教訓的黄表紙群のことを考え合わせればどういうことが導き出されるでしょうか。京伝にかなり無理を強いて制作した黄表紙は、江戸の読者ではなく、江戸以外の地方の読者を視野に入れたものであったということにはならないでしょうか。先に見たように、『心学早染草』には上方で出来た海賊版があります。大いに需要があったということです。寛政改革後、平易な絵解で自分を、または子どもを向上させたいという、まじめな読者が育ち始めていることを、この本屋は明確に捉えていたのではないかと私は考えます。これ以後の書籍文化の歴史を追っていくと、この間の蔦重の仕事の延長上に想定されるものと大きく重なっていく様子が見て取れるのです。

第五章　新しい読者と本の市場

新たな読者層

京伝黄表紙の教訓をもっぱらとしたこの新しい傾向は、蔦重と同じく京伝作品を独占していた鶴屋喜右衛門版には稀薄《きはく》で、蔦重版に顕著です。馬琴の『伊波伝毛乃記《いわでものき》』は、「京伝著述の草冊子は、実語教稚講釈、竜宮羶鉢の木なんど、或は教訓物、或は昔ばなしを取直せしものにぞありける、是よりして三四年、草冊子の趣向多く教訓を旨とせしかば、世人は其意を得ずして、京伝は趣向の尽たるにや、近日出る草冊子はをかしからずといひけり」と、教訓臭の強い作風が必ずしも喜ばれてはいなかったことを述べています。ここにいう「世人」は、これまで京伝作品の滑稽を楽しんでいた江戸の黄表紙読者たちのこととみてよいでしょう。だとすれば、こういった層以外のところに、新たな作風を歓迎した「今日の見物」を見出《みいだ》さなくてはなりません。この新たな市場に投ずるべく、蔦重が京伝に働きかけて開発していった新たな商品が、これら教訓を平易に絵解するような作品群であったのだと思われます。

今日の見物

蔦重は、心学書や平易な教訓書、また平仮名付の経書と同様の、都市部に限らない広域的な流通を想定して京伝黄表紙を制作していたと考えられるのです。もの学びをすることによってまずわが身を修めようというたって真面目な名も無き「見物」、教訓を真面目に受けとめ、貪欲に摂取していこうという層が顕在化してきた時代となります。

『よしの冊子《ぞうし》』十四に「田舎ハ江戸と違ひ此御時節を甚有がたがり候由。篤実成ル名主共抔ハ、おしい事ニ爰で今一ぺん博奕の御再触《さいぶれ》を被成て被下バ、別して有がたい事じや。どふでも内証ニて博奕を初めたから、爰で御再触があつたなら格別丈夫ニ止で、已後迄気遣ひない様ニならふ。何卒そふしたい物じやと御再触を願居候者も多御座候由のさた」とあります。改革政治下、民間の悪しき風俗、とくに博奕《ばくち》を禁ずる旨の触書が発せられたのですが、これを有難く思う村落指導者層がいたという風聞です。徹底して取り締まる警察的機構は無いのですが、触書はそこそこ実効性があるのです（お上に自粛と言われれば、案外素直に自粛してしまう）。そして、江戸と違って、生活面に関わる触書をありがたがる真面目な気風が田舎に顕著であることが読み取れます。都会センスの笑いよりも、教訓が鬱陶しい黄表紙のほうが彼らには向いていそうです。

蔦重が「教訓の通笑」の異名をもつ市場通笑《いちばつうしよう》に『即席耳学問』という黄表紙を作らせたことは以前に触れました。この作品は最後に大黒天が登場して説教をかまします。「おぬしはあまりものを読《よ》まぬそうだが、正直一辺《へん》で済《す》んだからいゝが、鳥《とり》けだ物も、今言《い》ふとをり正直。それで人間《にんげん》のせんがない。とかく息子《むすこ》には読《よ》ませて人の道ある事を教《おし》へやれ（下略）」（適宜仮名を漢字に直したが、もとの仮名は振り仮名として残した。また句読点を補った。以下同じ）とか、また「とかく読《よ》ませやれ。読《よ》むに超《こ》えた宝はおれも持《も》たぬ」とか言います。読むという行為は「道」の発見・自覚につながるというわけです。そして「大黒天の仰《こく》にまかせ、息子《むすこ》七才より孝経《こうきやう》大学《がく》をよませ、手前《てまへ》も側《そば》にて相伴《しやうばん》の学問《がくもん》、今まではわればかりよかれと思ひをわれより人《ひと》をよかれと思《おも》ふ」と結びます。本を読んで学問世界に分け入ることが、人間が人間らしくあるために大事なことであると。このような考え方が当たり前のこととして民間に定着していくのです。

これまで、書籍の市場としては視野に入ってこなかった田舎の普通の人々、多くが真面目で勤勉な労働者である人々が、書籍、学問に目を向け始め、平易な教訓本からでも、自己を高めるために勉強を始めていく時代が始まります。この民間の動きが近世後期の文化を特色づけていきます。彼らが書籍受容者として、また文芸活動の主体として前面に出てきたことから、文芸上の新たな特色も生まれてきます。

蔦重は、近い未来に彼らが書籍市場を構成する大きな要素となることを予想していたと思われるのですが、その未来の本格化した様子を見ることなく、寛政九年（一七九七）、四十八歳の若さでこの世を後にします（死因は脚気《かつけ》、ビタミンB_1不足です。白米ばかり食べる江戸人に多かった病気。みなさんはバランスの良い食事を心がけてくださいね）。

『膝栗毛』の世紀

十返舎一九《じっぺんしゃいっく》の『東海道中膝栗毛《とうかいどうちゅうひざくりげ》』という作品名を知らない人は少ないと思いますが、読んだことのある人はかなり少ないと思います。まず、どんな体裁の本なのか見てみましょう。草双紙と同じ中本という書型（縦の長さが新書版に近い）です。この作品の成功によって、中本という書型は以後軽めの娯楽小説の定型となり、当時の人はこれらを「中本」と称していました。人情本も「中本」という呼称です。見た目とコンセプトががっちりリンクしているわけで、このあたりがこの時代らしいです。内容重視の国文学史では「滑稽本」「人情本」と分類して、『膝栗毛』を滑稽本というジャンルを切り開いたものと評価します。でも「中本」の創始としたほうが、その歴史的意味がより鮮明になると思います。

その表紙はへなへなした草双紙と違って、芯紙の入った厚手のものを使っています。これは貸本屋を通じて流通することを想定しているからです。実際、ほとんどの人が貸本で享受していました。この時代、人々は買う本と借りる本はきっちり区別していました。財産になるような書物、また逆に草双紙のように消耗品的で低価格なものは買うもの。一時の娯楽のための読み物は借りる物。もちろん『膝栗毛』など購入した読者も少なくないのですが（旧家の蔵書によく見かけます）、買うべきものではない貸本向けのものは、販売価格も高めに設定されていました。『膝栗毛』のような読み物の人気は田舎での貸本業も成立させていくわけです。十九世紀になると貸本屋が回ってこない地域もなくなってきます。広いエリアを巡廻《じゅんかい》して月一くらいでやってくる感じですけどね（当時は貸本の主たる業態は行商です）。二冊、三冊の綴《と》じ分けも、一冊いくらで貸す貸本業者の扱いやすい分量にするためです。当然、作者もこの綴じ分けを意

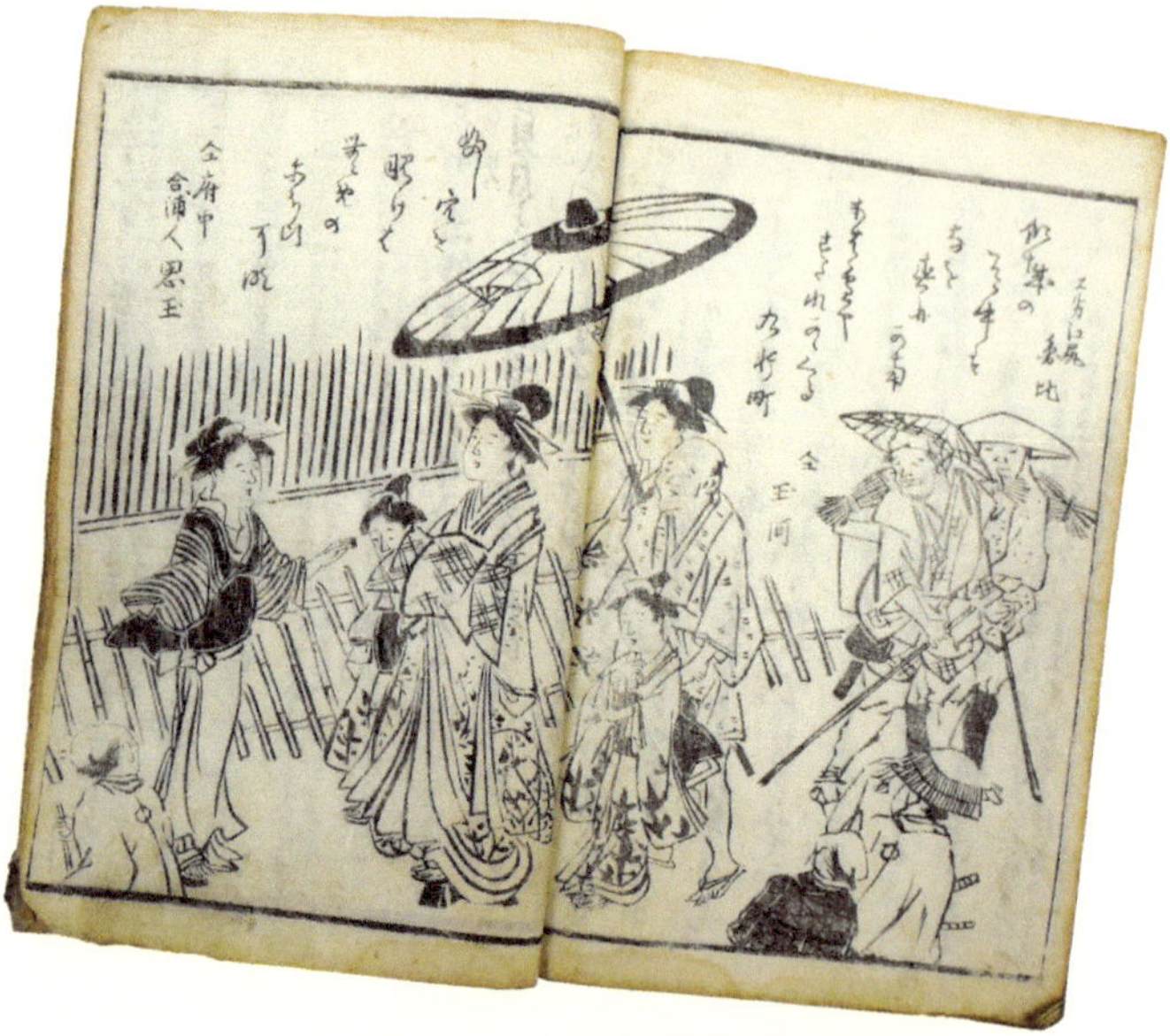

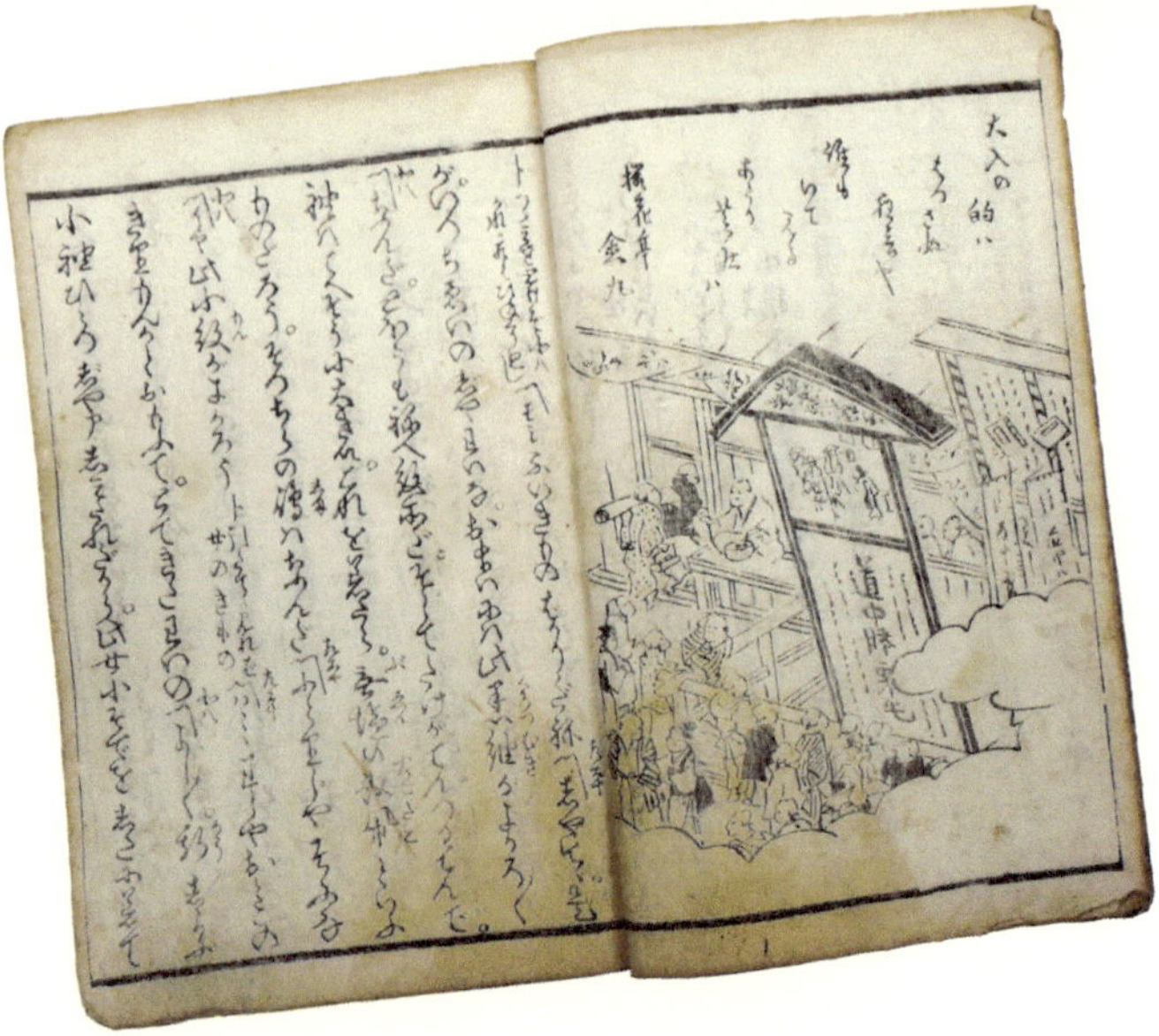

十返舎一九『東海道中膝栗毛』個人蔵

識して、各巻の紙数を揃えるように執筆するわけです。

版面を見てみると、ほとんどの漢字には振り仮名が施されているし、平仮名のバリエーションも少ない（字母が限られている）ことに気づくと思います。平仮名さえ習得していれば、なんとか読むことができるように仕立てられているわけです。この版下（版木に彫りつけるための清書）も一九、挿絵も全部一九が描いています。一九は絵も上手だし、小器用な作者です。版元にしてみれば、全部一人でこなしてくれるお得な職人なのです。

『東海道中膝栗毛』は、これまでにまったく無かったタイプの戯作《げさく》です。この作品の登場は近世後期の幕開けを告げるもので、この作品の全国的な流通は、時代が異なる段階に入ったことを象徴するものといえます。主人公の弥次郎兵衛と喜多八が詠む狂歌なども、天明期のものとは大違いでかなりわかりやすいものです。けして上品とは言えない主人公二人の下卑た悪ふざけとその失敗、何度同じような失敗をしても、ほとんど反省もせず、後悔もせず、二人の旅は続きます。馬鹿馬鹿しい場面だらけで、下ネタがきつい。これだけ有名な作品なのに教科書に載ることがなかった理由は、その下ネタもあるのですが、ほかにもっと大きな理由があります。現代語訳が必要無いくらいの平易さは入試問題のネタにならないのです。入試用の知識・技能の向上に寄与しないものは高校教育では無駄、教えません。

これまで述べてきたように、文芸ジャンルの傾向は一人の作者の力のみによって変化するわけではありません。かといって、機を見るに敏《さと》い版元の所業がすべてを決するわけでもありません。作者や版元の仕事は、変化の予兆を汲《く》み取ったものであり、その本格化のきっかけに過ぎないのです。時代の変化は大きな力を水面下で蓄えつつありました。広域的な流通を想定した草紙類の制作は一過性のものに終わらず、遠からず全体的な流れとなるのです。確実にこの延長上に日本のその後があるわけです。たとえばこの十返舎一九の『膝栗毛』、これなどは日本の寛政以後、十九世紀を象徴する文芸であると思われるのです。

馬琴『近世物之本江戸作者部類』に次のようにあります。

> 文化五六年の頃より膝栗毛といふ中本を綴りて太《イタ》く時好に称ひしかば、年々に編を続て本集九編続集九編共に十八編に至れり。この冊子は弥次郎兵衛・北八といふ浮薄人同行二名諸州を遊歴しぬる旅宿の光景いとをかしく綴りたり。はじめ一二編は新案を旨とせしが、編の累るまゝにふるき落語《ヲトシバナシ》などをもまじえ、且相似たる事多かれ共、看官《ミルモノ》はそこらに意をとゝめず、只笑ひを催すを愛《メデ》たしとして飽くことなかりしかば、板元はさら也、貸本屋にも利あるもの是にまされるはなしといひにき。初は通油町なる村田屋次郎兵衛が印行したり。その後村次は衰へてその板家扶を他に売与しぬる事二三伝に及びしかども、膝栗毛の評判はなほ衰へず。こゝをもて一九は編毎に潤筆十余金を得て、且趣向の為に折々遊歴すとて板元より路費を出させしも、尠からずと聞えたり。扨これに接きて六阿弥陀詣五巻、江の嶋みやげ五巻、二日酔二巻、貧福論三巻、堀の内詣二巻、きうくわん帖鬼武と合作二巻、一九が紀行二巻、廿四拝詣若干巻、金の草鞋全本廿編、この余猶あるべし。みな膝栗毛の糟粕なれども、編毎に行れて一九が半生はこれらの中本の潤筆にてすぐしたりといふ。只村農野嬢の解し易くて笑ひを催す

を歓ぶのみならず、大人君子も膝栗毛のごときは看者《ミル》に害なしとて賞美し玉ひしもありとぞ。げに二十余年相似たる趣向の冊子のかくまでに流行せしは前未聞の事也。只是一奇といはまくのみ。

『膝栗毛』の初編は『浮世道中膝栗毛』の書名で享和二年（一八〇二）に刊行されました。その後、正編八編、続集十二編で完結、文政五年（一八二二）まで二十一年の長きにわたって書き継がれます。馬琴が「前未聞の事」と言っているように、このシリーズは長きにわたって愛され続けたのですが、その成功は「村農野嬢の解し易くて笑ひを催す」ことをもっぱらにしたところにありました。都会のインテリに向けて高度な笑いを追求したものではなく、田舎の普通の人々が笑えるような平易な表現と通俗に徹したところにあったわけです（以前は教室でザ・ドリフターズの笑いに喩えていたのですが、それも今は通じにくくなってますね）。また、お約束の展開を含めて、このわかりやすさが、全国的かつ階層を超えた読者を獲得できた第一の要素なのですが、同時に、新たな読者層における知識欲に相応《ふさわ》しいものを持っていたことも大きいのです。文字知を獲得し、さまざまな知識を吸収しはじめた人々はどんどん視野を広げていきます。生まれ育った土地の外にも関心を向けはじめた彼らに、まだ見ぬ地域、とくに憧れの伊勢参詣の様子を楽しみながら知ることができる本書はありがたいものだったと思います。このことは、小説読者になりうる人々が都市部以外にも潜在的に増加しつつあったことを示しています（彼ら新たな読者層の識字を含めたところの教養形成については次節からじっくりお話しします)。『膝栗毛』が世に出て、彼らの存在が一気に視界に浮上したわけです。そして、この滑稽本の評判は全国的な読者を獲得し、江戸出来の小説が全国的に流通する力となりました。江戸という都市限定の笑いではなく、地域・階層を問わず全国誰でも笑える作品作りが行われていくようになります。

十返舎一九

「一九は編毎に潤筆十余金を得て」とありますが、潤筆《じゅんぴつ》は原稿料です。日本の歴史の中で、初めて原稿料だけで生活していったのが一九です。京伝や馬琴も原稿料を得ていましたが、彼らには別に生業《なりわい》があって(あるのが当然の時代です)、原稿料だけで食べていたわけではありません。一九は他に生業と言えるものの無い根無し草で、原稿料で生活していくしか生活の術《すべ》が無かったということです。[1]

『続膝栗毛　五編』(文化十一年刊)は作者一九情報を巻末に置いています。一九とは何者であるか知りたいという読者に応《こた》えようとしたもので、版元の作文のように装っていますが、もちろん一九自身が作ったものです。

一九、性《せい》は重田《しげた》、字《あざな》は貞一《さだかつ》、駿陽《すんよう》の産《さん》なり。幼名《ようみやう》を市《いち》九と云故に市を一に作り雅名とす、若冠《じやくくはん》の頃より或侯館《こうくはん》に仕へて東都《とうと》にあり。其後摂州大阪《せつしうおほさか》に移住《ゐぢう》して、志野流《しのりう》の香道《かうだう》に称《な》あり十返舎之号黄熱香の十返しを全ひてこゝにいづる。今子細《しさい》あつてみづから其道を禁《きん》ず。寛政六卯年復《ふたゝ》び東都に来りて、はじめて稗史《さうし》両三部を著《あらは》す。耕書《堂版》それより年々に陪《ばい》し、就中書法《なかんづくしょほう》に精《くはし》きを以て、諸文通《しょぶんつう》の案本数《あんぽんす》板《はん》あり。

「或侯舘《こうくはん》に仕へて東都《とうと》にあり」とありますが、明和二年（一七六五）に駿河府中の六十人同心の家に生まれたという説が有力で、長じて駿河町奉行だった小田切土佐守直年に仕えたようです。直年の江戸屋敷にしばらく勤務し、彼の大坂勤務に従って大坂に移ったのですが、そこでは、近松余七の名で、若竹笛躬《わかたけふえみ》・並木千柳とともに、人形浄瑠璃『木下蔭狭間《このしたかげはざま》合戦《がっせん》』の作を手がけたりしています。馬琴の『近世物之本江戸作者部類』に「寛政六年の秋の頃より、通油町なる本問屋蔦屋重三郎の食客になりて、錦絵に用る奉書紙にドウサなどをひくを務にしてをり。その性滑稽を好みて聊《いささか》浮世画をも学び得たれば、当年蔦重が誂へて、心学時計草といふ三冊

1　原稿料だけで生活していたというと、どうしても現代の作家先生のイメージで捉えてしまうようですが、池井戸潤氏のようなのとはまるで違うのです。筆一本で生活できたというより、それでしか収入を得ることができなかったのです。人気の作者ではあったのですが、その生き方は当時の人間からすると褒められたものではない。武家奉公も勤まらず、かといって他に地に足の着いた仕事を得ようとしたわけでもないどうしようもないヤツという評価です。家も持たない根無し草、地本問屋仲間の会所に寝泊まりさせてもらっていたその生活は優雅なものとは言えないでしょうね。馬琴が「編毎に潤筆十余金を得て」と書いていますが、今の感覚では二百万円弱、年に一、二編書けたとしても、裕福にはほど遠いです。そもそも売価の低い黄表紙の作料なんかは画作こみでもっともっと安いでしょうね（記録がないので原稿料の額はわかりません）。一九の名前は見当たらないものの、明らかに一九の筆跡の本がよく見つかります。本屋から筆耕のアルバイトをちょこちょこもらったりしてつないでいたのでしょう。

物の臭草紙を綴らしめ画も一九が自画にて寛政七年の新板とす」とあります。ドウサは顔料のにじみが出ないようにする薬品です。武士身分を捨てて江戸にやってきた一九は、しばらく蔦重の店の居候をしていたわけです（一九が江戸にやってきた経緯はわかっていません。馬琴同様京伝に憧れたのかもしれません。蔦重のところに転がり込んだ経緯も分かっていません。おそらくは京伝とか誰かの紹介でしょう。そもそも一九は駿河時代から江戸の雪中庵系の俳諧に遊んでいて、そういった文芸を介したネットワークの中にいたのです）。小器用な彼に蔦重が黄表紙を作らせてみたところから一九の戯作者人生が始まります。ちょうど蔦重の店で働かせてもらっていた馬琴と入れ違いのタイミングですね（それにしても、蔦重という男は、行き場を無くした歌麿や唐来三和《とうらいさんな》、馬琴や一九なんかをよく拾って飼っておいたものだと思います）。

また、この『膝栗毛』という作品の歴史的意義のひとつに影響の大きさがあげられます。浮世絵の題材にされたり、絵本になったり、芝居に取り込まれたりもしました。ですがそれだけではなく、「膝栗毛物」とも称すべき小説の一群を生んだのです。『膝栗毛』は単純なパターンの繰り返しです。おバカな会話をしながらふざけちらして旅をする主人公を設定すれば、誰でも『膝栗毛』をお手本にしながら同様の読み物を作れるわけです。たくさんの『膝栗毛』もどきの作品がたくさんの作者によって明治まで量産されました。

『道中膝栗毛　五編』下巻に弥次郎兵衛が十返舎一九になりすまし、田舎の人間にたかろうとしている場面があります。

男「あなたの御狂名《けうめう》は　弥次「わつちやア、十返舎一九と申やす　男「ハ、ア御高名《かうめい》うけたまはりおよびました、十返舎先生でござりますか。わたくし、南瓜《かぼちや》の胡麻汁《ごまじる》と申ます。さて〱よい所でおめにかゝりました。此度や御参宮《さんぐう》でござりますか　弥次「さやうさ。かのひざくり毛と申、著述《ちよじゆつ》の事について、わざ〱出かけました　ごま汁「いかさま。あれは御妙作《めうさく》でござりましたろう。是へおこしなさる道すがらも、吉田《よしだ》岡崎《おかざき》名古屋《なごや》辺《へん》御連中《れんぢう》方、御出会《しゆつくはい》でござります。弥次「イヤ東海道《とうかいどう》は宿々《しゆくく》残《のこ》らず、立よる所がござれども、まいると、引とめられまして、饗応《きやうおう》にあひまするがきのどくでござるから、みな直通《すぐどふ》りにいたしました。それゆへ御らんのとふり、わざと麁《そ》服《ふく》を着《ちやく》いたして、やはり同者《どうじや》の旅行《りよかう》どうやうに。心安く、なんでも気まかせに、風雅《ふうが》を第一と出かけました

これは、実際に一九の偽者が地方で詐欺を働いているという話から着想したもので、『膝栗毛』の人気と一九の盛名が地方にまで浸透していることがうかがえます。江戸の戯作や作者の話題が全国規模で通用するというのは、この十年前には考えられなかったことです。これまで目に見えなかった時代の変化が一気に表に現れたような感があります。

そもそもは江戸という市場のみを視野にいれてきた江戸戯作が、このころには全国規模の市場を相手にするようになってきているのです。『膝栗毛』という作品の成功は、読者となりうる存在の、階層を超え地域を越えた広がりが前提でした。上方にも江戸の草紙類の卸売を看板とする業者ができたりするのですが、『膝栗毛』などは、地方の潜在的市場を掘り起こす優良

な商品であったのです。広域的な書籍流通網の発達は広域的な需要が期待される商品を生み出しました。弥次さん喜多さんのことをほとんどの人間が知っている世の中となったのです。書籍の流通網が全国くまなく張り巡らされ、知と情報は速やかに全国を流れ巡り、均質な情報環境が成立しはじめたことをこれは象徴しています。

また、『膝栗毛』は、主人公二人の悪ふざけに終始したあざとい滑稽のみで成り立っている作品ではありません。馬琴は「大人君子も膝栗毛のごときは看者《ミル》に害なしとて賞美し玉ひしもありとぞ」と、「害なし」という言葉で彼なりにこの作品を褒めています（馬琴らしい）。失敗に懲りない二人の悪ふざけは、その都度教訓的な決着で結ばれます。弥次郎兵衛・喜多八を狂言廻《まわ》しとして紹介される土地土地の様子については、いい加減なところも少なくありませんが、一九自身の取材や調べによって、けっこう正確で実際的な情報にも富んでいるのです。編を重ねていくにしたがって、地域の正確な情報を盛り込むべしという要求も読者から強く寄せられてきます。学問を修めてよりよい自分になっていこうと多くの人間が考えはじめた時代、伊勢参宮をはじめとして、遠路の旅が夢ではなくなった時代、他の地域への関心とともに自分たちの暮らす地域への関心が生まれた時代、この作品は、高い次元の学問を身につけていた層とは別の読者層の間で、時代の興味・関心を満たす啓蒙《けいもう》的な書籍でありえたのです。そして、ここに盛られた滑稽は、作中の狂歌同様、平易で分かりやすい。「村農野嬢」にとっても面白く「解し易」い、画期的な教養書でもありえたのです。

しかし、いくら分かりやすいとはいっても、絵本ではなく、文章中心の読み物です。それなりに読解の訓練と経験を積まない限りは読者とはなりえません。乱暴にまとめると、『膝栗毛』の読者は、明和・安永のころには存在しませんでした。「村農野嬢」が、それなりの教養を身につけて、また身につけようという意志を持って、手習いや読書を行い、読書を余暇の娯楽とするような時代になってはじめて『膝栗毛』の読者はこの世に誕生したのです。そして、学問への関心が地域や階層を超えて広まって、文字文化を自分のものとした「村農野嬢」がどんどん誕生してくるような状況を追い風にして『膝栗毛』の続作、成功はありえたのです。

躍進する地方の本屋

新たに現れた（はずの）読者たち、書籍の受容者たちのほとんどは、自らの読書体験を記録したり、書籍の購求記録や蔵書目録を作成するような特殊な人間（学者のような変わり者）ではありません。日々の労働に汗を流す普通の暮らしをしている普通の人々です。彼らは寡黙です。圧倒的な多数を占める普通の人々の文化的営為は、それぞれがささやかなものであっても、総体としては無視しえない、時代を動かす大きな力となるものです。記録に残っていないからといって歴史上無かったことにしてよいわけではありません。では個々には自分の営為を語らない彼らの営みをどのようにして捉えればよいでしょうか。

私が思いついた一つの手口は、書籍の流通を捉えるということです。あらゆる商品は需要のあるところに流れていきます。地方の本屋さんが出来上がっていく様子、都市部から地方への書籍の流通のパイプが太くなっていく様子は、そのままその地方の書籍市場の成長を物語っているわけです。書籍市場の拡大はそのまま書籍受容者の拡大と捉えることができます。

松本高美屋甚左衛門の創業

松本は信濃国の真ん中、松本藩の城下町です。行ったことのある人はいますよね。でも国宝の松本城には登っても、町の本屋さんに立ち寄ったりする人はなかなかいないでしょう。伊勢町通りが本町通りにぶつかるちょっと手前に高美書店があります。昔は本町通りに店が面していたのですが、二十数年前、パルコを誘致したものの、それが面する伊勢町通りが一方通行の細い道であったので、それを拡幅する際に（この区画整理で、水路があって蔵が続く細い路地の美しい景観が滅びました）、店を動かさざるをえなくなって、今の場所になりました。この店は、長野県内で一番長く営業を続けている書店で、二百年以上続く老舗《しにせ》です。地方の本屋さんについての原稿を頼まれ、ここの御主人（七代目）に取材を申し入れたのが縁で、これまでこの家のさまざまな史料を見せてもらうことができました。店の移築に際して、残すべきものをより分けてくれとの依頼で、江戸時代からの不良在庫と格闘した一年間は今もよく思い出される幸せな時間でした。[2]

初代の高美屋甚左衛門は筆まめな人で、さまざまな記録を残しています。そのうちの一つ「年代記」は、先祖の年忌などを記して家の歴史を編めるようにした市販の記録帳『万暦家内年鑑』（店の売り物だったのだけれど、売れなかったのか、だぶついた在庫を以前に確認しました）

を使って記録されています。その寛政九年（一七九七）の条に「書林商売開店スル嶋屋大野氏ニテ南店也」とあります。大野家に生まれた初代は養子になって高美家を嗣《つ》ぐのですが、実兄の経営する太物・小間物店嶋屋の一部を借りて本屋を始めます。十四歳の時です。皆さんにはまるでピンとこないでしょうが、当時のこの年齢はもう一人前扱いです。文化十二年（一八一五）に甚左衛門が書いた随筆に『年のおたまき』というのがあります（自筆の稿本のまま高美家に残っています）。その中に本屋創業時を振り返って記した部分があります。

おのれなりはひに書肆の事の起りハ、父母の家に有し総角《あげまき》の頃より、絵草紙あるハ物語り

2

一年間の研究専念期間を利用して、私は高美屋の蔵に入り浸っていました。表通りからは見えませんでしたが、江戸時代の蔵二棟が店につながっていました（伊勢町通り拡幅の時に奥に動かして今も健在。移動にはかなりのお金がかかったみたいですよ）。そこで、まず私のアドレナリンを沸騰させたのは、誰も開いていない新品の和本の山！　江戸時代から明治にかけてのものです。本って、もともとこんなにピカピカだったんだって、それはもう感激。高美さんは「商売の恥の固まり」と言っていましたが。どんな本を扱っていたのか、どこから仕入れたのか（符牒《ふちょう》や仕入印で分かることがあります）等々、私の興味を次々と喚起していくこの現物資料を、依頼の趣旨などそっちのけで片っ端から記録にとどめていきました。ひょっこり出現する「鉄腕アトム」のカレンダーや販促用の「がきデカ」の色紙なども楽しめましたが、何よりも営業文書や出張の際の日記など本屋商売の生史料が出てきて私の研究には大いに役立ちました。また、甚左衛門自身狂歌や俳諧にはまっていた関係で、鹿都部真顔の狂歌稿や他の狂歌師・俳人の書簡といったお宝も出てきました。

軍書様すべて物の本を好みてみる事一壁なりき。兄人の業《なりはひ》にハ、世々綿布類小間ものひさぐ店の南の方ニ而わづかに小童の業にそ始ける。此松本ニて其頃迄ハ文屋といふ店なく、皆片店ニ而わづかに売《ヒサク》の巳。大部の本《ふみ》類ハ都而三都へ見物に行人、あるハ偶々《タマ》飛脚等にたくして買うる事なり。こは寛政の末頃の事。予も始ハ諷の小本浄るりの切本等、其頃甲府なる小物某小間物商ひ人、爰に毎年少しつゝ仕入来しをうけ得、あるハ事のついでに三都へ行人にあつらへ仕入てひさぎしに、十六才の年寛政十一年二月晦発足元服して（頭書補記「正月元服」）、母諸共嶋や勇七主同道伊勢参宮より大和はりま路京大坂見物行の序、かねて心にかけ而書林ニかゝり、くさ〳〵仕入来りて、少々最弘《(ママ)》まりける。夫より近々文花ハ盛りになりて毎度江戸名古屋表へ仕入ニ行。近年学ひの道大にひらけ而、先ハ此市中に予が店書肆一家を成せり。

なかなか大事な情報が詰め込まれていますので、解説していきます。まず、幼い時から本が好きで、それが本屋商売を始めた動機であるということ。ケーキが好きなのでケーキ屋さんになりたいというのと同様のかわいらしさがありますが、それを実現したまっすぐさがまたいいですね。甚左衛門に手習師匠村上三十郎[3]が授けた手本を見る機会があったのですが、本屋を志している少年甚左衛門向けに本のタイトルを並べた手本で、ちょっと感動しました。

次の有益な情報は、信濃第一の城下町松本に書物を扱う本格的な書店が甚左衛門創業時まで無かったということです。これは大方の地方都市でも同様だったと思われます。[4] しかし本の流通がまったく無かったかというとそうではなく、「片店」（主とする他の営業のかたわらで行う小商い）で少々の本商いは行われていたということです。しかし、「大部の本《ふみ》」、つまり書物を扱う店は無く、三都に見物に行く人に頼むか飛脚便[5]で取寄せるかしか方法が無かったということです。つまり、近世後期を迎えるまでは書物商売が成立するほどの書物需要はこの町には無かったし、当然書物の安定的な流通は開けていなかったということです。甚左衛門の本商売も、甲府の小間物屋を介して仕入れた単冊の謡本や浄瑠璃本（抜本と呼ばれる共表紙の薄いもの）などを仕入れたり、たまたま三都に用事のある人に頼んで仕入れてもらって、兄の店の片隅で商っていたということです（書物の流通は無くても、草紙類は他の商品とともに流通しやすいこと

3　三十郎は田舎坊左右児の筆名で俳諧・雑俳に遊んでいて、この町の文芸の中心的存在でした。甚左衛門は彼の影響を強く受けていたものと思われます。手本の見返しには甚左衛門の字で「村上田舎坊手本／高美氏」と書かれていて、大事に保存されていたようです。手本の後半はこうなっています。「太平記平家物語盛衰記甲陽軍等者今所持候此外軍書御座候者御借申度候以上／戦記御用候也三国志漢楚軍談呉越軍談有合候紛失無之様御覧可被成候」。手紙文を習得させるのが手習いの基本なので、手紙の往復の文体の中に本のタイトルを詰め込んでいるわけです。

4　私は小学校二年の時に札幌の中心部から郊外に引っ越したのですが、近所の何でも屋（食料品・雑貨等々）で『週刊少年マガジン』を買っていましたし、小学校前の文房具屋には文庫本や雑誌も少々はありました。

5　飛脚便はかなり高価につきます。いまの福島県北部の人ですが、内池永年《うちいけながとし》という和学を修めていた人がいました。直接江戸や名古屋の書店に手紙を送って飛脚便で取寄せるしか書籍入手の方法がなかったのですが、彼の蔵書目録には書籍購入価格とともに送料が記されています。それを見るとおしなべて購入金額の一割が送料です。

もわかります）。十六歳の時、伊勢参りの際に京阪地方を訪れたのが自身で書物の仕入れを行った最初、その内毎年のように江戸や名古屋に出向いて仕入れるようになったとのこと。甚左衛門は「近々文花ハ盛りになりて」と表現していますが、時間とコストをかけての仕入れも引き合うくらい、町の書籍需要が高まっていったということです。[6]そして、「此市中に予が店書肆一家を成せり」と誇らしげに結びます。本屋商売が大当たり、見事軌道に乗って一廉《ひとかど》の店としてやっていけるようになったわけです。その理由について「近年学ひの道大にひらけ而」と書いているところは重要です。寛政年中、松本藩校崇教館《そうきようかん》が出来、松本藩士の教育が盛んに行われるようになります。しかし、武家の需要だけでこの店の発展が支えられたとは到底思えません。学びの道が大いに開けたところはそれ以外、松本の町と近隣の村々であるはずです。

日常のお楽しみ、また実用品の草紙類は仕入れ価格も安く、在庫を抱えてもさほど商売の負担になりません。他の商売のかたわら、店に置きやすいので、流通力は高いのです。それに対して、書物類は高価ですので、売る自信が無いと手を出しにくい。地域における書物需要が高まらないと書物を扱う書店は継続しにくいのです。甚左衛門は認識していないのですが、じつは甚左衛門が生まれる前、松本にも書店はあったのです。ですが、うまくいかず、ほどなくほかの商売に転じてしまいます。これが時代の風向きの差です。

一九が町にやってきた

文化十一年（一八一四）から高美甚左衛門は日記を付け始めます。これがその最初の記事です。

文化十一甲戌歳七月晦日江戸より十返舎一九子并門弟花垣俗称丹波や某ばくろ町板木師両人遊暦ニ尋ね来る。尤も、著述の膝くり毛、近々出板江戸帰路ニ及び、木曽路迄、夫より此松本へかゝり善光寺通りの趣き出板之もやうなれ共、土地の風俗并言葉なまり等しれかね、遊暦傍来る。おのれ江府へ文化甲子之年店書物類并諸品仕入ニ行。其節通油丁書林蔦屋重三郎同道ニ而、両国万八楼ニ書画会江行。彼一九子并ニ京伝子、外馬琴・画工菊丸後月丸等面会ス。わけて一九子と厚意ニ成。夫より吉原及び所々遊ぶ。吉原次郎庵といふ医者其外通油丁書林村田や治郎兵衛ひさくり毛板元一九作菊丸子などゝ角丁之中まん字やニ遊ぶ。弁大門通つたや茶や所々遊暦之内ちきり置。其後、文化七年同仕入用ニ出府する己レ廿七才。其せつも又々ねんごろに往来。漸々今年来る。新田町大庄家長丸通称藤森善兵衛狂歌判者ニ成、是ハ彼新田通り之趣よりみのち橋なと之景色、膝くり毛ニかゝせんとのねぎ事ニ而兼而文通いたし、待居ル。十返舎花垣我等方ニ滞留いたし、毎日席画たんさく所々より待来る。其内清宝院ニ而、狂歌水篶連ニ而酒宴并ニ歌合

6　一時に大量に仕入れて、その地域に在庫を確保している書店の存在意義は大きいのです。高美屋甚左衛門の仕入れ日記を見ると、江戸の多くの書店を回って仕入れた荷物は、小網町（日本橋のそば）の問屋に託して、荒川から利根川の水運を使って上州倉賀野まで、そこから高崎の問屋によって碓氷《うすい》峠越え、その後は善光寺経由で松本まで馬による輸送になります。これもかなりコストはかかるのですが、仕入れの量が多ければコストの売価への転嫁は少なく、個人的に飛脚便を使うよりずっとリーズナブルなわけです。

する。

十返舎一九が松本にやってきたところから書き始められます。彼にとってみれば画期的な瞬間であったのだと思います。一九は『続膝栗毛』の取材がてらやってくるのですが、それは、たびたび江戸に仕入れものに行っていた甚左衛門が一九と懇意になり、彼が再三誘ったのに一九が応じたものなのです。新田町の大庄家藤森善兵衛も一九を待ちわびていた一人で、彼は地元のことを『続膝栗毛』に取り上げてほしくて一九に手紙を書いたりしていたのです（藤森家には一九関係の遺品が今も伝えられています）。一九は、弟子の花垣とともに甚左衛門宅に逗留《とうりゅう》し、その間、諸方からねだられる色紙短冊の類《たぐい》に応じたり、地元の狂歌連との狂歌会に参加したりと大忙しです。これより半世紀ほど前、高名な文人建部綾足《たけべのあやたり》もこの町を訪れているのですが、その時は町役人クラスの上層町人しか彼を歓待していません。この半世紀の間に、町全体に文芸熱が高まり、一九の来松を大喜びするようになったのです。もう少し続けてみましょう。

毎日連中集る 小池町きよすや清三郎染人　飯田町鞘師源吾くり形　いせ町厚丸里橋事与兵衛　松成　出丸　一丁め其丸　小安寺小路見鶴　同岡住。其外
大勢 一丁目白与又香。

江戸狂歌の流行が松本にも及んでいて、松本町人たちの狂歌連が出来ています。甚左衛門もそのコアなメンバーで、宿屋飯盛や鹿都部真顔とも懇意です。その狂歌の連中が毎日一九逗留

中の甚左衛門宅にやってきます。

八月十一日　新田より折々むかひ来る故、己も同道ニ而三人行。長丸方ニ一宿。夫より栗尾満願寺へ行く。雨ふる。待もふけの馳走種々。明朝御隠居此頃よりかこひの持山の内茸狩。松茸沢山ニとり出す。（保高　二木や　橋　づめ　宗左衛門）両人執持。さておのれハ其せつ小笠原様十五日御着の処、兼而御宿わり被仰付あれば、種々用事故花垣子同道ニ而先へ帰る。（一九ハ廿日。頃迄遊ぶ）其後帰り、水沢山寺へ行而、是又三四日滞留。跡より家内幷母（いせ町みそや　こくや宗吉　飯田町姉　島や勇七）大勢ニ而水沢へ参詣する日帰り（一九子　花垣　両人ハ残り留る）我等帰り道、波田宗左衛門主方ニ休ミ、庭の大石ニ一九子の歌頼まれ帰る（もみぢする秋のにしきのはたむ。らにめづるや御代の城山の月）ほり付ル歌失念（宗吉子ハ是ニ而別レ。此辺ニ一宿スル）

藤森善兵衛からの度重なる迎えに応じて甚左衛門同道で彼のところに一九は一泊します。そこから栗尾満願寺を訪れ、松茸《まつたけ》をごちそうになります。満願寺での松茸は『続膝栗毛』の一場面に取り込まれていますよ。この寺には一九が画いて置いていった絵がまだ残っていますよ。波田の宗左衛門に頼まれて一九が揮毫《きごう》し、それを彫りつけた石もこの家に残っています。歓待されるまま、松本周辺の村々を一九はぶらぶらしているわけです。その歓待ぶりは江戸出来の小説読者の分厚い層が隅々《すみずみ》まで出来上がっていることによるもので、それに驚くべきだと思います。

所々より餞別集る。在町合せ五両斗凡出来る。悦び、又栗尾さして別るゝ。池田中や瀬左衛門 角や源之助其外仁熊村などへ添書認遣ス。追々所々ニ滞留ニ而越後辺遊暦いたし、十月ニ入江府へ帰宅之由書状来る。

いよいよお別れ、「在町合せ五両斗」の餞別《せんべつ》が届きます。町だけではなく「在」も合わせてというところは重要です。一九はこの後、善光寺町を訪れ、越後まで足を延ばし、二ヶ月間ほどの旅を終えて江戸に戻ってくるわけです。どの町でも同様の歓待を受けたことと思います。書籍の流通網は、流通を促す良質の商品（本）とその享受を望む人々の増加によって全国的に整備され、作者一九をはじめとする文化的情報もそこを通じて流れる時代を迎えました。

二度目の来訪

一九の合巻『金草鞋《かねのわらじ》』の一場面をみてみましょう。高美屋の店頭を描いています。文政二年（一八一九）の秋、一九はふたたび松本をおとずれ、甚左衛門宅に滞在します。その時のスケッチに基づくものでしょうが、案外正確に再現されています。左下に本屋独特の看板「箱看板」が据えられていて「和漢書物／慶林堂」と書かれています。箱看板は本屋の看板なのですが、問屋を営むような経営の大きい本屋がこれを使います。高美屋はこの地域で仲卸の役割を果たしているし、出版物もあります。慶林堂は高美屋の堂号です。日除《ひよ》けと暖簾《のれん》に「高見屋」と「高見」とありますが、これは大目にみておきましょう。扇形の看板に「御持用いろ〱」と

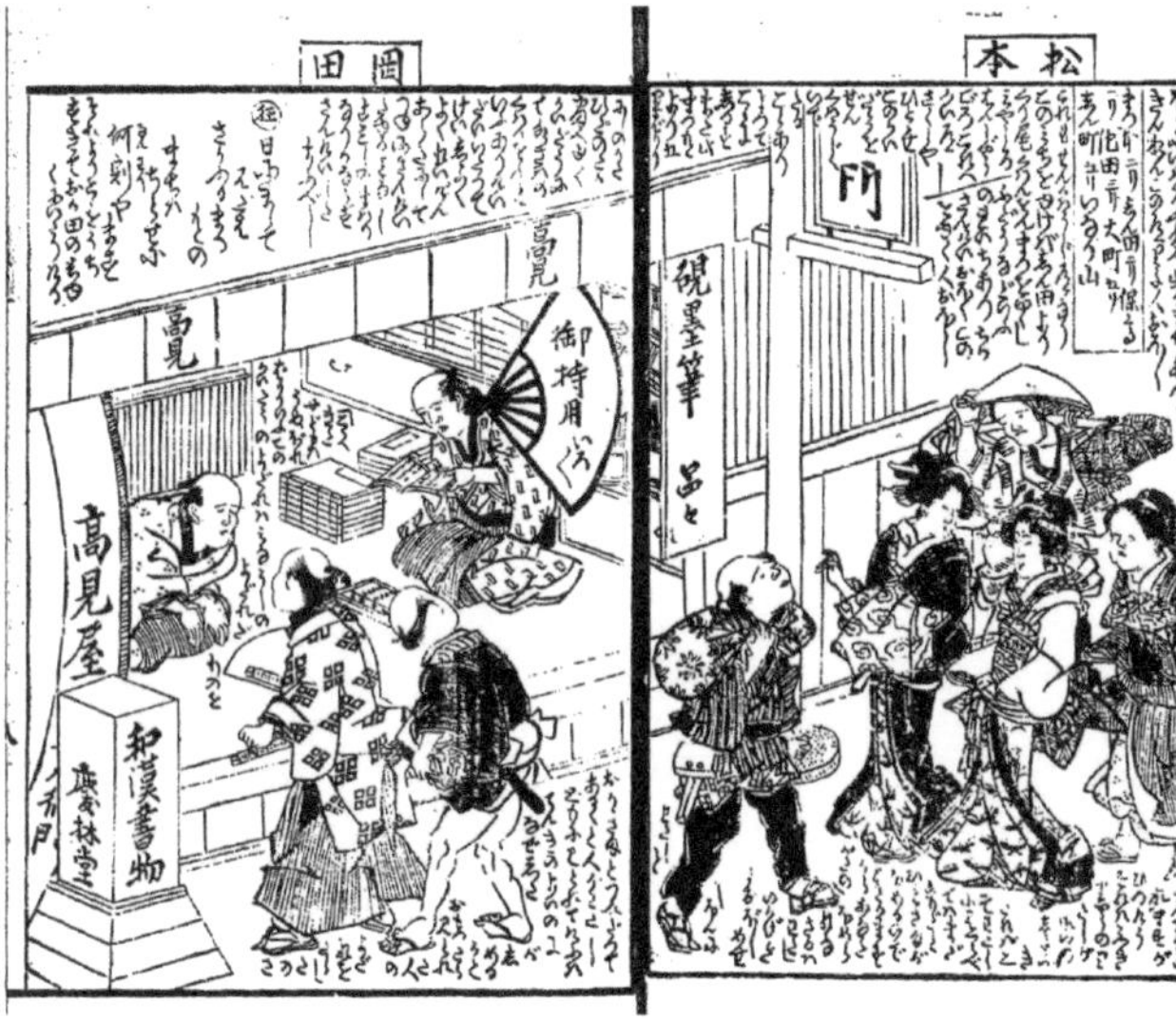

十返舎一九『諸国道中金の草鞋』国立国会図書館蔵

あるのは扇子を扱っていることを示しています。左側に下げられている看板には「硯《すずり》墨筆品々」とあります。現代でもそうですが、文房具は書籍とともに商うのに相性の良い商品です。本しか扱っていない本屋って、当時はほとんどありません。いまでも少数派なのでは。経営を複線化することによって書店を維持していく智恵です。本は生活上必ずしも必須のものではなく、この商売は景気の余裕次第のところがあります。本がぱったり売れない時期が続いても切り抜けられるように、本の在庫の邪魔になりにくい紙や文房具、小間物（扇も小間物、外出時には懐に挿していかなくては恰好《かっこう》がつかない必需品です）、薬品なんかが書店の副業の定番です。とくに文房具はニーズが本と重なりますから効率がよいのです。

店内、番頭らしき人が供を連れた武士客に

対応しています。その右、本を改めているのは手代でしょうね。さて、店の向かって右、太い柱が立てられていて、その上に立派な看板が据えられています。一番下の「所」の文字しか描かれていません。この店を知らない人には分からないネタです。この看板は養命酒の看板のはずです。「伊那天龍館製／養命酒大売捌所」と書かれていたと思います。明治期の小さめの看板はまだ高美家にあります。伊那天龍館製の養命酒（今も健在、CMでおなじみ）売弘《うりひろ》めの筆頭が高美屋でした。養命酒も薬品ですよ。甚左衛門の日記文化十二年（一八一五）七月十五日のところに、看板とチラシなどの宣材が届けられたことが見えています。

高美屋甚左衛門は、文化期には和泉屋市兵衛を始めとする江戸の書物問屋との強固な流通網を確保して、松本近隣に商品を卸す流通の中継基地的な役割を担うに至っていました。ことは松本のこの店に限りません。主要な都市において、この時期に書籍流通網の要所が成立して、三都や名古屋からの太い流通が開けてくるのです。そして、その流通を頼りに、また地域の書籍需要の高まりを背景に、本屋、また書籍の流通に関る商人が叢生《そうせい》していきます。

村落における書籍需要

今度は、書籍受容者側の貴重な記録を見てみます。舞台は信濃国埴科《はにしな》郡森村、農業中心の村でした。屋代とか長野県立歴史館あたりが近いですかね。合併・改称を重ね、屋代町、更埴《こうしょく》市、そして今千曲市の一部です。この村の中条唯七郎という人が、書きためた自分の日記を集約して『見聞集録』という記録にまとめています。時代の変化のただ中にいてその風を敏感に感じ取っています。その「近来素読流行の事」の一条は、まず、「当村百姓家にて読物といふ事孟辰が初也、尤全部遂ニ読畢ハなけれとも四書唐詩選等ぬき読位の事也」と、安永八年（一七七九）に没した自分の父磯五郎孟辰がこの村で素読をした最初の人間であること、それはごく一部の「抜き読み」にすぎなかったことを記しています。次に、二十一歳の寛政七年（一七九五）ころ、『和漢朗詠集』を読み始めたことに関連して、この村の家々に所蔵されている書籍がどの程度のものであったかを記しています。引用文を読んでみて下さい。どの家に何の本があるか把握できるということは、いかに書籍の所蔵が珍しいことであったかがよくわかります。

又廿一才の七月、存付師へ縋ツて朗詠集を読、其頃当村に朗詠上下揃ツて全備せしハ決してなし、只先生の所に講釈付ノ分有之耳、我等本家に上巻あり、坂入笠井久五郎ニ平かな付の下巻ある耳、何書によらす、只ある物ニハ古状揃、庭訓、式目、実語教、童子教耳也、よミ本ノ軍書等ニも、坊太郎、しが団七、其外珍敷大部といひハ慶安太平記の外何ニてもなし、其頃の様是にて可察〳〵、我等本家ニをたまき上下、開運録、由井根源記、集義和書、軍法極秘伝書、信長記、四書極有之といふ所ニて其位の事也。

その当時における村の書籍文化環境がよくわかります。そのころ村には「朗詠上下揃ツて全備せしハ決してな」く、「只先生の所に講釈付ノ分有之耳、我等本家に上巻あり、坂入笠井久五郎ニ平かな付の下巻ある耳」という状況でした。「何書によらす、只ある物ニハ古状揃、庭訓、式目、実語教、童子教耳也」と、往来物は幾分有ったものの、「よミ本ノ軍書等ニも、坊太郎、しが団七、其外珍敷大部といひハ慶安太平記の外何ニてもなし」という状況だったのです。「坊太郎」は田宮坊太郎ものの写本の小説、「しが団七」も志賀団七を主人公とした小説で写本です。由井正雪一件を素材とした『慶安太平記』は旧家の蔵書によく見かける比較的残存の多い写本です。つまり、娯楽のための読書の具が乏しかったこの時代のこの村は、娯楽のための読書の習慣にも乏しかったということになります。唯七郎の本家の蔵書にしても、数え上げられるくらいの点数しかないという様子でした。

つぎは、寛政八年（一七九六）、二十二歳の年にまた始めた四書の素読についての文章です。

> 我廿二歳の年、又四書を読み候へ共、我等壱人切也、廿二歳ノ年柏原ニて月々三七ノ稽古と定まり罷越候所、最初ハ村方の唱にハ出家ニ成候か、医者ニ成候かと云ふ、其頃柏原医業世に行はれ、寸暇なし、畢竟三七ノ稽古と成り候事同門志の者多く成り候故也、一旦ハ医者か出家かと嘲り候も、追々我も〱と入門す、第一に我等、次に奥三郎来ツて古状揃をよむ、夫ヨリ庭訓等と其類例の人別日に増進し、笠井富右衛門・中条久兵衛・九島熊蔵・岡田角兵衛・宮尾半次郎等と、後ニハ一季奉公の族といひ共、主人の下モ部屋ニて夜学すといふ程の事也、先最初ハ自分共ノ分ニハ古状・式目・庭訓等も過候抔と申候者が、後にハ四書・古文等と募り、稽古ノ夜も短しと歎息して、後ニハ素読せねハならぬ物と流

行し、興正寺通芩等と所を嫌らはず読みさへすれバ事足りぬと心得る人情と成り候。其内追々隣村等へ弘まり、諸方共ニ其勢ひ也、全く当村を功に申ニハ無之、天気変相の気当村に始り候也、稲の一ト穂万稲ニ先達る出穂候共、其稲を功と申ニハなし、沢山一ト葉の紅葉も其木の功といふにはなし、天気第一ニ下所ニ有之候て天命其里へ下り始、追々一統するが如き開けをいふ也。

素読などをするのは当時この村では彼一人で、そんな彼は「最初ハ村方の唱にハ出家ニ成候か、医者ニ成候か」などと馬鹿にされる始末でした。でも、彼を変わり者呼ばわりしていた者たちも次第に「我も〳〵と入門」しだします。その後は「稽古ノ夜も短しと歎息して、後ニハ素読せねハならぬ物と流行」するにいたるのです。そしてそれはこの村に限らず「追々隣村等へ弘まり、諸方共ニ其勢ひ」となっていくのです。

これはすごいことです。森村全体に学問志向が高まり、その勢いが近隣の村々にまで波及していくのです。とくに何か目立った特色があるわけでもない、普通の小さな村の話なのです。この急激に起こった好学の風潮が何に由来するか当事者である唯七郎自身はっきりした答えを出すことができないでいます。臨界点に近付いていた潜在的な欲求が、きっかけを得て噴出したのですね。

唯七郎は、またかつてと比較して次のようなことも記しています。

> 昔ハ当村辺に無筆の者多し、然に今ハ無筆の人なし、尤昔人の老人ニハ未有之候也、然に当節ハ俳諧又ハ哥読・画師或ハ素読・筆道・石印師・生ケ花、当節ハ延引ニ成り候得共、興正寺智誉上人弁山師の頃ハ、茶ノ湯・易学其外陰陽道等と、文政十一子八月廿八日迄俳諧とハ何の事ぞといふ程の事也（中略）夫ゟ追々俳諧にかぎらず諸芸何ニても不始といふ事なし。

老人には無筆の人がまだいるけれど、それ以外は皆文字知を獲得しているという驚異的な話。数十年の間の劇的変化です。文字知の獲得の先に何が開けたかというと、俳諧や和歌、絵画や学問、篆刻《てんこく》や生花など、思い思いの趣味の世界で自分を引き上げていくことが行われていくのです。別の箇所でも同様のことを書き付けています。

> 近年当村辺人気さかしく上品ニ成候事天地雲泥の違ひ、其昔は無筆ノ者多し、然に此節ハ歌・俳諧・いけ花芸としてせずといふ事なし。剰下々農人の身分にて、仏法・神道・医術其外何によらず、一村集る時一事かくるといふ事なし。此事我弘化三午七月三日、岡森佐元太方ニて話し被申候ハ、我当午ニ四十八歳也。然ニ我等村方等御領分ニても指折の上村也。然共未一村ノ内ニ無筆ノ年寄四人有之候。去ル程に昔ハ皆無筆ニて拙きが常也。我等

四書等教始て当節人気上達ニ成しハ近頃の事也。歌書等善光寺江行、書物屋へ尋候に、其題号名目にても不存程の事也。たまく大勢の内壱人や三人好手有之時ハ、京都へ申越買得候。然ニ近来ハ何書を尋ねても、即席無之分ハ京都ヨリ取寄遣ス自由也。

「昔ハ皆無筆ニて拙《つたな》きが常」であったのが、弘化三年の時点で、「今ハ無筆の人なし」と言い切るほどの状況となっているのです。「無筆」からの脱却を契機に、村の文華は多様に開花し、「俳諧又ハ哥読・画師或ハ素読・筆道・石印師・生ケ花」等と造詣の深い趣味の分野をそれぞれが持ち合わせるようにもなっています。この識字層の増加、学問への志向とともに想起されるのが本屋の質の向上です。かつては、善光寺町の書物屋で書物を買おうとしても、「其題号名目にても不存程の事也」と、その書名すら理解してもらえなかったものが、最近はどのような書物を尋ねても、「即席無之分ハ京都ヨリ取寄遣ス自由也」と、在庫が無ければすぐに京都から取り寄せてもらえると記しています。書籍需要の高まりが、本屋の質の向上と流通の格段の進歩とを将来しているわけです。

善光寺町の書物屋は、おそらく蔦屋伴五郎でしょう。善光寺町は今の長野市、善光寺の門前町です。蔦屋伴五郎はもともと参詣客相手にお土産品の善光寺絵図や縁起を印刷して販売していた店だったのですが、地域の書籍需要に応えるべく書籍の品揃えを充実させていきました。信濃では高美屋甚左衛門に次ぐ早期の創業です。つまり、地方の書店の成長はそのまま地域の知の底上げを物語っているのです。高美屋甚左衛門にしても、松本藩の武士や町の人間の文化活動の活性化のみが、本屋商売の成長を支えていたのではなく、むしろ近隣の村々の書籍需要が大きな追い風になっていると考えざるをえません。

唯七郎が「天気変相の気」という言葉でしか表現できなかった、この当事者自身驚嘆すべき村の変化なのです。先に紹介した高美屋甚左衛門の『年のおたまき』の一条は「当文化十二年わづかに十余年前の変化也、後年如何にひらくるや」と結ばれますが、両者の驚嘆は相通ずるもの、同じ歴史的要因による状況変化に直面してのものであると考えざるをえません。

当時のこの日本国は、七割が農業従事者であったとされています。きわめて大きな割合です。この層の動きが歴史を動かしていきます。近世中期あたりから、各藩や代官所は農業政策に力を入れていきます。それは税収を高める方策だったのですが、同時に治安を維持する方策でもありました。離農を食い止めるために、効率の良い農業を支援したり、地域の特性を活《い》かした換金作物の栽培や養蚕も奨励していきます。農民の側も、農書を読んで知識を得たり、農事日誌を付けてデータを集積・分析したり、努力を積み重ねました。その結果、少しずつではありますが、生活上のゆとりが生まれてきたわけです。

寛政期、幕臣に対する学問励行のかけ声は各藩も動かします。各地の藩で藩校が開設され、学問をする本来的な武士の姿が全国的に見られるようになるわけです。人間らしく真面目に生きることが心学講釈や教訓本などで説かれ、それをもっともなこととして民間が大いに受け入れた真面目志向の季節です。もともと、学問を積んで人の鑑《かがみ》となって民に範を示す武士は民間の憧憬の対象でした。そしてそれを実現する手段とされている学問そのものも、当然敬意と憧れの対象となりました。僅かずつではあっても生まれ始めた、時間的・金銭的ゆとりを、彼らはその憧れに近付くために振り向けていったのです。本を読んでみよう、子どもに教育を施そう、素読くらい始めてみようかな、というわけです。文字、そして言葉と概念の獲得は世界を広げ世界を理解する能力の獲得を意味します。この力が諸芸の開花を促していくわけです。ただし、この『見聞集録』には武士の影が見え隠れすることはほとんどありません。支配・被支配の構造が顕著なところにおいて、両者の世界が切り分けられているところにこの時代の平和維持の仕掛けがあります。

なお、この貴重な記録『見聞集録』に興味のある方は、青木美智男監修『近世信濃庶民生活誌　信州あんずの里名主の見たこと聞いたこと』（二〇〇八年、ゆまに書房）がお勧めです。『見聞集録』が全文収録され、それに現代語訳と解説が付けられています。

信州の具体的事例でお話ししましたが、村落において素読（読書）、つまり学問が流行していく現象はこの地域だけの話ではありません。上野国《こうずけ》吾妻郡植栗村関氏所蔵文書『抜書記録』に、「文化之頃迄ハ四書を読物稀なり、当時ハ儒者を呼人毎ニ素読ス」（『群馬県史』資料編11）と見えていて、全国的に同じ風が吹き始めていたと思われるのです。

本屋たちの流通ネットワーク

時代が下るにつれて多く見かけるようになるのですが、「売弘書肆」とかいう名称で書籍の

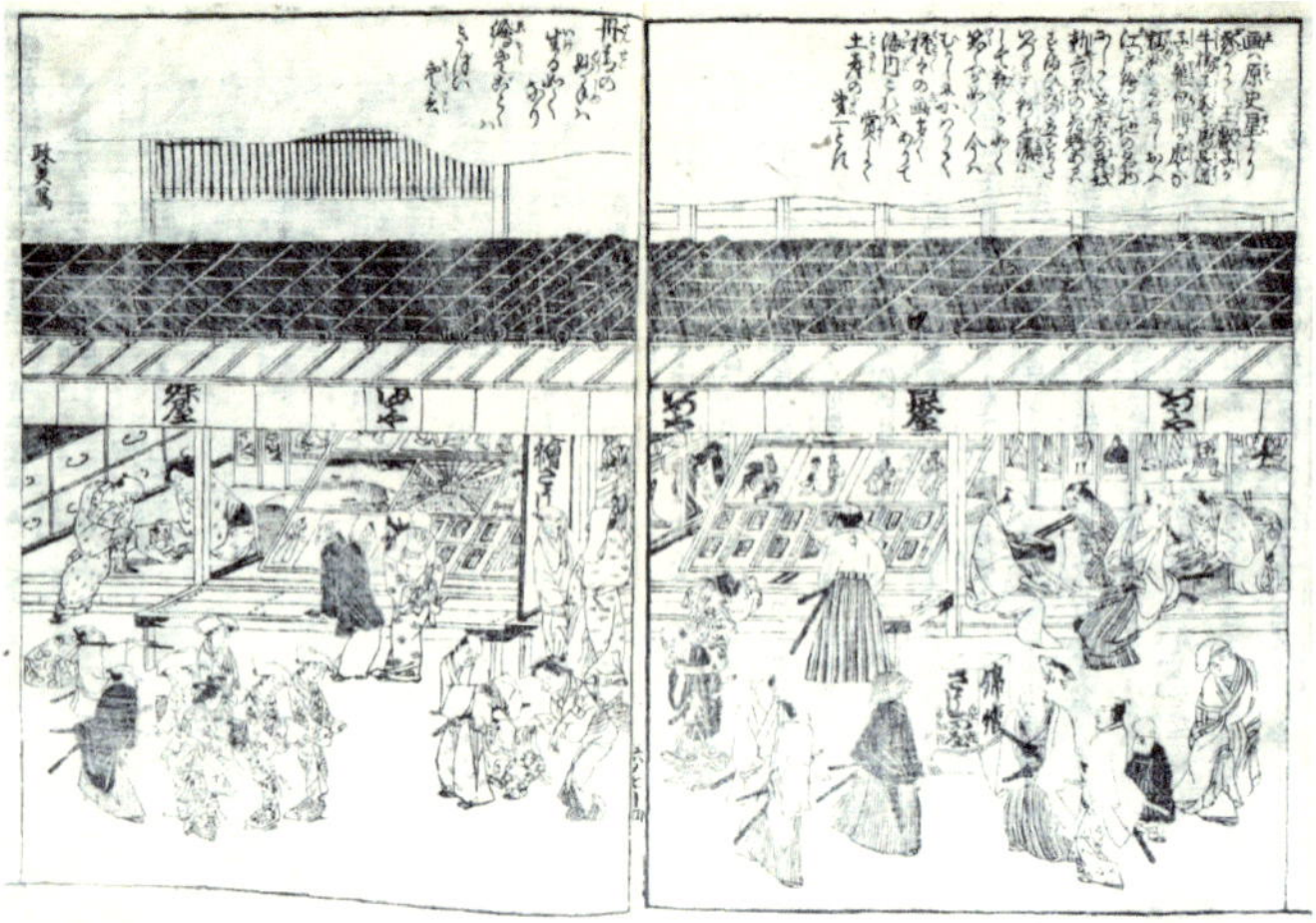

『東海道名所図会』個人蔵

末に、版元が提携する本屋の名前を列挙した記事が掲載されていることがあります。その提携とは、地方への安定的供給を行うために、一般より有利な価格での卸売を特約した関係だと思われます。つまり、その本屋が当該書籍の地域における流通拠点となり、仲卸（中間流通）として、地域の小売書店に卸売を行うことを可能にするわけです。往来物は子どもの手習いのための実用書で、草紙屋が手がけるものです。広域的な流通網を本来は持っていなかった書籍なのですが、十九世紀も半ばを過ぎたころから、売弘書肆一覧記事を備える往来物が出てきます。この記事を眺めてみるところから始めましょう。

和泉屋市兵衛の店頭

往来物に売弘書肆の記事を付けた最初の江戸の本屋は和泉屋市兵衛です。ことのついでに寛政九年（一七九七）刊『東海道名所図会』に描かれた彼の店を見てみましょう。北尾政美《きたおまさよし》（後の鍬形蕙斎《くわがたけいさい》）の軽妙な筆遣いが楽しい絵です。政美は京伝と同門で北尾重政の弟子になります。黄表紙の絵もたくさん描いています。ここは芝神明前、江戸屈指の盛り場で東海道の往還口です。周りには増上寺や泉岳寺などの有名寺院、また藩邸も多く、武士（物騒なものを二本差しているのが武士です。家族連れもいますね）や町人で賑やかな往来の中に、奥女中や奥家老の一行（左端）や僧侶（右端）の姿も見えます（店先のわんちゃん、犬っぽくないですね。江戸の町は野犬だらけなもので犬愛に乏しいのか、浮世絵のわんちゃんはけっこうおざなりです）[7]。

ここには絵草紙屋が多く建ち並んでいます。浮世絵は一番の江戸土産ですから、ここから東海道を上っていく人は、ここでお土産を買っていくのです。浮世絵や草双紙を目当てに客が訪れるので、それらを極力目立つように並べて店作りがなされます。絵草紙屋の店先を飾るのは、今一番推しの新版、また売れ筋の人気商品です。ここには二軒の店が描かれています。向かって右が和泉屋、左が舛屋《ますや》で、どちらも典型的な絵草紙屋の店構えです。違いは、箱看板（箱形の看板）の有無で、和泉屋の店の前に「錦絵／さうし問屋　泉屋市兵衛」と書かれているもの

7　愛玩すべき動物という認識は希薄で（花咲爺のしろくらい）、ペットとして家の中で飼われているのは中国から輸入した狆《ちん》くらいでした。江戸はペットブームで、さまざまな小動物が飼われました。鈴虫やコオロギなどの昆虫、金魚やメダカなどの淡水魚、鶯《うぐいす》やメジロなどの鳥類、白鼠や猫などの哺乳類、爬虫類《はちゅうるい》は亀くらいかな。それぞれについて飼い方のハウツー本が出版されていたりするのですが、犬については無しです。

が据えられています。これは出版物のある問屋が出すものですので、舛屋はまったくの小売専門ということがわかります。

舛屋の店のとっつきには相撲ファンなのか、おかみさんに出してきてもらった相撲絵を吟味している客が座っています。斜めになっている台（目立つように商品を並べているわけです）には、隅田川に架かる両国橋を描いたものや歌舞伎芝居の劇場図の浮絵[8]（遠近法を強調した浮世絵）が見えます。江戸の名所絵は江戸土産の定番です。

今度は和泉屋の店。店の左側に手拭いを被《かぶ》った男が二人います。一人は帯にむき出しの煙管《きせる》を挿していたり、どうもあまり柄の良い人たちではなさそうです。地回り[9]（ちょっとこわもてのお兄さん）でしょうね。壁に吊《つる》されている絵を指さしていますが、描かれた芝居か役者の評判で盛り上がっているのでしょう。

斜めの台の前、草双紙が欲しくてたまらなそうな子どもの右、がっつり台に向き合っている男がいます。これは典型的な田舎武士、江戸っ子が一番馬鹿にするタイプです。太いストライプの流行遅れの袴《はかま》を着けて（「小倉縞昔のままにおはします」という川柳があります。この袴は小倉《こくら》縞《じま》、小倉の袴は実用一辺倒のごわごわした丈夫なもので、おしゃれ感ゼロ。こんな古風さが目立つものを着て町を歩く違和感に本人が気付かないところが江戸人には異様に見えるのです）、羽織は無しの着流し、口元に扇子をあてがっているのは、謡でもうなっているのでしょう。彼が凝視しているのは遊女絵・美人画に決まっています。参勤交代にしたがって田舎からやってきての藩邸勤務、江戸のおしゃれな遊びを知りませんから、このあたりの茶屋のおねえちゃんにドキドキしたり、絵草紙屋を冷やかしたりするのが関の山の彼らの消閑。店の奥には簡単な表具をして掛け軸に仕立てられた浮世絵が見えます。下のほうしか見えませんが、遊女絵らしい裾回しのものとか、天神さまとかお相撲さん（谷の字がまわしに見えますから当時大人気の初代横綱の谷風でしょう）とか宝船とかが見えますね。その手前、小僧に相撲絵を見せてもらっている町人がいます。その横は番頭らしき人に大量に浮世絵を出してもらっている武士がいます。けっこう年配の上役のようです。藩邸勤務を終えて近々国許に帰るのでしょう。お土産用に大量に仕入

8　江戸の特産ということ、軽くてかさばらない、腐らないというので土産品の定番として定着しました。江戸名所の絵なんか、今の絵葉書の感覚に近いかな。もちろん旅の記念として自分用に買うことも多いわけですが、他国から江戸を訪れる人々は、国許を立つ際、親類や近所中から餞別をもらったり、見送りをしてもらったりする場合が多いので、帰国したら挨拶回りが欠かせません。その時にけっこうな枚数を配るわけです。地方の旧家に残っている浮世絵なんか見てみると、三枚続きのものを一枚ずつ近所の別の家が持っていたりする例もあります。屏風《びょうぶ》に貼ってあったり、溜《た》まったものをまとめて綴《と》じ合わせたり、保存の仕方はさまざまです。また武家でも草双紙は大いに受容されていました。平戸の松浦《まつら》史料博物館には、平戸藩主が江戸藩邸にいた頃集めた黄表紙がぴかぴかのまま保存されています。

9　地回りも、江戸時代的な存在としては絶滅したかもしれません。現代では組織暴力につながっていそうな危なさがありますよね。でも江戸の地回りは必ずしも犯罪者というわけではありません（けちな博奕なんかはするにしても）。柄が悪くていやな感じだけど、彼らがぶいぶいうろついていると悪さをする人も出てこない。彼らなりに自分たちの町を守っているという意識がある。何か犯罪が起きたら率先して犯人を捕まえてボコボコにしたり。「じゃりン子チエ」のテツに近いかな（いい年をして働かずにヤーコ狩りばかりしてる！）。

れようとしているところだと思います。江戸人は最新のものが描かれた浮世絵にしか目を向けませんが、田舎への土産品は多少以前のものでもかまわないのです。売れ残りの不良在庫はかなり安く手に入ります。[10]

往来物流通拠点の形成

さて、こんな絵草紙商売をしていた和泉屋市兵衛ですが、絵草紙商売を続けながら、ほかにも営業の軸足になるような商売を展開していきます。それは往来物を中心とした地方への書籍流通です。弘化三年（一八四六）刊和泉屋市兵衛版『文宝古状揃《ぶんぽうこじょうそろえ》 稚文庫《おさなぶんこ》』の刊記をみてみましょう。和泉屋市兵衛版の往来物で、地方の売弘書肆を記すもっとも早期のものです。

弘化三丙午年七月再彫
上野高崎　沢本屋要蔵
下総佐原　正文堂利兵衛
書肆　江戸芝神明前　岡田屋嘉七
同　和泉屋市兵衛

高崎と佐《さ》原《わら》を押さえているのは非常に理に適《かな》っています。どちらも江戸と結ぶ物流のターミナルなのです。高崎は利根川水運の終着点、ここから峠越えで信濃と越後に商品が流通します。

佐原は利根川水運の一大基地。ここから遡上して高崎方面にも物資が運ばれるし、常陸（茨城）もつい目と鼻の先、更に北のほうへと流通の経路が開けていきます。沢本屋はもうありませんが、佐原の正文堂《しょうぶんどう》は、明治に新築した建物が運河の脇に残っていて（東日本大震災で壁が崩れましたが、今は修復されています）、ここの景色のいい風情をになっています。岡田屋嘉七は和泉屋市兵衛と同じ町内の書物問屋で、西への流通などの頼りとなっていたものと思われます。

次は嘉永三年（一八五〇）刊『女庭訓宝文庫』の刊記です。

嘉永三戌春新彫
　奥州仙台　伊勢屋半右衛門
　下総佐原　正文堂利兵衛

10　芝居絵を含めて浮世絵は最新のものを伝えるメディアでした。半年前の芝居の絵、引退した相撲取りや遊女の絵など江戸人には無価値。そんな新版ではない浮世絵がどれくらい割安なのかというと、これはもの次第（品質と経年）です。浮世絵の標準的な価格は大判一枚二十四文（贅沢《ぜいたく》な摺《すり》のものだとその倍くらい）です。五百円玉でお釣りが来る感覚です。磐城《いわき》三春《みはる》の本屋が森屋治兵衛の店から仕入れをした時の文書が手許にあって、その中、たとえば「三拾六匁三分　十一　大錦福神絵　三百卅枚」などとあります。福神を描いた縁起物の大判錦絵を三百三十枚御買上げです。一枚一分（一匁の十分の一）一厘。自販機で買うコーラくらいの価格ですね。

越後三条　扇屋七右衛門
信州善光寺　蔦屋伴五郎
同　松本　高美屋甚左衛門
甲府　村田屋孝太郎
上州高崎　沢本屋要蔵
江戸　和泉屋市兵衛

佐原の正文堂と高崎の沢本屋のほかに、仙台・三条・善光寺・松本・甲府の本屋が並びます。北信の蔦屋伴五郎、中信の高美屋甚左衛門、すでに信州における書籍流通のツートップです。和泉屋の流通は、関八州から越後・信濃・奥州まで延びていくわけです。

次は刊年未詳の『菊寿庭訓往来絵抄解《きくじゅていきんおうらいえしょうかい》』の刊記。

奥州仙台　伊勢屋半右衛門
上州高崎　沢本屋要蔵
上州高崎　菊屋源兵衛
越後水原　渡辺兵吉
野州宇都宮　荒物屋伊右衛門
甲府八日町　藤屋伝右衛門

信州松本　高見屋甚左衛門
同善光寺　蔦屋伴五郎
常州水戸　伊勢屋藤右衛門
会津若松　堺屋作左衛門
同　　　　斎藤屋八四郎
下総佐原　正文堂利兵衛
江戸芝　　和泉屋市兵衛板

年記が無いのですが、万延年間くらいのものかと思います。さらに細やかに流通の網の目が形成されていることがうかがえます。

次は慶応三年（一八六七）再版『文宝古状揃稚文庫』の刊記。

岩代会津　斎藤屋八四郎
同　福島　西屋小兵衛
慶応三丁卯年　野州宇都宮　荒物屋伊右衛門
八月　野州栃木　桝屋浅吉
常州水戸　伊勢屋藤右衛門
下総佐原　正文堂利兵衛

甲州府中　富士屋伝右衛門
上州高崎　菊屋源兵衛
同所　沢本屋要蔵
信州小諸　小山石蔵
同　上田　柏屋宗兵衛
同　松本　高見屋甚左衛門
同　善光寺　小桝屋喜太郎
同所　蔦屋伴五郎
越後水原　渡辺兵吉
江戸芝　和泉屋市兵衛板

書肆

最幕末期になると、和泉屋市兵衛の流通網はここまで広がっていきます。和泉屋市兵衛は、三都の他の問屋との取引が無かったわけではありません。江戸書肆、また三都中心の売弘書肆一覧記事は往来物以外の和泉屋市兵衛（泉市）版にたくさんあります。たとえば安政五年（一八五八）刊『絵本豊臣勲功記　二編』の売弘書肆一覧も「諸国書林」の充実が特徴的で二十三肆を掲げていますが、京都・大坂各一肆と江戸十九肆も掲げてあります。ということは、ほとんど地方書肆のみという一覧記事は往来物という教育用図書について特にとられた措置なのです。全国津々浦々で寺子屋創建が相次いだ十九世紀は文字教育の普及の著しい時代でありました。そのような状況の中で、往来物の商い、それも地方への安定的かつ独占的な供給体制の確立を、売弘拠点の確保という方法で他肆より意識的に心がけたのが泉市なのでした。

なお、西のほうに流通を伸ばしていかなかったのは、名古屋、さらに大坂の本屋による流通と食い合うことを避けたものと思われます。第一に輸送費がばかにならないので、そもそも営業上の旨味《うまみ》が薄いのです。そして、書物問屋が牛耳っている東西のパイプを通じて、江戸と上方の間に相互に商品をやりとりし合う関係が昔からできていて、敵対する関係にはありませんでした。つまり、北、東への流通を確保することは和泉屋市兵衛の戦略であったわけです。そして、それは、この地域における需要の大きな増加を見越したものであったわけです。

彼が築いた流通網はそのまま明治に持ち越されます。制度化された学校教育に必要な教科書類を中心として、東京で一番の流通力を誇る本屋として、書籍業界に君臨していきます。

森屋治兵衛

森屋治兵衛（森治）も和泉屋市兵衛と同じく地本問屋で、草双紙や祭礼番付などを盛んに発行するかたわら、往来物の出版も多い本屋です。森治も、泉市に遅れて、同様の営業展開を行います。文久二年（一八六二）以前の刊行と思われる森屋治兵衛版『改正庭訓往来』の刊記は次のとおりです。

奥州仙台大町四丁目　　松浦屋権之助

出羽久保田　扇屋伊兵衛
同所山形　高田屋為次郎
諸国　奥州三春　碇屋伝吾
同所磐城平　緑屋治郎兵衛
奥州津軽弘前下土手一丁目　長内屋兵次郎
同所　宮川久左衛門
同所東長町　荒岡金七
信州上田海野町壱丁目　上野屋三郎助
書肆　同所善光寺　小桝屋喜太郎
野州宇都宮　井桁屋理右衛門
上総木更津　鴻池七兵衛
上州太田　長岡屋金兵衛
江戸馬喰町二丁目　森屋治兵衛板

やはり、泉市同様、関八州と信濃・東北に展開していくわけですが、泉市と地域・書肆の重なりを極力避けようとしている様子がうかがえます。言葉を換えると、泉市がツバを付けていない隙間を狙っての展開です。

慶応三年（一八六七）以前の仕立てと思われる先掲書の後印本後表紙見返に付された刊記で

は、さらに書肆の数を増していいます。

諸国書肆

出羽山形十日町　高田為次郎
同米沢滝町　素月晨平
同所　辰巳屋長左衛門
同所　同　吉三郎
奥州三春　碇屋伝吾
同所　紙屋善吉
野州宇都宮　井桁屋利右衛門
同栃木中町　桝屋浅吉
総州古河江戸町　菊池屋儀助
常州土浦　大国屋弥助
同所　近江屋利兵衛
総州佐原　正文堂利兵衛
信州善光寺　小桝屋喜太郎
同所　蔦屋伴五郎
同所　松木屋国平
同　松本　藤松屋禎十郎

同所　本屋八右衛門
上州深谷宿　小野脩造
武州熊谷宿　杉浦平左衛門
甲府八日町一丁目　藤屋伝右衛門
上総木更津　鴻池七兵衛
江戸馬喰町二丁目　森屋治兵衛板

泉市と重なっている本屋も多いですが、東北地方など、さらに細かいところに分け入っています。

とかく商売の話になると、いかにライバルを出し抜いててっぺんをとるかとか競争的なイメージを持ちがちなのですが、現代とちがって、江戸時代の実態はそういうわけでもないのです。とくに本の商売はお互いに商品を仕入れ合う関係でもあって、持ちつ持たれつの協調関係で成り立っていました。自店に在庫が切れてしまった時など融通してもらったり、同様の地方への商品発送を相乗りさせてもらったり、お互い様なのです。他店と利権を争うよりも、同業の中の和を保つことがむしろ得策でした。後発の森治が同様の展開を試みる際、遠慮がちであって当然です。泉市の流通網に乗って流れるのは泉市の出版物ばかりではありません。森治もそうなのですが、いち早く成立した泉市の流通網に依存して、自店の商品を流通させたりしているのです。現代の取次のような役割です。この流通力が、明治になっても続くこの店の営業の強さです。高美屋の文書で集計してみると、明治初年代、ここを通じての仕入れが他店からのそれより一桁上回っています。森屋治兵衛も、明治になって石川書店として教科書類で飛躍的に成長していきますが、流通の拠点は江戸時代に形成したものを基盤としています。

大坂書肆の往来物流通

往来物等教育関係書の地方への流通強化という営業方針、地方市場の掘り起こしという商略は、おそらくは、西の方でも同様だったはずです。

まず秋田屋太右衛門版『浪華《なにわ》百人一首《ひゃくにんいっしゅ》忘貝《わすれがい》』。天保十三年（一八四二）の刊行で、後表紙見返に次のような刊記があります。

天保十三壬辰歳　紀州若山　綛田屋平右衛門
初春再刻　播州姫路　隅屋紀右衛門
同　灰屋輔二
備前岡山　中嶋屋益吉
諸国　備中倉敷　太田屋六蔵
発行　筑前博多　多飛屋治助
書林　土州高知　瀬戸屋才助
京　勝村治右衛門

江戸　須原屋茂兵衛
大坂　秋田屋太右衛門

幕末頃の刊行と思われる敦賀屋九兵衛版の墨池堂筆『消息往来大全』の刊記は次のとおりです。

諸国　讃岐高松　本屋茂兵衛
　　　阿波徳島　天満屋武兵衛
　　　淡路須本　桑嶋屋文蔵
　　　備前岡山　中嶋屋益吉
　　　備中倉敷　太田屋六蔵
　　　安芸広島　井筒屋忠八郎
発行　長門萩　熊城七良左衛門
　　　同　山城屋彦八
　　　肥後熊本　珠数屋伝兵衛
書肆　同　豊前屋太右衛門
　　　加賀金沢　八尾屋喜兵衛
　　　越中富山　上市屋卯助

大阪心斎橋一丁目　敦賀屋九兵衛板

大坂の書商が西国や北陸にその流通網を確保していたことは、書物類についても同様であったと思われますが、往来物の売弘書肆として、これら各地域の本屋が網羅されていることは注目してよいと思われます。この二店の事例のみで即断するのは危険ですが、それぞれの店で得意とする地方都市、関係の濃い書商を拠点として、流通の網の目を西や南のほうに拡張していっています。地方によって濃淡はあるのですが、おしなべて教育関係書の需要は全国規模で高まり、その需要に応えて、また需要をさらに喚起すべく、書籍の流通網をすみずみに張り巡らしていったのです。

上総国東金多田屋嘉左衛門の場合

先ほど、売弘書肆はそれぞれの地域における流通の拠点で、地域周辺の業者への仲卸も行うということを言いました。地方の書店に視点を移してそのあたりのことを確認してみます。千葉県内には多田屋があちこちにありますが、本店は東金《とうがね》です。今は線路を挟んで反対側のショッピングモールの中に店を構えています。東金町で医業と手習塾師匠をしていた多田屋嘉左衛門は、弘化三年（一八四六）頃に書籍業を始めます。『書物貸諜』という帳簿があって、これには、弘化五年（一八四八）から嘉永三年（一八五〇）ころまでの記事があります。書籍商売を始めたばかりの、まだまだ不慣れな嘉左衛門尚貞が、書籍商売に特化した帳簿を作成してみたものと思われます。この『書物貸課』を分析した、多田屋利用者の地域別一覧を示しておきます。国・郡で大きく分けて、文書記載の所付けに平成大合併以前の市町村名を括弧に入れて注記しました。下の数字は利用者（家）数です。

所付けのない記事も多く五十を数えますが、その多くは東金町の人間だと思われます。東金町を中心としていますが、そこにとどまらず、上総国一帯の広範な地域に書籍購入者が広がっていることを確認できると思います。遠くは大田和《おおたわ》（富津市）にまで顧客の範囲は及んでいます。東金が上総における物流の要《かなめ》であったことの表れなのですが、この場合、書籍業を始めてから僅か数年のうちのことです。安定的な書籍流通拠点の成立が地域にいかに待ち望まれていたかを示しているものと思われます。書籍商売が成立する書籍市場は、すでに潜在的に地域に存在していたわけです。多田屋という店の開業は、たまたま能勢《のせ》嘉左衛門が思い立ったものなのですが、この地域における書籍流通拠点の成立は歴史的必然であったと思われます。

同じ上総でもなぜ木更津に書籍の流通拠点ができなかったのか、みなさん不思議ではないですか？　木更津は江戸時代随分栄えていて、文化面でも高い水準に達していました。それなのになかなか本屋ができない。それはなぜかというと木更津は便利すぎたのです。今も東京湾アクアラインであっという間に東京に行けますが、江戸時代でもちょっと船を出せばすぐ江戸に行けたのです。地元に本屋がなくてもかまわない。江戸に出かけて買えばいいのです。東金は不便だったから多田屋ができたわけです。

上総	山武郡	東金町	5
		前之内（東金市）	1
		松之郷（東金市）	1
		砂子瀬村（東金市）	1
		山口村（東金市）	1
		殿廻（東金市）	1
		由井（東金市）	1
		大沼田村（東金市）	1
		幸田村（東金市）	1
		松之郷（東金市）	1
		小沼田（東金市）	1
		上宿（東金市）	2
		北幸谷村（東金市）	1
		大豆谷村（東金市）	1
		今泉（大網白里町）	1
		北今泉（大網白里町）	3
		四天木村（大網白里町）	1
		横川（大網白里町）	1
		押堀（大網白里町）	1
		上谷新田（大網白里町）	1
上総	武射郡	埴谷村（山武町）	1
		大木（山武町）	1
		八田村（松尾町）	1
		谷津（松尾町）	1
		栗山村（横芝町）	1
		姫島（成東町）	1
	埴生郡	岩川（長南町）	2
	長柄郡	浜宿村（白子町）	1
		牛込（白子町）	1
	天羽郡	大田和（富津市）	2
下総	香取郡	新里（香取市）	1
		新宿（東庄町）	1
	印旛郡	砂子（八街市）	1

『書物貸諜』にみられる
多田屋利用者の地域別一覧

この文書の中には山岸喜兵衛なる人物に卸を行っている記事が八箇所見られます。残念ながら、どこの何者かは分からないのですが、すべて往来物の取引です。一例だけここに掲げてみます。

山岸喜兵衛殿

（三口）
申正月十五日夜
　壱匁五分ニ遣ハス
一　錦葉百人一首　一冊
　　　　小売　弐匁也
　壱匁弐分ニ遣ハス
一　麗山訓点千字文　一冊
　　　　小売　弐匁四分
此分（抹消）
〆　弐匁七分かし
　三月二日受取済

二匁の小売用に『錦葉《きんよう》百人一首』を一匁五分、二匁四分の小売用に『麗山訓点千字文』を一匁二分で卸しています。山岸は、この文書のほかに書籍の商売を確認できていません。ちょっとずつの仕入れ（客の注文を受けてのものかもしれません）、おそらく専門の本屋ではなく、何かとの兼業だろうと思います。手広く書籍商売をするのでなければ、江戸までわざわざ仕入れに行く時間（東金からだと片道二日かかります）や旅費の負担の要らない近隣からの仕入れのほうを選択しますよね。利益は薄くても商売は成立します。多田屋の書籍業創業は、上総地方の書籍需要を満たしただけではなく、か細いながらも近くて便利なさらなる書籍流通を切り開いていったわけです。

第六章　江戸の庶民の学びと読書熱

近世後期のベストセラー『経典余師』

地域の書籍需要に応じて整備されていった書籍流通網によってどんな書籍が流れていったのか、どんな書籍が流通網整備を促していったのかというお話です。簡単に言い換えると、当時の人々がどんな書籍を欲していたのかということです。これまで、山東京伝の教訓色濃厚な黄表紙、『道中膝栗毛』、往来物に触れてきました。これからお話しするのは、地味なものですが、時代を読み解くのにかなり大事な書籍であるはずの『経典余師《けいてんよし》』についてです。

『経典余師』とは何か

『経典余師』という書籍の存在については若い時から知っていました。どこの蔵書調査に行っても必ずある書籍なのです。またこれか、って感じ。古書展でも安い値段でいつも並んでいる。買っている人間は見たことがない。買い手にしてみれば、たくさん出回っているものには蒐《しゅう》集《しゅう》意欲が湧かないのです。したがって、古書店にしても不人気で値段の付かない本、動かない本の代表格、これを取扱うのは時間とスペースの無駄という感じでした。他とまとめて仕入れた中に入っていたりしますから、これらは店頭のワゴンで捨て値で処分です（私がこれについて書いた本『江戸の読書熱』（平凡社）を出してから、そこそこの値段は付くようになったのですが、それでもまだ安い）。

仕入印といって、取扱った本屋がハンコを捺《お》した本のデータを集積して書籍流通の実態を捉えられないかという試みをしばらく続けていた時期があって（今もちまちまデータを増補していますが）、ひたすらハンコ目当てに和本を買いあさりました。その仕入印のデータを整理していた時、無節操に集めた和本の中に占める『経典余師』の割合が相当数あることに改めて気づいて、これについて薄ぼんやりと考え始めました。なんだろこれは、と。その時から意識してこれを買いあさるようになりました。どこにでも安く転がっているものなので、あっという間に私の部屋は『経典余師』で埋め尽くされました。半年も過ぎたころ、だいたいの版種（版木が違うもの、出版年次が異なる）が手許《てもと》に集まり、明治に至るまで、強烈な数が出回ったことが、部屋の鬱陶しさで体感できました。

つまり、近世後期、『経典余師』は他を圧倒する人気の本、需要の極めて高かった本ということになります。先に紹介した多田屋の文書にも、『経典余師』の書名は随所に出てくるのです。これまで文学史はもちろん、思想史、教育史でも一切取り上げられることの無かった本で、当然高校の教科書にも載っていません。ですけど、これって無視できないですよね。『経典余師』って何なんでしょう。

『経典余師　四書之部』初版に付けられた広告の記事を見てみましょう。

経典余師　此書は上層《うへのだん》に読法《よみやう》を平仮名にてしるし、下層《したのだん》に本文をあげて、同じくひらかなにて初学の人にても聞えやすき様に注尺《ちうしやく》す。素《そ》読学問《よみがくもん》の暇《いとま》なき人、又は辺鄙《へんひ》の師《し》に乏《とも》しき地《ところ》にても、忽《たちま》ちものしりとなる重宝《てうほう》の書也。

この本のコンセプトが簡潔に述べられています。四書五経の類《たぐい》はエライ本ですので大本という最大書型で造られるのが普通なのですが、『経典余師』は半紙本という一回り小さいサイズで仕立てられて差異化が図られています。威張っていない感じ、権威ある経典と張り合おうとしていない控えめな感じ。凡例にはこの書籍の使用方法が丁寧に書かれています。これに従って、本文に接すると「忽《たちま》ちものしり」になれるのです。

この本の画期的な特徴がいくつかあります。「上層」つまり本文の上部を仕切って、そこに本文の書き下し文を載せています。そして、短く区切った本文の次行から双行でその解釈を記すという版面構成なのです。これまで全くなかった注釈様式です。そして何よりも、広告文が再三うたっているように平仮名が使われているのが画期的なのです。漢籍の注釈はこれまでもあったのですが、仮名を使う際にはすべて片仮名です。平仮名は学問世界の文字ではなかったのです。つまり、平仮名さえ習得していれば（手習いは平仮名の「いろは」から書き習います）、たちまち本書を用いて誰でも「素読学問」が可能で、先生に就くことができないような田舎でも、たちまち「物知り」になることができるというわけです。[1]

書名の「余師」はもう一人の先生、マイ・ティーチャー（その昔このタイトルの学習参考書がありました。懐かしい！）という意味なのです。
『経典余師　四書之部』は、玉藻集館、すなわち編者渓百年《たにひゃくねん》の蔵版で、天明六年（一七八六）に初版が刊行されます。『よしの冊子《ぞうし》』二に次のような風聞が記録されています。

経典余師と名付、四書ヲ平ガナニてざつと解申候渓大六（ママ）と申ス讃岐国ノ浪人儒者被召出候サタ御ざ候よし。右経典余師、奥筋ノ不学ノ人抔賞翫仕候由。尤右大六此節御当地へ罷出逗留仕罷在候由。

これは天明八年（一七八八）正月ころの記事と思われます。天明六年に出版された『経典余師　四書之部』は、大きな反響を呼びました。漢学塾等で本格的に学問の修練をした人間からみると「四書ヲ平ガナニてざつと解」いただけのこの本が「奥筋ノ不学ノ人」、つまり高位の不勉強武士にたいへん重宝がられているという噂です。出版のタイミングが、ちょうど幕臣た

1　この時代は、一人前にして早く世間に出られるようにするために教育が施されました。実用優先。当時の手紙や公用文は御家流という草書体が標準で、まずこれを書き習うわけです。これに片仮名は馴染《なじ》まない、必ずしも必要とされないのです。われわれは草書体が苦手です。一文字ずつ切り離された教科書体で文字を習ってきましたからこれが普通、標準だと思ってしまっています。ですが、江戸時代の人間にとっては逆にこれが読みにくいはずです。

㊌二ヶよむ之

子曰《しのたま》はく君子《くんし》重《おも》からざれバ則《すなは》ハち威《い》なら不《ず》學《がく》不《ず》則《すなは》ハち固《かた》から不《ず》

忠信《ちうしん》を主《しゆ》とせ

己《おのれ》に如不者《しかざるもの》を友《とも》とすること無《なかれ》

ちとるにあるべし事《こと》に臨《のぞん》て生《いのち》を惜《をしま》ず朋友《ほうゆう》の道ハ言《ことば》をたがへず信《まこと》あるを要《よう》とすたとへ学問なき人もかくのごとくに身を脩《をさむ》れバ道を学《まなび》し人と吾《われ》ハいふべしと

○子曰君子不重則不威學則不固

君子とハ元《もと》位《くらゐ》ありて上に立《たつ》人をいへり又徳《とく》ある人をもいへるハ人《ひと》に勤《おもん》ぜらるゝといふゆゑの名《な》なり以下《いか》もこの例《れい》なりそれ君子ハ身を重《おもく》すべきなり高《たか》ぶることにハあらず重とハたとへバ百貫《ひやくくわん》の磐石《ばんじやく》の如《ごと》し一二斗《と》の軽《かろ》きものハ人これをかれどもりてあそぶ人も又磐石《ばんじやく》の如《ごと》く立《たち》居《ゐ》ふるまひ軽《かろ》からず語《ことば》すくなによく謹《つゝし》ひまもる時ハ人おのづ威《おそれ》ふくまるなりされを重威《ちやうい》の道とらず重《おも》からざれバ威《い》なきゆゑの学とらへと固《かたく》ならず

主忠信《ちうしんをしゆとす》

誠《まこと》の心《こゝろ》ありさなり信ハ事《こと》をたがへざるなりされを以《もつ》て心の主《あるじ》となるべしとなり心とらぬもの八感《かん》じて移《うつ》りやすきものなり家《いへ》に主《あるじ》なくれバ人あなどるそのゆへに忠信を心の主とすべし

無友不如己《おのれにしかざるものをともとすることなかれ》

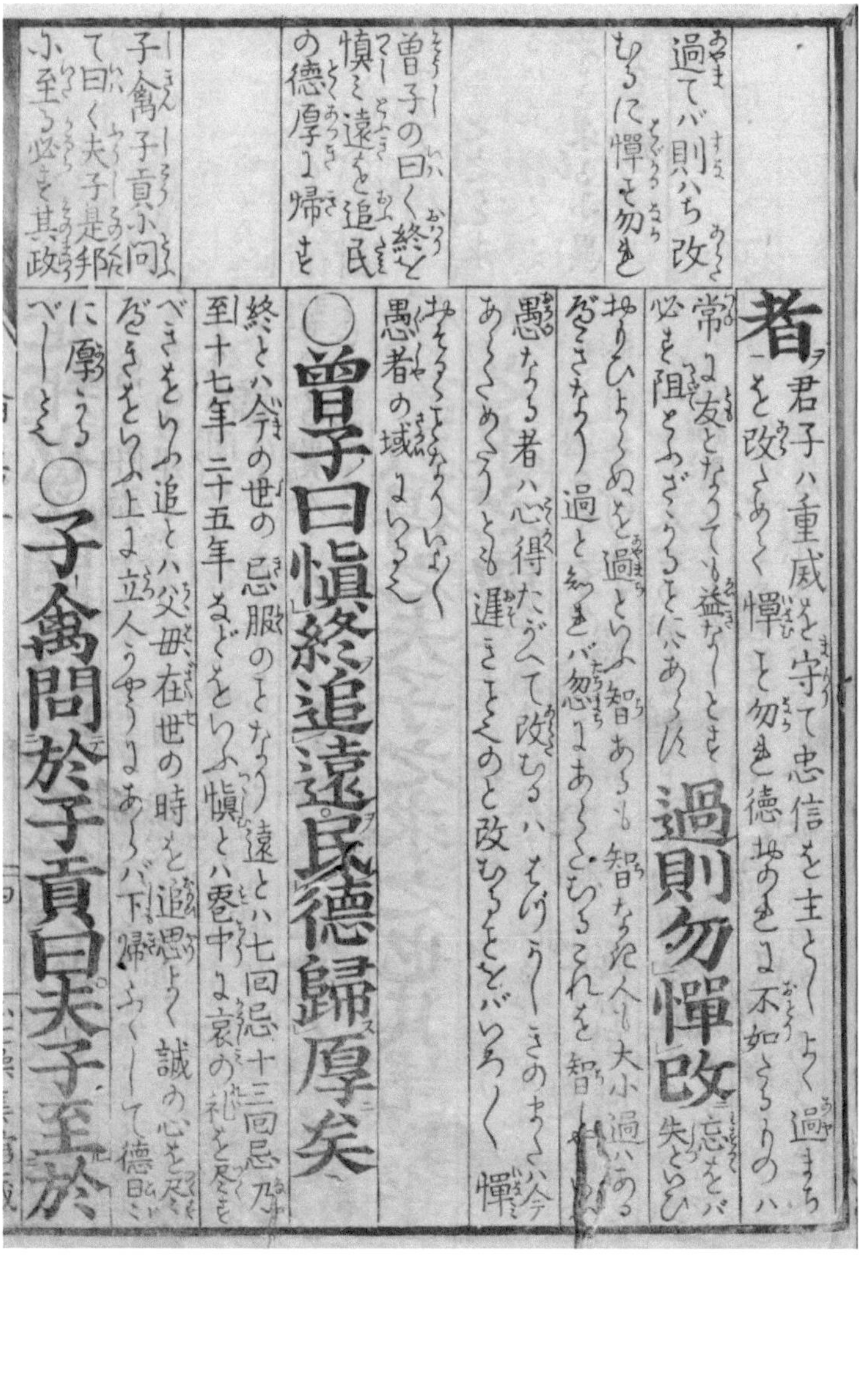

過《あやま》てバ則《すなハ》ち改《あらた》むるに憚《はゞか》る勿《なか》れ

曾子《そうし》の曰《いハ》く終《おハり》を慎《つゝし》み遠《とほ》きを追《お》へバ民《たみ》の徳《とく》厚《あつ》きに帰《き》せん

子禽《しきん》子貢《しこう》に問《と》ひて曰《いハ》く夫子《ふうし》是《この》邦《くに》に至《いた》る必《かなら》ず其《その》政《まつりごと》

者ヲ 君子ハ重威を守て忠信を主としよく過《あやまち》を改《あらた》めよ憚《はゞか》る勿《なか》れ徳我より不如《おとる》ものハ常に友となりても益なしとさ必ず阻《へだて》をふさぐるをにハあらん 過則勿憚改 忘《わすれ》をバ失《うしな》ひものひよしぬを過《あやまち》と云ふ智あるも智《ち》なる人も大小過ハあるべきなり過と知りバ忽《たちまち》にあらためるこれを智 愚《おろか》なる者ハ心得《こゝろえ》たがへて改《あらた》むるハをりうしさのやうにハ今あらためりとも遅《おそ》さまくのと改むることをバらろく憚《はゞか》おそるゝことなりいよく愚者《ぐしや》の域《さかひ》にいらん

○曾子曰慎終追遠民徳帰厚矣

終とハ今《いま》の世の忌服《きぶく》のことなり遠とハ七回忌十三回忌乃至十七年二十五年などをいふ慎とハ喪中に哀の礼を尽《つく》すべきをいふ追とハ父母在世の時を追思《おもひ》よく誠の心を尽《つく》さざるをいふ上に立人かくのごとくあらバ下《しも》帰ふくして徳あつきに厚かるべしとぞ ○子禽問於子貢曰夫子至於

『経典余師』個人蔵

ちがにわか勉強のために右往左往していた時だったのです。前に京伝の黄表紙『照子浄頗梨《かがみのじようはり》』を紹介しました。そこで不学の武士たちが落とされた暗闇《くらやみ》地獄で「足下は、この頃出た経典余師を御覧《らう》じたか。恨むらくは、間に合いすぎますの」という会話が聞かれました。間に合いすぎるくらいに便利で有難い本として幕臣たちにもてはやされたことを茶化しているわけです。『経典余師』の著者渓百年（大六、世尊）の実伝についてははっきりしません。『経典余師　四書之部』の讃岐丸亀藩京極侯侍読白木因宗による「附刻」（年記は天明四年五月）がもっとも詳しい伝記資料かもしれません。

浪花ノ渓君。名ハ世尊。字ハ士達ナル者。余カ同郷ノ人也《ナリ》。旧姓ハ河田、其ノ先北越ノ人。乃チ故河田豊前ノ守。某ノ之後裔ナリ。初メ郷ニ在ル時。余ニ就テ業ヲ受ク、又余カ姻族清文会ナル者ニ事フ。既ニシテ又東讃菊池翁之門ニ遊フ。後チ再ヒ余ニ事フ。前後遊歴ノ間。余ニ従事スルコト年有リ。明和壬寅之夏笈ヲ千里ニ負ヒ。東シ江戸ニ遊フ。又西シテ京都ニ遊フ。又南シテ浪花ニ遊ヒ。遂ニ客居ス。其ノ名家ヲ以故ニ。諸侯客遊ス。常ニ公会スル所ロ。良師友多シ。文藻一時ニ振フ。

これによると、渓世尊（字《あざな》は士達）、旧姓は河田、河田豊前守の後裔《こうえい》で、はじめ同郷の白木因宗の教えを受けたようです。その後、因宗の姻族である清文会（未詳）に師事します。また高松藩儒の菊池五山の門に遊び、その後再び因宗に教えを受けるようになったとのことです。

「明和壬寅」とありますが、明和に壬寅の年は無く、「天明」の誤りかと思われます。すなわち天明二年（一七八二）の夏より、江戸や関西を遍歴し、天明四年までには大坂に落ち着いたもののようです。その間、さまざまな師友と巡り合い、大いにその文藻を揮ったとのこと、鳥取藩の儒者として迎えられたのは、『経典余師』刊行後のことであったと思われます。

渓百年が、本書の編纂《へんさん》を思い立った理由は明らかではありません。無学の母親を学問世界に導くために思い立ったという話が残っていますが、明らかに後付けでしょう。さまざまな漢学塾に出入りし（みな儒学を奉ずる一点で連なっていますので、学統学派を超えての交流は普通のことです）、あちこち遍歴しているうちに、また門生をとって教えているうちに、おそらくこのような書籍の需要の高まりを感じ取ったのでしょう。彼は浪人でしたので培った学識を切り売りして生きていかなくてはなりませんでした。そこで一計を案じて彼の蔵版物（彼が制作費用を出資）として大坂の本屋に制作を持ちかけてみたものと思われます。この賭《か》けは彼にとって成功だったというだけではなく、この挙が時代を動かすことにもなったのです。

『鳥取藩史　第一巻』に次の記事があります。

初、世尊が経典余師を著はすや、幕府以為らく、聖人の書にまめ仮名を付して刊行するは、聖経を軽んずる所以なりと。因て之を江戸に召し将に罪する所あらんとす。世尊対ふるに、是れ吾老母の素読に便にし、且つ意義の解釈を容易ならしめんが為にせしのみ。敢て他意あるに非ずと。幕吏其の孝思に出づるの故を以て遂に之を問はず。

『経典余師』が聖経を軽んずるものであるということで渓百年が処罰されるところであったとしますが、裏付けは得られません。おそらく単なる伝説です。しかし、ちょっとまずいのではないかという噂はあったはずで、先ほど見た『よしの冊子』の風聞も穏やかならぬ空気を伝えています。

儒学の学びは師匠に就いての素読から始まります。師匠にしたがって、訓読の仕方を徹底的に身体化するのです。儒学には学統・学派があります。それぞれによって、訓読の仕方と解釈が異なります。それは不都合のように思われるかもしれませんが、その差異こそが、ある学統に連なっていること、師系を継承していることを保証し、学問伝統の中に自分がいることの自覚につながるわけです。閉ざされていること、一般的ではないことが学問の権威につながるわけです。一方『経典余師』は師匠要らずが売りです。訓読・解釈も特定の学派のものではなく、さまざまなものから一般的と思われるものを採用して作っています。儒学の最重要典籍である四書五経等の経書を平仮名で平易に説く、誰でもこの世界に参入できるというあたりからして、これまで学問の権威を保っていた通念とは逆行するものなのですが、師匠不要、特定学派に依《よ》らない本文というコンセプトもこれまでの学問伝統を踏み越えるものだったのです。これ大丈夫なの、と心配になるのも無理はありません。

幸い、渓百年が咎《とが》めを受けることもなかったようだし、『経典余師』の発行が阻害されることもありませんでした。既存の学問世界からは黙殺、学者先生の本書に関わるコメントは一切見出《みいだ》せません。あんなもん学問ではない、関係ないという態度ですね。ことさら無視されて問題視されなかったのが幸いしたのでしょう。[2]

したがって漢学塾で本書が使用されることはありません。武家なんかも、たとえ所持していたにせよ蔵書目録には記載しにくい本だったと思います。ただし、手習塾をやっていた家の蔵書にはよく残っています。手習塾でも漢籍素読まで修めてみたいという希望に応じて、師匠は素読を施すようになっていくのですが、これを教師用アンチョコにしたものなのでしょう。

寛政改革下、にわか勉強を余儀なくされた幕臣たちの需要で勢いがついたことは確かですが、本書のコンセプトは時代の空気に大いに受け入れられ、民間において驚異的な受容がなされることになるのです。近世後期がどういう時代であったのかを物語る重要な書籍です。だけど、近代になっても、思想史学をはじめ諸学による言及はほとんどないままでした。古書店や古書展、また旧家蔵書にふんだんに見かけるにもかかわらず（見かけるがゆえにというべきかもしれませんが）『経典余師』という書籍についての研究もほとんどありません。その存在は経験的に認知していても、学芸史・思想史といった学問の射程には入って来なかったのです。百年は

2　この時代の為政者は民間との一線を踏み越えないことで平和を保とうとしました。教育についても同様です。本書の所詮民間のものにすぎないという割り付けが、余計な干渉を招かなかったのかもしれません。また、学統・学派へのこだわりは、自己を引き上げたいだけのほとんどの民衆には不要なものでした（こだわる人は先生に入門すればよし）。

ビッグネームではありませんでしたからね。

渓百年著作『経典余師』の刊行状況

『経典余師』が何部発行されたのか、実数はわかりません。頼りは版数です。版木は摺《す》れば摺るほど摩耗して、字画が不鮮明になっていきます。一版で四万部ほど摺った記録がありますので、板の質にもよるのですが、少なく見積もっても二万部は耐用できるはずです。版木を彫り直したということは、その部数の発行をなしえたとみてよいわけです。

渓百年はこのシリーズを九点編んでいます。どれくらいの版が確認できるか、一覧を次に載せておきました。

●四書之部　天明六年（一七八六）初版、明治四年（一八七一）六版、また大学のみの単冊偽版あり。文久元年（一八六一）『増訂経典余師』刊。

●孝経之部　天明七年（一七八七）初版、天保十四年（一八四三）三版、他に偽版四種類以上。

●弟子職　天明九年（一七八九）開版、求板後印本あり。

●小学之部　寛政三年（一七九一）初版、文久三年（一八六三）再版。

●四書序之部　寛政四年（一七九二）開版。

●詩経之部　寛政五年（一七九三）初版、嘉永二年（一八四九）再版。

●孫子之部　寛政八年（一七九六）開版。
●書経之部　文化十二年（一八一五）初版、安政五年（一八五八）再版。
●易経之部　文政二年（一八一九）初版、嘉永元年（一八四八）再版。

四書之部の版数が多いのは当然ですね。でも、正規の版以外のもの（海賊版）も入れると孝経之部も匹敵する版数です（一冊なので偽版も作りやすかったか）。孫子之部は一版限り。兵書は民間に需要が無いですからね。また四書序之部もあまり売れていません。これは、経書の本質的な部分ではなく、素読の対象として不向きだったのが一番の理由でしょう。それと、かなり普及したとみられる増訂版に収められてしまうので、単冊の本書の需要は無くなっていくのが第二の理由です。

弘化二年（一八四五）刊『上層絵入　大学童子訓』の好華亭野亭《こうかどうやてい》自序に「曩《さき》に経典余師《けいてんよしよ》世に行《おこな》ふて村童里蒙《そんどうりもうけい》経書《しよ》を自読《しどく》する道開《みちひらけ》たり」とあります。『経典余師』の時代に果たした役割が簡潔に分かりやすく述べられています。この野亭の本は、四書のうち「大学」（最初の素読によく使われる）を『経典余師』の形式を借りて、子ども向けにさらに平易な注釈を行ったものです。上層には書き下し文ではなく（その代わり、本文の脇に丁寧な読みがあります）、ふんだんに挿絵を入れて興味をつなげるように仕立ててあります。この絵は、供を連れた武士が本屋の店先で出してもらった『経典余師』を見ているところです。「（経）典余師」の看板もぶら下がっていて、万民に売れ行き抜群でどの本屋も必備の書籍という感じです。

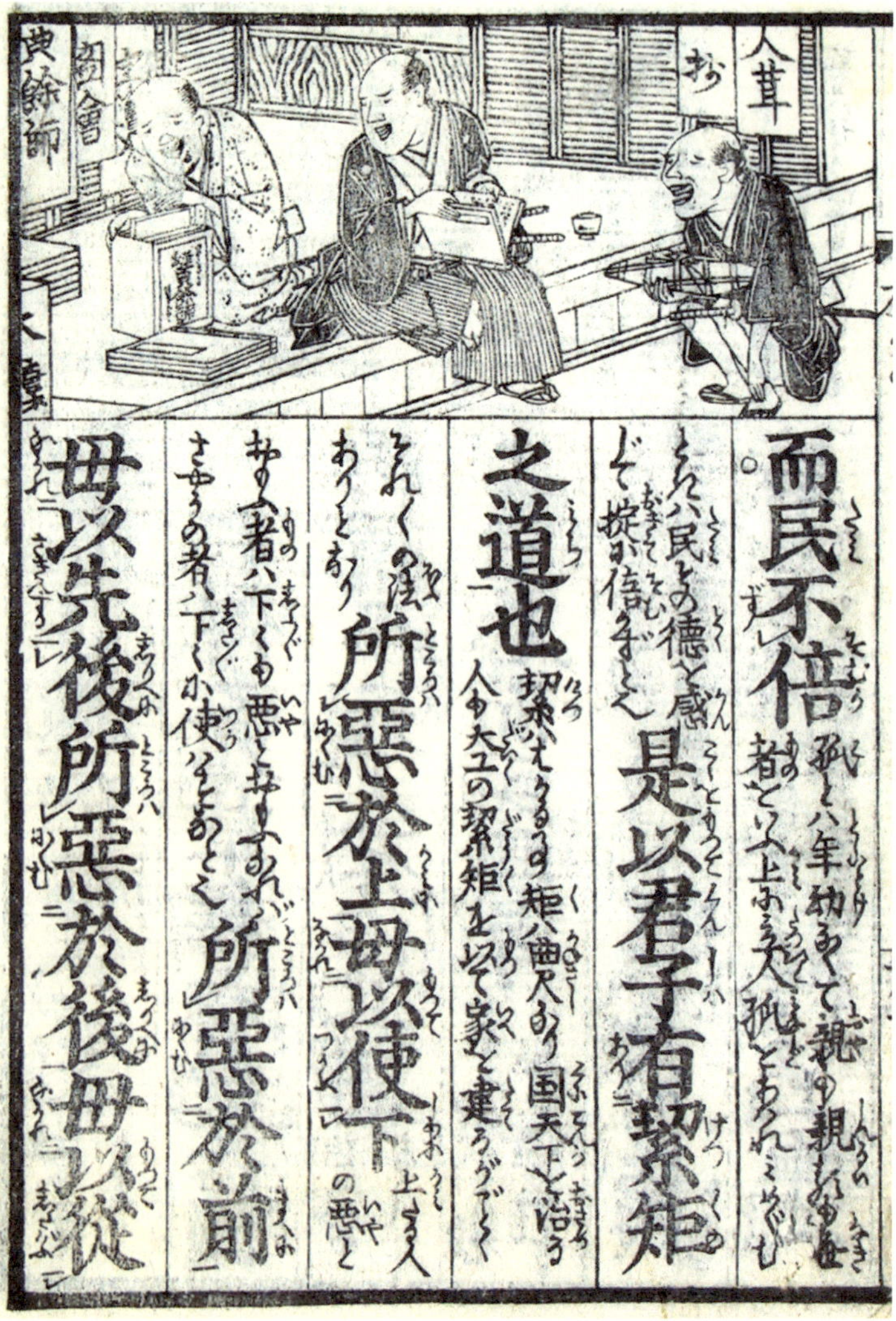

『上層絵入　大学童子訓』個人蔵

渓百年の『経典余師』は、素読独習のための至便の書として大いに世に迎えられました。その浸透ぶりは、近世後期における広範な層による学問への志向及び参与という状況をそのまま写しだしています。そして、この書籍が、学問への民間の参与を促し、潜在的にはあった学問志向を顕在化させる役割を担ったと言えるでしょう。

甲斐国下井尻村の地主であった依田家の文書に『書物貸借控日記帳』があります（国文学研究資料館所蔵）。寛政九年（一七九七）十二月の年記が表紙に備わっていて、依田宗二（茂矩、寛保三年〜享和元年）の、同年八月からの貸借分と、その十二月二十五日返却の記事から、書籍の貸借が記されはじめています。これによると、十一月に、『知新弁疑』、『斉家論』、『経典余師　四書之部』のうち孟子四巻の三点を借用しています。十二月にこの三点を返却するとともに、『道二《どうに》翁道話《おうどうわ》』二巻と『経典余師　四書之部』のうち大学巻とを借用して、『安山□□《（不明）》』二巻と『道二翁道話　二編』を貸しています。『四書之部』と『四書序之部』は、寛政十年二月に自分自身で購入しています。ほかに貸借されている書籍に『翁問答』があって、依田茂矩とその周辺の人間の読書の対象となっているものは、どれもこれも心学書や教訓書なのです。『経典余師』はこれらと一連の読書対象となっています。経書の世界に分け入ることによって確固たる倫理的指針を獲得し、地域における指導的立場を確保していこうという目的的な姿勢をここに読みとってよいように思われます。

『増訂経典余師』（文久元年）附言「読書《とくしょ》の大意《たいい》」に、

今《いま》この書《しょ》は学庸論孟《がくようろんまう》の四書《ししょ》をして、その読法《よみかた》を輙《たやす》く知《し》り、且《かつ》その文意《ぶんい》大略《たいりやく》を幼《をさな》きものに知《し》らせんと、国字《ひらがな》を附《ふ》して辺鄙《へんひ》山家《さんか》、師《し》に乏《とも》しき郷《さと》にても、この一本《いっほん》を座右《ざいう》に措《お》き、常《つね》に熟読《じゆくどく》する時《とき》は、聖人賢者《せいじんけんしゃ》の旨《むね》を暁《さと》り、身《み》を脩《をさ》め、家《いへ》を斉《とゝの》へ、万《よろづ》の義理《ぎり》を明《あき》らめて、物《もの》に惑《まど》はざるの大本《たいほん》となす。実《じつ》に宇宙第一《うちうだいいち》の書《しょ》、志《こゝろざし》あらん児童《じどう》は懈《おこた》らず熟視《じゆくし》すべし。

とあります。寛政期を過ぎたころから、村落指導者層以外にも素読が流行し始めます。このことは、以前お話しした信濃国森村の事例（第五章）を思い出して下さい。そしてその好学の風潮と連動して、地方への、また地方における書籍流通網が開けその密度を増していきます。これも信州松本の高美屋甚左衛門の事例や和泉屋市兵衛の流通網のことなどを思い出していただければとおもいます。『経典余師』のような、自学自習のための書籍は、この新たに張り巡らされていった書籍流通の回路に乗って隅々にまで流れていくに相応《ふさわ》しい書籍なのです。そしてこのような書籍の開発が、地方・階層を超えて、これまでには無かった書籍需要を喚起していったはずなのです。

昔、たいていの小学校の敷地に二宮金次郎尊徳の銅像がありました。薪《まき》を背負って本を読みながら歩いているアレです（スマホ歩きは危険！）。あんなことは金次郎少年はしていないと思うのですが、寸暇を惜しんでの独学というテーマがああいうイメージを創り上げたのでしょう。ですが、彼が二十六歳の文化九年（一八一二）、彼は小田原藩家老服部十郎兵衛の若党となりますが、この時に『経典余師』（四書之部）を購入して独学に励んだという話が残っています。

銅像と思い合わせると出来すぎの話のように感じてしまいますが、尊徳の残した覚書に、この時二朱で購入したことが記されています。[3]『経典余師』の広汎な普及という現象は、近世後期の日本の「知」の状況をそのまま物語るものです。そして、二宮尊徳は実際この状況の中で生い立ち、尊徳「伝説」もその中で無理なく定着していったのです。

みなさんは、昔の人は偉かったんだなあ、なんて思うんでしょうね。自分もがんばらなきゃ、なんて思ったりもするんでしょうか。それはそれでいいのですが、ちょっとほっとしてこの話を終わりにしましょう。たしかに独学で身に付けた知を力にして自己を引き上げていった人々は尊徳だけではなく大勢いました。ですが、私がたくさん集めた『経典余師』の読書の痕跡を見る限り、四書之部では「大学」だけで挫折した人が多いように見えます。首巻の「大学」だけ手垢《てあか》が付いていて、あとはまっさら。書経之部、易経之部なんか、まったく一丁も繰った様子もなく、新品同様のものがたくさんありました。決意の下、意気込んで買ったはいいけど、五経まで行き着けなかったのでしょう。独学の継続は、いつの世もかなりきつく、成就への道

3　じつは、この二宮尊徳の購入価格はいささか異例です。当時の相場に比べるとあまりにも安いので、古本だろうと思います。同じ文化九年に善光寺町の蔦屋伴五郎から四書之部十冊を購入した人の記録があるのですが、新本で二十二匁五分でした。五万円ちょっとの感覚でしょうか。江戸時代、本は高くて当たり前、それくらいの身銭を切っての投資なのです（ちなみに私は四書之部十冊を買うのに三千円以上出したことはありません）。

のりは遠いのです。でも、可能性として万民に開かれているということの意義はとてつもなく大きいのです。

『経典余師』が生んだ「余師」たち

家業に支障をきたさない範囲で素読の師を見つけることができない場合、自学自習の学問が行われることが珍しくない時代がおとずれてきました。その際に必要とされる書籍としてもっとも利用されたのが『経典余師』です。潜在的な需要に応えたと思われる『経典余師』の登場は歴史上の必然であったかもしれません。そしてこの平仮名付訓の平易な経書注釈という発明は、より高次の自己を獲得しようという意欲の醸成、民間レベルの知の広汎な底上げに大いに寄与したはずなのです。

『経典余師』は、学統・師系の中にいかに位置付けられるかということによって保証されていた権威の呪縛から離れ、民間に学問を解放する歴史的役割を果たしました。そして、初学者向けの注釈形式のスタンダードを確立する役割を演じました。つまり、『経典余師』は、これ自体大いに普及したのですが、さらにその様式にならった一連の「余師」の登場をも促したのです。これらの流行ぶりは、近世後期、ますます地域・階層を超えて広範囲に厚みを増していった素読、学問への志向をそのまま物語っています。

まず、『経典余師　四書之部』出版直後から平仮名の訓読を付した漢籍入門書が出始めます。タブーが破られて、「これ、ありなんだ」「これいけるな」という感じ。

●塚田大峯《たいほう》多門編『古文孝経和字訓《こぶんこうきょうわじくん》』天明八年（一七八八）江戸小林新兵衛刊

●『大学平仮名附』天明九年（一七八九）正月鶴屋喜右衛門刊（中本型の往来物と同じ体裁です。明らかに子どもの読者を想定しているものです）

『経典余師』の様式にまったくならった漢籍注釈書も当然出てきます。

●『唐詩選和訓』寛政二年（一七九〇）小林新兵衛刊（これは『唐詩選』の注釈書。『唐詩選』の人気は衰えを見せないし、これを素読のテキストに使う手習塾もありました。出るべくして出た企画です）

●蛾術斎主人（石川雅望《まさもち》）著『略解千字文』寛政六年（一七九四）蔦屋重三郎刊

●蛾術斎主人（石川雅望）著『孝経平仮名附』寛政九年（一七九七）蔦屋重三郎刊（当然蔦重もこの波に乗ろうとします。石川雅望は天明期に狂歌で活躍した宿屋飯盛です。彼はもともと公事宿《くじやど》を経営していたのですが、収賄の嫌疑を受けて江戸追放になり、四谷〈四谷は江戸ではありません〉に逼塞《ひっそく》します。その頃の彼にさせた仕事です）

●『古文後集余師』文化八年（一八一一）刊

●『古文前集余師』天保七年（一八三六）刊

この二点は『古文真宝』の注釈書です。『古文前集余師』の口上に「此古《このこ》文《ぶん》は師《し》を求《もとめ》ずして読易《よみやす》きやうに読法《よみやう》を平仮名《ひらかな》にて記《しる》し本文《ほんもん》には注《ちう》を加《くは》へて文句《もんく》の義理《きり》を説《とき》やはらげ独学《とくがく》の便《たより》とす并故事《こじ》などを委《くはし》くしるして。詩歌《しいか》連俳《れんはい》の為《ため》に有《う》益《ゑき》の書《しよ》也」とあります。渓百年は関与していないのですが、「余師」を書名に取り入れているばかりではなく、口上に記されたコンセプトも『経典余師』とほぼ同様です。「余師」もすでに普通名詞と化し、渓百年発明の様式も書籍業界共有の財産となっていきます。

往来物の「余師」も登場してきます。初学のために開発された注釈様式は、子ども向けの往来物と親和性が高いのは当然でしょう。寺子屋では、幼童の素読のテキストに往来物も使っていましたので、それを独学で行えるという趣旨のものになります。

●駒籠隠士注『庭訓往来捷註《しょうちゅう》』寛政十二年（一八〇〇）大和田安兵衛・角丸屋甚助刊

●高井蘭山編『和漢朗詠　国字抄』文化四年（一八〇七）花屋久次郎刊

●高井蘭山編『経典余師　三字経之部』文化十二年（一八一五）和泉屋市兵衛刊

●振鷺亭《しんろてい》編『実語教童子教証註』文化十三年（一八一六）上総屋利兵衛等刊

●高井蘭山編『経典余師　女孝経』文政七年（一八二四）小林新兵衛刊

●高井蘭山編『菅家文章経典余師』文政八年（一八二五）序

●高井蘭山編『児読古状揃《じとくこじょうぞろえしょうちゅう》　証註』天保四年（一八三三）刊

『児読古状揃証註』の自序に「（前略）旧《ふるき》に随《したがつ》て改《あらため》ず正文古状揃《せいふんこじやうぞろへ》と革題《あらためだい》し、丙寅《ひのえとら》の頃《ころ》星運堂《せいうんだう》の蔵板《ざうはん》にせしを、春寿堂求版《しゆんじゆだうきうはん》しけれ共、磨滅少《まめつすくな》からず。再版《さいはん》せしむるに付流行《りうかう》の経典余師《けいでんよし》の風《ふう》にならひ、首書《かしらがき》に国字《かな》づけし、置字《おきじ》は、(於)の如《ごと》く円《まる》をかけ、[宜][未]の如《ごと》く一字《じ》を二度《にど》よむは方《はう》をかこみ印《しるし》とし、本文《ほんもん》の間《あいだ》に切注に釈す。依《よつ》て読方《よみかた》をしるす」と、『経典余師』に倣った旨、明確に記しています。「余師」の二文字は初学者向けの独習可能な本文を備える本であることを表明するものとなっています。

他にもまだまだ山のようにあるのですが、主なものだけ掲げておきました。さて、高井蘭山の名前がやけに並びました。ほかにも『御成敗式目詳解』なんてのも作っています。蘭山って何者なんでしょう。

高井蘭山の仕事

試しに国文学研究資料館の国書データベース（https://kokusho.nijl.ac.jp/）で、著者名のところに「高井蘭山」と入力して検索してみてください。呆《あき》れるくらいのタイトル数がヒットすると思います。これだけあって、あくまで現代の評価ですが、これぞ優れた著作、面白い著作というのがまず見当たらない。だけど、当時群を抜いて支持を得た著者であることは確かで、著述の数だけではなく、版を摺り潰しての再版もあり、摺り潰す間際かと思われるような荒れた版面の本だとかが古書市場にふんだんに見つかるのです。したがって古書価格も安い。著作それぞれが多くの部数を発行され、それだけ多くの読者を獲得していたわけです。

彼の仕事として知られているもっとも早期のものは寛政二年（一七九〇）刊『米銭《べいせん》相場早見』、『真間中山詣《ままなかやまもうで》』で、いずれも花屋久次郎版です。続く寛政三年出版の『天地開闢年中時候弁《ねんじゅうじこうべん》』も花久版、中本一冊の薄冊です。同年須原屋伊八版『訓蒙天地弁』半紙本三巻三冊のような仕事もありますが、寛政から享和にかけての時期には、花久版の中本型の往来物（これまで取り上げられていなかったような地域を題材とした地誌型のものが特徴的）や簡便な教養書と呼べるようなものが多いです。教育関係書籍の出版を充実させていこうとしていた花久と、その要望に的確かつ速やかに対応できた蘭山との結び付きは、お互いに大きな意味をもったのです。花久は新分野の開版点数を大いに増し、その出版物の流通にしたがって蘭山の知名度は増していったものと思われます。

『和漢朗詠国字抄』の男高伴恭跋にいみじくも「自云《みづからいふ》故人《こじん》の糟粕《さうはく》をしぼると」と吐露している

ように、先駆的著作と称すべきものに乏しくて、本屋の依頼に応じて器用に一書を仕立て上げる職人的仕事が大半です。その分野は多岐にわたり、雑多なものにまで及びます。いわゆる鋏《はさみ》と糊《のり》の仕事も含めて編著書の点数は極めて多いわけです。

この、本屋の依頼に応じて速やかにかつ的確な文章で本作りをこなす才能は、この業界で重宝されたものと思われます。「経典余師」形式の注釈書を多数編んだのも、市場、時流を的確に捉えた本作りのセンスによるものと評価してよいでしょう。これまで繰り返し述べてきましたが、寛政以後の『経典余師』の続刊、再版という事象に端的に表れているように、教育・教養関係書にとっての新しい市場が、これまで稀薄《きはく》だった階層や地域に急速に開けてきているのです。蘭山や花久の仕事は間違いなくこの時代の波に乗ってのものです。さまざまな分野にわたって著作を多く持つ「蘭山先生」の名は、この波に乗って広く行き渡るようになります。

蘭山は、思想史学、文学、史学、どの分野においてもこれまでほとんど注目されてこなかった人物で、研究の蓄積はまだほとんどありません。しかし、現代人の知識欲は刺激しなくても、当時の人々にとっては、大事な人物であったと思われます。書籍を通じての物学びが一般化していく過程で、さまざまな領域に人々が興味を持ち始める中、平易で実用的な知識をいろいろな分野にわたって書籍にしてくれる人という評価が民間に定着していったものと思われるのです。彼の名は、安心できる啓蒙《けいもう》的書籍であることを保証する安定的なラベルとして機能していったのでしょう。また出版産業にとって万民受けするライターが必須という時代になったわけです。小説よりも、むしろ啓蒙的かつ実用的なもののほうが安定的に長く売れ続けますから、この産業で大事なのは蘭山みたいなライターです。山崎美成《よししげ》なんかも器用にいろいろな仕事をこなす同様のタイプです。美成についての研究もほとんどありませんが。

高井蘭山がこれまで評価を得られなかった理由の第一は、『経典余師』がそうだったように、彼の著作が高い次元の学問世界に投ずるものではなく、一挙に顕在化してきた民間の書籍受容者、普通の人びとのニーズに照準を合わせていたからです。この誰もが安心して頼れる本作りはこの時代において大いに求められていたものなのですが、普通に時代に即していた彼の営為は近代以後編まれた歴史からはこぼれ落ちてしまっています。近代に獲得された価値観で江戸時代を評価すると時代の大事な部分を見損ないます。

人物にしろ作品にしろ、ビッグネームの羅列で出来上がっている文化史や文学史は後代作り上げられたフィクションに近いのではないでしょうか。特に国文学史では近世後期はビッグネームを輩出できなかったダメな時代というのが定評でした。しかし『経典余師』や蘭山の本がいまだに山のように残っている現実を見れば、それは当時のビッグネームを後世が見損なってきただけのことではないかと思えてきます。また、声を上げない（したがって記録に残らない）普通の人々の普通の営みの中に充実した文化的世界が開けてきたこと、彼らが文化的営為の主体となってきたことの重要性もこれまで見損なってきたのではないでしょうか。近世後期の諸状況を具体的にたどってみると、これぞまさに時代の成熟であると、私なんかは思うのですが、みなさんはいかがですか？

学びはじめた江戸の庶民たち

さまざまな言説

中条唯七郎の『見聞集録』が語っているように、民間の学問志向が大きな時代のうねりとなりはじめました。文字知を得て本を読む人々、さらに漢籍の素読を始める人々、そこから諸芸に才能を開花させていく人々が一般的になっていきます。武士身分の者は学問をしなくてはならない定めだったのですが、彼らは違います。労働し納税するのが彼らの分であって学問は必須のものではありませんでした。その彼らが学問の世界に参入し始めたとなると、学問との関わりについてのこれまでの割り付けを見直さなくてはならないことになります。この民間の学問に関して、さまざまな立場の人がさまざまな見解を述べ始めます。この節では、そういった言説を集めることによって、そんな言説が飛び交いはじめるに至った社会状況、これまでには無かった状況をあぶりだしてみましょう。

中村弘毅《ひろたけ》が著した教訓書『父子訓《ふしくん》』（文化八年〈一八一一〉正月、京都岩崎卯之三郎・葛西市郎兵衛版）に次のようにあります。

学問《がくもん》は其一心《そのいつしん》をよくし。士《し》はまことの士《し》となり。農工商《のうこうしやう》は真《まこと》の農工商となり。各《おの〳〵》其家《そのいへ》をおさめ。身《み》を保《たも》ち業《げふ》を守《まも》る為《ため》の稽古《けいこ》なり。大にしては。天下を治《おさ》め。万民《ばんみん》を安《やす》くし。小《せう》にしては。手《て》もち。足《あし》ゆき。坐作《ざさ》おきふしにいたるまで。おの〳〵かくあるべきと。自然《しぜん》と定《さだ》まりし則《のり》あり。其則《そののり》を稽古《けいこ》する学問《がくもん》なれば。天地《てんち》の間《あいだ》に、あるとしある人の学問《がくもん》なくしてよしといふべき人なし。

それぞれの分を全うすることを目的として、身分を問わず、どのような人も学問を修めなくてはならないのだけれども、すべてに同様な学問が望まれていたわけではなく、それぞれの分に応じたものである必要があるというのです。この『父子訓』の見解は当時もっとも一般的な考え方でしょうね。分をはみ出さない、分に応じたものであることが前提。

次の牧野《まきの》利道《としみち》『四民善訓』（寛政六年、江戸堀野屋仁兵衛版）の巻一「述意」を見てみましょう。

士農工商《しのうこうせう》ともに我《わか》職分に明成《なる》時は。何ぞ足《たら》ざる事あらんや。世《よ》の諺《ことはざ》にも言如く。論語《ろんこ》読《よみ》の論語《ろんこ》しらずにて。仮令《たとひ》書《しよ》を読《よみ》たり迚《とて》も我《わか》職分に疎《うと》き時は。何の益《ゑき》かあらんや。如何《いか》成《なる》書《しよ》を読《よむ》とも。我《わか》職分を明にするの外《そと》あらずと。子の教《をしへ》も見ゆる也。我職分を差置《さしおき》て書《しよ》を学《まなび》或は詩文章《しぶんしやう》を覗《のぞく》 事は。聖賢《せいけん》の教《をしへ》にはあらざる事也学《まなび》は学《まなぶ》に 従《したがつ》て我職分を明にすることそ学問《がくもん》の徳《とく》といふべき歟《か》。

職分、つまり社会的役割をしっかり認識して、それを全うすることが第一であるという考え方。家業が第一に優先されるべきものであり、家業を差し置いての学問は、学問の目的が自らの職分を理解するためのものである以上、あってはならないことであるというのです。「職分」の余力で学問すべしというのは、以前からあった常識的な言説、格段新しい考え方ではありません。生活者、労働者、また納税者である彼らにとって、また彼らに対して、生活と学問との折り合いの付け方、付けさせ方は、難しく切実な問題であったわけですが、「余力学問」という線がもっとも常識的で説得的なものであったわけです。たとえば『てら子の友』（文政十一年〈一八二八〉、艸上堂書刊）も「土民《どみん》に至る迄も行余力《かうよりよく》有時はよみ書を学ぶべき事肝要《かんよう》なり」と説くように、余力学問の思想は、広く深く浸透していました。

高井蘭山『農家調宝記』（文化六年、花屋久次郎版）は、農民日用の重宝を尽くして広く読まれました。その初編に「農家筆道心掛《のうかひつだうこゝろがけ》の事」の一条があります。

農民《のうみん》無算《むさん》無筆《むひつ》にても耕作《かうさく》怠《おこたる》には増《ます》ことなれども、庄屋《しやうや》・年寄《としより》・名主《なぬし》・組頭《くみがしら》の名目《みやうもく》にて役儀《やくぎ》をも勤身《つとむるみ》は、他《た》の芸能《げいのう》は格別《かくべつ》、用《よう》を便《べん》ずる程《ほど》は読書《よみかき》もせねばならず。然《しかる》ゆへ軽《かろ》き農民《のうみん》も男子《なんし》は寺《てら》へ上《のぼ》せて手習《てならひ》もさすること也。筆学《ひつがく》は万用《ばんよう》を達《たつ》する根本《こんぽん》ゆへ、農家《のうか》などは別《べつ》して当用専一《たうようせんいち》に学《まな》ぶべし。あて字《じ》を書《かく》べからず。知《しれ》ぬことをば国字《かな》に書《かき》ても通用能方《つうようよきかた》を思ふべし。届書《とゞけがき》・注進《ちうしん》・願書等《ねがひしよとう》を書《かく》に擬字《あてじ》有ては義理通《ぎりつう》ぜず。滞《とゞこほり》の基《もとゐ》なり。殊《こと》に公事《くじ》訴訟等《そしやうとう》に至《いたり》ては。書物文体《かきものぶんてい》約《つゞまやか》に利非《りひ》速《すみやか》に聞《きこ》ゆるやうに認《したゝむる》を功者《こうしや》とす。されども文筆《ふんひつ》にまかせ悪《あく》をかくし非《ひ》を文《かざら》ば天道《てんたう》の罰眼前《ばつがんぜん》たるべし。正道明白《しやうたうめいはく》に書取《かきとり》理を持《もち》ながら非分《ひぶん》に落《おち》ざる様《やう》に心掛《こゝろがく》べし。

庄屋《しょうや》や組頭といった役職を務める者（家）については、筆道修練が必須であることを説いているわけですが、それより下の階層については「無算無筆にても耕作怠には増こと」というのです。彼の著作に期待されているのは万民納得の常識的な線です。彼の言説はそこからはみ出さない。農民の読み書き能力の必要は説きながらも、耕作に精を出すのが第一の大前提であるとせざるをえません。当たり前すぎて面白くないですよね。でもこの当たり前のことをなぜ彼らはことさらに言い立てなくてはならないのでしょうか。そこがむしろ読み所だと思います。かつてなら言わなくてもよかったことを言わざるをえない、ことさら話題にせざるをえない時代状況になってきていることの表れだと思いませんか？

『童子通』

さて、そんな当たり前の言説が飛び交う中、現実に即した言説がいよいよ出てきます。山本《やまもと》蕉逸《しょういつ》の『童子通《どうじつう》』です。天保十五年（一八四四）四月、和泉屋金右衛門から出版されました。中本サイズの見栄えのしない本です。文字面、版面も整っていない。入門的な本なのに片仮名交じりであることも写真から見て取れるかと思います。平仮名で学問を間に合わせようという趣旨とは一線を画して、本格的に学問側（つまり漢字・片仮名世界）に入り込もうとする人々を招き入れようという発想なのですね。学問世界に入り込むための実際的なイロハを詰め込んだ本です。先生に習うことはできないけれど学問を始めようという人に向けてのノウハウを記したこの本はけっこう出回ったようで、版面の荒れた本もよく見かけるし、再版本も出版されています。神保町を探すと（ネットオークションもありかな）これも簡単に見つかります。千円〜二千円が相場。千円以下で見かけるとつい買っちゃうのですが、もう十冊以上持っています。きりがない。

山本蕉逸、姓は山本、名は委要、字は孟夏で通称は庄一。蕉逸は号です。江戸の人で、あちこち流れ歩いて、日光や宇都宮で十数年過ごした後、壬生《みぶ》藩の文学として事《つか》えます。嘉永二年（一八四九）正月二十日病没、年四十七。身寄りが無かったので、藩主の菩提寺《ぼだいじ》である常楽寺に葬られたとのこと。墓誌からは判断できませんが（ぼろぼろになっていて碑文が読めない）、壬生藩に儒者として仕えたのは、『童子通』出版後のことであったと思われます。領内の教化に重点を置いた藩政の方針に適《かな》う部分もあったのかもしれません。

この『童子通』の中で蕉逸は学問について次のように述べています。

民庶ノ家ニテ、学問及ヒ文武ノ芸ヲナスモノアレハ、士大夫ヤヽモスレバ、彼等カ分際トシテ、イラヌコト也、ソレヨリハ其身々々ノ家業ヲコソ、勤ムベキニナド、申シタガル者也、一応ハ尤ナルヤウナレトモ、左ニアラズ其好ム所ヲ奪フ時ハ、空クソレタケノ手ヲアケテ游惰ニ流ルヽカ又ハスマジキナグサミゴトヲスルカノ二ツニ至ルマデノコトニテ中々其力ラヲ職業ニ移シ用ルコトナシ、名数ノ上ニモ、君子学道則愛人、小人学道則易使ト云父母《ブボ》ハ音也チヽハヽハ訓也イツレモ此例ト知ルベシ扨又二字ツヾキタル寸ハ日月君臣ナドハ音ヨミノヿ也一字ハナレテアル寸ハヒ ツキ チヽ ハヽ訓ヨミニスベシ君ハ訓也臣ハヤハリ音也夫婦ノ字夫ハ両用婦ハ音読也五行ノ内金ハイツモ音通用也又同ジ音ノ中ニテ漢音呉音ノ分チアリ一《イツ》二《ジ》百万《バン》ナドハ漢音也イチニヒヤクマンハ呉音也其外推メ知ルベシ扨二字熟《ツヾキ》シタル処ヲ音訓打マゼテハヨマヌヿ也尤世用ニハ月日《グワツヒ》出立《シユツタツ》合羽《カツハ》結納《ユイノウ》ナドノ字面アレ𪜈文籍ノ上ニハ無キヿ也郷人宋人ノ如キハソレニマキレヤスケレ𪜈此レハ郷ノ人宋ノ人ト云ヿナレバ子細ナシ然ルニ人ヤヽモスレバソノ相違アリ天《テン》地《ツチ》父《フ》母《ハヽ》トハヨマズトモ市《イチ》朝《チヤウ》井田《イデン》初命《ハツメイ》弓矢《キウヤ》喪祭《モサイ》悔吝《クヒリン》小人《コジン》津梁弥天雑沓《ザツクツ》黄山谷白鹿洞《ハクカリウ》ナンドハ毎〻

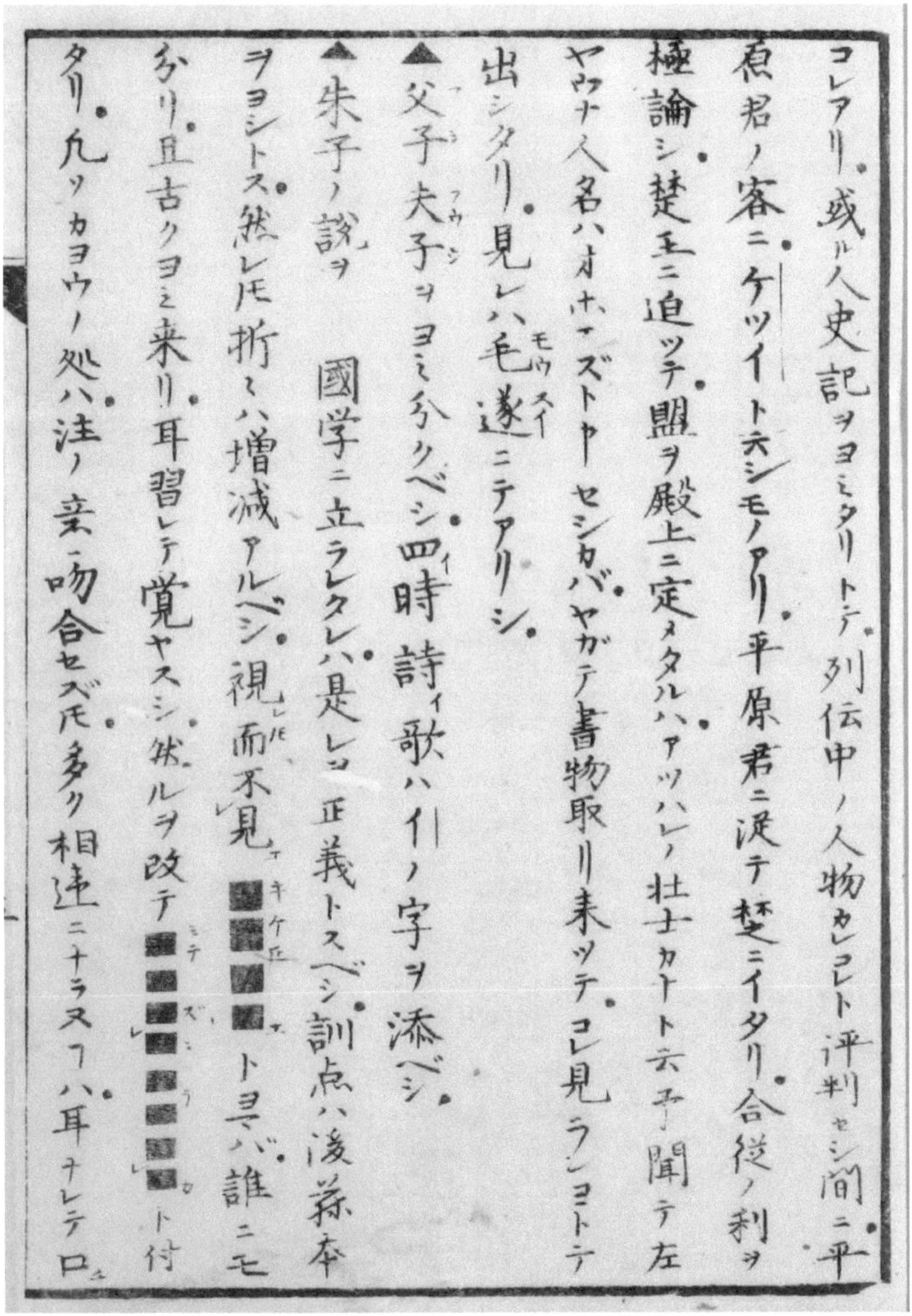
コレアリ。或ル人史記ヲヨミタリトテ。列伝中ノ人物カレコレト評判セシ間ニ。平原君ノ客ニケツイトイヒシモノアリ。平原君ニ従テ楚ニイタリ。合従ノ利ヲ極論シ。楚王ニ迫ツテ盟ヲ殿上ニ定メタルハ。アツハレノ壮士カナトイフヲ聞テ左ヤウナ人名ハオボエズトヤ。セシカバ。ヤガテ書物取リ来ツテ。コレ見ランコトテ出シタリ。見レバ毛遂《モウスイ》ニテアリシ。

▲父子夫子《フウシ》ヲヨミ分クベシ。四時《イ》詩《イ》歌ハイノ字ヲ添ベシ。

▲朱子ノ説ヲ　國学ニ立ラレタレバ。是レヲ正義トスベシ。訓点ハ後藤本ヲヨシトス。然レ𪜈折〻ハ増減アルベシ。視而不見[redacted]トヨメバ。誰ニモ分リ。且古クヨミ来リ。耳習レテ覚ヤスシ。然ルヲ改テ[redacted]ト付タリ。凡ソカヨウノ処ハ。注ノ意ニ吻合セズ𪜈。多ク相違ニナラヌコハ。耳ナレテ口ニ

『童子通』個人蔵

リ、風俗ヲ厚ウスルハ、国政ノ専一ナルベキニ、上ノ人コレラノ説ヲナスハ、盗ニ糧《カテ》ヲ齎《モタ》ラスニ殆《チカヽ》ラズヤ、扨庶民ノ心得ハ、好メルワザナラバ、随分力ラヲ尽スベキコトナレドモ、職業ヲ妨ゲヌヤウ、軽薄ニナラヌ様心ガケ、孝悌忠信ノ徳義ヲ弁ヘルヤウニ有ヘキコト也、文字ノ為ニ本業ヲ疎ニスルバ、人見エノ学問也、ソレナラバセヌカ却テマシナラン。

「職業ヲ妨ゲヌヤウ、軽薄ニナラヌ様心ガケ」という当然の条件を確認しながら、「好メルワザ」である学問にふけることを肯定するのです。その「好ム所ヲ奪フ」と、遊んじゃったり、やってはいけないことをやらかしちゃうようになると。今から見るとあたりまえの考えかたのように見えるかもしれませんが、当時なりの常識的な言説が飛び交っている中で、このような書籍が史上に登場してきたことにはちょっと驚いてもよいのではないでしょうか。

この時代を通じて、学問は是とされるものでした。学問は倫理でしたから、自己を高みへ引き上げてくれるものです。みんなよりよい自分になりたかった真面目な時代とも言えるでしょう。そんなあこがれだった学問が手の届くところに見えてきた時代が近世後期です。為政者にしても学問は国家存立の精神的根拠ですから、民間の学問だって否定はできないのです。

土方歳三《ひじかたとしぞう》って知っていますよね。万願寺付近に生家があります。土方歳三資料館や日野市の佐藤彦五郎新選組資料館には彼の学問の修得ぶりを伝える遺品がかなりあります。けっこうなインテリですよ。儒学を学び、和歌・俳諧をたしなみ、剣術まで習いだし、っていうような百姓身分の人々が幕末になると出てくるのです。

庶民たちの文芸熱

民間の文芸熱

信濃の森村の話を思い出して下さい。中条唯七郎は『見聞集録』に「然に此節ハ歌・俳諧・いけ花芸としてせずといふ事なし。剰下々農人の身分にて、仏法・神道・医術其外何によらず、一村集る時一事かくるといふ事なし」と書いていました。底上げされ、民間に蓄積されていった知が、それぞれを文化を担う主体へと引き上げていったのです。素読によって培われていった漢語・漢文の知識をもって漢詩の一つも作りたくなるのはごく自然のなりゆきです。あこがれのかっこいい境地でしたから、漢詩熱が民間に広がります。

下総《しもうさ》の国学者宮負定雄《みやおいやすお》（寛政九年〜安政五年）が書いた、天保二年（一八三一）成の『民家要術《みんかようじゅつ》』の記事を見てみましょう。

詩歌・連俳をも心得さすべし。其は農商などの卑しき者は知らでも協ふ訳なれど、之を習へば博奕を除く助けには少はよし（引用原典「助少しはには少はよし」を訂正）。之に耽るは害なり。それは、詩文章に耽る者は毛唐人気とりになり、歌詠者は恋歌を好みて傾城買になり、俳人は陰気になりて行脚を心がけて、皆己が職分を怠る様になるは甚心得違いならずや。詩歌も世の為になる実情を述べて今日の経済を助くる実歌なれば国益にもなるべけれど、さにはあらで、花も咲かぬに花の歌をよみ、雪もふらぬに雪をよみ、題を出して種々の嘘をいうは皆徒事なり。

詩歌や連俳の心得もあってよいとしています。「農商などの卑しき者」は知らなくてもよい境地だけど、博奕《ばくち》を防ぐひとつの方策に少しはなるというやや苦しい論理が展開されています。だけど、それらに耽《ふけ》ることは害悪であると。詩文に耽ると中国人気取りになったり、歌を詠むと遊女遊びをするようになるそうです。ちょっと笑えるような苦しい理屈です。すでに、詩歌、俳諧のたしなみも許容せざるをえない時代となっています。いかにほどほどのところで収めさせるか、下総の農民を熱心に教導していた宮負が苦しい教訓をしなくてはならないくらい、みんな表現主体となることに夢中になっていたわけです。これまで唱えられていた建前と実態との隔たりが大きくなってきています。どう辻褄《つじつま》を合わせて教諭していくか、教訓的言説は苦悩しているように見えます。

「学問とは、文学を博く読み詩文章などを作る事にはあらず。即ち前にも云ひし道を行なふ状を擬る事にして、唯徳行を磨きて身を治め、家を斉ひ国を治むる術を習ふを学問といひ、其学問の趣をも能く身に行なふを学者といふなり」という一節もこの先にあるのですが、これも、「文学を博く読み詩文章などを作る事」を「学問」と心得る風潮を背景にした言説であるわけです。

それに対して『童子通』はふっきれていますね。

詩ハ作リ度キモノ也、予ガ不才ナル、凡百ノコト皆人ニシカズ、就レ中詩文トテハ、絶テ筆取ルコト能ハズ、ソレユヘ到ル処赧汗セザルコトナシ、依テ同遊ノ少年ニハ、百計勧メ奉ル也、人或ハ云、学問コソ一大事也、詩文ノ末技ハ、アマリ好ヌカヨシ、尚書ニモ、玩レ物喪レ志ト云、朱子モ、其功倍二小学一、而無レ用、と申シ、湯東澗ハ、文章於レ道末レ為レ尊ト詩ハ於二文章一又一塵ト云リ、此等ノ語ニ依テ、作詩ヲ痛ク抑ルモノアリ、尤ナルコトナレトモ、古人ノカヨウニ申サレシハ、吾ガトモガラ、下等ノ為ニハ非ルベシ、不才ノ人ハ、タトヒ末技ナリトモ、一芸有レバ可也ト云ベシ、人ニ能不能アレドモ一ト骨折テ見ネバ、知レヌコトナレバ、芸術ノ分ナラバ何ニテモ習ヒミルベシ、取リ分ケ道ニ近キハ、詩ニ過《スグ》ルハ無シ、詩ヲ作ンニハ経義モ少シハ解セネバナラズ、並ニ和漢古今ノ治乱得失、天文地理、軍法武芸、医ト算術、道釈二教、書画物産等ニ至ルマデ、自然ト臭味バカリモ知ラルヽコト也、善シ旦《アケ》テモ暮テモ、ソレ行状、ヤレ行ヒヨト、アマリ偏クツニ申ス時ハ竟ニ無用ノ豚犬ヲ仕立上ルコト也

「詩ハ作リ度キモノ也」から単刀直入に始まるこの一節からは、新しい季節の到来を感じざるをえません。「学問コソ一大事也、詩文ノ末技ハ、アマリ好ヌカヨシ」という、学問と詩文とを二項対立的にとらえて「作詩ヲ痛ク抑ル」向きに対して、「取リ分ケ道ニ近キハ、詩ニ過《スグ》ルハ無シ」と、学問上における詩文の価値を積極的に肯定しているのです。引用文の最後なんか

なかなか小気味よいです。興味のあることをさせず、行いを慎めなどとやたら説教しすぎると、役に立たない豚犬が出来上がっちゃうと。

生活上の倫理を説くのではなく、学問世界に導くことを目的とする書籍であることが、『童子通』が悩ましい問題から自由になれた大きな要因なのでしょう。そして、実態として許容せざるをえないくらい詩文の趣味が一般的になっている中で出てきた言説でもあります。揖斐高《いびたかし》『江戸の詩壇ジャーナリズム―『五山堂詩話』の世界―』（二〇〇一年十二月、角川書店）は、近世後期における漢詩熱の高まりと広まりについて明らかにした好著です。この『五山堂詩話』の世界に参入した人々の多くは、地域の教養を主導していた、あるいは主導しようとしていた層の人々です。そして、詩集に入集《にっしゅう》する彼らのようには顕在化はしない、それより下の層の詩作への熱い眼差《まなざ》し、自学して詩作の世界に参入しようという意欲をもったさらに厚い層の存在を予想することはけっして無理なことではないと思われます。学問の初歩を講じるこの啓蒙書が読者として主に想定していた階層は、明らかに新たに顕在化してきた「民庶」だったのです。

『詩語砕金』と『幼学詩韻』

『童子通』は詩作のイロハを説いていきます。

サテ詩作ノトリ付ハ詩語砕金、幼学詩韻等ノ熟字ニテ、取合セルガヨシ、言タイコトガイエヌトテ、我マヽニ手作リノ語ヲ下スヲ杜撰《ヅザン》ト云、ソレニテハ語ヲ成サズ、タトヘバ世話字ニテモ、残暑余寒ト云テ、残寒余暑ト云ハズ、大根《コ》オロシトハ、ヲロシタル蘿蔔《ダイコ》ノコトナレドモ、ワサビヲロシトハ、オロシタル山葵《ワサビ》ニハアラズ、家モ宅モ同物ナレハトテ、出家ヲ出宅トハ云ハルマジ

初心者向けの漢詩作法書（詩作書）『詩語砕金《しごさいきん》』『幼学詩韻』二冊を使って、言葉を取り合わせろとわかりやすく実際的な指導をしています。たとえも分かりやすくていいですね。この二冊はペアで使って威力を発揮します。漢詩には作法があります。平仄《ひょうそく》（各漢字の音のリズム）を合わせることと韻を踏むこと。各句の構成要素に二字の詩語と三字の韻語があります。いかにも漢詩らしい格調の名詞である詩語に、それと平仄の合った三字の句末の言葉である韻語を取り合わせると句が出来るのですが、韻語の最後の漢字は、他の句と音を揃えなくてはなりません（韻を踏む）。詩語を分類して並べてそこから選ぶことができるようにした本の代表が『詩語砕金』で、それに取り合わせる韻語を集積して一覧にしたのが『幼学詩韻』なのです。だから、二つの本を突き合わせて、同じ詩題に合うことばを平仄等の作法からはずれないように選んでくれれば、五言句が一つできあがるのです（七言は詩語を二つ選ぶ）。たかだか一冊ずつではありますが、言葉の組み合わせのバリエーションは山ほどあります。平仄と韻のしばりがゲーム感覚に近く、クリアした時（一句を得た時）の満足度が高い遊びです。

この二冊はそれぞれのバリエーション（続、続々等々）とともに大変な売れ行きであったと思われます。以前紹介した多田屋の文書にも散見するし、『経典余師』同様、旧家の蔵書にも

よく見つかるのです。当然古書市場にもあふれかえっていて安い。私が買ったのは、ほとんどが二百円、三百円。千円だったら買っていません。それでも思い立ってから数ヶ月で、山のようにある版種をほぼコンプリートできました。私がこれだけ買いあさっても、古書価はいまだに二百円、三百円のままです。私が確認できた両書の版種は次のとおりです。

『詩語砕金』

- ●安永七年（一七七八）初版
- ●寛政四年（一七九二）再版
- ●文化七年（一八一〇）第三版
- ●植村藤右衛門版（異版）
- ●文政五年（一八二二）第四版
- ●天保五年（一八三四）第五版
- ●天保五年河内屋茂兵衛版（異版）
- ●天保十三年（一八四二）越後屋小八版
- ●刊年・発行元不明版三種類
- ●天保十四年（一八四三）播磨屋理助版→弘化二年（一八四五）丸屋勝蔵版
- ●文久京摂書林版
- ●慶応二年（一八六六）増訂版

●他に偽版類少なからず

『幼学詩韻』
●享和二年（一八〇二）初版
●享和二年初版（別版）
●文政四年（一八二一）再版
●文政四年再版（別版）
●文政五年（一八二二）梧竹園蔵版
●天保五年（一八三四）第三版
●天保五年第三版（別版）
●弘化二年（一八四五）第四版
●安政四年（一八五七）第五版
●明治十二年（一八七九）第六版

『続詩語砕金』
●文政三年（一八二〇）初版
●天保新刻京摂書林合梓版
●天保新刻東都書肆合梓版

●天保十三年（一八四二）三河屋甚助版
●幕末林芳兵衛版
●幕末河内屋佐助版
●幕末改正新刻積善堂版

『幼学詩韻続』
●文化十一年（一八一四）初版
●天保五年（一八三四）第二版
●弘化二年（一八四五）第三版
●安政三年（一八五六）第四版
●明治十二年（一八七九）第五版

『続々詩語砕金』
●天保十五年（一八四四）初版
●天保新刻書林合梓版

『幼学詩韻三編』
●天保十三年（一八四二）初版

●安政五年（一八五八）第二版

この普及ぶり、需要の高さから、広範に広がった近世後期の漢詩熱を感じていただけるとありがたい。『詩語砕金』『幼学詩韻』は、唐詩を中心に中国の代表的な漢詩集から言葉を拾ったものです。『続詩語砕金』『幼学詩韻続』は、『詩語砕金』『幼学詩韻』に取りこぼした語句を集めたものです。これを加えるとさらに漢詩作りのためのボキャブラリーが増すわけです。『続々詩語砕金』『幼学詩韻三編』は、なかなか使いこなせないようなレアな言葉をかなり拾っています。

とくに幕末に向かうにしたがって、版を改める頻度が高くなって、需要がうなぎ登りになってきている様子がわかると思います。初心者にはあまり実際的ではない『続々詩語砕金』『幼学詩韻三編』すら、二版を数えることができます。そして、じつはここに示したものだけではないのです。『新定詩語砕金』とか『新続詩語砕金』とか、より特殊な詩語を集めたもの、また『掌中新増続詩語砕金』『掌中幼学詩韻』といった懐中本（詩会に持参しやすい）も出版されます。そして、『詩語砕金』『幼学詩韻』の言葉を上下に配置して、より相互参照の機能を増加させた『幼学便覧《べんらん》』という一冊本が出て、これまた多くの版種のものが出版され続けます（字は小さいけど、これも懐中本で持ち歩きに便利だし、お手本になる漢詩も載せてあって心強い）。この『幼学便覧』についてはは後でもう一度触れる予定です。

多摩市関戸の富澤家に残された幕末の俳諧資料から多摩地域のものを抜き出すアルバイトを

大学院生の時にしたことがあります。その時びっくりしたのは、現多摩市域のお百姓で、俳諧を嗜《たしな》んでいない人はまずいなかったということです。幕末には、そんなに上手ではなくても、ほとんどの人間が短詞型文学の作り手になり得ていたわけです。俳諧研究は、近世後期で言えば、一茶くらいにしか目が向いておらず、この重大事にまともに向き合おうともしません（こんなの研究しても誰も評価してくれず、就職口も無いということで、研究者が育たない。アカデミズムの悪循環）。しかし、一茶がいた時代であったというちっぽけなことよりも、こっちのほうが大変な時代の達成と成熟、これこそ日本が誇りに思っていいことだと私は思います。

俳諧にしても漢詩にしても和歌・狂歌にしても、さまざまな語彙を自分のものにし、作法を会得してのことですから、自分のスキルアップが何より楽しいことだったのだと思います。月次俳諧といって懸賞付きの発句募集も盛んに行われました。腕試しがてらの恰好《かっこう》の娯楽です（近代の新派俳人や文学研究者は、これは射幸心がらみのもので純粋な文学行為ではないと切り捨てますが、余計な御世話です）。そして、同好の仲間との交遊がここに開けます。ご近所寄り合っての句会なんか楽しかったのだと思いますよ。

これまで何度も韓国や中国など東アジアの研究者とシンポジウム等の学術交流の際、『経典余師』の話なんかしているのですが、みな十九世紀日本の民間知のありように驚いていました。彼らの話に依る限り、この時代の民間における知の底上げを物語る史料は自国にはまず見出せないとのこと。中国は科挙の国で、成り上がるためには学問が必須なので、応挙の彼らに向けた商業出版はあったようです。またそのようなエリートに向けて学問関係以外の書籍もありました。しかし、知は大きく偏在していて、日本のような裾野の広がりはあり得ないとのこと。朝鮮半島では商業出版の痕跡はごくわずか、ほとんどの出版物が支配階級の人間が制作したもので、これも知を広く共有するためのものではなかったようです。またヨーロッパ諸国の支配者は民衆の知力獲得を怖れていましたから、これも民間の学問参入を抑止しようともしなかったわが国の江戸時代の様子とは随分異なります。民衆が（下手くそでも）文化の発信主体になりえたこの時代は日本の歴史の中でも、世界の歴史の中でも異例のことだと思います。

広がる読者層、拡大する市場

女性読者と人情本

『道中膝栗毛』の事例を思い出して下さい。近世後期、版元主導で制作されるようになった娯楽的読み物の分野では、より広範な市場が想定できるような（つまり、多くの人に受けて、たくさん売れる）作品が望まれるものでした。どんな地方の人間でも理解できるもの、子どもからお年寄りまで楽しめるもの、そんな作品作りが行われていきます。そのような中で女性層をたくさん取り込もうという商品が開発されていくのも当然です。

『春色梅児誉美《しゆんしよくうめごよみ》』なんかをちょっとだけでも読んでいただきたいのですが、その前に本の姿に接するのがいいですね。写真を見てみましょう。

まず、表紙からして派手です。色摺りの口絵があり、挿絵も一冊に数葉入っています。本文、

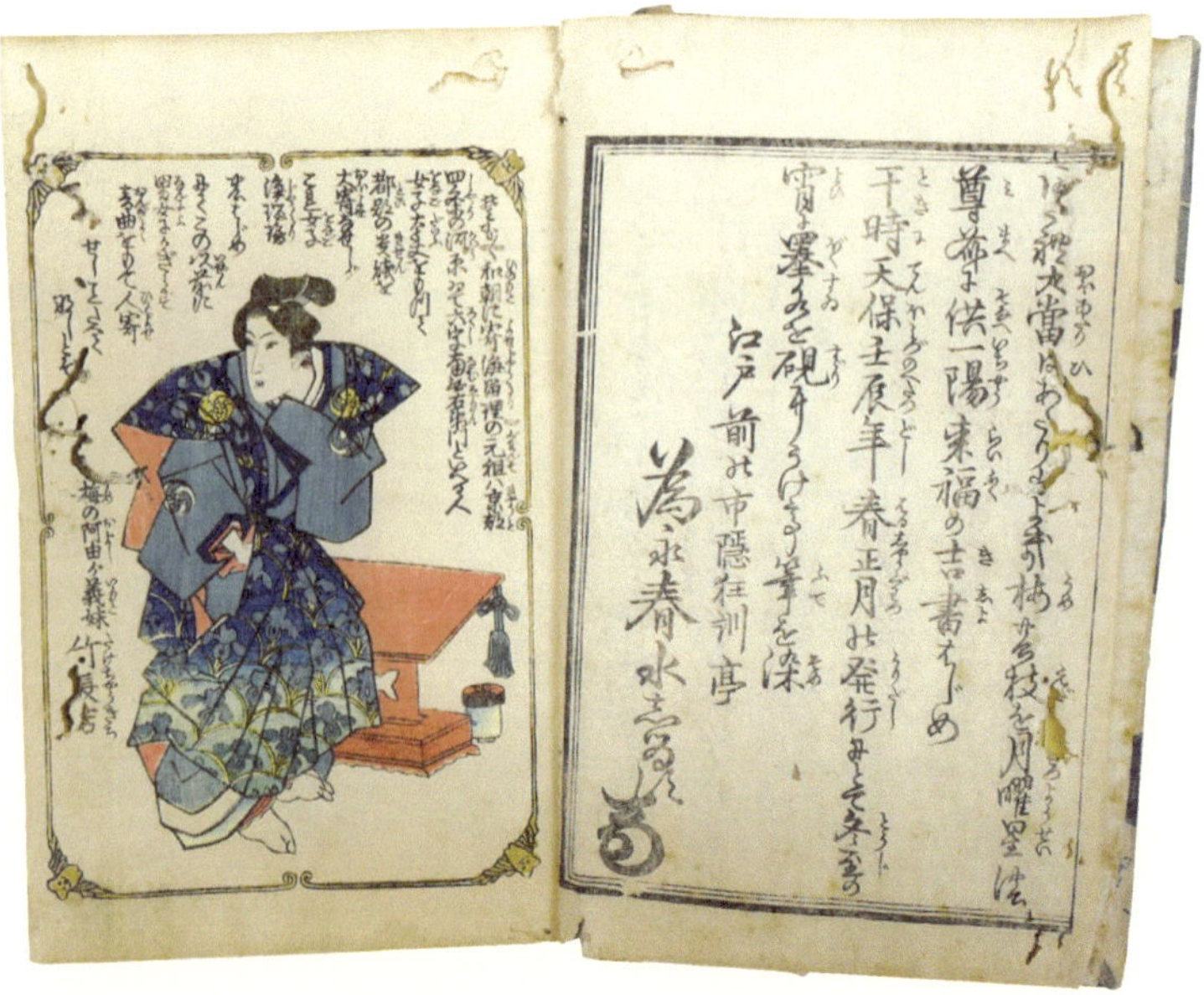

『春色梅児誉美』中央大学図書館蔵

漢字にはすべて振り仮名、仮名の種類も少なくなって、かなり読みやすい。洒落本と同様、登場人物の会話に大きなウェイトが置かれています。一丁ずつめくりながら、ゆっくりと登場人物の発する言葉に耳を傾けていくのです。読む早さは当然活字になったものをがつがつ読んでいくのとは大きく違います。当時の版本でゆっくり読んでいくことによって、当時の読者の環境に近づけるのですが、そんな贅沢《ぜいたく》は言っていられません。活字になったものもいくつかありますので、それを読んでみて下さい。ほとんど注も要らないくらい平易な文章です。モテ男は丹次郎、新吉原の唐琴屋《からことや》に養子に入ったのですが、養父母が亡くなったあと、店の悪番頭鬼《き》兵《へ》衛《え》の悪巧みによって唐琴屋から追い出されます。吉原時代良《い》い仲だった吉原芸者の米八《よねはち》は深川芸者に鞍替《くらが》えし、丹次郎に貢いでいるところです。お長《ちょう》は唐琴屋のお嬢さんで、丹次郎とは許《いい》嫁《なずけ》の関係です。悪番頭の鬼兵衛にしつこく言い寄られ家出、その途中拐《かどわ》かされそうになったところをお由という女俠《じょきょう》に助けられ、彼女にかくまわれています。人情本に出てくるモテ男はこのタイプが多い。生活能力が無くて、女性のほうが、私が世話してあげなきゃ、って感じになるやつ。なぜかモテる。丹次郎は仇吉《あだきち》という芸者ともいい仲になり、きわどい四角関係が始まります。

島崎藤村の「初恋」という詩はご存じですか？　「まだあげ初めし前髪の　林檎のもとに見えしとき　前にさしたる花櫛の　花ある君と思ひけり」って甘ったるいやつ。この藤村の初恋の相手はおゆうさんです。木曽の馬籠《まごめ》、本陣だった藤村の生家の隣、大黒屋のお嬢様だった彼女は妻籠《つまご》の脇本陣だった林家に嫁ぐのですが、その林家の蔵書調査をしたことがあります。おゆうさんの旧蔵書もいっぱいあったのですが、その中に占める人情本の多いこと、多いこと、びっくりしました。

それから、同じ木曽谷、上松《あげまつ》の清水家（私が調査した時には酒屋をやっていましたが、今は何をなさっているか）の蔵書が寝覚ノ床で有名な臨川寺《りんせんじ》に預けられていて、これも調査して目録を作ったことがあります。ここの蔵書も人情本の割合が極めて高くて、貸本屋から購入して積極的に自分の家の蔵書にしていった様子がうかがえました。家族みんなで楽しめる本だったのです。ついでながら、清水家蔵書で人情本の次に大量にあったのは俳諧の写本でした。自作の句を宗匠に添削してもらったものとか句会の記録です。

貸本屋

人情本『濃基能楳《のきのうめ》』三編の一場面を見てみましょう。

〔くゞりの音がら〳〵〕おいし となた 本屋 へイ本屋《ほんや》でございます いし おめへマアきつい見かきりだの 本や 此《この》あいだよんどころない用事《ようじ》がございまして いし 女郎《じゃうろう》かいか 本や わたくしどもかどうふいたしまして〔トいゝながら風呂敷つゝみをおろす鉢植の蘭にさわる〕いし ヲツト旦那《だんな》のほんそうむすこ 本や これは麁《そ》そういたしましたへイ神道徳次《しんとうとくじ》の跡《あと》でございます おいし アノなんとか云《いっ》たッけ旦那《だんな》が置《おか》せろといゝなすッたの

は今思《いまおも》ひだす　ヱヘぢれつてヱ〔トかんざしてあたまをかくおくヨリ下女のりんさしいでものにてわたくしがおぼへております〕いし　なんといふ外題《げだい》だ〔たすきがけでいてきたり〕りん　太平記《たいへいき》大《だい》じんまひトおしやりました　本や　〔わらひだし〕そんな本があるものか　いし　ヲ、それヨ太平記《たいへいき》の大全《たいぜん》よ深川《ふかがわ》のあたらしひしやれはねェか　本や　八幡佳年《はちまんかね》と申ます　いし　為永春水《ためながしゅんすい》の著《つくつ》たといふ糸柳《いとやなき》といふ本は有《ある》か　本や　それは未た出ませぬ〔トいゝなからこんびやうしの本をちらりと下女に見せる〕りん　きたならしひ〔トにつこりわらひ〕いし　こんなむだがきはわたしらか方ではしなひヨ　本や　イエどういたしてこれにあまりきります、土瓶《どびん》しきにいたされます夫《それ》よりまだ質《しち》に置人《おくひと》がございます　いし　けしからねェ嘘斗《うそばか》リ　本や　ほんのことでございます　いし　いかな

人情本にはやたら貸本屋が登場してきて、新作の話をします。作者によるあざとい宣伝なのですが、貸本屋が女性読者と人情本にきわめてしっくり馴染むのです。この手の中本は貸本屋を通じての日常的娯楽となって、生活にしっかり定着しているわけです。小売の本屋で貸本業も行う店は店舗があるのですが、江戸時代のほとんどの貸本業者は店舗を持たない得意回りの行商です。町内の馴染みの本屋が定期的に家にやってくるのです。この場面のように、招き入れての世間話は家に居る女性たちの大好物です。彼女たちの好みも承知、あれを勧めこれを勧めの読書ガイドです。ここの所で貸本屋がちらっと見せたのは艶本、彼女たちをからかっているのですが、からかわれているほうもまんざらではない。「むだがき」は貸本屋泣かせの悪戯《いたずら》

書です。
三河の足助町《あすけちょう》小出家の文書（『愛知県史　資料編　18　近世4　西三河』〈二〇〇三年三月、愛知県〉）を次に。

覚

一　三拾六文　美少年録三編
一　三拾六文　同四編
一　三拾六文　同五編
一　百拾弐文　同六七八
一　六拾文　状袋
一　六拾四文　らいごう阿者梨
一　三拾弐文　景清
一　六拾四文　同　二三
一　六拾四文　武蔵坊
一　七拾弐文　新板美少年録九編
〆五百九十六文
　内六十八文引
引〆五百廿八文

右之通慥ニ受取申候
申七月卅日
本屋文吉
足助　小出権三郎様

岡崎の本屋文吉の領収書です。貸本屋の支払いも節季毎にまとめてです。つまり、ここには、文吉を通じての（出入りの本屋が文吉だけであったかどうかわかりません）小出権三郎の読書が半年分記録されているわけです。中本はありませんね。ほとんどが馬琴の読本です。最後の「七拾弐文　新板美少年録九編」に注目してください。旧版の見料の倍です。つまり、料金は、冊数、新版か旧作かで設定が違うし、貸出期間によっても違います。都市部では五日とか十日で一巡りなのですが、田舎では地方都市の本屋が巡廻《じゅんかい》してきますので、期間は長めになります。小出権三郎の場合、半年分の貸本代総額は値引きしてもらって五百二十八文です。今の感覚だと一万五千円前後かな。読書への出資、みなさんはこれを多いとみますか、少ないなと思いますか？　もっとも、この本屋からしか借りていないという保証は何もなく、購入図書はまた別にあったと思われますが。

全国的に人気のあるジャンル、貸本流通に相応しい商品の開発は、全国的に貸本屋が回ってこない地域がないという状況を作り出しました。全国一律に同様の作品に接して一喜一憂する時代がここにあります。

江戸の情報環境

絵草紙屋の繁盛

絵草紙屋については以前にもちょっとだけ触れましたが、ここでまた少々詳しくお話しします。江戸という都市の出版文化を代表するものは、浮世絵を中心とする草紙類、地本でしょう。これらの地本は、おもに絵草紙屋という店で商われます。錦絵が誕生するころまで、この小売店は、版元（地本問屋）が兼ねるのがほとんどだったのですが、十八世紀後半に浅草や芝などの盛り場に徐々に小売専業の店が出来始めます。それは、浮世絵をはじめとする江戸の草紙類の人気がどんどん増していったことによります。というわけで並べる商品の主役は錦絵です。錦絵の流通力がこの流通機構を育てていったというわけです。そして、当然のことですが、この流通末端機構は地本業界の生命線のひとつになっていきました。新版の錦絵を目立つように吊《つ》り下げ、下のほうには草双紙が並べられ、おもちゃ絵などが平積みにされるのです。次から次に新版の浮世絵が掛け並べられます。この店の魅力は、店の商品がどんどん新しいものに切り替わっていくところ、それにともなって店の雰囲気がめまぐるしく変化していくところにありました。版元は、この流通末端の魅力と経営を維持させるために、次々に新版の制作に励まなくてはなりません。流通が生産を促していくのです。

多くの人が訪れる浅草や四日市、宿屋のある馬喰町《ばくろちょう》、東海道の往還口である芝神明前などに絵草紙屋はたくさんありました。江戸から郷里へ帰る人々は、何よりの土産品として浮世絵を買求めました。幕末に向かうにしたがって、江戸の町々、すみずみにまでこの手の店は増えていきます。江戸人の普通の生活の中に、普通に草紙の文化は溶け込んでいくのです。

天保十二年（一八四二）三月三日附小津桂窓《おづけいそう》宛曲亭馬琴書翰に次のようにあります。

八犬伝錦絵は、上野大喪にて、あきなひも無候間、早春売切候後、仕入申さざる由にて、近所絵草紙屋に無之候。都てにしき絵はよく売候物二千枚、さらぬは千枚、千五百枚にて売留に候間、壱両月過候へば其絵何れの店にもあらず成行候。

いくら売れ行きが良くても、一版の浮世絵の発行部数は最大で二千枚、売れ行きが良いものは、一～二ヶ月もたつと絵草紙屋から消えてしまうというのです。絵草紙屋の店頭は次々過ぎゆく流行を素早く映し出します。

浮世絵の中でもっとも主要なジャンルは芝居絵です。上演中の芝居に取材したものでないと江戸人は喜びません。逸早《いちはや》く上演の情報を得て、画工をはじめ職人たちを動かし、逸早く流通に廻《まわ》すことが版元の腕の見せ所となります。「角力取《すもうとり》並ぶや絵屋の店ざらし」という川柳もあって、絵草紙屋の前に立てば、人気の力士がだれであるのか、どのような体軀であるのかといった情報は得られるわけです。絵草紙屋に何版も飾られることは、その力士の人気を推し量る指標となります。また、吉原の遊女の姿絵も浮世絵の主要なジャンルのひとつです。名入りの遊女絵の数々は吉原の豪奢《ごうしゃ》を絵草紙屋の店頭に再現するのです。

ということは、絵草紙屋の前にしばらく立っていれば、いま何座でどんな芝居がかかっていてだれが出演しているか、どういう力士が活躍し、何という遊女が評判であるかが呑み込める仕掛けになっています。絵草紙屋はそのままメディア同然だったわけです。芝居景気を煽《あお》る恰好の媒体でもあって、吉原の広告塔ともなっていたのです。悪場所とされた芝居町や遊里の情報、またそれ以外のいかがわしい情報が色濃く流れてくる装置であるので、絵草紙屋は大人のお楽しみに直結した空間でした。そのいっぽうで、ここには草双紙やおもちゃ絵、紙製の玩具も置かれ、子どものお楽しみの空間でもあったのです。大人の世界と子どもの世界との間に、現代社会のように、厳しい垣根を設けないのが江戸時代でした。大人の世界に子どもが入ってくることを拒まず、大人も子どもの世界に帰ってしばしの安らぎを得るのです。春画も、おもちゃ絵も入れ込みのこの世界は、この時代を象徴しているようです。

繰り返しになりますが、書物は成人男子の世界のもの、草紙は婦女幼童を対象としたものというのが建前でした。でも、建前はあくまでも建前、両者は同じものの裏表であり、本音があってこその建前でした。建前の世界で凝った肩をほぐしてくれるのは、生活の中の本音です。成人男子がいつでもくつろげる本音の世界がしっかり用意されていたわけです。草双紙だって、単に子どもの読み物であるだけではなく、大人もにやにやしながら楽しんでいたのです。

地本問屋と絵草紙屋の店頭

『江戸名所図会』（天保五年刊）の挿絵にある鶴屋喜右衛門の店先を見てみましょう。

子供が凧《たこ》揚げをしている正月風景です。左からは、供を連れた武家の奥方が乗物（駕籠《かご》ではありません）に乗ってきていますが、これから年礼に向かうところなのでしょう。中央、左から狐の絵馬を担いでいる男は、稲荷社《いなりしや》への初午《はつうま》の奉納用に誂《あつら》えたのでしょうか。その後、頭巾を被《かぶ》った男は前に何か抱えています。大道芸の傀儡師《かいらいし》でしょう（駅弁売りのように前に抱えているのが舞台で、ここで簡単な子ども向けの人形劇を行います）。武士も町人も、男も女も行き交う、賑《にぎ》やかな日本橋通《とおり》油町《あぶらちょう》の景色です。

間口の広い鶴喜の店先は、以前に紹介した絵草紙屋っぽい和泉屋市兵衛の店とは大いに違います。まず、店頭に商品を並べていないのです。画面左側、上がり口に腰を掛けて小僧に出してもらった草双紙を選んでいる女性が二人、右側には浮世絵を出してきてもらっている客の姿が見えますが、この店の特徴は、そういった小売の光景なのではなく、同業相手の問屋らしい光景にあります。浮世絵を吟味している男の右に、〇に村の紋をつけた大きな風呂敷包みを背負《しよ》った男が鶴喜の玄関先に向かって通ろうとしています。これは『道中膝栗毛』の版元だった村田屋次郎兵衛の紋で、この男は村田屋派遣の男（世利《せり》と言って、同業間の卸・仕入れを行う）です。村田屋製品を鶴喜に届け、鶴喜の商品を仕入れて帰るという写真です。左端、同様に黒い風呂敷包みを重そうに背負った世利が仕入れを終えて鶴喜店をあとにするところです。その左は山形に「川（つ）」の紋が風呂敷に見えますので、鶴喜派遣の世利が戻ってきたところです。帳場に居る番頭風の男と言葉を交わしている感じですね。帳場には二人が座って、世利に

錦繪《にしきゑ》
江戸《えど》の名産《めいさん》にして
他郷《たきやう》に比類《ひるい》なし
中《なか》にも極彩色《ごくさいしき》殊《こと》
更に麗の作數
ひ中もありて諸國《しよこく》
の賞翫《しやうくわん》するもの
夥《おびただ》し

松濤軒斎藤長秋『江戸名所図会』国立国会図書館蔵

対応しています。算盤《そろばん》と帳面が見えます。後の壁に貼ってあるのは紙看板、売り出し中の新版の広告です。帳場の前には仕入れに来た男、風呂敷の上に仕入れた浮世絵が積まれ、帳面（判取帳）が開かれています。

右側、店の奥には山のように積まれた浮世絵と、さらに奥には棚のうえにぎっしりと書籍が置かれています。右端、火鉢を背に、刷り上がってきた浮世絵を整理している年配の男はご隠居でしょうか。暮から正月にかけては、猫の手も借りたいくらい忙しい商売ですので、かり出されたのでしょう。草双紙は正月発売が原則で、正月の縁起物でもあります。浮世絵も同様、正月に新版が数多く出版されるし、正月気分の中で手に入れたいものなのです。松の内はこれらを行商する絵草紙売りが江戸市中で読売をしたりして正月の風物詩にもなっています。彼らや絵草紙屋はこれも正月の景物である双六《すごろく》や宝船も扱います。これも地本問屋の製品です。つまり、行商にとっても、絵草紙屋にとってもかき入れ時、正月には暮に仕入れた大量の草紙類が出回るのです。

ここに描かれている光景は流通の大動脈です。ここの繁盛はそのまま小売、すなわち絵草紙屋商売の好調を意味します。

今度は、小売専業の典型的な絵草紙屋を見てみましょう。『鼠祠通夜譚《ねずみのほこらつやものがたり》　三編』は、二代柳亭種彦《りゅうていたねひこ》作、二代歌川国貞画の合巻です。版元は蔦屋吉蔵、慶応三年（一八六七）の出版です。この一場面は、絵草紙屋の内側から客の様子を描いた珍しい絵です。手前には浮世絵がさまざま平積みにされていますが、軒からは新版の浮世絵が吊されています。吊るし売りと呼

『鼠祠通夜譚　三編』個人蔵

ばれる絵草紙屋の風景です。今一推しの新版の絵がぶら下げられるのです。天保改革時、役者絵の出版が禁止されます。一番需要の高い商品なので、是非とも売りたいのですが、目立つように吊したのでは、すぐに足が付いてしまいますので、そのようなすれすれのものには、吊るし売りしないようにという意味で「シタ売」という文字が摺り込まれています。いかにこの吊るし売りが効果的であったかがわかります。みなそれを見上げている中で、右端のいかにも悪そうな少年が、口を開けて見入っている男の袂《たもと》から財布を抜き取ろうとしています。実際絵草紙屋は掏摸《すり》の絶好の仕事場だったみたいです。つまりそれだけ絵草紙屋の店頭は魅力的なものだったのです。

思い出の中の絵草紙屋

江戸人に愛された浮世絵は、日常の生活の中に溶け込みました。絵草紙屋も各町内に一軒はあるというくらい、町の景色に欠かせないものになりました。豊かな文化的景観です。淡島寒月「行楽の江戸」の一節を見てみましょう。

女が店に出ていると日蔭町《ひかげちょう》じゃあるめいしと笑った位で、別嬪が座っていたのは絵草紙屋《えぞうし》位のものであった。そして不思議に別嬪のいたもので、かや町の森本という絵草紙屋のお玉さんという娘は、その頃一枚絵に出たほどの評判娘であった。当時は評判の女があるとすぐ一枚絵（錦絵《にしきえ》）に拵えたものだ。一体当時は絵草紙屋はなかなか盛んなもので、馬喰町二丁目の山口、四丁目の木屋、横山町の辻文、両国の大黒屋、人形町の具足屋、日本橋の大倉孫兵衛などは主なるもので、浅草見附から雷門までの間にも三、四軒の絵草紙屋があった。(岩波文庫『梵雲庵雑話』)

篠田鉱造『幕末明治女百話』も。

絵は神明前と申した頃は、芝の神明さまの周辺《ぐるり》は、絵草紙屋でかこまっていました。綺麗なものでした。諸国のお大名の、参勤交替の御家来衆が、お国へのお土産物は、何はさておき、江戸錦絵が一番だったもので、その方々が、金高の安い高いはあれ、我勝ちに買って帰国されたから、絵草紙店の多かったことは、申し上げるまでもありません。そのうちでも若狭屋、天王寺屋なんか大構えの店でした。ちょうど今宇田川町の通り、三島町へかけた角店角蔵で、大きな繁昌でした。

次の鏑木清方《かぶらききよかた》『こしかたの記』の一節は明治の絵草紙屋の光景についてのものです。

暖簾の掛かつた店の中には、右から左と幾筋も引き渡した細引の綱に、竹串で挟んで吊り下げた三枚続は、二段、三段、役者絵あり、女絵あり、紅紫嬋娟、板数を重ねた刷色は鮮やかに、檐下に吊るしたランプの照り返しに映えて見るものゝ魂を奪ふ。この照明具は他に見かけない形であつた。店に依つては常の釣ラムプだけのところもあつたが、相当の店では、照り返しの為めもあらうし、また、風除の工夫でもあつたらう。丈、一尺四五寸、幅一尺足らずの格子に紙を張つてあるから小障子ともいへさうなのを竪に二枚、骨を表に、屏風のやうに開いて、二枚の間には二寸五分ほどの竪板がはいる。この、云つて見れば「障子屏風」の懐にラムプを置く仕組があつて、これを店先の櫓に、二つ、乃至、三つ間口に応じてこれを吊る。この時分電燈はまだ町中には見られなかつたけれど、裸火の瓦斯は有つたのだから、或いはこれを引いてゐる店もあつたらう。今は絶えて見るよしもないが、この照明は錦絵を照らすにいかにもふさはしいものであつた。

あまりにも普通にある、あるのが当たり前なものですから、誰もことさら記録にとどめることをしないわけです。その当たり前の景色が町から失われていっていること、この景色とともに生きてきた時代が終わりを迎えていることに突然気づくのが明治の後半期です。絵草紙屋は流行の絵葉書を扱うようになって、絵葉書屋になっていくのです。[4]

そこで、失われた文化、失われた時代を懐かしむ言説がようやく出てきます。これら明治の文章でようやく江戸のリアルな様子がわかったりするのです。

メディアとしての絵草紙屋

『藤岡屋日記』は、幕末の世相を知りたい人には必読の、大変面白い史料です（内閣文庫所蔵の写本に基づいて、三一書房から翻刻出版されているものがあるので、簡単に使えます）。十九世紀の江戸に藤岡屋由蔵という本屋がいました。本屋といっても店舗を持たず、神田の路上に莚《むしろ》を敷いて、そこで営業していました（こういう古本屋は、江戸市中にいっぱいいたようですよ。湯島天神下は明治に至るまで露店の書籍商が集中していました。大田南畝のような珍書マニアは、こんな古本屋を冷やかして、ヘンテコなものを収集して悦に入っていたわけです）。本屋を称して本も並べていたのですが、彼が主に売買していたのは「情報」です。情報を売りたい人間から情報を仕入れ、情報を欲する人間が彼のところにやってきてそれを買う。情報屋です。その情報の集積、ネタ帳が『藤岡屋日記』なのです。市井のさまざまな事件から、幕閣しか知り得ないような政治情報まで、量質ともさまざまな情報がその中にぎっしり詰め込まれています。しかも他の記録に残らない、また残してはいけないようなレア情報に満ちています（かなり昔の著作になりますが、もうちょっと知りたい人は、吉原健一郎『江戸の情報屋』〈ＮＨＫブックス〉あたりがいいかな）。『日記』に収載された情報は精度の高いものから首を捻《ひね》りたくなるようなものまでピンキリです。基本、噂話とかが多いですからね。当然、情報の質・量、そして需要によって、買い

4　私製の葉書が許可されて美麗な葉書作りが始まり、これをコレクションする人が増加します。高値で取引されるようなものも出てきて、投機の対象となるやもしれないという空気がブームをさらに煽ったのです。絵草紙屋の小さな店舗は葉書を売るのにちょうど良かったので、売れ行き好調の流行の商品にどんどん乗り換えていったわけです。で、流通の末端が途絶え、世の関心もほかに向かうことになって、浮世絵制作はどんどん下火になっていくわけです。これも江戸の終焉のひとつです。

取り価格も提供価格も違っていたのでしょう。どれくらいのお金が動いたのかわかりませんが、各藩の情報収集役である江戸留守居役なんか、売買とも多く利用したのでしょうね。なお、藤岡屋由蔵の営業が取締の対象となったという話は聞きません。民間のことには介入しないというのが統治の一大方針でしたし、印刷物はともかく、書き留めたもの、写本の類にはとやかく言わない時代でした。

その中から「閻魔の目を抜候錦絵一件」を見てみましょう。

閻魔の目を抜候錦絵一件

未ノ三月六日夜、四ッ谷新宿大宗寺閻魔の目玉を盗賊抜取候次第、大評判ニて、右之絵を色々出板出し、名主之改も不致売出し候処、大評判ニ相成売れ候ニ付、懸り名主ヨリ手入致し、四月廿五日、同廿六日、右板元七軒御呼出し御吟味有之、同廿七日ニ右絵卸候せり并小売致候絵双紙屋九軒御呼出し、御吟味有之、五月二日、懸り名主村田佐兵衛ヨリ右之画書、颯与有之。

南御番所御懸りニて口書ニ相成、八月十六日落着

過料三〆文ヅヽ　板元七人

世利三人

絵双紙屋

同断　小売

但し、右之内麴町平川天神絵双紙屋京屋ニてハ、閻魔の画五枚売し計ニて三〆文の過料也。

板行彫ニて橋本町彫元ハ過料三〆文、当人過料三〆文。家主三〆文、組合三〆文、都合九〆文上ル也。

瓦版的内容の浮世絵を無許可で発行した版元と世利、そして絵草紙屋までが処罰を受けていることがわかります。いかに情報がよい商売になるか（江戸人の食いつきが良いか）がよくわかりますし、絵草紙屋が情報の回路として機能していたこともわかります。畑銀雞《はたぎんけい》の『文人穴さがし』に「花長者の番附も絵屋で売りやすが、あれも内々ださうでありやすから」などとあって、処罰の対象となるかならぬか、ぎりぎりのところがこの商売の勝負所でありました。

戊辰《ぼしん》戦争のころ、大量の風刺画が発行されました。ほとんどが、竪《たて》大判錦絵二枚続きの戯画で、幕府・朝廷・諸藩の動静を、諸商人や遊ぶ子どもなどに紋や藩の名物などを描き込んで錯綜《さくそう》した関係性を示しているものです。ぱっと見てテーマを読み解くのが難しい（そういうように作っています）。これ、絵解のパズルです。各藩の名産品や紋などが着物の柄に使われていたり、持ち物に使われていたり、あるいはそのまんまで出てきたり（蠟燭《ろうそく》は会津藩でしょうね）。幕府や朝廷、各藩の連帯関係や緊張関係を描いているつもりの絵です。もちろん、全部が全部、時局を正確に捉えての絵作りではないのですが、時局を当て込んだ風刺画であるので、画工の落款や版元印などはありません。彫板・摺刷《しゅうさつ》の技術は、素人の技とはとても思えません。この

幕末の風刺画　個人蔵

類のものが、大量に発行されていたという事実は、「安定的」な生産・流通システムの中にこれらがあったことを示しています。これらが、地本問屋主導で密《ひそ》かに制作され、絵草紙屋で売られていたことは間違いないと思われます。

読売

読売《よみうり》は、声を発しながら路上で印刷物を売り歩くこと（人）を言います。さまざまなものがこの流通に乗ります。

● 「絵草紙番附はよしかな、絵草紙はよしかな、櫓下番附はよしかな、絵草紙番附はよしかな」と云ながら、世話しさうに売歩く（『秘登利古刀《ひとりごと》』）

　これは芝居の番付売りです。

● 「新狂言番附」と呼び「文字大夫新浄瑠

理」と売る。「新板替りました双六」には三尺の童子も情を揺し（安永五年刊『風俗問答』）

江戸浄瑠璃の常磐津《ときわず》節の正本（新曲上演時に作成する絵表紙の本）も路上で売られる。正月には双六売りが江戸市中を売り歩きます。

●表を「改まりました新よしはら細見、改りましたさいけん」と売り行く（『巳《み》入吉原井《いりよしわらい》の種《たね》』「通人」）

正月と七月は、新情報に切り替えられた吉原細見が売り出されます。売り出しの頃は、このように江戸市中で行商されるのです。

●細見はよつほど先へ遣つてかい（『柳多留』第四編）

でも、家の前で呼び止めて買うのはためらわれる。

●よみ売が。「サア〳〵新板のはやり哥紙代板行代上下大紙つゞき、代は六文。吉原五丁町はいふに及ばず。千住品川根津音羽。色ある町々今をさかりにお諷ひなさるよかのしぶし」（明和四年刊『長枕褥合戦《ながまくらしとねかつせん》』）

「よかのし節」という俗謡の唄本の売り声です。

●よみうりあきんどのこへ「これはこの回《たび》の新板。むかし新居白蛾といふ占ひの名人が六十四卦《くわ》に合せて考がへおかれましたる所の。歌占《うたうらなひ》の本。上下揃へて十六文。当用身の上願ひ望み。待人走り人失者《うせもの》にかぎらず或ひハ家移《やうつ》り造作の善悪《よしあし》。または縁談金談等《とう》。即坐に判断の出来るが調宝。サアみなさんおもとめなさいこれはこのたびの新板」を大声あげて操《くり》かへし。操《くり》かへしつゝ呼歩行《よびあるく》。（弘化三年刊『春情《しゆんじよう》　心《こころ》の多気《たけ》』二編）

これは占いの本です。

●よみうり「今年中《こんねんちう》の御《ご》調法《てうほう》、大師《だいし》さまの宿坊附《しゆくぼうづけ》、大小《たいせう》はしらごよみが四文《しもん》〱」（文化三年刊、感和亭鬼武《かんわていおにたけ》『旧観帖《きゆうかんちよう》』二編下）

四国八十八箇所巡礼のための「宿坊附」（ホテルガイド）と一枚ものの暦を売り歩いています。

●日光御社参御供行列御役人付幷御山の絵図うりあるく（大田南畝『半日閑話』安永五年三月の記事）

安永五年には将軍家治が日光に参詣しました。そのような折には、行列に参加する諸大名情報を記した役人附が出版されます。行列に加わる武士や宿場の役人には必備の本ですが、めったに無い大規模な行列を見物する人々のための行列ガイドとして沢山売れるのです（海賊版まで出回ります）。そんな時には日光が注目スポットになり、日光山絵図もたいへんな売れ行きなのです。

●「本田あたまにさらしの手拭《ぬぐひ》、わつちがすいたる当世ふう」だのなんのかのとて黄色《きいろ》に声を引、細見《さいけん》と年ン代記大名附は夏も声をふるはし（安永五年刊、春江作『当世愛《ここ》かしこ』）

「本田あたまに……」はちょんがれ節でしょうか。唄本を売り歩きます。吉原細見、年代記、大名附など、年中読売のネタがあるわけです。

●「何の国何村の百姓何某。親孝行《おやかう〱》に付て御褒美の次第、板行《はんかう》は御免《ごめん》の板行」と売《うり》あるくにても見よ（安永九年刊喜三二作『古朽木《ふるくちき》』巻之三）

江戸時代、孝は最重要の徳目、みんな親孝行の話は大好物です。「御免の板行」（許可を受けての出版）はあり得ますが、無許可のものでも、このようなことを言いながら売り歩きます。

●江戸市中、専ら敵討の次第とて売歩行也、尤昌平橋へハうりて五六人出て居ル也、是ハ此辺に敵討懸り合の有るゆへ也（『藤岡屋日記』嘉永三年六月廿日頃の条）

これは典型的な狭義の「読売」、瓦版です。関係者の居住地を狙って売り歩くというあざとさです（全部買い取らせたりする）。

●因曰、三都トモニ、毎時種々ノ珍説奇談、或ハ火災図、或ハ情死等一紙ニ印シテ、価四文八文等ニ売之者、此徒ノ生業トス、東都ニテ役人付、芝居番付、吉原細見、宝舩等売巡ル者、皆此徒ノ生業也。（『守貞謾稿《もりさだまんこう》』巻之六）

これ大事。瓦版も含めて、これまで見てきたさまざまな商品の読売、みな同じ業者だという証言です。地本産業にとって行商は極めて大事な流通の一角です。業界を挙げて彼らをつなぎ止めておかなくてはなりません。正月は双六・宝船・草双紙、そして吉原細見。七月も吉原細見。暮は暦。浅草や両国の盛り場では、観光客向けの唄本や重宝記、年代記。事件があれば瓦版。年間通じて何かしら売り物はあるのですが、間が空く時には仕事を作ってやらなくてはなりません。事件がなくても瓦版ということになるのです。ニュースは作っちゃえばいい。写真を見て下さい。ちょっと傷んでいますが、飛騨の山奥で大ムカデ出現、陽遊斎広光なる武人が退治したというビッグニュースです。真偽を確かめに飛騨の山奥まで行く酔狂者など江戸にはいません。フェイクの匂いぷんぷんのニュースを楽しむ馴れ合いの文化です。[5]

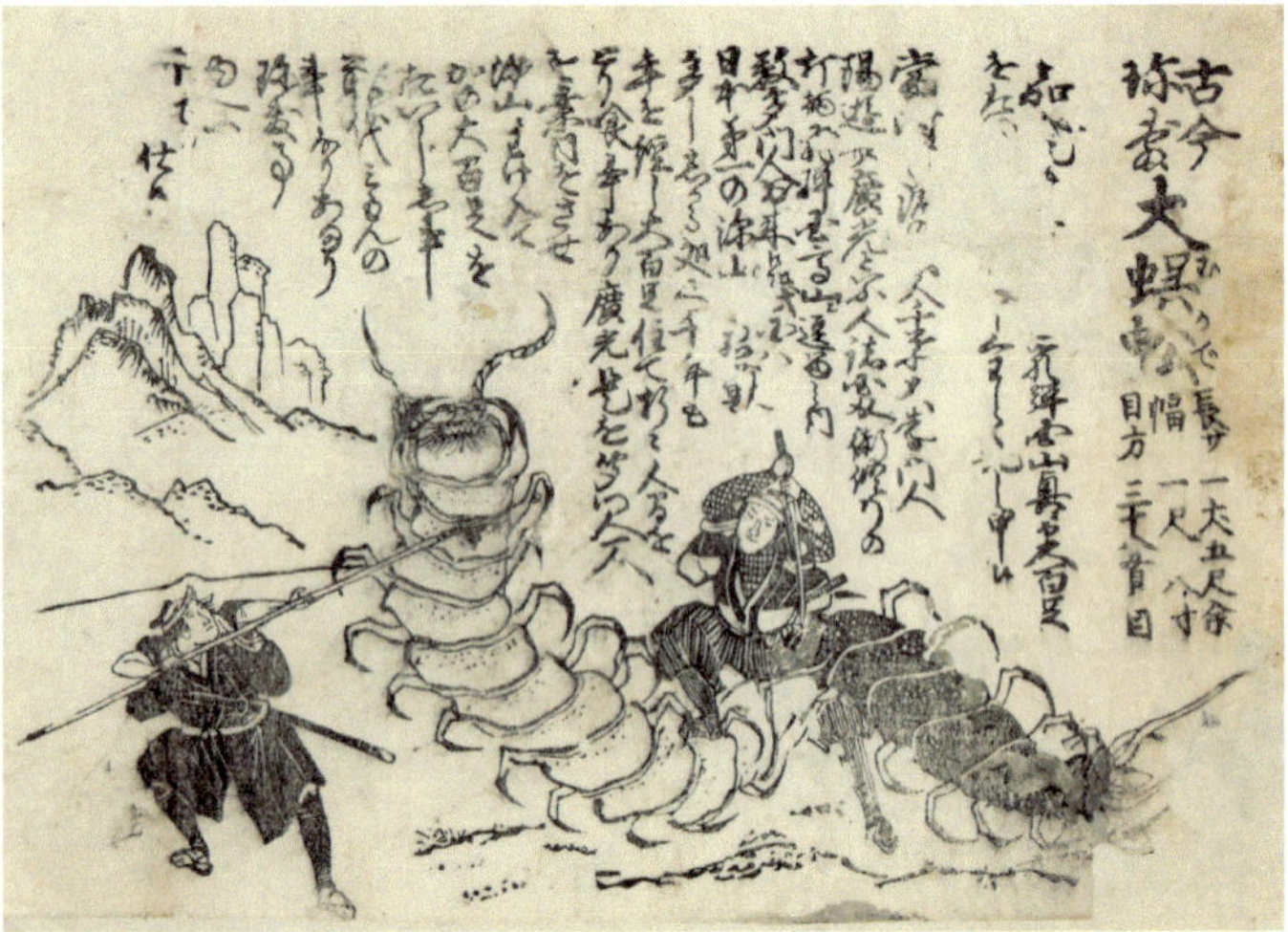

大ムカデ退治の読売（瓦版）　個人蔵

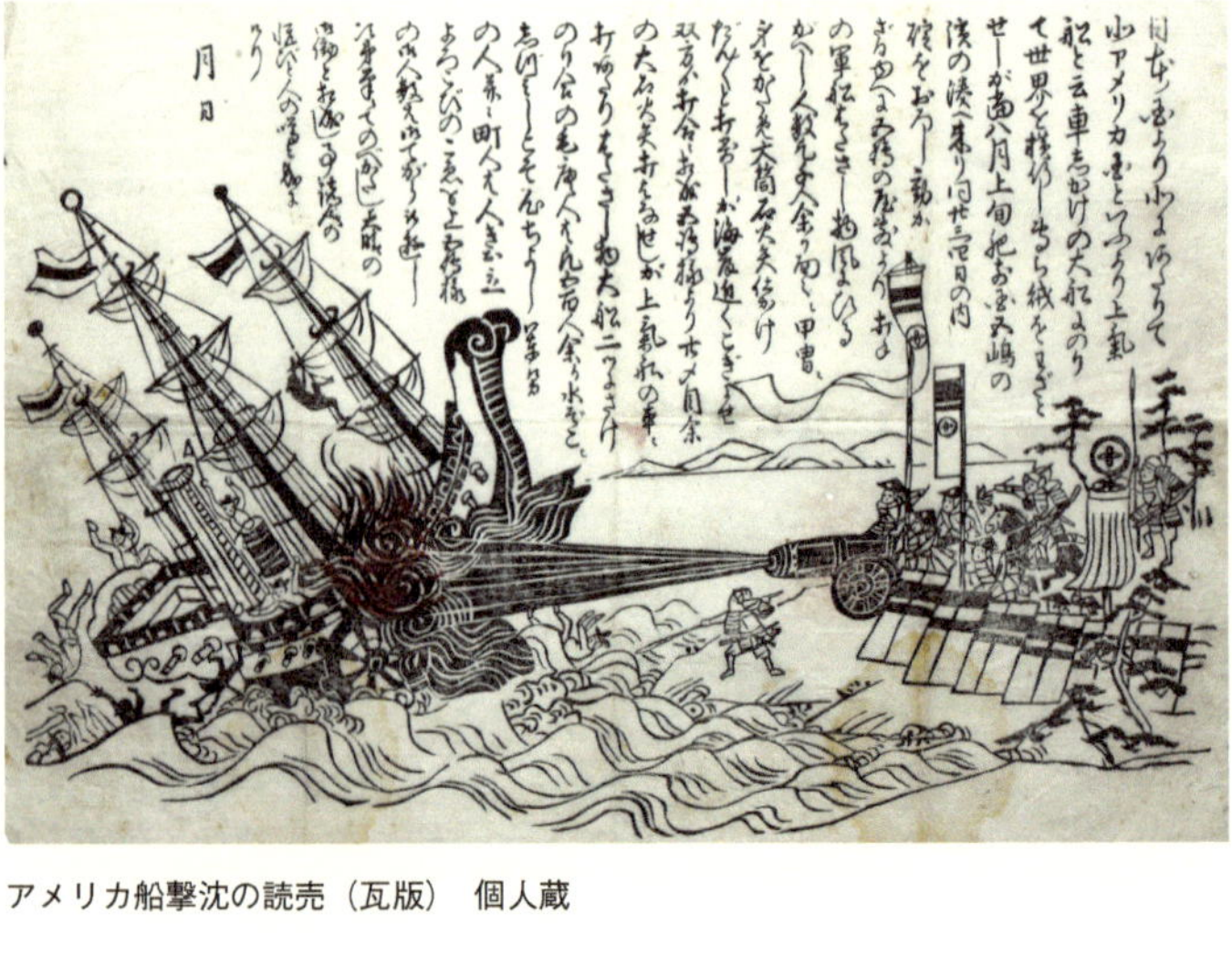

アメリカ船撃沈の読売（瓦版）　個人蔵

ニュースの制作と流通

『藤岡屋日記』第二十四　嘉永二年（一八四九）四月、唐人船の瓦版一件の記事を見てみましょう。

一　益〳〵唐人船の評判故ニ、板元二人、西久保砂政・京橋神戸源七内がら久次、船の図弁わけ合を半紙壱枚半摺ニ致し、売子五人ニおろし、八文宛にて唐人船の次第を御ろうじろとて、江戸中を売歩行候処ニ、閏四月廿日ニ皆々被召捕候処に、売子五人ハ品物御取上ゲニて家主へ引渡しニ相成、板元二人ハ手鎖にて宿預ケ

（残念ながら）捕まっちゃいましたが、版元から売り子までの連携と、処罰の重くないところを見て下さい。この一件の瓦版ではないのですが、写真の読売をご覧下さい。文章を翻字しておきます。

日本ノ国より北にあたりて北アメリカ国といふより、上気船と云車しかけの大船にのりて

5　江戸時代の人だって、情報の真偽に疎いわけではなく、見世物同様、瓦版の情報を頭から信じる人は稀《まれ》だったと思います。瓦版は所詮草紙です。ニュースっぽい娯楽、今でもあるんじゃない？　ただし、大規模火災や震災時には、類焼範囲とか御救い小屋情報とか、生命・生活に関わる情報を、皆が真に欲しているわけですから、かなり真面目で正確な情報を盛り込んだ摺物が発行されます。

世界を横行し、専ら賊をわざとせしが、当八月上旬肥前国五嶋の浜の湊へ来り、同廿三四日の内碇をおろし動かざるゆへに、五嶋の屋敷より打手の軍船はたさし物風にひるがへし、人数凡千人余り、面々ニ甲冑ニ身をかため、大筒石火矢仕かけ、だん〳〵と打寄しが、海岸近くこぎよせ、双方より打合ニ相成、五嶋様より廿〆目余の大石火矢打はなせしが、上気船の車ニ打あたり、はたさし物大船二ツにさけ、のり合の毛唐人共凡五百人余り水ぞこニしづみしこそ心ちよし。軍勢の人幷ニ町人共人き出立、よろこびのこゑを上、五嶋様の御人数共御てがら被遊し次第、筆ニてのべがたし。天晴の御働と相成し事、諸人の悦びと人の噂と成にけり。

月　日

みなさんは、五島に居座ったアメリカ船を五島の軍隊が撃沈したという話を知っていましたか？　本当にこんなことがあったのなら、日本の近代史は大きく変わっていたかもしれません。似たような話題の瓦版がほかにもありますので、そんな噂が江戸に伝わってきたのでしょうね。この瓦版で見てほしいところは、その作り方です。絵も文字も整っていますよね。ちゃんとした職人を使っているのです。そしてそれを差配している版元がいるということです。
『旧事諮問録』は、幕府諸役人等を対象に旧幕府時代のことを聞き取り調査したものをまとめた記録です（岩波文庫があります）。その第三編に次のようなやりとりがあります。

○そうではなく、役人の悪口などがありましたか、あれはひそかにやるのでありましたか。
◎あれは、版をつぶすことは承知で遣っているのであります。刷出して早く売ってしまうと、それだけが得になるというので、やっているのであります。
○その罰は……
◎あれは、版を取り上げて、譴《しか》りであります。甚だしいのは科料を取りましたが、だいたいは譴りであります。しかし、飯の上の蠅を追うようなもので、なかなか制統ができませぬ。

町人を取り締まる警察的機構もゆるいものでしたし、現行犯で捕まってもきびしい処罰がなされないので、この美味《うま》い商売は無くなりません。

笠亭仙果《りゅうていせんか》（二世柳亭種彦）の『なゐの日並《ひなみ》』の抜萃《ばっすい》を見てみましょう。安政二年（一八五五）十月二日、大きな地震が江戸の町を襲いました。仙果はその時の体験を書き残しました。生々しいです。この大災害の中で人々が欲するのが情報です。読売（瓦版）がたいへん大きな商売になるわけです。みな焼け出されて家も無い状況の中、道具を取り出して版木を彫り、紙を調達して摺刷し、多くの地震情報が発行されました。いくつか私の持っているものを並べておきます。

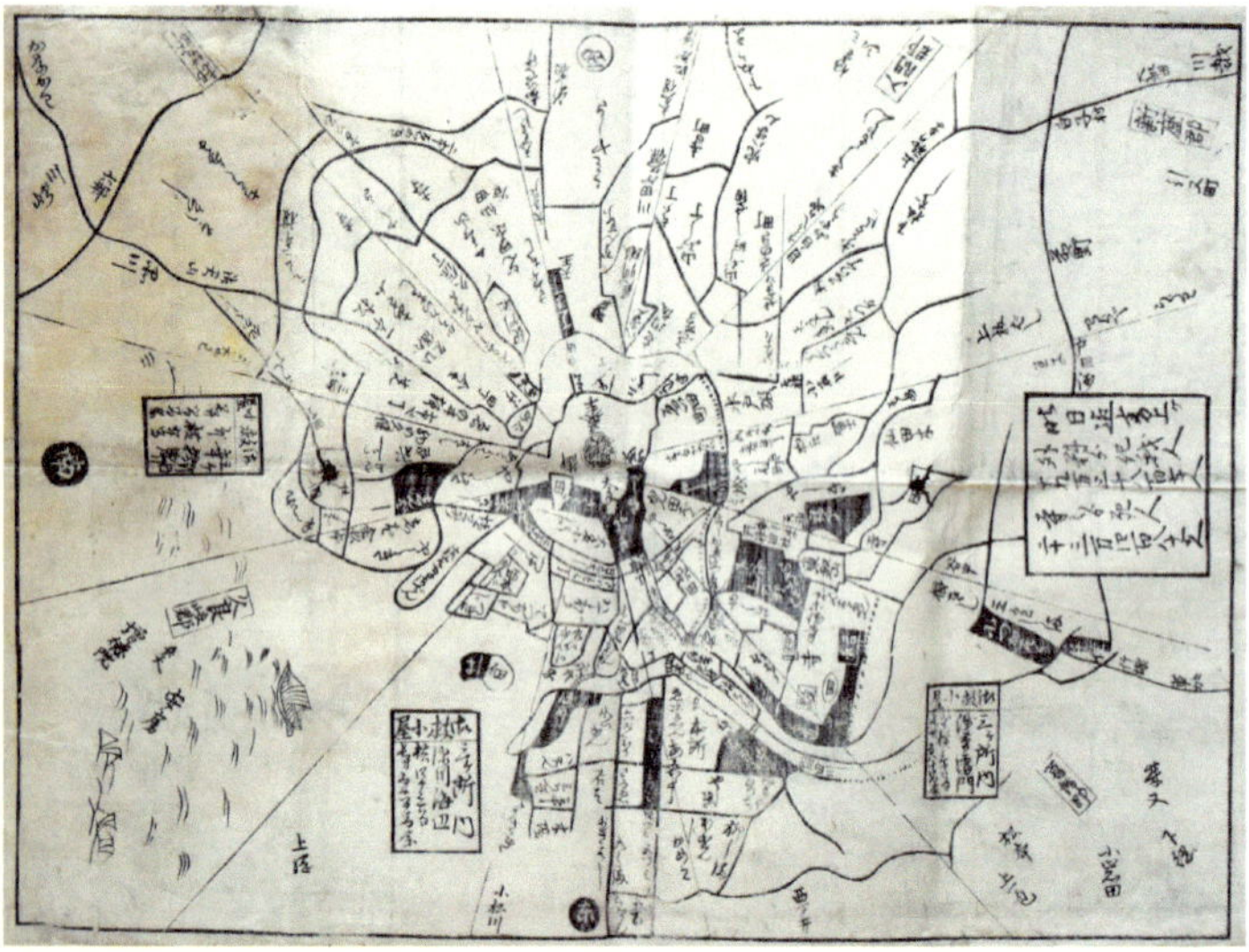

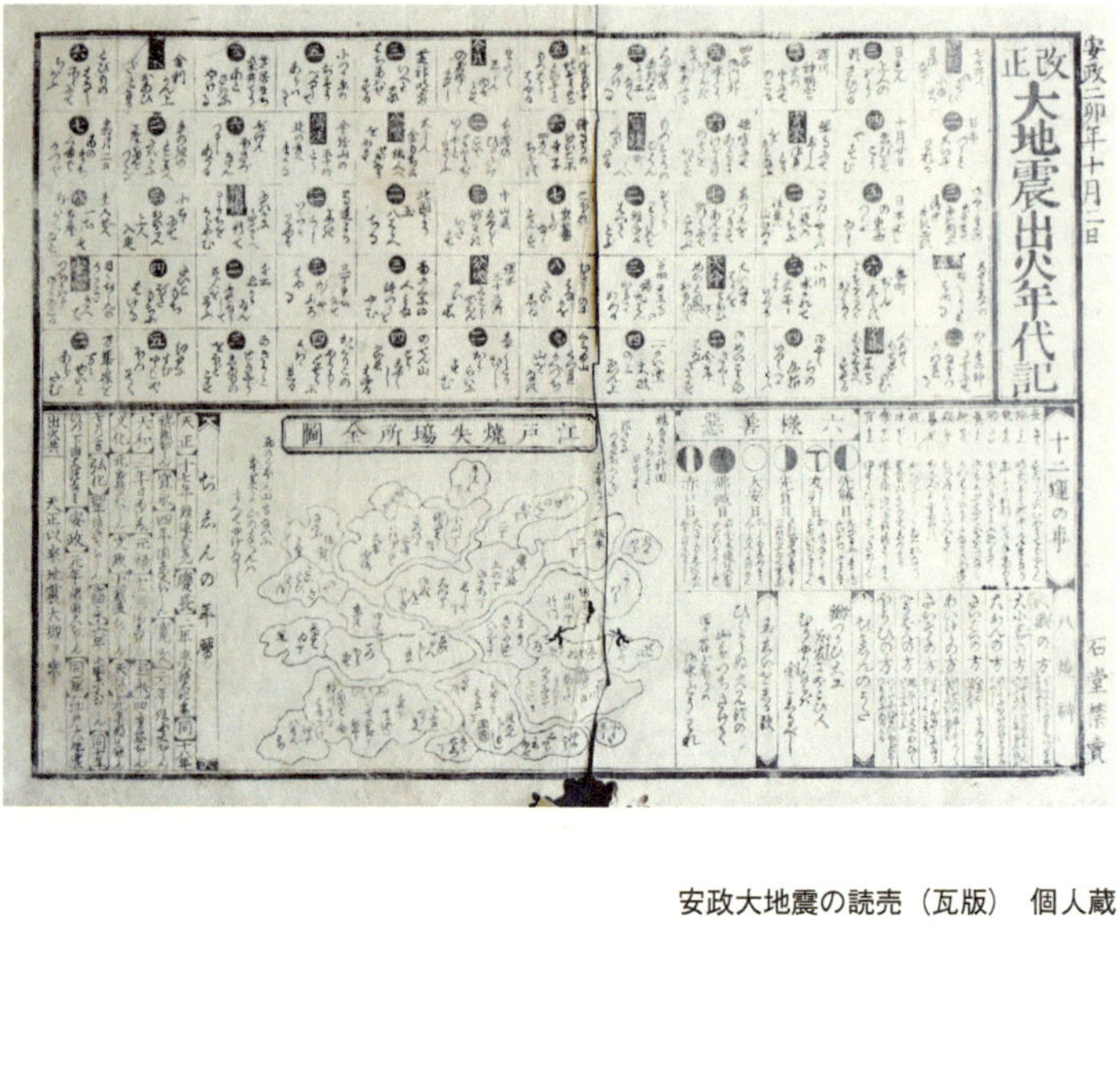

安政大地震の読売（瓦版）　個人蔵

二日、市中にて、心まかせにはゞかりなく彫刻しうりたる地震火事方角付の類、ならびに戯作の一まい画の類の板、とりあげおくべきやう、行事［地本屋の］にかゝりの名主よりいひつけらる、これによりて、かづ〳〵板をとりあぐれど、いやます〳〵ほりもし、うり出しもして、品かず百数種にあまる
（中略）
五日、田中喜三郎来り云、地震火事の彫刻もの、その数三百八十余種ありとぞ、その中に重板三四丁あり、山口藤兵衛当番にて、板をとりあぐるに、いまだ十の一ッ二ッなり、板木屋ども、これを禁ぜられては、当分の飢渇しのぎがたし、一箇月も延引せさせ給はずば、いづかたへもまゐりて強訴せんなど、いひさわぐよし、さて〳〵あるまじき事なり、
（中略）
十日、（中略）〇きのふまで盛にかざりたてし、地震火災の画戯作もの、すべての商店こと〳〵く下へおろして、よのつねのにかへたり、こはあまりかぎりなき事故、まづうち〳〵にて憚るべきよし、そのかたの人よりさたのありしなるべし、されど、猶下におきてうる中へ新板をくばる、彫工にあつらふるもあめり、今は四百種にもおよぶべし、画の中にては、かしまの御神像をあまたの人拝する画と、くさ〳〵の人ども大なまづをせめなやますかたぞ、はやく出て、うるる事おびたゞしといへり、すべて重板おほくうるゝものは、十板廿板も増刻せしよし也、

当面それしか生き延びる術《すべ》が無いわけですから、職人たちも必死、行事の制止など誰も聞きません。絵草紙屋にしてもこの商機を逃すわけにはいきません。

藤岡屋日記『安政二乙卯十月二日江戸大地震　下』には、安政大地震直後の、このような無改の違法出版物取締に関する記事が多数載せられています。情報がめまぐるしく飛び交った時期ですので、安政大地震関係の記事だけで膨大な情報量で、これだけ別にまとめられています。十一月の条にある記事を見てみましょう。

> 同三日ゟ新物夥敷、諸々ゟ売出し候ニ付、小売ニ而も改印有之候品ハ仕舞置、改無キ品計釣置、余り増長致し候ニ付、当行事ゟ同九日、行事蔦屋吉蔵代金次郎・耀丸鉄、人形町・通町・浅草・下谷・神田・両国辺絵草紙小売や見世、相廻ル。合行事辻屋安兵衛・耀山田屋覚蔵両人ニ而、
> 京橋向・芝・飯倉・赤坂・麹町・四ッ谷、都而山の手不残、絵草紙屋小売見世、相廻ル。

小売の絵草紙屋では、仲間行事の改を受けたものは店先に出さないで、人気の高い無改のものを吊るし売りにしている状況が余りに「増長」気味であったというのです。そこで地本問屋仲間行事一人と世利一人の組み合わせで二組手分けをして、江戸市中の絵草紙屋をくまなく廻って、次に掲げるような、今後無改の出版物を販売しない旨の誓約書に印形をとって歩いたということです。

一　此節地震出火等之絵図、又は大錦ニ種々戯候品数多売々致候趣ニ付、右之類釣売先ニ今日中早々取上ゲ差出し可申旨、北御廻り方ゟ被仰渡候間、私共買置候分、一切残り分無御座、且以後決而釣売ハ勿論、買入申間敷候、若向後壱枚たりとも取扱候儀有之候ハヾ、何様御申立ニ相成候共、一言之義無御座候、依之為念一同印形仕置候、以上。

卯十一月十日

絵草紙屋
売々致候者
連印

情報産業として業界は大きく膨れ上がり、情報の需要、また情報という娯楽（たとえば鯰絵《なまずえ》）の需要はとどまるところを知らず、ちょっとやそっとでは統制の利かない状況になっていることがわかります。同日記によれば、「大地震弁出火場所」という摺物は、印刷が間に合わないほどの人気で、都合二万枚を印刷したということです。『地震並《じしんならびに》出火細見記《しゅつかさいけんき》』も「売口も宜敷《よろしく》」というわけで、絵草紙屋は「情報」の回路でありました。「情報」を欲して人々が絵草紙屋に殺到します。一大商機の到来です。絵草紙屋の販売合戦はエスカレートし、看過できないくらいの状況になっていたわけです。このまま「増長」を放っておくと業界全体に累が及びかねません。行事が絵草紙屋を一軒ずつ回って、無許可の印刷物を取り扱わない旨の誓約書を取って歩くことになります。ただし、ちゃんとやってますよ的な、仲間内でしっかり統制が行

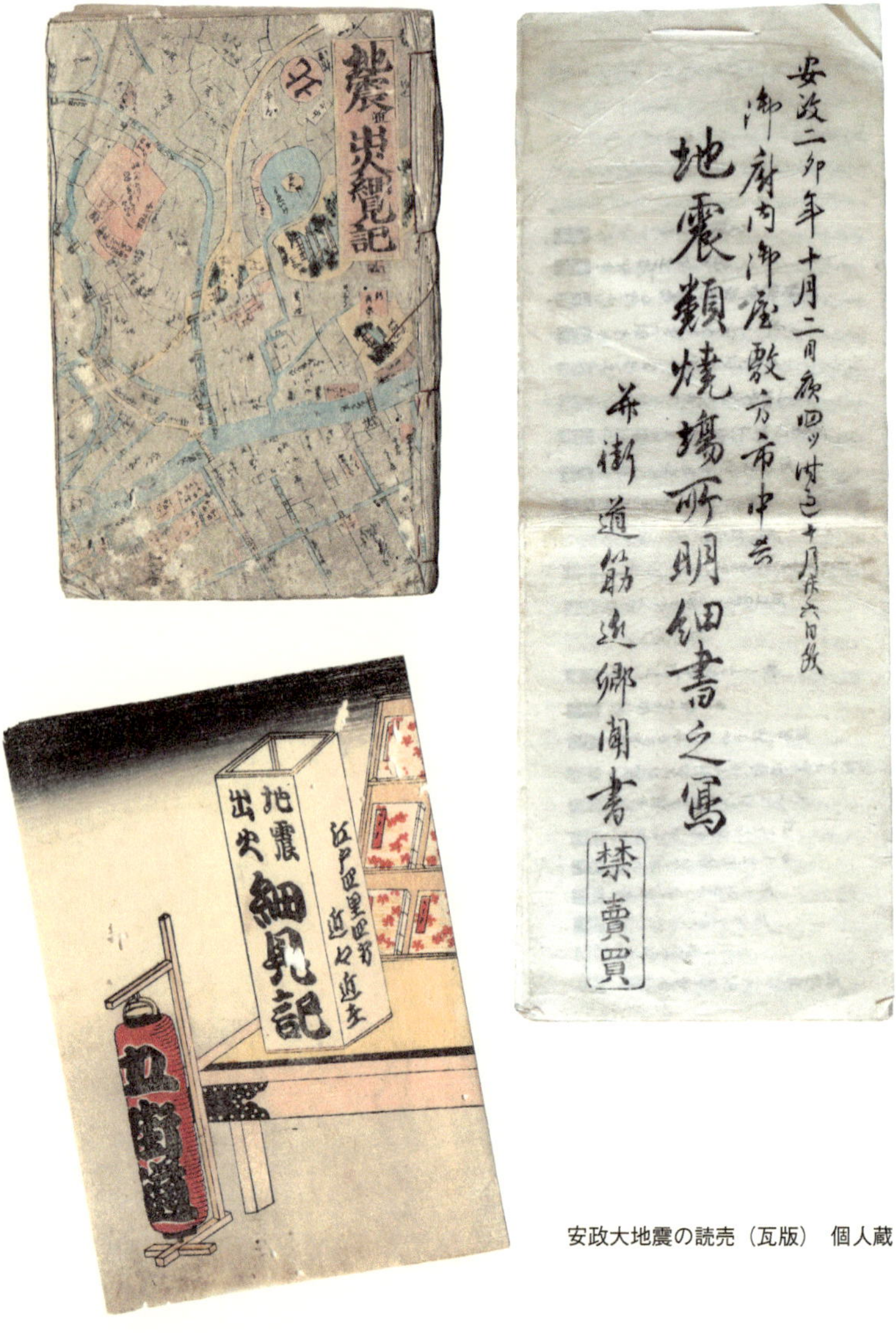

安政大地震の読売（瓦版）　個人蔵

き届いていると感じを醸し出すことにこそ、むしろ意味があったのだと思います。情報需要が高まる中で、また、木板印刷の産業が巨大に膨れ上がってそれで食っていっている職人たちが大勢いる中で、この儲《もう》けになる行為が止むわけがなく、実際、この手の出版物は、この後も大量に出回るのです。

＊　＊

さて、ここまでのところを、また具体的に触れることのできなかったところを含めてざっとまとめてみましょう。まず、リテラシー（文字・イメージ）の汎階層的かつ全国的底上げが江戸時代後期（十九世紀）に起こってきました。読書が一般化し、民間に多様な思考回路が醸成されるようになります。接した書籍類から触発されたりして居住地域外への関心が高まってきます。またそれに応ずるような書籍も制作されていきます。そしてそれは同時に自分が本拠とする地域を、地理的にも時間的にも相対化して把握しようという動きにもつながってきます。さまざまな情報への需要が高まり、いわば情報産業とでも言えるような業界が成長し、また情報環境（書籍・草紙類の流通網、通信インフラ）も整備されていきます。精粗はあるものの、半ば均質な情報が日本全土を巡るようになります。そんな中、外国船の来航や外国情報の流通によって海外への関心が民間にも及びます。そして、海外を視野に入れることで日本を客観化、日本への関心を高めていく、そんなイメージです。民間の精神世界、視野が大きく広がっていく時代でした。

第七章　明治の中の「江戸」とその終焉

学問のゆくえ

みなさんは、これまでの講義を通じて、民間の学問熱が高まる一方であったことを理解できたと思います。それは幕末に向かうにしたがってますます盛り上がっていきました。この勢い、慶応四年が明治元年になったところで止まるはずがないというのも、容易に推測できると思います。

さて、江戸時代の学問はどこにいくのか、どうなるのか、というお話です。

すでにお話してきたように、江戸時代は、治世の原理は学問（儒学）に由来するものでした。学問を通じて培われる倫理が期待されていた時代です。学問修業の大義はここにありました。民間でも学問は大事なものであるということが大前提、そこに少しでも連なろうという意識が江戸時代後期に顕著になってきたわけです。ところが、儒学が国家経営のための思想的根拠であった時代は終わるのです。学問イコール儒学ではなくなります。江戸時代的大義から離れて「学問」は別の多様な価値観を持つものに散らばっていくのです。

足利郡助戸村高橋勘蔵の学問

高橋勘蔵という人の日記をちょっとだけ紹介します（詳しく知りたい方は拙著『近世読者とそのゆくえ』〈平凡社〉を見て下さい）。この日記、今から三十年ほど前に前橋の骨董《こっとう》店で買いました。[1] 五百円だったかな。何かに使えそうな気はしていて、時々気になって眺めていたりしていたのですが、二十年ほど経ってようやくデビューの機会を得たわけです。写真から、一所懸命な感じとともに雑な感じがわかるかと思います。

見返に「明治九丙子年第十一月一日ヨリ書之」とあって、これは、書き始めの日付です。そして「足利郡助戸邑／高橋勘蔵亀渕」と署名があります。助戸《すけど》は、今の足利市のほぼ中心部にあった地名です。高橋勘蔵がどのような人間であるかはまるでわかりません。「亀渕」は彼の俳号だと思われます。この日記に、彼の発句を書き付けた帳面がいっしょに綴《と》じられているので、彼は俳諧が趣味だったようです。

1　余談ですが、これを買った時の前橋はまだ賑《にぎ》やかでした。広瀬川沿いの通り（萩原朔太郎記念館なんかがある所）の雰囲気もよかったし、アーケード街も昭和のレトロな感じのままそこそこ活気がありました。その後何回かは訪れていたのですが、四年前の春、県立文書館と県立図書館の調べ物のために久しぶりに訪れてびっくり、シャッターだらけ。文書館の付近の爆弾ハンバーグの店とか、町中から外れた駐車場のある店は健在でしたが、駅付近や昔の繁華街にはまともな食事をとれる店が無くなっていました。あのカレー屋も、あの居酒屋も。もちろん骨董店も（さら地になっていました）、行くたびに寄っていた古書店も。

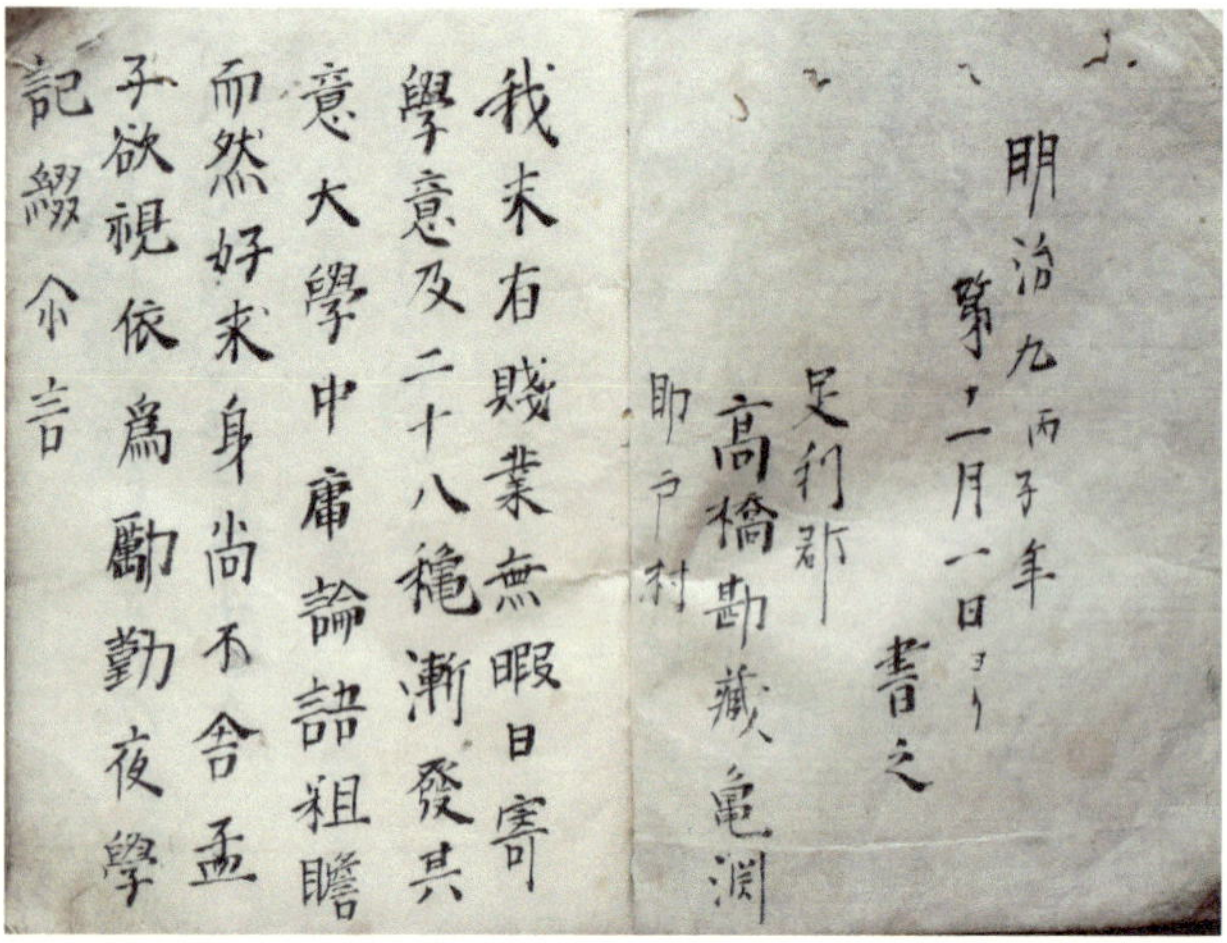
明治九丙子年
第十一月一日より
足利郡
高橋勘藏 亀淵 書之
助戸村
我未有賤業無暇日寄
學意及二十八穐漸發其
意大學中庸論語粗瞻
而然好求身尚不舍孟
子欲視依爲勵勤夜學
記綴爾言

助戸村高橋勘蔵の日記　個人蔵

この日記には漢文の序文があります。「我未有賤業、無暇日寄学意、及二十八穐、漸発其意大学中庸論語、粗瞻。而然好求見、尚不舎孟子、欲視依為励勤夜学記綴爾言」。あらあら意とするところを汲《く》み取ってみると、自分は、「賤業《せんぎょう》」従事のため暇な日とて無く、学問に心を寄せつつも果たせなかった。二十八歳の秋になって、ようやく発起して「大学」「中庸」「論語」をあらあら見た。しかし、心惹《ひ》かれたが「孟子」読書は果たせないままであった。その「孟子」を修めようと夜学を励み勤め、その記録をここに綴《つづ》った、というところでしょう。この明治九年（一八七六）十一月一日は、長年気になりつつも果たせなかった「孟子」素読を開始した日で、その進捗ぶりを記しとどめるために始めた日記ということになります。

この日記と同時に手に入れたものに、勘蔵

の「東京博覧会旅中記」という書留がありました。これは明治十四年（一八八一）五月二十一日に発足した旅行記です。その冒頭に「栃木県下足利郡助戸村／第百四十六番地／高橋清太郎／本年五十四歳」とあります。逆算すると、勘蔵は、文政十一年（一八二八）の生まれで、「大学」「中庸」「論語」を読んだのは、二十八歳の安政二年（一八五五）の秋、それから二十年以上たった四十九歳の冬、「孟子」に挑戦する決心をしたということになります。

序文にいう「賤業」がどのようなものだったか分かりませんが、肉体を使って忙しく働く職業ではあったのでしょう。日々の生活を営むために余裕の無い時間を過ごしていたのは彼だけではなかったはずです。多くの人々が同じような生活ぶりだったはずです。その忙しい日々の中で、学問に対する思いを募らせていったのも彼だけではなかったでしょう。江戸時代ならではの学問への熱い思いが明治になっても彼の中で生き続けていたのです。彼は特殊な人間ではなく、このような人はほかにも大勢いたはずです。

十一月一日の記事。

第十一月朔日夜、孟子借用行。相庭伊八宅茶飲。小学読本見。

「相庭伊八」宅に「孟子」を借りに出向き、そこで「小学読本」を見せてもらっています。『小学読本』は、師範学校編集の教科用図書です。『小学読本』をはじめとする文部省蔵版の教科書の多くは、学制発布とほぼ同時に師範学校に命じて制作させたものです。文部省が制作したものだけでは、とうてい日本全国の需要をまかないきれませんから、願い出に応じて各府県に翻刻を許可しました。府県によって早い遅いはありますが、明治六、七年あたりから、各府県は大慌てでこれの制作、あるいは調達をしていくことになるわけです。新たな教育制度に必須である教科書の普及をさらに進めるべく、その数年後には民間の業者による翻刻も許可していきます。旧来の学問を志している初老の男が、明治の世の「教育」をどのように眺めたものか、想像すると面白いです。

二日の記事。

〇十一月二日夜ゟ孟子序文祝
　相見ての後の心にくらぶればむかしは物をまなばざりけり
　朝兵敗北之話ヲ聞

「相見ての……」の歌、思いついちゃったのでしょうね。もちろん「百人一首」歌「あひ見ての後の心にくらぶれば昔はものを思はざりけり」という珠玉の恋歌のもじり。うまいこと言えた、って思って日記に書き付けた。そんなにふざけているわけでもないのでしょう。しょうもないものではあっても、自分の思いを託す表現のベースに、まだこの時代までの日本人は古歌の教養（百人一首程度であったにしても）があったというところを見逃してはいけません。それは、俳諧の表現力の前提でもあります。「朝兵敗北」の話、萩の乱の戦況のことでしょうか。

この記事の末に「名雲幾三郎雅見」とあります。「雅見」という言葉はこの先にも出てきます。「雅来」という言葉も見当たります。出先で会うか、相手がやってくるかでの使い分けでしょう。彼の風雅は俳諧、「名雲幾三郎」は近所の俳友のようです。この日記に「雅見」「雅来」の言葉は毎日のように見られます。俳諧と、俳諧による交遊は、彼の生活の中の大きな部分を占めていたと思われます。

翌三日の記事には「孟子巻壱梁ノ恵王章句上」、翌四日「四日晴風　名雲幾三郎雅見／孟子巻弐梁恵王章句下」、五日「同章句相見」、六日「名雲幾三郎雅来／孟子第弐巻同章句粗視」、七日「名雲幾三郎雅来／孟子第壱終迄粗観」と順調なペースで孟子の読書は続き、俳友との親交も密です。八日は孟子読書お休み。九日は「射越善助雅見」と、名雲以外の名が見えます。読書は「孟子弐冊目観初」。

さて、このあたりで彼の「読書」について確認しておくと、この九日の記事では「弐冊目観初」、七日の記事では「粗観」、六日の記事では「粗視」とあります。二日に書き付けた和歌は「相見ての……」です。序文でも「粗瞻《そせん》」とか「欲視」とか、「読」で表現されていないのです。読み進めのペースの速さから見ても、声に出しての「素読」はしていないようです。つまり黙読。

いっぽう、翌年一月十九日と二十日の記事は「万章章句下素誦」「万章章句下素誦」、これは声に出しているわけで、彼は使い分けて記述しています。そもそも漢籍初学の階梯《かいてい》は素読から始めるというのが常識だったのですが、彼の場合そうではなく、目で字面をたどって、文章の意味するところを理解していく「読書」で独習しています。彼の「孟子」以前の「読書」も同様だったと思われます。

これは高橋勘蔵だけのこと、特殊な事例かというと、おそらくそうでもないでしょう。民間に大きく広がった学問世界の中では、師に就いて素読を始めるというオーソドックスな漢学修業ができた人間は、むしろ少なかったのではないでしょうか。漢学塾に通うことができない圧倒的多数の人間の中に、新たな学問受容者、新たな読者が大きな層として立ち現れてきたのが日本の十九世紀です。高橋勘蔵はその中の一人です。

以前お話しした『経典余師《けいてんよし》』のことを思い出して下さい。これは師匠に就かなくても素読から漢籍を独習できるように仕立てたものでした。そして、平仮名のルビが付いた丁寧な解説と書き下し文が添えられていて、素読をしなくても、それらを目で追っていくことで漢籍の内容を理解することも可能でした。勘蔵が、どのようなテキストで孟子に接していたのかはわかりませんが、『経典余師』、もしくはそれと同様の注釈書を使っていた可能性は高いでしょうね。

高橋勘蔵、当時のどこにでもいそうな普通のおじさんです。普通ですよね。途中でいやにもなるし（十一月十五日に「永久休息」と記してから十二月二十七日まで記事がありません）、そうそう続かない（一月二十三日「孟子四冊目相始メ」、二十四日「孟子四冊目拾枚及」とやっつけて以後孟子読書の記事はありません）。日記用にかなり分厚く紙を綴じて冊を作ったものの、日記に使用したのはごく一部です。残りは備忘のメモや句稿で埋まっています。ですが俳諧には実に熱心に打ち込んでいます。明治になって俳諧人口もますます多くなるのです。このような民間レベルのことは近代の文学史では一切取り上げられませんが、正岡子規のことより、私にはもっともっと重要なことに思われます。

「高橋勘蔵」は、足利だけではなく、日本全国に大勢いたはずです。明治と時代が変わっても、江戸時代的な価値観の中にいる高橋勘蔵的な人々が圧倒的な多数でありました。（江戸時代的な）学問に自分がつながること、言葉を操って表現者となることに悦《よろこ》びを覚える人々です。明治の初めは江戸の延長、ちょっと考えれば当たり前の話です。

『経典余師』の明治

そんなわけですので『経典余師』の需要は衰えません。新たに版木を起こして出版されたりもしますし、銅版印刷で小さく仕立てたものも数種類出版されます。『経典余師』というタイトルではなく、『四書講釈』といった書名のものとか同様の漢籍独習書も山のように出版されるのです。

『四書之部』『易経之部』『詩経之部』『小学之部』については、大阪書肆《しょし》は新たに版権を願い出たもののようで、『版権書目　自明治八年十月 至明治九年五月　第一号』に載っています。明治になっても、利権を確保する必要があるくらいの需要が続いていたわけです。『易経之部』嘉永元年（一八四八）第二版については、明治期に印刷されたものが確認できるのですが、他にもおそらく明治期印刷のものがあると思われます。

『四書之部』と『孝経之部』は、明治に新版が発行されます。『四書之部』はこれで第六版で、明治四年（一八七一）秋田屋市兵衛の刊行です。『孝経之部』は、明治六年（一八七三）文金堂版のほか、明治二十五年（一八九二）刊のものが確認できます。『四書之部』については、銅版印刷で大谷仁兵衛他から出版された明治十七年版もあります。明治という時代になっても、『経典余師』の需要は衰えずに続いていたわけです。

田中華城『画本大阪新繁昌詩』の狂詩を見てみましょう。

　神道仏門磨練《ヨクケイコ》すること稀《スクナイ》なり
　身は試験《ケンサ》に逢ひて胆将に飛ばんとす
　僧徒祝輩《カンヌシタチ》多くは無学
　経典余師竊に買て帰る

明治政府は、神官やお坊さんなどを教導職に任命して皇国思想教化を図りました。彼らも民衆に教えるために勉強しなくてはならなくなりました。この詩は、彼らが『経典余師』を使って慌てて間に合わせの学問に励む様子を風刺したものです。明治前期は、おそらく日本の歴史上もっとも漢文リテラシーの高かった時代だろうと思います。明治十年代になると、またちょっとした漢文学ブームが起きたりもします。

明治の詩作熱

以前、『詩語砕金《しごさいきん》』『幼学詩韻』の各シリーズが版を重ねていく様子を追って、民間に漢詩作りのブームが広がったこと、そしてその流行が爆発的な勢いで広がっていったことをお話ししました。その勢いは明治と元号が替わって衰えるどころか、ますます愛好者の層は広がり、優れた作品も続々誕生していきます。裾野の広い山は高くそびえることが可能なわけです。

『詩語砕金』『幼学詩韻』で明治期における裾野の広がりを追いかけることも少しは可能なのですが、詩語二文字と韻語三文字を上下に同居させ、二冊を引き合わせなくても簡便に詩句を得られる『幼学便覧《べんらん》』という作詩書が幕末に出版されました。初心者の実作により便利なものとして『詩語砕金』『幼学詩韻』は次第にこれにとって代わられるようになります。この動きを追いかけてみましょう。

編者は、田原藩の儒者鳳山伊藤馨《ほうざんいとうかおる》（文化三年〈一八〇六〉〜明治三年〈一八七〇〉）です。彼による附言を見てみましょう。

附言

一幼学ニ便ナル諸書多シト雖モ、多クハ熟字韻礎分離シテ捜索ニ煩シ。人是ヲ一貫セシモ、或ハ多端ニ渉リテ、童蒙掌中ノ宝トナシカタシ。近頃二三ノ幼童是ヲ乞コト頻リナリ。余其求ニ応シ、世ニ行ナハル、晩唐以下宋詩諸集中ヨリ熟語と韻字トヲエラビ出シ一書ト成シテ与フ。凡ソ詩語ハ古人ノ用ヒ来リシ、不易ノ語ヲ用ヒズ。奇語奇字ヲ求ントスル時ハ、其風体ヲ破ル。故ニタヾ平易ニシテ風韻多ヲアツム。且題毎ニ作例ヲ掲ケテ、幼学ノ便覧

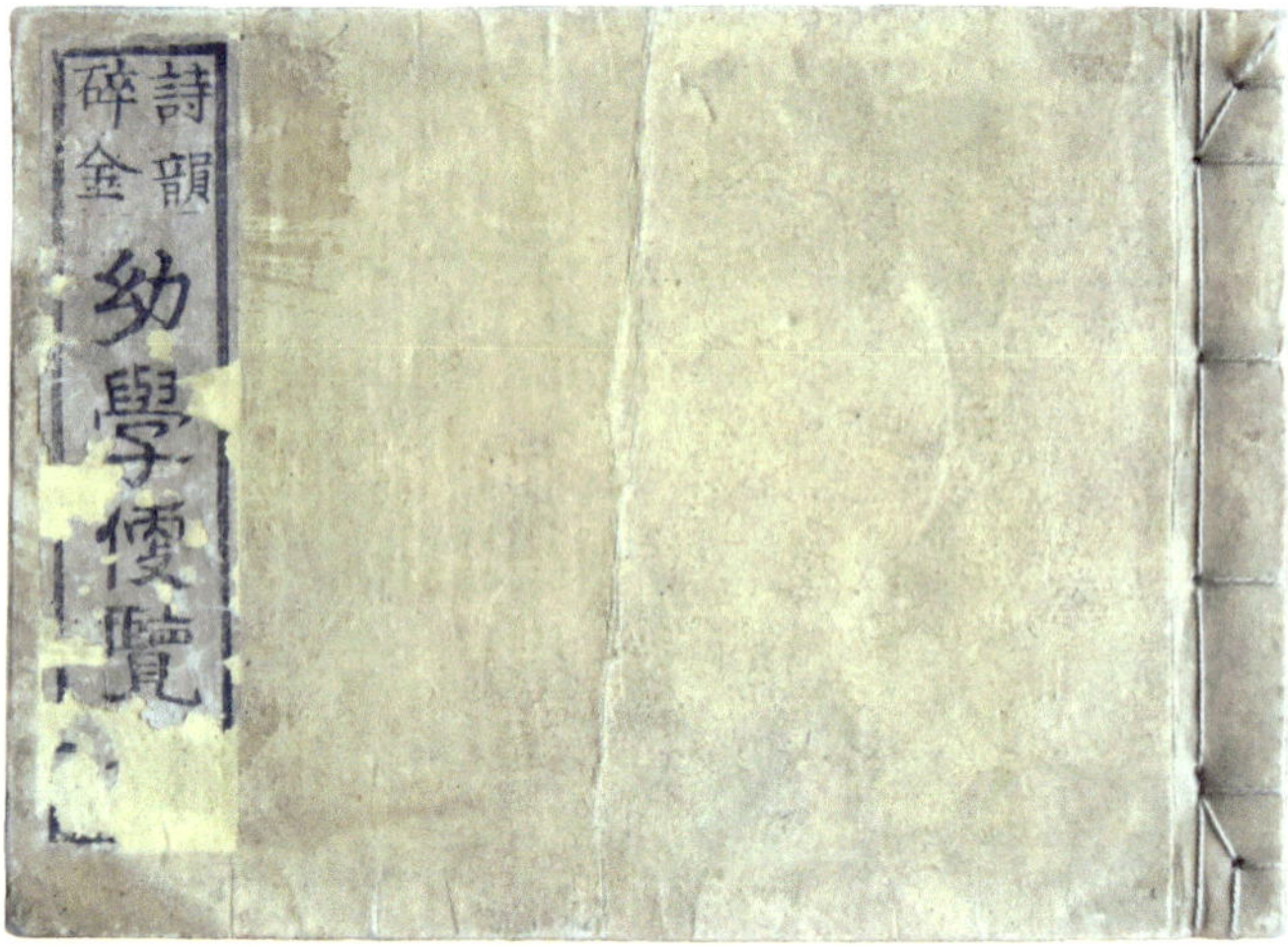

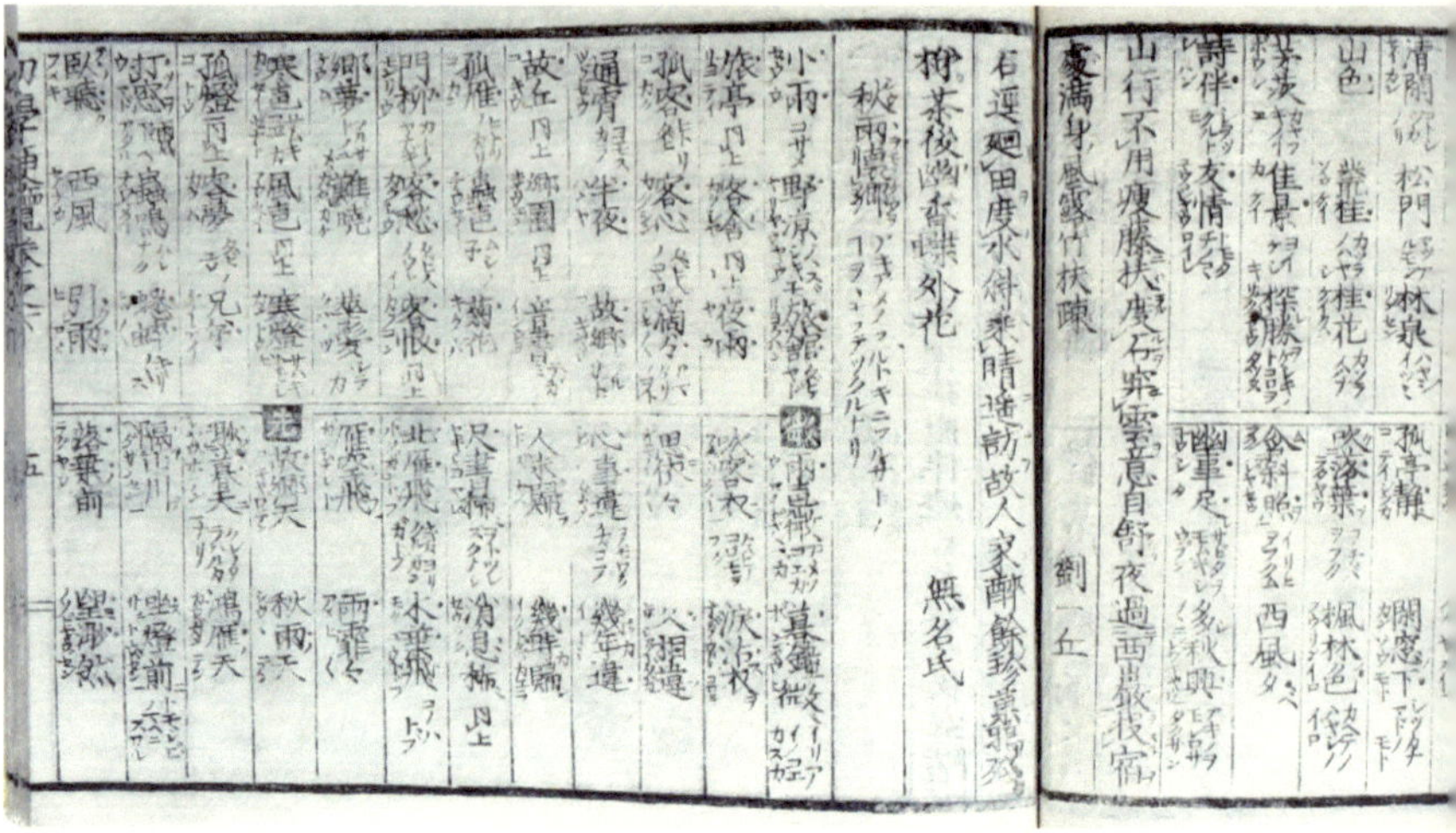

『幼学便覧』個人蔵

ニ備ルナリ。
以上

「世ニ行ナハル、晩唐以下宋詩諸集中ヨリ熟語と韻字トヲエラビ出シ」とありますが、『詩語砕金』の詩語と『幼学詩韻』の韻語とを、詩題ごとに対応させて上下に配置する趣向で、この二書からの抽出がほとんどです。『詩語砕金』と『幼学詩韻』は、詩作手引書の定番として重宝されていたのですが、見返に「速覧」と謳《うた》うとおり、半紙本二冊を引き合わせなくても、この一冊だけで詩語・韻語を対照できるわけで、袂《たもと》にも入る横小本という書型は携帯性にも優れていたのです（詩会に持参するのにも便利）。

内藤鳴雪《めいせつ》の自叙伝（岩波文庫本から引用、読み物としても面白いものですよ）の一節、鳴雪十七歳の時の話を次に。

嘗て武知先生の塾へ手習に行つてゐた時、「ちと詩も作つたらよからう、それには幼学便覧などを見るがよい。」と云はれたので、その本を父に買つて貰つたが、どうも面白くないので、その儘になつてゐたのである。然るに他の朋友は少しは詩も出来るから、詩の話になれば、私は沈黙しなければならぬのであつた。それが口惜しいので、ある日由井と二人で城西江戸山あたりを散歩した時、由井に詩はどうして作るかと問ふて、そこで絶句とか律詩とか、平仄押韻などの事を知り、それからは時々自分でも作つて見た。尤も多くの初学者はまづ幼学便覧などに有る二字三字の熟語を上下にはめて、それで五言七言の詩を作るのであるが、私はそんな既成の語を綴り合しては自分の手柄にならぬと思ひ、何か一つ自分の云つて見たいと思ふ事を、字の平仄を調べた上で、自分限りの修辞を以て作ることにした。

彼は弘化四年（一八四七）四月十五日生まれなので、文久三年（一八六三）ころのことと思われます。漢学書生たちの詩作の便りになる第一の書として『幼学便覧』が定着していたことが分かります。

この本の出版状況を追いかけることで明治の作詩熱を追いかけてみましょう。まず『幼学便覧』について、私が確認した版は次のとおりです。

- 『幼学便覧』弘化二年（一八四五）初版（伊藤鳳山蔵版）。
- 同嘉永二年（一八四九）版（三種類の異版あり、海賊版でしょう）。
- 年不明京都吉野屋甚助版。
- 元治二年（一八六五）須原屋茂兵衛・同伊八版。
- 慶応元年（一八六五）発行者不明版。
- 明治三年（一八七〇）須原屋茂兵衛・同伊八版。
- 明治十三年（一八八〇）東金多田屋嘉左衛門版。

●その他得体の知れない海賊版多数。

次に『続詩語砕金』『幼学詩韻続』の詩語・韻語をもって編輯《へんしゅう》された『続幼学便覧』。

●『続幼学便覧』嘉永三年（一八五〇）初版（伊藤鳳山蔵版）。
●嘉永四年（一八五一）河内屋茂兵衛版。
●刊年発行者不明版（仕立ては上々）。
●明治三年（一八七〇）須原屋茂兵衛・同伊八版。
●明治四年（一八七一）臥龍書房版。
●明治十年（一八七七）河内屋三木佐助版。
●明治十三年（一八八〇）多田屋嘉左衛門版。

おそらくまだまだ版種はありそうです。とにかくすごいんです。古書展や古書店でタダ同前の値段で出ていること、『経典余師』や『詩語砕金』と同様、いやそれ以上かもしれません。古書価の相場は三百円以下ですね。いつ行っても出くわします。私の書庫には段ボール箱四箱分くらいのものが積み上がっています（しょっちゅう崩れます）。明治になっても需要がますます高まっていったことがわかります。

『東京曙新聞』明治十年三月十九日に掲載された広告から、元治二年版の板木が十数年で摩滅欠損を起こしていたことがわかります。明治十年、再刻しても、十分採算を見込める状況だったのです。

詩韻砕金幼学便覧　　全壱冊
詩韻砕金続幼学便覧　　全壱冊

夫レ初学ノ輩ヲシテ、詩賦ニ便ナラシムルノ書タル、新古頗ル多シト雖トモ、就中其尤モ簡約ニシテ、殊更ニ洪益ヲ占ムルモノハ、近来該書ニ勝ルモノアランヤ。故ニ上梓以後四方ノ諸彦、陸続愛観シテ、而シテ甚ダ之ヲ貴重セリ。因テ、梓モ亦終ニ磨滅欠損ヲ起セリ。是ニ於テ、今般乍チ校訂補ヲ加へ、一層上等ニ再刻シテ、江湖ノ賢子ニ供セント欲ス。苟モ詩学ニ志ス者、此書ニ依準セバ、必ズ縦横自在ニ作リ得ラレザルハナシ。俯シテ冀ス、幸ニ復購求アランコトヲ。

東京日本橋通一丁目　須原屋茂兵衛
同浅艸茅町二丁目　　北澤伊八　　敬白

内藤鳴雪が漢詩作りの手ほどきをしたことのある正岡子規の文章（『筆まか勢』第一編「哲学の発足」）にも次のように見えます。

余は幼時より何故か詩歌を好むの傾向を現はしたり　余が八九歳の頃外祖父観山翁のもと

へ素読に行きたり　其頃の事なりけん　ある朝玄関をはいりしに其ほとりに二三人の塾生が机をならべゐしうちに　一人が一の帳面を持ち　其中には墨で字を書き其間に朱にて字を書きたるを見たり　それは何にやと問へば詩なりといふ　余は固より朱字の何物たるを知るよしもなく詩はどんなものとも知らず（朱字は添刪したる故あしき抔とは毫頭存ぜず）たゞ其朱黒相交るを見て奇麗と思ひしなるべし　早く年取りて詩を作る様になりたしと思へり　其後観山翁は間もなく物故せられしが　引きつゞきて土屋久明先生の処へ素読に行きしかば　終に此先生につきて詩を作るの法　即ち幼学便覧を携へ行きて平仄のならべかたを習ひしは明治十一年の夏にて　それより五言絶句を毎日一ッづゝ作りて見てもらひたり　斯くの如き者数月にして中絶せしが　後数月を経て又もやはじめたり

先生に詩作の手ほどきを受ける時に使われています。世代を超えて詩作書の定番であったわけです。ことのついでに国木田独歩の「巡査」（明治三十五年）からも引用してみます。漢詩が世の普通の趣味になったことがよくうかがえます。近づきになった巡査宅を訪れた語り手が酒をすすめられて、「もう僕《ぼく》は沢山《たくさん》！　何《なに》か外《ほか》に面白《おもしろ》いものはありませんか、詩《し》のような者《もの》は」というのに対して「詩《し》ですか、あります、有《あ》りますもすさまじいが幼学便覧出来《えうがくべんらんでき》というのが、二三ダースあります」。巡査が自作の詩を披露する場面です。この場合「幼学便覧出来」は、自作を卑下した言葉です。ありきたりの陳腐な表現ですがという意味と受け取るべきです。この詩作書、そして漢詩は普通の人々が関わるありきたりのものになったわけです。これはすごいことだと思います。多くの普通の人々が漢詩表現の方法を会得して作り手として文芸の世界に入り込んでいるのです。文学史ではいっさいこういうことに触れませんが、これこそ江戸時代の達成とみてよいと私は思っています。

漢詩熱のゆくえ

この漢詩熱はどこまで続くのか。流行はいつまでも流行のままでいることはできません。この趣味にどれほど執着するかは人それぞれです。死ぬまで続けた人もいたでしょうし、早々別のものに乗り換えた人もいたでしょう。でも、江戸時代的価値観が薄れていく中で、その価値観の中で是とされてきた漢詩熱も衰えていくことは必然です。すでに江戸時代の「大義」は世を覆う価値観ではありません。倫理のための学問は時代錯誤と見なされる時代となりました。新たな価値観が模索され、別の価値観がさまざま提示されていきます。富国強兵、立身出世……。学問も多様化し、それら新たな価値観に奉仕するものという位置付けになってきます。

架蔵の『続詩語砕金』の一本、巻末に「大田正人」という蔵書記とそれに掛けて「大田蔵書」という蔵書印が捺《お》されているものがあって、これを取り囲むように長文の書き入れがありました。

夫、文明開化ノ時ニ当リ、皇国ノ一基ヲ起シ、以テ海外ノ上ニ秀ヅ可ク為ス、是レ三尺ノ童子モ知ル処ナリ。今此レ等ラノ書、強ヒテ害アルニ非ズ。只ダ自己ノ精神ヲ慰ムモノニシテ、時トシテハ用ユルモ可ナリ。雖然、今文明ニ当リテ、之無用ノ長物ニテ、之ヲ用ヒテ国ヲ進歩スル理モ非ズ。之ヲ用ヒテ幸福ヲ求ムルニモ非ズ。サレバ、之ヲ用ヒズシテ以テ之ヲ売払シ、他ノ書ノ利アルヲ買得テ、早ク皇国ノ扶ニナル基ヲ為シテ可ナリ。夫レ人タルモノ河海ノ一滴ヲモ皇恩ヲ報ゼズンバアル可ラズ。嗚呼詩ヲ学ンデ何ゾ皇国ノ一滴ヲモ報ユルニ過ルヤ。之ヲ蔵シテ何ノ徳アルヤ。之ヲ学デ何ノ意アルヤ。今ニシテ之ヲ学ブハ馬鹿ノ馬鹿ナルモノナリ

この書き入れの主は、一時漢詩作りに熱中していたこと、その折この本を購入したことを悔いています。新たな「文明」の時代においては、「無用ノ長物」であると。「皇国ノ扶ニ」ならないからです。この時代に於《お》いて漢詩を学ぶ者は「馬鹿ノ馬鹿ナルモノ」とまで言っています。明治の新たな価値観に照らして、役に立たないものとして漢詩と縁を切る人間は彼だけではなかったと思われます(このような生々しい史料に出会えるのも古書漁《あさ》りをやめられない理由です)。

時代が進むにつれて、江戸時代に生を受け、書物を敬い、学問にあこがれてきた人たちが少数派になっていきます。明治二十年代にもなると、代わって明治の新たな教育を施された人々が社会に出ていくことになるわけです。「江戸」の終わりはどうもそのあたりに見定められそうです。

書籍業界の江戸の終わり

しばらくは江戸の延長であった書籍の業界も大きく変化していきます。私見では、明治十年代半ばに大きな曲がり角を迎え、明治二十年代には、かつての面影が影を潜めることになります。この間の推移を物語るトピックを箇条書きにまとめてみました。おおざっぱに眺めて、そんなもんかと納得してください。

●江戸時代における複線的流通
　書物―書物問屋仲間を軸とした広域的な流通網
　草紙―地域限定の流通から書物の流通に依存した流通へ
まずは復習から。書籍が二つに大別されること、それぞれ業者が異なり、流通も独自のものだったことを思い出して下さい。

●書籍市場の広域化と書籍流通の地方への整備（地方書商の発展）
このあたりまでは講義で触れたところです。松本の高美屋甚左衛門や東金の多田屋嘉左衛門、また和泉屋市兵衛の地方展開などを思い出して下さい。
○江戸時代から持ち越しの明治初年代の書籍流通と新規参入業者

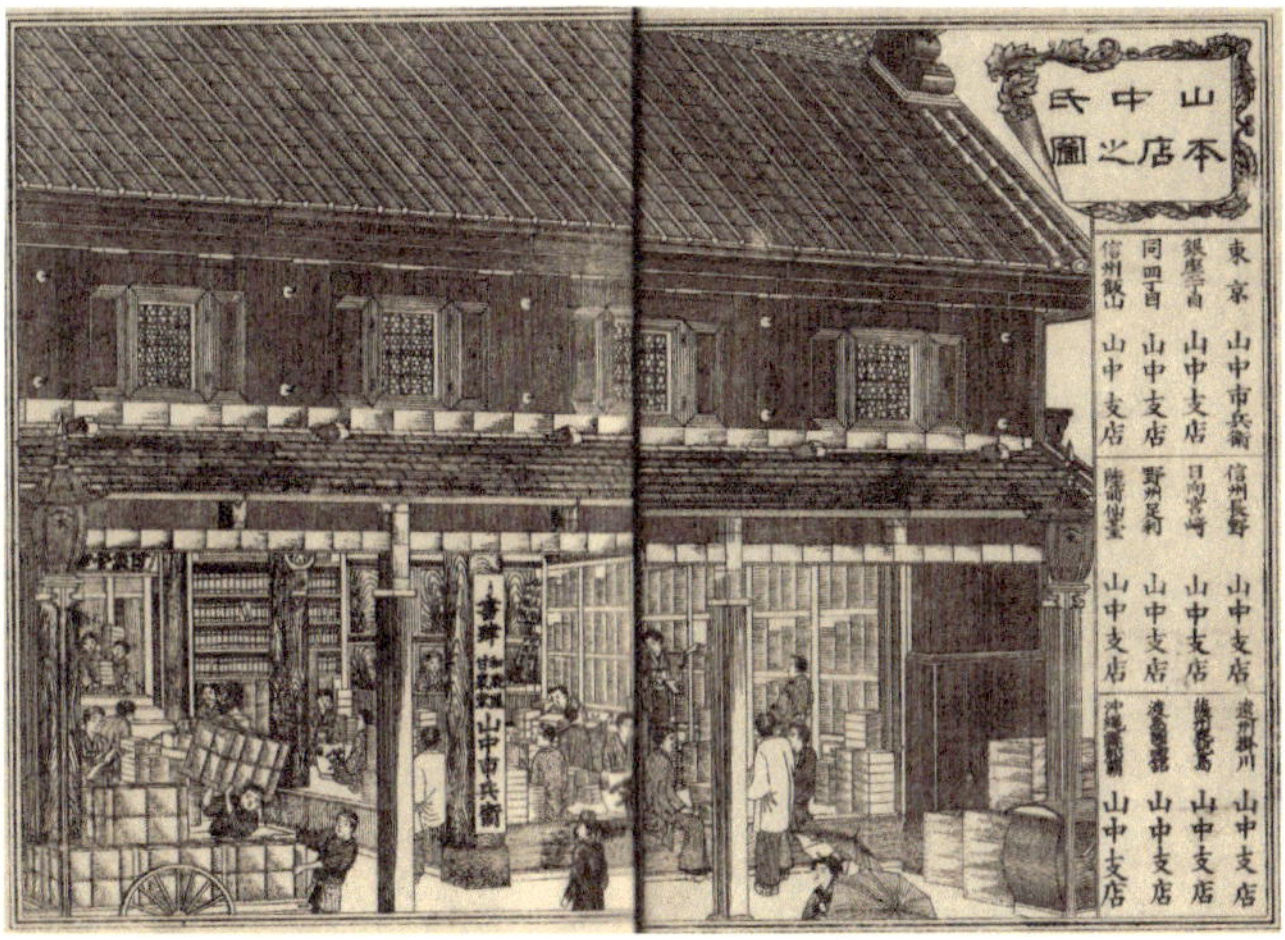

『熟語類纂上等記事論説文例』の口絵　個人蔵

明治維新後、それまで武家の需要に依存していた江戸の本屋はかなり淘汰《とうた》されていきますが、そこを持ちこたえた書店が業界の要《かなめ》となり、江戸期に組み上がった流通網を利用して商売を展開していきます。和泉屋市兵衛や森屋治兵衛なんかが典型的ですね。明治期の和泉屋山中市兵衛店の繁栄ぶりを伝える銅版画を掲げておきました。明治十五年（一八八二）刊『熟語類纂上等記事論説文例』の口絵です。前に紹介した絵草紙屋時代ののどかな店先とはまるで別物です。立派な土蔵造りの店の中、多くの使用人が忙しそうに働いています。右奥、帳場格子の向こうに番頭らしき人物が座っていますが、椅子に腰掛けているのでしょうね。奥から運び出されてきた書籍は梱包《こんぽう》されて大八車に積み込まれています。通運会社等に托《たく》して陸路運搬されるのでしょう。

右下の箱は船積み用の櫃《ひつ》、全国に船便で出荷されるのです。左の棚には本が平積みにされていますが、奥の棚には本が背を向けて立てられています。つまり和装本と洋装本が混在している明治十年代の書籍の状況を店先が物語っています（ちなみに、和装本の発行点数を洋装本が上回るのが明治二十年代初頭です。洋装本用の本棚のある書店風景となります。小売の書店の様子も現代のものに近くなっていきます）。散切《ざんぎ》り頭、ガス灯、蝙蝠《こうもり》傘、開化の風俗が随所に見られます。

○明治六年「東京府管下書物問屋姓名記」、明治七年「大阪府管下書林姓名記」、同「京都府管下第一書籍商社姓名記」

それぞれ『戊辰以来　新刻書目便覧』・『戊辰以来　新刻書目一覧』・『御維新以来　京都新刻書目便覧』の附録です。ほぼ同時期に三都で出版されたこの三点の書目は、ここに来て教育関係書等の出版物が急増したことに業界をあげて対応しようとしたもので、『明治初期三都新刻書目』（一九七一年七月、日本古書通信社）に影印があります。これらの史料を分析すると、維新期に撤退していった業者もあるけれど、これを機にこの業界に進出した業者も少なくないことが分かります。福沢諭吉も福沢屋諭吉という書店の経営を始めるのです（著作権がまだ無い時代、福沢は自ら業者となって版権を確保することで、海賊版の横行に対応しようとしたわけです）。

●絵草紙屋の堅調

生活に密着したもの、お楽しみはそうそう廃れません。むしろ大きく変化していく世の中の情報を提供するメディアとしての役割が拡大していきます。汽車ぽっぽや天皇巡幸など、開化の新しいモチーフをちりばめた多数の浮世絵が発行されました。西南戦争の時なんかは、これに取材した浮世絵や草双紙が驚くほどたくさん発行されました。ただし、以前にちょっとだけお話ししたように、日清戦争に取材した草紙類の大量発行をピークに浮世絵を柱とした草紙業界の勢いが急速にしぼんでいきます。明治二十年代後半。それは絵葉書ブームで絵草紙屋という流通末端が減少し（それはニーズが他に移ったことも意味します）、生産が抑制されていき、この産業がうまく回らなくなっていったからです。また、銅版・石版、さらに活版印刷というさまざまな印刷方法が行われるようになって、厚い層を保ってきた木版印刷の職人組織が痩せ細ってしまうからでもあります。そして活版印刷による新聞や雑誌など新たなメディアがこれに取って代わっていくのです。

●教科用書籍・掛け図の需要によって組み上がる新たな書籍流通

明治五年に「学制」が発布されて教育が国家による制度の中に位置付けられたことは、この業界の歴史において大きな事件でした。「国民皆学」の号令の下、学校の教室という場を設けてそこで一斉授業が行われることになりました。その実現に必要なものは、学校という器もそうなのですが、何より掛け図と教科書、それを調達して府県内に行き渡らせるために各府県は奔走することになります。書籍の業界には、その制作と流通という大きな役割が任されることになります。参考書も必要、学校教育に関連する出版物が業界の隆盛を導いていきます。

○地域隅々に行き渡る新たな書籍流通

どんな小村にも小学校が設立され、教科書類の需要が生まれます。委託されて教科書販売を始めたところから本格的な書店に発展していった店も数多いのです。教科書は一冊あたりの利益は薄いし、どんな田舎にもきっちり必要部数を持っていかなくてはならないので、三月・四月はべらぼうに忙しくて面倒なのですが、毎年必ず一定部数の需要があり安定した収入源にはなるわけです。教科書販売をしている地方の小さな書店が潰れない理由の一つです。高美書店も明治から今までずっと継続しています。現在、長野県の教科書販売の元締めは長野の西澤書店（小桝屋喜太郎）なのですが、西澤だけでは県下すべての学校への供給体制が整わないので、県内のエリアを分割して、明治以来教科書販売に従事していたそのエリアの書店が責任をもってこの仕事にあたる体制を作っています。営業上の安定要素でもあるのですが、志の仕事でもあります。でも、教科書がデジタル化されて、タブレットがランドセルに入るようになるとしたら、早晩この仕事も終わりですね。

○翻刻事業と教科用書籍調達に伴う地方都市書商の伸張

学制発布に伴って、範となる教科書を文部省は師範学校に編纂《へんさん》させたのですが、この文部省版だけで全国の需要をまかなうことは到底不可能でしたので、各府県に文部省版教科書の翻刻を許可します。各地方都市の書店が教科書の印刷・製本を請け負い、彼らが流通の要となっていきます。つまり、地方書商の営業力・資本力がすごい勢いで増していくのです。

○地方書商の三都進出

力を得た地方都市の書商の中には、東京や大阪などに支店を設けて、そこで生産される書籍類の調達を速やかに行える体制を整える者もいました。東金の多田屋もそうですね。そして彼らの中には、東京の業者の中に立ち交じって出版も行い、規模の大きな営業を展開していく者も出てきます。長岡から出てきた博文館、岐阜から出てきた春陽堂なんかが有名です。

○これを機とした新たな業者の参入

教育用図書をはじめさまざまな啓蒙《けいもう》書、翻訳書など新しい分野の書籍需要が急速に高まった時期ですから、ここに商機が生まれるわけです。

●予約出版の流行（明治十年代半ば）

予約金を募って、それを運転資金として、これまでなかなか出版に踏み切れなかった『資治《しじ》通鑑《つがん》』など大部の書物を活版印刷で制作し安価に予約者に頒布する試みです。活版で組むと紙数がすくなくて済みます。書籍原価の大きな部分を占めるのは紙代ですから、安く仕上がります。

○郵便・新聞広告を使った通信と情報発信

予約者の信頼をつなぎ止めておかないと、次の予約金が入ってこない。まめな連絡・広報は必須です。新たなインフラあってのこの事業でした。

○既存の流通に依存しない書籍流通

問屋・書店を介さず、出版者と読者が直接郵便や通運を利用して取引をするところに、頒布価格を抑えるポイントの一つがあります。流通の利鞘で食べていた既存の書籍業者は素通りされることとなります。

○書物も安くなりうるという認識の広がり

江戸時代における書物の高価を知っている人はすぐさま飛びつくような価格が実現しました。高いのが当たり前というのに慣らされてきたけれど、安くできるものなんだと認識が転換されます。

○江戸時代的書物流通に依存した業者の萎縮

板株《いたかぶ》と書物類の高価にあぐらをかいていた業者の経営は当然行き詰まっていきます。

●競争的書籍安売り

○兎屋が火をつけ、明治十八年後半から追随する者続出、各地に飛び火

書籍に定価は記載されているのですが、定価で小売をしなくてはならないわけではありませんでした。兎屋書店は売れ行きのよい自店の出版物（『家内の倹約』『商人安心論』『記臆拡充論』『日用食物の用心』『手軽西洋料理法』『人の心中を看破る秘伝』とかひょっとしたら役に立つかもと思わせるようなものとか、『男女淫慾論』『男女交合理学』『妻妾百本針』『房事弊害問答造化妙理写真鏡』『交合利害新説百個条』『姦婦の改心薬』などスケベ心を刺激するようなタイトルのものとか、絶妙のネーミングセンスでそそるような、三十ページくらいの薄冊がほとんど）を

もって本替した書籍、極めて安価で入手した書籍類の安売り販売を新聞広告を使って派手に行っていきます。

○書籍価格に対する不信の醸成

定価って何？　わざと掛け値で定価表記しているんじゃないの？　というような不信感がじわりじわりと一般に広がっていったものと思われます。

○広告媒体として機能を大いに発揮し始めた新聞を使っての市場拡張と市場荒らし

広告にはタイトルと価格しか記載されません。お金を郵送して届いたのが、とんでもないちゃちな本だったり、場合によっては前金を支払ったものの商品が届かなかったり、詐欺すれすれか詐欺そのものの商売が横行しました。当時は広告に倫理規定も無かったのでやりたい放題。大阪発信の広告には店の存在そのものが確認できないものも多い。こういったあくどい業者は、店まで足を運ぶことがありえない遠隔地の地方新聞に広告を出して釣り込みます。明治十九年がピーク。

○二十年あたりから下火に

安く買うのが当たり前になり、新しみがなくなります。また購入者も学習します。安易に飛びつく人がいなくなるのです。この二年ほどの間に書籍安売りの新聞広告は見られなくなっていきます。

○予約出版事業の破綻（明治十年代末）

同様の出版企画が複数の出版社によって行われ、価格を下げざるを得なくなってくるとともに、予約金をだまし取る詐欺も横行し始め、志で結ばれていたはずの予約者と出版社との間に信頼関係が保てなくなります。その一方で派手な安売り競争が展開していくわけですから、出版を継続するために必須の予約金を事前に払い込む人が減少していきます。企画が全備しないうちに揃って共倒れし、一気にこの方法は破綻していきます。

●新聞・雑誌の流通網

○そもそもは草紙類の流通に依存（絵草紙屋で販売）

一過性の情報・娯楽に過ぎず、永年の蔵書とすべきものではありませんでした。

○絵草紙屋に由来しない販売店の発生、絵草紙屋由来の販売店との共存

明治十年代に入ると新聞購読者が増加し新聞販売だけで商売が成立するようになります。

○輸送インフラの整備

明治六年九月、新橋・横浜間鉄道貨物輸送開始。明治七年五月、大阪・神戸間鉄道開通。明治十年二月、大阪・京都間全通。明治十七年六月、上野・高崎間鉄道全通。明治二十二年七月、新橋・神戸間東海道線全通。明治二十四年九月、上野・青森間東北線全通。明治十七年五月、大阪商船創業。明治十八年、郵便汽船三菱会社・共同運輸会社合併、日本郵船会社誕生。

○新聞購読者層の拡張とともに、太くて速やかな流通網を形成していく

江戸時代以来の書籍流通網に依存せずとも、もっと早くて安価な流通が組み上がっていき

ます。江戸時代から継続した営業方法は立ちゆかなくなります。

○布告・布達類をまとめた冊子類の流通

新聞のトップ記事が布告・布達ですから、これを冊子にしたものも当然新聞社が制作し、新聞販売店が売り捌《さば》きます。

○この流通に依存した雑誌形式の読み物—実録物・稗史《はいし》小説翻刻物の流行

栄泉社の今古実録のシリーズ、その後を追うように鶴声社や駸々堂《しんしんどう》、春陽堂や共隆社版の稗史小説類が盛んに出版されます。

○雑誌形式ならずとも稗史小説類の主要な流通網となり、次第に小説類にとどまらなくなっていく

新聞・雑誌の流通から始めた店が書籍全般を扱うようになっていくのです。

●明治二十年代には、以前と異なる風景が

この流通網が前提の書籍取次業（日販とかトーハンとかの前身です）が成立していきます。

＊　＊

以上です。「文学」に触れることはさほど多くはなかったはずです。「文学」を含めて文化全般の歴史をどのように把握すべきかというところから「文学史」を構想することに狙いを定めていたからです。

「文学史」でおなじみの特定の作者や作品を知ること、常識教養レベルでは大事なことですが、

これは点を押さえることに過ぎません。その作者の生活および環境や同時代の他の作者との関係、地域を越えた作者間のネットワークを捉えてみたり、またその作品が当時の読者にどう評価されたのかを探ってみる。さらにジャンルを超えたり横断したりして作品の社会的位置付けを確認してみたり、異なる表現形式のものとの関係性を考えてみたりする。こんなことをしていくと、たくさんの点と点とが結ばれていくつもの線が引かれることになります。そして、これに時間軸を導入してみる。その作者が誰にどのような影響を受けまた与えたか、ジャンルの消長の中で作品がどのような役割を演じたか等々。さまざまな角度を持った線が複雑に交錯して、面っぽい、また歴史っぽい感じに仕上がってくるでしょう。

しかし、これだけでは、文芸のさまざまがその都度その都度に呈する表面的な変化の流れをなぞっただけなのです。その時々の表面を成立させているのが何なのか、その表面の変化をもたらすものが何なのかを捉える必要があると私は考えます。深海におけるプランクトンの豊饒《ほうじょう》、地殻の下のマントルの対流。表面には直接現れない大きなエネルギー、それによって引き起こされる目に見えにくい動きが表面の振る舞いを支えているのではないかという発想です。この動きを捉えて表面が呈する様相、その変化の根本にあるものを理解する。そしてその表面の変化についての理解が表面に現れない深部の動きを洞察することにつながる。つまり、ちっぽけな文化現象に目を凝らすことによって歴史を展開させる大きなメカニズムを捉えることが可能となるのではないか。そんな多少堂々巡り気味の往復運動の試みにお付き合いいただいたわけです。

おわりに

本書は、「近世文学」という本務校での講義に基づくものです。一九九二年、専任講師として赴任してから今に至るまで、ずっと担当してきているコマです。赴任したてのころは、まだ引き出しも少なく、引き出しがあっても、その中身がスカスカだったりしたので、いくつか得意な作品を選んで、それを講読してつないでいくような授業をしていたと思います。もう大昔のことでよく覚えてはいないのですが、たぶん。ちょうど蔦屋重三郎についての研究も目鼻がつき始めて、それをまとめつつ、もっと広く書籍の文化を研究してやろうと意気込んでいた時期でもありましたから、得られつつあった知見を盛り込んでいって、徐々に、江戸時代の文芸の展開を書籍の文化史と照らし合わせるように講じていくようになりました。そこから、書籍文化の歴史を軸にして、社会や地域の状況とその変化に目を凝らしながらその時々の文芸作品を少しだけ読んでみるという進め方を固めてきました。

二〇二〇年、新型コロナウイルス感染症の流行は、大学の教育現場にも大きな影響を与えました。これまでどおり、学生の反応を楽しみながら教室で講義をするということができなくなりました。新入生は入学した大学に一歩も足を踏み入れることなく新学期が始まります。もちろん二年生以上の学生も教室で授業を受けることができません。なんらかのリモート授業を行わなくてはなりません。これまで経験したことのない状況に応じた教育方法を模索することが教員の急務となりました。

Ｚｏｏｍに代表されるネット回線を利用した遠隔会議システムを使う方法がまず提唱されました。パソコンなどの端末で顔を合わせたり、顔を出さなかったり。履修科目の多い学生は一日の多くの時間、ひとりでパソコンの画面に向き合うこととなります。想像するだにきつい。講義をする側からすれば、接続はされていても、学生は話を聞いているものやらいないものやら、虚空に向かってただ声を発しているような感じです。お互いにきつい。それに、学生はみなネット環境が整っているという保証もないのです。

また、録画・録音した講義を、学生がいつでもダウンロードして視聴できるようにするオンデマンド式の講義も提唱されました。リアルタイムのリモート授業にありがちな学生の負担や不利益は軽減されます。しかし、聞いている人間もいない中で、カメラとマイクを相手に回数分の「講義」をする自分を想像してみると、試みる前に、私はもう挫折です。学生にしても、そうそう暇ではないはず、変化に乏しい映像や退屈なしゃべりに付き合う際、倍速、三倍速の効率を求めるのは自然に思えます。講義を聞き流しながらのゲームもありでしょう。お互い雑な方向に流れるのは目に見えているような気がしました。

困りました。でも早々に授業の方法を提示しなくてはなりません。そこで下した結論はオンデマンド。ただし、映像・音声の配信ではなく、文章化した「講義」の配信。これまでは、今期の「テキスト」と称する資料集を配布しておいて、講義でこれに解説を付けていくという進め方をしてきました。講義終わりで、意見や感想、また質問を書かせて、それを回収、寄せられた質問などに、翌週講義冒頭で回答、補足していくという流れです。これをmanabaという授業サポートプログラムの上で文字ベースでやろうと考えたわけです。あらかじめ配布してあるテキストに沿いながら、講義でしゃべるような文体で仕立てた「講義」（と無理やり称した作文）、それと関連する画像資料を毎週配信していく。受講者は、その「講義」を受講して（読んで）、リアクションペーパーの代わりに、manabaにレポートを毎回提出、その中に回答すべき質問があれば、次週配布の「講義」冒頭に盛り込んで配信。その繰り返し。「講義」をプリントアウトするなり、何らかの端末にダウンロードしておけば、いつでもどこでも、また何回でも受講できるし、疲れたところで中断もできる仕掛けではあります。ひやひやしながら始めた試みでしたが、意外と好評。ほかの授業よりお気楽で楽ちんだったのかもしれません。

この年はこの作業に時間を取られてなかなか忙しい日々でした。ですが、返ってくるレポートに学生たちの反応が思いのほか濃厚に感じられたことや、彼らの愚痴や冗談もちらほらあって、レポートに向き合うことや「講義」を仕立てることがさほど苦ではありませんでした。学生たちが、manabaを介してでもつながっていることに何らかの意義を感じている（らしい）こと、もしくは意義を見出《みいだ》さざるをえない状況に置かれている（らしい）ことを薄ぼんやりと感じながらパソコンに向き合っていました。

この作業、文字に起こして見直すことによって、説明が飛躍していたところとか、資料が不十分だったところとか、これまでの私の講義のアラも見えてきました。また学生のレポートを読んで、彼らの理解が届かなかったところなどをより丁寧に説明し直す必要を感じたりもしました。それらをどんどん逐次的に修正していった次第です。それからしばらくたって、パンデミックも落ち着きを見せ始め、世の中もコロナに慣れてきました。教室での講義も可能となりましたが、「講義」を講義前に見直して手を入れ（思いついた冗談を入れ込んだり、古びた話題やギャグを新しいものにすげ替えたり）、また学生の反応を見てまた手を入れたりといった「講義」のブラッシュアップは続けていきました。あれから五年が経とうとしていますが、この作業は今も続けています。

昨年夏、ＫＡＤＯＫＡＷＡの竹内祐子さんから出版企画の相談があって、あれこれ考えあぐねている時ふと思いついたのが、この「講義」でした。ちょっと乗り気そうにもみえたので配信していたコンテンツをその素材のまま送り付けてみた次第です。くだらないところも少なくないし、全体を整えるのも大変だろうし、編集も難儀に決まっているので、別のネタでも考えてあげようかなと思っていたのですが、意外にも食いついてくださりました。彼女正気かな、大丈夫かな、と不安になったりしたのですが。それが彼女の手際でこのように仕立て上がりました。講義にそもそも備わっていた私の粗忽《そこつ》と不手際は残っているかもしれませんが。竹内さん、ごくろうさまでした。

二〇二四年秋

鈴木俊幸

274-275 頁　紀定丸撰・喜多川歌麿筆『狂月坊』国立国会図書館蔵
出典：国立国会図書館デジタルコレクション https://dl.ndl.go.jp/pid/1288383

329 頁　十返舎一九『諸国道中金の草鞋』国立国会図書館蔵
出典：国立国会図書館デジタルコレクション https://dl.ndl.go.jp/pid/878298

412-413 頁　松濤軒斎藤長秋『江戸名所図会』国立国会図書館蔵
出典：国立国会図書館デジタルコレクション https://dl.ndl.go.jp/pid/2563380

出典一覧

65 頁　元和勅版『皇朝類苑』国文学研究資料館蔵
出典：国書データベース，https://doi.org/10.20730/200010643

72-73 頁　嵯峨本『伊勢物語』国文学研究資料館蔵
出典：国書データベース，https://doi.org/10.20730/200024817

74-75 頁　古活字版『徒然草』国文学研究資料館蔵
出典：国書データベース，https://doi.org/10.20730/200003086

96-97 頁　井原西鶴『好色一代男』国文学研究資料館蔵
出典：国書データベース，https://doi.org/10.20730/200003076

174 頁　鈴木春信筆「お仙と若侍」東京国立博物館蔵
出典：ColBase（https://colbase.nich.go.jp/）

226 頁　『一目千本』大阪大学附属図書館総合図書館　忍頂寺文庫蔵
出典：https://hdl.handle.net/11094/98120

230 頁　吉原細見『籬乃花』江戸東京博物館蔵
出典：国書データベース，https://doi.org/10.20730/100450858

232-233 頁　北尾重政・勝川春章筆『青楼美人合姿鏡』東京国立博物館蔵
出典：ColBase（https://colbase.nich.go.jp/）

240-241 頁　『娼妃地理記』国立国会図書館蔵
出典：国立国会図書館デジタルコレクション https://dl.ndl.go.jp/pid/8929574

246 頁　『伊達模様見立蓬萊』国立国会図書館蔵
出典：国立国会図書館デジタルコレクション https://dl.ndl.go.jp/pid/8929638

272-273 頁　喜多川歌麿筆・宿屋飯盛撰『画本虫撰』国立国会図書館蔵
出典：国立国会図書館デジタルコレクション https://dl.ndl.go.jp/pid/1288345

本《ほん》の江戸《えど》文化《ぶんか》講義《こうぎ》　蔦屋《つたや》重三郎《じゅうざぶろう》と本屋《ほんや》の時代《じだい》

2025年１月29日　初版発行
2025年６月20日　３版発行

著者／鈴木《すずき》俊幸《としゆき》

発行者／山下直久

発行／株式会社KADOKAWA
〒102-8177　東京都千代田区富士見2-13-3
電話 0570-002-301（ナビダイヤル）

印刷所／株式会社KADOKAWA

製本所／株式会社KADOKAWA

●お問い合わせ
https://www.kadokawa.co.jp/（「お問い合わせ」へお進みください）
※内容によっては、お答えできない場合があります。
※サポートは日本国内のみとさせていただきます。
※Japanese text only

定価はカバーに表示してあります。

ISBN 978-4-04-400852-9　C0095

◆◇◇